George Beahm
STEPHEN KING

Leben und Werk

Ins Deutsche übertragen
von Adelheid Hartmann

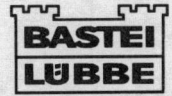

BASTEI-LÜBBE-TASCHENBUCH
Band 13 635

Erste Auflage:
Mai 1995

Deutsche Lizenzausgabe 1995
Bastei-Verlag Gustav H. Lübbe
GmbH & Co., Bergisch Gladbach
Originaltitel:
The Stephen King Story
Artwork is copyright © 1991 by
Kenny Ray Linkous ›The
Persistence of Darkness-Shadows
Behind the Life Behind the Story‹
is copyright © 1991 by Michael R.
Collings. ›The Gambler‹ is copy-
right © 1991 by Christopher
Chesley. ›Quo Vadis‹, Bestsella-
saurus Rex?‹ is copyright © 1991
by Michael R. Rollings. ›Stephen
King: An Anecdote‹ is copyright
© 1991 by Caroll F. Terrell.
Lektorat: Dr. Edgar Bracht
Fotos im Innenteil:
© 1991 by George Beahm
Titelbild: Bastei-Archiv
Umschlaggestaltung:
Quadro Grafik, Bensberg
Satz: KCS GmbH,
Buchholz/Hamburg
Druck und Verarbeitung:
Cox & Wyman
Printed in Britain

ISBN 3-404-13635-7

Der Preis dieses Bandes
versteht sich einschließlich der
gesetzlichen Mehrwertsteuer.

Inhalt

Wenn ihr Phantasie habt, dann laßt ihr freien Lauf.
Wenn ihr aber keine Phantasie habt,
dann solltet ihr hier aufhören.
Dieses Buch ist nichts für euch.

— Chris Chesley und Steve King, 1963
in *People, Places, and Things*

Dieses Buch widme ich
Michael R. Collings, Stephen J. Spignesi und Caroll
F. Terrell, einem Dreigespann, das sich auf diesem Gebiet
sehr gut auskennt.

Im Land der Erzählung ist der Schriftsteller König.

Shirley Jackson, *Notes for a Young Writer*

Michael R. Collings:
Dunkle Geschichten

Zusammenfassung

Eine Handvoll Leute haben sich in einem Gebäude im Zentrum einer kleinen Stadt versammelt. Dort fanden sie Sicherheit ... oder zumindest die Illusion der Sicherheit. Draußen herrschen einzig Dunkelheit, Furcht und Tod. Das Tageslicht erstirbt. Gemeinsam mit der Nacht wird auch das Ungeheuer kommen. Die Leute sitzen eng zusammengedrängt, um sich gegenseitig Wärme und Trost zu spenden. Sie wissen, wenn die Sonne am nächsten Tag erneut aufgehen wird, könnten einige von ihnen, die meisten — oder alle — den Tod gefunden haben.

Die kurze Zusammenfassung eines Stephen-King-Romans? Ein Auszug aus *The Mist* (dt.: *Der Nebel*) möglicherweise? Bis zu einem gewissen Grad wäre das sogar wahrscheinlich. *Der Nebel* war jedoch nicht die Geschichte, die ich im Sinn hatte, während ich die Zusammenfassung einer Erzählung schrieb, die lange vor der Zeit entstand, als man Stephen King als König des Schreckens titulierte. Nein, die Geschichte, an die ich mich erinnere, ist mehr als eintausend Jahre älter.

Es ist *Beowulf*, das älteste der germanischen Heldenepen, und die Geschichte einer kleinen Gruppe von Menschen, die sich mit einem Schrecken und einem Entsetzen jenseits all ihrer Vorstellungskraft konfrontiert sehen. Bei dem Gebäude handelt es sich um das goldene Methaus Heorot und bei den Leuten um die Krieger des germanischen Königs Hrothgar. Und das Ungeheuer ist Grendel. Das Ungeheuer hat das riesige Methaus zuvor schon öfter des Nachts heimgesucht und jedesmal seine blutige, todbringende Fährte hinterlassen.

Es ist jedoch faszinierend und lehrreich zugleich, wenn man sieht, wie die beiden Geschichten den Tod in ähnlicher Betrachtungsweise schildern. Beide konzentrieren sich auf eine kleine Gruppe von Menschen, Angehörige einer Kultur, die wohl das Individuum als auch die Gesellschaft definieren. Beide Gruppen werden durch körperliche und auch seelische Dunkelheit isoliert. Sie sind dazu gezwungen, sich zusammenzuraufen, sich gegenseitig Kraft und Schutz zu spenden — doch ihr Bündnis bleibt ohne Erfolg. Sie alle müssen sich der Dunkelheit, der Angst und einem gar schauerlichen Tod stellen. Natürlich gibt es einige Unterschiede. In der Erzählung *Beowulf* stellen wir schon sehr bald fest, daß der Poet einen Helden erschuf, einen einzelnen Krieger, der genug Mut und Macht besitzt, dem Ungeheuer die Stirn zu bieten. Das Ungeheuer hat bereits dreißig von König Hrothgars Mannen verschlungen; der Held Beowulf wird zum Ausgleich dafür mit der Stärke von dreißig Männern ausgestattet. Während seines wuterfüllten Kampfes mit Grendel reißt er dem Ungeheuer den Arm vom Körper und nagelt die blutige Trophäe an die Wand über dem Eingang von Heorot.

In Stephen Kings Erzählung *Der Nebel* laufen die Ereignisse nicht ganz so glatt ab. Es gibt keinen Helden. In einer technologisch orientierten Welt wie unserer wird das Heldentum des einzelnen im allgemeinen nicht gefordert; und King möchte auch die Intelligenz seines Lesers nicht beleidigen, indem er einfach einen solchen Helden importiert — nicht einmal, wenn er von den entfernten, fast mythischen Gestaden Gotlands (Schweden) stammt. Sicherlich finden einige individuelle Schlachten gegen die den Nebel bevölkernden Ungeheuer statt, doch in Kings Vision kann es keinen einfachen Schluß geben. Seinen

Personen wird alles genommen, bis nur noch der Mut einiger weniger übrigbleibt, die sich dann der Dunkelheit stellen und versuchen, das Ausmaß des Nebels... und seiner Ungeheuer zu erforschen.

Und dann folgt, sowohl in *Beowulf* als auch in *Der Nebel*, der nächste Angriff der Ungeheuer. Selbst Beowulf, der unanfechtbare Held, läßt sich schließlich in der Schlacht gegen den Feuerdrachen besiegen. All das, was er bis dahin vollbracht hat — die Vernichtung Grendels und seiner Gefährtin, die Vereinigung seines Königreiches, die fünfzig Jahre seiner tadellosen Regentschaft — werden in Zweifel gezogen, als sein Körper verbrennt und die Mächte der Dunkelheit sich erneut zusammenschließen. In *Der Nebel* laufen die Geschehnisse etwas komprimierter ab, anstatt um fünfzig Jahre handelt es sich hier nur um Tage und Stunden, doch der Effekt ist der gleiche. Die Menschheit ist vielleicht in der Lage, Gebäude zu errichten, einen moralischen und gesellschaftlichen Kodex einzuführen und somit eine geordnete Zivilisation zu erschaffen, doch im Angesicht der Dunkelheit zählt das meiste davon nur recht wenig. Die tiefere Bedeutung beider Geschichten steht im Einklang mit einem allgegenwärtigen Thema der westlichen Literatur, das sowohl von dem *Beowulf*-Poeten als auch von Stephen King aufgegriffen wurde: In der Dunkelheit der menschlichen Seele und in der Dunkelheit unserer Phantasiewelten lauern Ungeheuer.

Versuchen wir es mit einer anderen Geschichte.

Zusammenfassung

Ein furchtsamer Mann sieht sich einer mitternächtlichen Erscheinung gegenüber, einem Schreckgespenst, das verstandesmäßig eigentlich gar nicht existieren kann. Den-

noch ist es da. Der Mann spricht es an, er beschwört es,
mit ihm zu reden, und es offenbart ihm Erzählungen vol-
ler Dunkelheit und Furcht. Tod. Es gewährt ihm Visionen
von Mord, Blut, Rache und — erneut — von Tod.

Handelt es sich hierbei um eine Kurzbeschreibung von
Stark — The Dark Half? Oder einen Teilausschnitt von
Es? Möglicherweise. Sicherlich wäre diese Synopse auf
jeden einzelnen von Kings Romanen anwendbar. Doch
wiederum hatte ich diese nicht im Sinn. Vielmehr dachte
ich an *Hamlet.* Dort erscheint nämlich gleich dreimal im
Verlauf dessen, was als die größte Tragödie in der englischen Literatur gepriesen wird ... ein Geist. Ein
Gespenst. Ein herumspukender Schatten, der von vergangenen und zukünftigen Morden flüstert.

Schon zu Shakespeares Zeiten liebte das Publikum dieses Schauspiel von ganzem Herzen. Die Zuschauer ström-
ten in Scharen zum Globe Theater und blieben während
der gesamten vier Stunden der Vorstellung geduldig stehen. Sie hätten vielleicht sogar im Regen gestanden, um
es sehen zu können. Viele mußten für diesen Genuß einen
gesamten Wochenlohn opfern.

Warum? Fanden sie sich etwa ein, um der Vorführung
des großartigsten Schauspiels eines der größten englischen Bühnenautoren beizuwohnen?

Nein, das elisabethanische Publikum fand sich ein, um
ein *Drama* zu erleben, was nicht zufällig eine Menge Blut
und Angst und Tod ... und einen Geist ... mit einschloß.
Samuel Johnson, der über ein Jahrhundert nach Shakespeares Tod über *Titus Andronicus*, ein weiteres erfolg-
reiches Bühnenstück Shakespeares, wirkte, hat eindringlich darum gebeten, dieses Schauspiel nicht seinen Mei-
sterwerken zuzuordnen: »Die schauspielerische Barbarei
und das allgemeine Massaker, die hier dargestellt werden,

können von keinem Publikum als tragbar erachtet werden. Für mich besteht keinerlei Veranlassung zu glauben, daß ... Shakespeare auch nur einen geringen Teil davon geschrieben haben soll.« Obwohl es heutzutage häufig als eines von Shakespeares schlechtesten Stücken gebrandmarkt wird, war *Titus Andronicus* zu seiner Zeit ungewöhnlich populär. G. B. Harrison bemerkt in seiner Abhandlung der Stücke Shakespeares, daß es nach der Erstaufführung fast zwei volle Dekaden lang im Bühnenrepertoire blieb. Die Handlung dieses voller Blut und Tod steckenden Stücks basiert auf Erzählungen des klassischen Mythos und auf Senecas lateinischen Rachetragödien und war selbst für die Menschen des elisabethanischen Zeitalters etwas überaus Schreckerregendes. Viele der eher anstößigen Szenen wurden in den von Shakespeares Zeitgenossen geschriebenen Varianten gestrichen, doch, um es wiederum mit S. B. Harrisons Worten auszudrücken: »Shakespeare ersparte seinem Publikum nichts.«

Der Großteil der Kritiker ist sich heutzutage darüber einig, daß dieses Schauspiel ein kläglicher Fehlgriff gewesen sei. Harrison schreibt:

»Wenige Kritiker sind in der Lage, *Titus Andronicus* ernsthaft zu verteidigen, doch sein Mißerfolg in der Gegenwart ist nicht einzig auf die abstoßende und bizarre Geschichte zurückzuführen. Moderne Theaterbesucher mögen Vergewaltigung, Verstümmelung, abgeschlagene Köpfe und Hände vielleicht als für Bühnenaufführungen unpassend erachten; und doch gibt es auch einige ebenso schmerzvolle Szenen in Stücken, die zu den höchstgepriesenen zählen — das Blenden Gloucesters im *Lear* zum Beispiel oder die Vernichtung von Sophokles' *Oedipus*; diese sind ebenfalls schrecklich und doch durch den Zusam-

menhang gerechtfertigt. Der Schrecken in *Titus Androni-*
cus sind einfach zu viele; sollte man sie je auf einer
modernen Bühne aufführen, würden sie das Publikum
anstatt zum Schaudern, eher zu schallendem Gelächter
reizen. Außerdem: Wenn ein Dichter schon beschließt,
ein Drama voller Leidenschaft und Rache zu einem Höhepunkt des Grauens zu bringen, indem er ein Elternteil
unwissentlich das Fleisch seines Kindes verspeisen läßt,
so sollte diese Szene zumindest angemessen vorbereitet
und vom Rest des Stückes abgehoben werden.«

Shakespeares Publikum — das nicht zu den »modernen
Theaterbesuchern« zählte und zu dem Zeitpunkt noch
gar nicht wissen konnte, daß es einem Werk eines der
größten Dramatiker der westlichen Kultur beiwohnte —
fand rein gar nichts Absurdes an der Darstellung all dieser Ungeheuerlichkeiten, zu denen, neben anderen blutigen Szenen, auch das Abhacken von Titus' Hand zählt,
nach deren Entfernung sich der Schauspieler in einigen
Wortspielen über die verschiedensten Bedeutungen des
»Handgebens« als ein Symbol der Loyalität ergeht. Die
Schauspieler, die früher die Rolle des Titelhelden spielten,
trugen oftmals eine mit Schweineblut gefüllte Blase unter
dem Arm, die sie im entscheidenden Höhepunkt platzen
ließen, um mit dem Inhalt die um die Bühne versammelten Zuschauer zu bespritzen.
    Sei es nun durch dramatische Geistererscheinungen,
die zu Rache und blutigem Tod führen, oder etwas direk-
ter durch die öffentliche Entfernung von Körperteilen auf
der Bühne, auch Shakespeare zeigt, daß er mit den jahr-
hundertealten Techniken des Angsteinjagens — einschließlich dem, was King in seinen eigenen Arbeiten als
das »totale Grauen« bezeichnet — nur allzugut umzu-
gehen verstand.

Ich will damit nicht andeuten, daß Stephen King, um es einfach auszudrücken, ein Shakespeare des zwanzigsten Jahrhunderts ist (obwohl Professor Caroll Terrell in seinem kürzlich erschienenen *Stephen King: Man and Artist* einen recht stichhaltigen Beweis für eine ähnliche Behauptung geliefert hat). Ich möchte statt dessen eher nahelegen, daß Shakespeare — und, wenn man es genau nimmt, auch der Dichter von *Beowulf* — eine Art früher Stephen King waren: das soll heißen, daß sie Autoren waren, die ihr Publikum genau kannten, die ihm gaben, was es sehen wollte, und die das durch solch starke und unwiderstehliche Geschichten taten, daß diese bis zum heutigen Tag überlebt haben.

Und es gibt auch noch eine weitere Ähnlichkeit, die King mit diesen beiden bedeutenden Vorgängern verbindet.

Wir wissen nur sehr wenig über das Leben von Shakespeare und den Dichter des *Beowulf.* Von dem Erstgenannten kennen wir seinen Geburts- und Todestag, wir kennen einige Daten, die Namen seiner Kinder... und wir wissen über seine faszinierende Liebschaft Bescheid. Doch was Shakespeares Familienleben, ja selbst seine persönlichen, religiösen oder politischen Bindungen angeht, hüllen sich die Quellen zum größten Teil in Schweigen. Möglicherweise liegt es an dem Verlangen der Kritiker, biographische Einblicke zu gewinnen, daß viele von ihnen sich gezwungen sehen, die Sonette zu lesen, da sie der Meinung sind, diese würden — als einzige von Shakespeares Werken — seine private, emotionale Biographie enthüllen. Es wird behauptet, daß im Gegensatz zu seinen Schauspielen der Poet in diesen Gedichten »sein Herz auf der Zunge trägt«.

Über den Dichter des *Beowulf* gibt es sogar noch weniger Fakten zu berichten. Sicher handelte es sich um einen Christen. Er war sich der Widersprüche zwischen der alten und neuen Weltanschauung bewußt, zwischen germanischem Heidentum — mit seiner Beweihräucherung von Loyalität, Mut und Kriegsführung — und Christentum. Doch sonst wissen wir nur wenig über diesen Autor.

Paradoxerweise (da wir eine Nation der Prominentenjäger sind) liegt der Fall bei Stephen King ähnlich. King lebt aus gutem Grunde sehr zurückgezogen. Nur sehr selten gestattet er ausgedehnte Einblicke hinter die öffentliche, medienorientierte Fassade jenes »Titan des Schreckens«. Wenn er in der Öffentlichkeit auftritt, kommt es einem so vor, als würde er eine andere Persönlichkeit annehmen, als trage er eine Maske, die ihn zu King, dem Phänomen macht. Von dem Menschen hinter all dem Rummel bekommen wir nur wenig zu sehen.

In gewisser Weise ist das auch richtig so. Immerhin haben wir seine Bücher — und was zumindest einige Kritiker angeht, sollten diese ausreichen. Wie er schon in *Different Seasons* (dt.: *Frühling, Sommer, Herbst und Tod)* seine Leser warnt: »Die Geschichte zählt, nicht der Erzähler.«

Doch bei King überkommt einen des öfteren das starke Gefühl, daß jene Bücher von seiner eigenen Geschichte durchwoben sind, wenn diese auch oftmals durch ein alchimistisches Verfahren, durch welches das Leben zur Kunst wird, umgestaltet und verwandelt ist. Biographische Hintergründe zu *The Body* (dt.: *Die Leiche)* oder *Gramma* (dt.: *Omi)* oder *It* (dt.: *Es)* sind zum Beispiel nicht deshalb wichtig, weil sie in Kings Privatleben eindringen, sondern weil dieses Privatleben in die Fiktion miteingebracht wurde. Wenn man weiß, daß King als Kind eine Leiche gesehen hat; daß er anwesend war, als seine Großmutter starb; wenn man weiß, daß er mit der leidvollen und schrecklichen Tatsache zu kämpfen hatte, daß seine Mutter an Krebs starb; wenn man weiß, daß er als Kind sehr lang, ungelenk und schüchtern war —

16

dann kann das Wissen um diese Hintergründe die Erfahrung beim Lesen seiner Romane intensivieren.

Es könnte anmaßend, übertrieben oder zumindest verfrüht erscheinen, die detaillierte, übergenau recherchierte, definitive Biographie eines Mannes zu konstruieren, von dem man sagen könnte, daß er mit etwas über vierzig Jahren gerade mal den Mittelpunkt seiner Karriere erreicht habe. Und es ist gefährlich (obgleich verlockend und anregend) kritische Urteile über lebende Autoren zu veröffentlichen — diese haben nämlich die Angewohnheit, im Laufe der Zeit noch mehrere Werke zu schreiben, die eben diesen Kritiken Lügen strafen. Mit Sicherheit ist es weniger gefährlich und auch einfacher, über Leute zu schreiben, die bereits das Zeitliche gesegnet haben. Und doch sind die Grundzüge von Kings Leben relevant für die Lektüre seiner Romane. Die häufigen Verrenkungen, die er als Kind ertragen mußte, die Besonderheiten seines Familienlebens, seine High-School- und College-Erfahrungen; all das verleiht seinen Büchern Tiefe.

Dies ist das Niveau des biographischen Zusammenhangs, den George Beahm bei seiner Annäherung an King erwählt hat. Er behandelt King weder wie eine kulturelle Ikone, noch versucht er eine reißerische Version des heimlichen Liebeslebens seines »Bestsellersaurus Rex« zu rekonstruieren. Beahm konzentriert sich auf jene Punkte in Kings Lebensgeschichte, durch die seine Romane einleuchtender werden. Er verknüpft Kings Schriftstellerei mit historischen, gesellschaftlichen und kulturellen Zusammenhängen, indem er aufzeigt, was zu der Zeit, als King gewisse Romane und Geschichten schrieb, in der Welt geschah. Er versucht aus dem Leben des Autors Aufschluß darüber zu gewinnen, warum King seine Themen, bildliche Darstellungen und Motive auf gerade diese Art und Weise behandelt haben könnte.

Der amerikanische Originaltitel von Beahms Werk —

The Stephen King Story —, ist meiner Meinung nach bewußt zweideutig. Das Buch ist, rein oberflächlich gesehen, die Geschichte von Stephen King, da es sich auf sein Leben konzentriert, um uns seine Romane näherzubringen. Doch im tieferen Sinn ist es in erster Linie eine Geschichte über Stephen Kings Geschichten.

Stephen King hat viele Geschichten erzählt. Wie auch alle anderen in sich stimmigen und konsequent gestalteten Erzählungen sind seine Geschichten in der Lage, ihre Leser zu beeinflussen. Was nun folgt, ist eine Geschichte über diese Geschichten. Auch wenn die Erzählung wichtiger ist als der Erzähler, das Wissen über den Erzähler kann die Geschichte oftmals bekräftigen, vertiefen und erleuchten.

Christopher Chesley
Der Erfolgsautor Stephen King

Ich glaube, der einzige Wert, den Literaturkritiker haben, ist, daß sie eine Entwicklung gut einschätzen können, nachdem sie einen gewissen Punkt überschritten hat. Ich glaube nicht, daß ich diesen Punkt erreicht habe — man kann keine Biographie von jemandem anfertigen, der erst seit fünf Jahren Bücher herausbringt. Aber in zehn oder fünfzehn Jahren wird sich irgend jemand die Bücher ansehen und sagen können: »Nun, er hat mit dem hier angefangen und sich zu jenem entwickelt.«

Stephen King, 1978

Für ihn ist in vielerlei Hinsicht der amerikanische Traum wahr geworden.

Für die ebenfalls in Maine Ansässigen ist er der einheimische Junge, aus dem etwas geworden ist, durch den Maine — und insbesondere Bangor — jetzt auf der literarischen Landkarte verzeichnet ist.

Für seine treuesten Anhänger ist er ein literarischer Dealer, der stets pünktlich liefert.

Für seine Verleger ist er der Autor mit Gütesiegel, der mit dem Versprechen liefert, daß sich sein monströser Vorschuß bezahlt machen wird.

Für die Buchhändler — von den kleinen Unabhängigen bis hin zu den großen Kettenkonzernen — ist er der Inbegriff von Produktivität, der im Durchschnitt zwei Bestseller pro Jahr herausbringt.

Für die Kritiker — seien es nun Fans, Akademiker, Literaten oder Berühmtheiten — ist er Gegenstand endloser Diskussionen, da jede neue Geschichte ob ihrer Themen,

Subtexte und vermeintlichen Verdienste oder Mängel genauestens analysiert wird.

Für die Mogule Hollywoods ist er ein leuchtender Stern, dessen Geschichten leicht vorzustellen, aber schwierig zu produzieren sind.

Für die Medien ist er einfach alles, angefangen beim König der Schrecken bis hin zum Meister des Makabren, des Teufels General, dem »Geisterbeschwörer« des Horror-Genres.

Für das Magazin *Time* ist er der »Meister des modernen Grauens«, der »unbestrittene König des Horrors, ein dämonischer Fabeldichter, der den Leuten aus Spaß eine Gänsehaut verursacht und damit Profit macht... Er scheint der bekannteste Schriftsteller des Landes zu sein«.

Für seine Kollegen im Bereich des *Fantastischen* ist er der Schriftsteller, der dem Horror Ansehen verlieh, ein Ergebnis, das man mit der Wirkung Robert A. Heinleins auf die Science-fiction vergleichen kann, der dieses Genre populär machte und ihm Ansehen verlieh.

Für die weniger talentierten Schriftsteller stellt er das dar, was sie gern sein möchten — doch niemals sein können.

Für Leser weltweit hält er den Schlüssel in der Hand, der uns den Zugang zu der dunklen Seite unserer Persönlichkeiten aufschließen kann: Er verschafft uns kurze Einblicke in alptraumhafte Welten, die wir, mit King als unserem Reiseleiter, bereitwillig durchwandern.

Für Familie und enge Freunde ist er Steve King, der in der Öffentlichkeit seine *Stephen-King!*-Persönlichkeit annimmt.

Für die amerikanische Bevölkerung im allgemeinen ist er ein geläufiger Name.

Für sich selbst ist er ein »Bestsellersaurus Rex«, ein »Weißer Rapper mittleren Alters«, ein Schriftsteller, der bezweifelt, daß man ihn jemals »ernst nehmen wird«.

Er ist eine Einmann-Unterhaltungsindustrie, deren unwiderstehlicher Drang, Geschichten zu schreiben — seine »marktgängige Besessenheit«, wie er es nennt — zu einer internationalen Sucht geworden ist.

Als die achtziger Jahre sich ihrem Ende zuneigten, schien es, als würden Kings Romane mehr als andere das Gefüge unserer Zeit erfassen. Im scharfen Kontrast zu den Werken anderer Protagonisten seiner Generation, etwa Steven Spielberg und George Lucas, die das amerikanische Meer an Mythen anzapften, um Geschichten zusammenzuschneidern, die die Macht der Phantasie, heroische Archetypen und die bittersüße Zeit des Erwachsenwerdens verherrlichten, reflektierten Kings Werke die dunkle Seite des Jahrzehnts, nämlich seine Alpträume: Furcht statt Freude.

Es war ein Jahrzehnt, gekennzeichnet durch einen alternden Schauspieler (Ronald Reagan), einem zur eiskalten Unternehmerin gewordenen Vamp (Madonna) und den selbsternannten Masters of the Universe (Donald Trump und die Hexenmeister der Wall Street) — ein Jahrzehnt, dessen Alpträume 1991 Realität wurden: wirtschaftliche Talfahrten, gesellschaftliche Unruhen, eine chaotische Innenpolitik und das Schreckgespenst des Golfkriegs.

Kein Wunder, daß Kings Romane, durch die er seine Ängste zum Ausdruck bringt, bei den Lesern weltweit Anklang fanden: Jedes einzelne seiner Werke steht als Metapher für unsere unruhigen Zeiten.

Mit dreiunddreißig Büchern (von denen zahlreiche verfilmt wurden) und Dutzenden von Kurzgeschichten über wahre und erfundene Begebenheiten, die ebenfalls auf sein Konto gehen, hat King nun, im Alter von fünfundvierzig Jahren, den mutmaßlichen Mittelpunkt seiner Karriere erreicht. Als »Amerikas literarisches Schreckgespenst«, wie er sich selbst bezeichnet, ist er einfach *zu* bekannt. Was er in der Zeitschrift *Entertainment Weekly* folgendermaßen zum Ausdruck brachte:

> Ich kann nur sagen, ich habe das Gefühl, als würde ich etwas zu oft im öffentlichen Licht stehen. Es ist so ähnlich wie in diesem Film *Das Verflixte Siebente Jahr* — Sie wissen schon, Marilyn Monroe steht über dem U-Bahn-Schacht, und plötzlich bläst ihr der Wind den Rock hoch — man dreht sich um und merkt, daß jeder einen anschaut, und die Leute kommen dabei auch echt auf ihre Kosten.

Es scheint, als würde King den Kritikern zum Trotz, die sich nicht über die Verdienste (oder Mängel) seiner Arbeiten einig werden können, sich in seiner Arbeit und Lebenseinstellung nicht von dem Geld, dem Ruhm oder der Lobhudelei beeinflussen lassen. King hat das selbst recht trocken ausgedrückt: »Eigentlich änderte sich gar nichts. Meine Frau sagt mir immer noch, ›Steve, wir brauchen Brot‹, also gehe ich welches kaufen. Und wenn ich es vergesse und statt dessen mit einer neuen Idee zurückkomme, die uns, wie ich ihr auch sogleich mitteile, zwei Millionen Dollar einbringen wird, dann sagt sie immer noch, ›Steve ich bin entzückt, aber wir brauchen trotzdem Brot.‹«

Wie King in einem Vorwort zu seinem Band mit Erzählungen *Four Past Midnight* (dt.: *Langoliers, Nachts*) erklärte: Je mehr die Dinge sich äußerlich verändern, desto mehr bleiben sie im wesentlichen gleich. Für King war das Geld niemals der Zweck; für ihn ist es das Mittel, mit dem er sich Zeit kaufte, um in Ruhe schreiben zu können.

Am 23. August 1990 kündigte Diane Sawyer, die Moderatorin des ABC-Fernsehnachrichten-Programmes *Prime Time Live*, den Autor als »König der Angst« an, als »Hohepriester des Horrors«, der weltweit bereits hundertvierzig Millionen Bücher verkauft habe. Sawyer berichtete weiterhin, daß laut der Zeitschrift *Forbes* Kings Nettowert bei fünfzig Millionen Dollar lag, zu denen noch dreißig Millionen für einen kürzlich abgeschlossenen Vertrag über vier Bücher kamen.

Während des Interviews beantwortete King die vorgefertigten Fragen geduldig mit vorgefertigten Antworten; wohlbekannte Phrasen auf Fragen, die er schon unzählige Male vernommen hat.

In Kings Fall stellen die Interviewer nur selten die richtigen Fragen, die etwas Neues über ihn offenbaren könnten. Viel typischer ist es, daß der Interviewer mit etwas beginnt, das King als »Die Frage« bezeichnet, die für ihn ein Hinweis darauf ist, daß dieses Interview nur wieder ein weiteres der vielen Persönlichkeitsporträts sein wird. »Woher bekommen Sie Ihre Einfälle, Mr. King?«

Man wünscht sich dann fast, daß King sich dem Interviewer zuwendet und ihn fragt: »Woher bekommen Sie Ihre *Fragen?*«

So wächst der Berg des Materials, das über Stephen King zusammengetragen wird, mit jedem Interview und jedem Zeitungsartikel, ohne daß auch nur eine neue Einsicht über den Autor gewonnen wird.

Aus diesem Grund sah ich die Notwendigkeit, den Versuch zu wagen, den Reichtum an Informationen über ihn und seine Arbeiten in einer chronologischen Erzählung zu vereinigen.

Obwohl es mehr Bücher *über* ihn als *von* ihm gibt, hat es seit 1986 keine umfassende Untersuchung Kings und seiner Arbeiten mehr gegeben. (Zu diesem Zeitpunkt überarbeitete Douglas E. Winter noch seine Studie *Ste-*

phen King: The Art of Darkness und brachte sie auf den neuesten Stand.)

Stephen King ist heute in der beneidenswerten Lage zu schreiben, was immer er wünscht, ohne irgendwelchem finanziellen Druck ausgesetzt zu sein. Trotz der wachsenden Anzahl an Fanbriefen, die ihn dazu drängen, mehr von der gleichen Sorte zu schreiben, — wie Beatlesfans, die auf ein Wiedervereinigungskonzert warten — vertraut und hört King augenscheinlich einzig auf seine innere Stimme, diejenige, die ihn schon als Teenager zu schreiben zwang: »Ich fühle mich beim Schreiben einem gewissen Druck ausgesetzt, und ich habe auch eine Vorstellung davon, wer meine Bücher liest; meine Leserschaft ist mir lieb und teuer. Aber unsere Beziehung ist eine Art Kombination aus Liebesbriefen und Drohbrief, eine süß-saure Sache. Ich habe das Gefühl, ich müsse etwas schreiben, weil die Leute es lesen wollen. Aber ich denke mir, ›Gib ihnen nicht, was sie wollen — gib ihnen, was du willst.‹«

Es ist so, wie King oft behauptet, daß die Geschichte sich selbst erzählt? Teilweise könnte man das bejahen; aber man kann den Menschen nicht von seiner Arbeit, seinen Werten, seinem Glauben und seinem Umfeld lösen — sie sind untrennbar miteinander verbunden.

GEORGE BEAHM

Christopher Chesley
Der Spieler

Zu der Zeit, als das Telegramm eintraf, das sein Leben veränderte, lebte Stephen King in einem Doppelwohnwagen. Er stand in einer Nebenstraße auf einem langgestreckten, hohen Hügel, an dem sich die einsame Autobahn emporrankte. Ich lebte ebenfalls dort, hatte ein Zimmer bei der Familie, bekam jeden Abend mein Essen, und pendelte zwischen meinem Zuhause und dem Campus der University of Maine hin und her. Als ich an diesem Frühlingstag von der Schule nach Hause kam, schoß Tabby aus der Vordertür und rannte mir auf der Einfahrt entgegen. Sie überreichte mir das Telegramm, in dem stand, daß der große Verlag Doubleday *Carrie* gekauft habe. Sie war ganz trunken vor Freude und konnte einfach nicht still stehen. Das Glück leuchtete auf ihrem Gesicht und ließ sogar die Tränen in ihren Augen erstrahlen.

Einige Tage später kam mir Steve auf dem Nachhauseweg entgegen. Da wir verschiedene Arbeitszeiten hatten, kam das nicht sehr häufig vor. Doch manchmal, während ich beim Trampen auf eine Mitfahrgelegenheit wartete, sah ich ihn mit seinem dunklen, unheimlichen Buick heranrollen. Es war eine alte Gewohnheit von ihm, mit dem oberen Ende seiner Kühlerhaube auf mich zu zielen und dann direkt auf mich zuzuschießen, bis er genau neben meinem Knie voll in die Eisen stieg, daß der Staub aufwirbelte; oder manchmal marschierte ich mitten auf die Straße und forderte King tollkühn heraus, die Fahrt nicht zu verlangsamen. Es war eine Erinnerung an alte Zeiten, damals in Durham, als es noch ein Sport war, vor den Autos herumzuhüpfen und ihnen dann schnellstens auszuweichen. Ich stieg ein und sah, daß er sich eine

Stange Zigaretten gekauft hatte; ein Zeichen von neuem Luxus. Früher hatte er sich oft selbst Zigaretten drehen müssen.

Wir fuhren nach Hause und setzten uns an den Wohnzimmertisch. Er riß eine Schachtel auf und bot mir eine Zigarette an. Während wir dasaßen und uns durch die im Halbkreis auf dem Tisch verstreuten Zigarettenschachteln einfach riesig fühlten, sahen wir den von Doubleday geschickten Vertrag für *Carrie* durch. Er streichelte den Hals seiner Bierflasche und grinste wie ein Zuhälter, als ich mit dem Finger auf eine nette Klausel nach der anderen tippte: Gewinnanteil an Auslandsverkäufen, Gewinnanteil an Filmverträgen, Gewinnanteil an T-Shirts.

Stephen King saß da und grinste wie ein Mann, der in der Lage ist, mit höchstem Einsatz zu pokern.

Er hatte es schon immer geliebt, Wetten einzugehen, etwas zu riskieren. Er liebte den Raum im Obergeschoß, in den sich die Männer zurückzogen, um die Gewinner von den Verlierern zu trennen. Als er noch ein Junge war, haben er und die Nachbarkinder den oberen Teil der Scheune hinter seinem Haus als Spielhölle benutzt. Irgend jemand hatte einige Nummern gefunden, die von der Tür eines Apartments heruntergefallen waren, und sie nagelten sie an die Wand und nannten ihr Zimmer den »249 Club«. Dort verzockten sie dann ganze Nachmittage, beäugten ihre Trumpfkarten in der mit blauem Rauch geschwängerten Luft, und danach warfen die Verlierer glühende Zigarettenkippen auf die Gewinner, die mit ihren Fingern im klimpernden Kleingeld wühlten.

Steve brachte diesen hyperbolischen Sinn fürs Risiko, dieses theatralische Gefühl für hohe Einsätze in sein Schreiben mit ein. Er liebte es, sich spontan an die Schreibmaschine zu setzen, und an seinen guten Tagen, die mit der Zeit immer häufiger wurden, setzte sich das, was aus seinem Kopf kam, sofort zu einem perfekten Bild zusammen, welches er dann auch fast augenblicklich zu Papier bringen konnte; wenn das Geräusch, das seine Schreibmaschine verursachte, mehr einem Summen als einem Stakkato gleichkam, besaß seine Prosa nicht nur eine wundervolle, schriftstellerische Sicherheit, sondern — mehr als das — eine unheimlich anmutende Anziehungskraft, als ob man beim Lesen von einer Art Glück herbeigezogen würde, das sich in jedem Wort widerspiegelte.

Vielleicht hatte er also an diesem Tag, an dem wir zusammensaßen und seinen Vertrag für *Carrie* durchsahen, mit der ultimativen Wette, die er abgegeben hatte, den großen Treffer gelandet. Es gab einen Zeitpunkt, vor Jahren, als er beschloß, sich selbst, sein Talent, die schriftstellerischen Fähigkeiten, die er sich angeeignet hatte, gegen jede Vernunft auf eine Karte zu setzen.

Er hielt die Wette stets in Ehren, und, auf seltsame Art und Weise, hat die Bank dafür hin und wieder auch ihren Tribut gezollt. Während der schweren Zeiten vor dem Verkauf von *Carrie* kam es mehr als einmal vor, daß ein Scheck für eine Geschichte, die er an eine Zeitschrift verkauft hatte, eintraf und genau zum richtigen, verzweifelten Zeitpunkt einen Geldsegen brachte; genug, um einige Rechnungen zu bezahlen und sich die Wölfe noch eine Zeitlang vom Hals zu halten. Ich erinnere mich daran, daß ich von dem Vertrag hochblickte und ihn dabei beobachtete, wie er sein Bier austrank. Er begann über den zweiten Entwurf von *Salem's Lot* (dt.: *Brennen muß Salem!*) zu sprechen. Nach kurzer Zeit stand er auf und zog sich zurück, um daran zu arbeiten. In dem kleinen Zimmer am Ende des Korridors, das gerade genug Platz für ihn, seine Schreibmaschine, die laute Heizung und das noch lautere Radio bot. Die Kinder kamen herein, während er auf den Tasten herumhämmerte. Sie veranstalteten einigen Radau und schlängelten sich um seine Beine.

Als es dunkel wurde, sang Tabby in der Küche zur Musik aus Steves Radio.

Ich erinnere mich daran, daß die Stange Zigaretten immer noch auf dem Wohnzimmertisch thronte und die fächerförmig ausgebreiteten Schachteln im Schein der Deckenlampe luxuriös glänzten.

Und jetzt weiß ich, daß es damals doch nicht Stephen Kings allerletzte Wette war.

Die ersten Jahre

Es war das Ende des Alptraums und der Beginn des amerikanischen Traums. Der Zweite Weltkrieg hatte ein Ende gefunden, und Donald Edwin King — ein Kommandant der Handelsmarine — machte sich, wie auch Millionen anderer Soldaten, auf den Weg nach Hause.

King kehrte nach Croton-on-Hudson, New York, zu seiner Frau Nellie Ruth Pillsbury King zurück. Er hatte sie sechs Jahre zuvor geheiratet, als er fünfundzwanzig und sie sechsundzwanzig Jahre alt gewesen waren. Am 14. September 1945 adoptierten sie ein gerade erst zur Welt gekommenes Baby und nannten es David Victor King. Zwei Jahre später bekamen Donald E. King — nun ein Kapitän der Handelsmarine — und Nellie King in Scarborough, Maine, ihren zweiten Sohn: Stephen Edwin King, geboren in Portland, Maine, am 21. September 1947 im General Hospital von Maine.

Wie auch sein älterer Bruder war Stephen ein Nachkriegskind, eines von Millionen Mitbetroffenen des sogenannten Babybooms.

Als ein Kind der fünfziger Jahre wuchs Stephen im Schatten der Atombombe auf — das technologische Wunder, das den Krieg beendet hatte, würde seinen ausgreifenden Schatten auch noch auf die nächsten vier Jahrzehnte werfen. Im Rückblick auf diese Zeit schrieb King in *Danse Macabre* (1981): »Wir waren ein fruchtbarer Boden für die Saat des Schreckens, wir Nachkriegskinder; wir wurden in einer seltsamen Zirkusatmosphäre aus Paranoia, Patriotismus und nationaler Vermessenheit aufgezogen.«

Wie das Leben manchmal so spielt, machte sich, als Stephen King zwei Jahre alt war, sein Vater auf, eine Schachtel Zigaretten zu holen und kehrte nie zurück. In *Danse Macabre* berichtete King, was danach passierte:

Nachdem mein Vater sich aus dem Staub gemacht hatte, versuchte meine Mutter, sich zusammenzuraufen. Mein Bruder und ich bekamen in den nächsten neun Jahren nicht sehr viel von ihr zu sehen. Sie nahm eine ganze Reihe von schlechtbezahlten Jobs an: Büglerin in einer Reinigung, Doughnut-Bäckerin in der Nachtschicht einer Bäckerei, Verkäuferin, Hausmeisterin. Sie war eine talentierte Pianistin und eine Frau mit einem großen und manchmal etwas exzentrischen Sinn für Humor, und irgendwie schaffte sie es, die Dinge zusammenzuhalten, so wie es auch schon Frauen vor ihr getan hatten, und sogar heute noch, während wir uns unterhalten, wiederum andere Frauen tun.

Für Ruth King waren Bücher der einzige Fluchtweg aus der Mühsal des alltäglichen Arbeitslebens. Stephen rief sich diese Zeit ins Gedächtnis zurück:

Ich kann mich noch daran erinnern, wie ich eines Abends nach Hause kam, nachdem sie einer dieser kleinen Buchhandlungen, in die man ging, um irgendwelche Taschenbücher zu kaufen, einen Besuch abgestattet hatte — es war Anfang der Fünfziger —, und sie hatte einen ganzen Stoß ihrer Lieblinge, die damals Agatha Christie und Erle Stanley Gardner hießen und die sie für fünf Cent erworben hatte, angehäuft. Die Umschlagseiten waren abgerissen, sie lagen in einem Stapel neben unserem Fernseher, zu dieser Zeit ein Tischmodell Marke Motorola, das fünftausend Pfund wog, ein Schwarzweißgerät mit einem winzigen Bildschirm. Ich habe sie gefragt: »Was hast du da?« Und ich kann mich immer noch daran erinnern, was sie antwortete: »Ich habe hier einen Stapel billige, süße

Ferien.« Sie war eine hartarbeitende Frau — sie arbeitete vierundvierzig bis fünfundvierzig Stunden die Woche —, und sie las diese Agatha-Christie- und Erle-Stanley-Gardner-Romane. Sie wußte, was sie zu ihrem Geburtstag und Muttertag und allem anderen von mir bekommen würde; es war immer ein Perry-Mason-Roman oder etwas Ähnliches.

In den nächsten paar Jahren zog die Familie auf der Suche nach einem Ort, den sie ihr Zuhause nennen konnte, durch das ganze Land. David King erinnerte sich in einem Interview in *The Shape Under the Sheet* an die Wandertage, während der sie bei Verwandten in Maine oder Massachusetts oder Chicago Unterschlupf fanden. Obwohl sie auch bei Verwandten der väterlichen Seite der Familie unterkamen, wohnten sie doch häufiger bei Angehörigen der Mutter.

Als Stephen King sechs Jahre alt war, zogen er und seine Familie nach Stratford, Connecticut. Dort verbrachten sie vier Jahre, und an diesem Ort war es auch, wo die erste Begegnung des jungen und leicht zu beeindruckenden Stephen King mit der Welt des Horrors stattfand.

Wie King in *Danse Macabre* erzählt, erbat er die Erlaubnis seiner Mutter, die fürs Radio verfaßte Adaptation von Ray Bradburys Geschichte *Mars Is Heaven!* zu hören. Seine Mutter verweigerte ihm ihre Erlaubnis, doch er hörte trotzdem zu. In jener Nacht schlief er »im Korridor, von wo aus ich das Licht der Badezimmerbirne sehen konnte.«

Diese frühe Begegnung mit dem Geschichtenerzählen — der mündlichen, nicht der geschriebenen Art —, hinterließ bei dem zukünftigen Schriftsteller einen unauslöschlichen Eindruck. Was King damals entdeckte, sollte zu einem Markenzeichen seiner Erzählweise werden: die

Geschichte in visueller Ausdrucksform zu erzählen, damit sie für das geistige Auge zum Leben erwacht.

Stephen Kings früheste Erinnerungen an eine Begegnung mit der geschriebenen Form des Geschichtenerzählens ist, sind die Abende, an denen seine Mutter ihm und seinem Bruder vorlas. Ruth las ihnen »Classics-Illustrated«-Comics — Adaptationen von Klassikern der Literatur — und Kinderbücher wie *Die Schatzinsel* vor. Doch King bevorzugte schon damals, im Alter von sieben Jahren, die dunklere Mär. *Dr. Jekyll und Mr. Hyde*, Robert Louis Stevensons furchterregende Geschichte, war eine seiner frühesten Favoriten. King erinnerte sich:

Ruth besaß ein dünnes Buch aus der Bücherei — offensichtlich für Erwachsene bestimmt. Ich fragte: »Um was geht es in dem Buch?« Und sie antwortete: »Oh, das würde dir nicht gefallen. Dies hier ist ein wirklich gruseliges Buch. Es geht um einen Mann, der sich in jemand anderen verwandelt. Es heißt *Dr. Jekyll und Mr. Hyde*.« Und ich sagte: »Lies es mir vor.« Und sie protestierte, aber niemals sehr stark, weil sie dieses Zeug einfach liebte; sie war absolut verrückt danach. Wenn es etwas gab, das sie noch mehr liebte, dann war es, jemand anderen damit zu gruseln.

Für mich war es ein glücklicher Sommer. Abends saßen wir auf der Veranda, und Ruth sagte, sie würde Zigaretten rauchen, um die Mücken zu verscheuchen, obwohl ich merkte, daß sie auch ziemlich heftig inhalierte, und sie las mir *Dr. Jekyll und Mr. Hyde* vor. Ich lebte und starb mit dieser Geschichte, mit Dr. Utterson und mit dem armen Dr. Jekyll, doch ganz besonders mit Dr. Jekylls anderer Seite, in der jegliche Spur einer Scheinzivilisation verwischt wurde. Ich kann mich daran erinnern, daß ich nach dem Vorleseabend schlaflos im Bett lag und daran denken mußte, wie Mr. Hyde auf diesem kleinen Mädchen herumtrampelte, vor und zurück, und ihre Knochen brach; und es war ein solch schreckliches Bild, daß ich mir dachte: *Ich muß auch so etwas schreiben; aber ich muß es viel schlimmer machen.* Das schien mir der einzige Weg zu sein, auf dem ich wieder in die Normalität zurückkehren konnte.

Der junge King las auch Dr. Seuss, dessen »grimmige Situationskomödie« *The 500 Hats of Bartholomew Cubbins* einen mächtigen Eindruck auf ihn machte: es war der Gedanke, daß »auch den gewöhnlichsten Leuten plötzlich und ohne jeglichen Grund etwas absolut Unheimliches zustoßen kann.« Dieser Gedanke war es auch, der, Jahre später, zu einer Basis für nahezu alle seine Hauptwerke werden sollte.

Seinen ersten Horrorfilm sah King ebenfalls mit sieben Jahren. Zwar scheiden sich die Geister im Hinblick auf den Ort des Geschehens — entweder das Fernsehen oder ein Autokino in Gesellschaft seiner Mutter und ihres Begleiters —, doch was den Film angeht, besteht kein Zweifel. King sah *The Creature from the Black Lagoon* (dt.: *Der Schrecken vom Amazonas),* einen Schwarzweißfilm aus dem Jahre 1954, der, wie Leonard Wolf einmal schrieb, »der Liebling aller Anhänger des Horrorfilms ist.«

Jahre später stellte King fest: »Ich sehe die Dinge immer noch auf filmische Art und Weise. Ich schreibe alles auf, was ich sehe. Es kommt mir vor wie ein Kinofilm, und so schreibe ich dann auch.«

In *The Art of Darkness* berichtet Douglas E. Winter, daß King zu dieser Zeit seine ersten Romanversuche startete, einschließlich seiner ersten Horrorgeschichte, die eine Art Nachahmung der Horrorfilme der Fünfziger war: Ein Dinosaurier terrorisiert eine Stadt, doch ein Wissenschaftler rettet die Situation. Da Dinosaurier gegen Leder allergisch sind, so theoretisiert der Wissenschaftler, werden wir ihn mit Gegenständen aus Leder angreifen, und er wird verschwinden. Obwohl der Ursprung dieser Geschichte ganz eindeutig auf anderem Gebiet zu suchen ist, ließ sie in Grundzügen bereits viele der Hauptgedanken Kings zukünftiger Romane und seiner Erzählweise erahnen: Es geschieht etwas, für das es keine einleuchtende Erklärung gibt (ein Dinosaurier taucht ganz plötzlich auf); eine völlig abwegige Lösung wird gefunden, von Wissenschaftlern, den Hohepriestern der Technologie (sie denken sich eine Theorie aus); und obwohl diese Theorie jeglicher reellen Grundlage entbehrt (die Allergie des Dinosauriers gegen Leder), funktioniert sie.

Drei Jahre später, am 4. Oktober 1957, mußte der Zehnjährige, in der Euphorie des wirtschaftlich florierenden Amerikas großgezogene Stephen erkennen, daß die Zeit seiner kindlichen Unschuld vorüber war. Die Russen hatten *Sputnik I*, einen zweiundzwanzig Zoll großen, hundertvierundachtzig Pfund schweren Satelliten gestartet, der den Wettlauf um die Erforschung des Weltraums einleitete — ein rauhes Erwachen für die Amerikaner, die angenommen hatten, sie könnten den Weltraum allein erforschen; die Russen wollten sich nicht mit dem schäbigen zweiten Platz zufriedengeben.

Interessant auch Kings Erinnerungen an dieses einschneidende, überraschende Ereignis: In der Kolumne einer Collegezeitung schrieb er, er habe »beim Frisör auf einen Haarschnitt gewartet, als es passierte. Ich hielt es für einen Witz... Die Amerikaner waren immer die ersten bei allem — das war schon so beim Telefon, dem elektrischen Licht, dem Flugzeug — sicherlich konnten die Russen, die doch dauernd mogelten, uns nicht im Wettrennen um den Weltraum geschlagen haben! Es war erniedrigend, es war erschreckend . . . na ja, es war eben einfach total peinlich«.

Doch in *Danse Macabre* erzählt King eine weitaus dramatischere Version der Geschichte. Er befindet sich in einer Samstagnachmittags-Vorstellung des Kinofilms *Earth vs. the Flying Saucers.* Plötzlich gehen die Lichter an, und der Geschäftsführer tritt auf die Bühne, um eine Ankündigung zu machen: »Ich möchte Ihnen mitteilen, daß die Russen einen Weltraumsatelliten in die Erdumlaufbahn geschossen haben. Sie nennen ihn . . . *Sputnik.*«

Welche Version auch immer der Wahrheit entspricht, es war jedenfalls ein entscheidender Moment in seinem Leben, wie er in *Danse Macabre* schreibt: »Ich versuche ganz bestimmt nicht Ihnen zu erzählen, die Russen hätten mich durch ein Trauma dazu gebracht, mich für Horrorromane zu interessieren, sondern ich will einfach nur den Augenblick verdeutlichen, in dem ich begann, die nützliche Verbindung zwischen der Welt der Phantasie und dem, was *My Weekly Reader* immer als aktuelle Ereignisse bezeichnete, zu erkennen.«

Ein Jahr später, 1958, als Stephen elf Jahre alt wurde, zog die Familie King nach Durham, Maine, wo Ruth nicht nur ihre beiden Söhne allein aufzuziehen hatte, sondern sich auch noch um ihre Eltern, Guy Pillsbury und Nellie Fog Pillsbury kümmern mußte, die beide bereits die Achtzig überschritten hatten und pflegebedürftig waren.

Die Tage in Durham

Ende der Fünfziger war Durham, wie sich Christopher Chesley, Kings Sandkastenfreund, erinnert, »eine Arbeiterstadt — in gewisser Weise eine Stadt, in der man kaum sein Glück machen konnte. In dieser Gegend gab es nur Landwirtschaft, daher arbeitete der Großteil der Einheimischen außerhalb in Lewiston, Auburn oder Brunswick.«

Mit seinen weniger als tausend Einwohnern — eine Zahl, die sich auch heute noch Gültigkeit hat —, war das ländliche Durham stets ein Ort, in dem man sich seine Freizeit selbst gestalten mußte.

Die Familie King ließ sich in einer Gegend nieder, die unter den Einheimischen als Methodistenecke bekannt war. Unweit der Straßenkreuzung, an der die West Durham Methodistenkirche lag, befand sich das bescheidene zweistöckige Haus.

Wenn man auf der vorderen Veranda des Hauses stand und über die einen rechten Winkel bildende Straße blickte, konnte man hinter einem windgepeitschten Feld, eine Viertelmeile entfernt, das Backsteinhaus sehen, in dem Kings Tante und Onkel, Ethelyn Pillsbury Flaws und Oren Flaws, lebten. Zur Linken befand sich, etwa eine Achtelmeile entfernt, das Heim von Alex und Joyce Hall, deren drei Söhne — Brian und die Zwillinge Dean und Dana — ebenfalls zu Stephen Kings Freunden zählten. Zwischen dem Haus der Halls und dem der Kings standen die aus einem Zimmer bestehende Hauptschule, die Stephen besuchen sollte, und die West Durham Methodistenkirche, die laut einer vor dem Gebäude angebrachten Tafel »die zweitälteste, in ständigem Gebrauch befindliche Methodistenkirche Neuenglands« ist. (Heute wird das Kirchengebäude nicht mehr benutzt, doch damals war es ein Brennpunkt für die gemeinschaftlichen Unternehmungen der Kinder, einschließlich Stephen und David King, die regelmäßig an den Bibelstunden und Gottesdiensten teilnahmen; unter der Aufsicht des Laienpredigers Charles Huff wurden zusammen mit anderen Kindern Wanderungen zum nahegelegenen Bradbury Mountain veranstaltet, wo dann ein Picknick stattfand.)

Die Kings führten in jeder Hinsicht ein Leben der unteren Mittelklasse, das sich nicht wesentlich von dem der anderen Familien in der Gegend unterschied. Hinter dem Haus befand sich das Toilettenhäuschen. »In meiner Jugend lebten wir nicht gerade im Überfluß«, erinnerte sich Stephen King. »Natürlich gehörte das Haus uns nicht, wir wohnten nur zur Miete. In unserem blau gestrichenen Klohäuschen sinnierten wir über die Ungerechtigkeiten des Lebens. Unser Brunnen war ständig ausgetrocknet, und ich erinnere mich daran, daß wir das Wasser von einer weit entfernten Quelle heranschleppen mußten.«

David King erinnerte sich, daß seine Mutter »sich um ihre Eltern kümmerte, wobei sie von ihren Schwestern unterstützt wurde, und manchmal, auch als wir bereits in Durham lebten, erhielt sie auch eine Art Kindergeld für Alleinstehende mit minderjährigen Kindern.«

Ruth King mußte die Familie also allein durchbringen; folgerichtig blieben auch ihre Söhne größtenteils sich selbst überlassen. Stephen und David King waren sogenannte Schlüsselkinder. Stephen King erinnerte sich: »Meine Mutter ... arbeitete von elf bis sieben in der Bäckerei und fertigte Backwaren an. Also war sie tagsüber zu Hause. Mein Bruder David hat mir immer gesagt, ich solle leise sein; unsere Ma versuche ein wenig zu schlafen. Später arbeitete Ruth in einer Reinigung. In den Sommermonaten konnten wir meistens tun und lassen, was wir wollten.«

Im darauffolgenden Jahr, als Stephen King zwölf wurde, lernte er Christopher Chesley kennen, der eine halbe Meile entfernt von der Heimstatt der Kings lebte. In ihm sollte King eine verwandte Seele finden: ein weiterer Junge, der sich auf dem Weg zum Schriftsteller befand.

Chesley, der von seinen Eltern aus einer am anderen Ende der Stadt befindlichen Schule herausgenommen und in die Einzimmerschule nahe der King-Residenz gebracht worden war, erinnerte sich an seine erste Begegnung mit dem zwölfjährigen Stephen King: »Mit dieser altmodischen, schwarzrandigen Brille sah er aus wie ein kleines Kind. Sein Haar war ziemlich wirr, und er war langsam. Er war stämmig, aber nicht fett.«

Brian Halls Beschreibung hört sich ähnlich an: »Steve war ein großes, vierschrötiges Kind... Irgendwie tolpatschig. Wenn man sah, wie er die Straße hochkam und in seinem Buch las, wußte man einfach, daß er im nächsten Moment umkippen oder gegen ein Straßenschild knallen würde.« David Kings Erinnerungen malen jedoch ein weitaus lebendigeres Bild: »Er sah aus wie Vern (Tessio) in dem Film *Stand by Me — Das Geheimnis eines Sommers.*«

Da er mit zwölf schon sehr hochgewachsen war — einen Meter achtundachtzig —, überragte Stephen King seine Altersgenossen um Längen, was zuweilen komische Folgen hatte. Brian Hall erzählte dem Interviewer Jeff Pert, er und King seien des öfteren in das Ritz-Filmtheater im nahe gelegenen Lewiston gegangen, und die Frau im Kartenhäuschen habe nur einen Blick auf den überdimensionalen King geworfen, bevor sie beschloß, ihn nicht zum ermäßigten Preis einzulassen, da er offensichtlich zu alt dafür war. Halls Erzählungen zufolge, habe King von jenem Tag an jedesmal eine Kopie seiner Geburtsurkunde mit zum Lichtspielhaus gebracht.

Ein früher und bleibender Eindruck waren diese Samstagnachmittagsvorstellungen im Ritz, die dem jungen und beeinflußbaren Schriftsteller auf der Suche nach seiner eigenen dichterischen Stimme neue Welten eröffneten. Laut Chesley kann man Kings filmischen Schreibstil auf die Stunden im abgedunkelten Ritz-Theater zurückführen, wo die Schwarzweißfilme mit ihren überdimensionalen Bildern vor ihm abgespult wurden. Chesley stellte fest: »King hat praktisch von dem, was er im Ritz auf der Leinwand sah, gelernt, *wie* man schreibt — an jenem Ort, an den die Eltern ihre Kinder an den Samstagen schickten.«

Die Filme stellten auch inhaltlich eine frühe Inspirationsquelle für Kings erste Schreibversuche dar. Nachdem er den 1961 gedrehten internationalen, amerikanischen Film *The Pit and the Pendulum* — unter der Regie von Roger Corman, dem König der B-Filme — gesehen hatte, schrieb King seine eigene Version dieser Geschichte. Chesley erinnerte sich: »Es war *kein* Abklatsch der Geschichte. King hatte den Film gesehen und im wahrsten Sinne des Wortes einen Roman darüber verfaßt. Wir haben einige Kopien davon angefertigt und verkauften sie für zehn oder fünfundzwanzig Cent an der Schule, aber die Lehrer machten uns damals schnell einen Strich durch die Rechnung.«

Von dem frühen Erfolg und Ansporn erregt — einer literarischen Lizenz zum Stehlen, sozusagen —, fuhr Stephen King mit seinen Schreibversuchen fort. In einer weiteren Geschichte verwob King spielerisch Fakten und Fiktion, indem er die echten Namen von Mitschülern in einer erfundenen Geiselsituation benutzte. »Sie bestand gerade mal aus zwanzig Seiten«, erzählte Chesley, »und es war eine Geschichte, in der die Kids die Schule besetzten. Natürlich lasen sie auch Leute, die in der Geschichte vorkamen; wegen solcher Einfälle wurde King als lokale

Berühmtheit gefeiert. Er konnte echte Leute nehmen und sie in diese Geschichte miteinbringen, in der wir zu Helden wurden. In dieser Story starben wir im Kampf gegen die National Guards. Die Kids, die er am besten leiden konnte, ›starben‹ zuletzt; also haben wir uns natürlich alle gefragt, wann wir ›sterben‹ würden.«

Obwohl King in physischem Sinne ein Außenseiter war — ein großes und ungelenkes Kind —, spielte das für ihn keine sehr große Rolle. Wie er dem Interviewer Charles Platt Jahre später berichten sollte: »Ich konnte schreiben, und das war die Art, auf die ich mich schon als Kind ausdrücken wollte.«

Mehr als Kings Art der Identitätsfindung sollte das Schreiben für ihn seine Fahrkarte in die Welt werden. Mit Hilfe seiner von einer außergewöhnlichen Phantasie noch gesteigerten Wahrnehmungsfähigkeit sollte King schließlich den Beschränkungen des ländlichen Maines für immer entfliehen können. Wie King später feststellte: »Ich bin in einer echt ländlichen Umgebung aufgewachsen und habe seitdem ständig darüber geschrieben. Es war eine stille Kindheit, und sie fand zum größten Teil nur in meiner Innenwelt statt. Als ich mit dem Geschichtenschreiben anfing, wollte ich darüber schreiben, wie es ist, als Detektiv in einer großen Stadt zu arbeiten oder ein Weltraumjockey in einem Asteroidengürtel zu sein — einfach alles, nur um aus Durham, Maine, wo ich aufgewachsen bin, herauszukommen.«

Ironischerweise war es sein Vater, Donald E. King, der ihm den Weg dafür ebnete. In *Danse Macabre* erinnert sich King an diesen besonderen Tag — den Wendepunkt in seinem Leben —, an dem er zum ersten Mal die Bekanntschaft mit den Meistern des Horrorgenres machte. Es war »ein kalter Tag im Jahre 1959 oder 1960, auf dem

Dachboden über der Garage meiner Tante und meines Onkels; ein Ort, an dem sich diese innere Wünschelrute auf einmal zu regen begann, an dem die Kompaßnadel in Richtung meiner wahren Bestimmung schwang. Das war der Tag, an dem ich zufällig auf eine Kiste mit Büchern stieß, die meinem Vater gehört hatte«.

In diesem »Familienmuseum«, wie King den Dachboden über der Garage nannte, machte King erneut die Bekanntschaft seines lang verschwundenen Vaters, eines Vaters, den er eigentlich nur von Erzählungen seiner Mutter kannte, der ein Herumtreiber war, ein Angehöriger der Handelsmarine, der später durch den Mittleren Westen reiste, um Electroluxgeräte an der Haustür zu verkaufen — »der einzige Mann im Vertreterkreis, der hübschen, jungen Witwen regelmäßig um zwei Uhr nachts Staubsauger vorführte«, sagte King. Der Sohn beschrieb seinen Vater als »Mann von durchschnittlicher Größe, im Stil der Vierziger recht gut aussehend, ein wenig rundlich und bebrillt.« Als aufstrebender Schriftsteller, dem es an Ausdauer mangelte, legte Donald King den Männermagazinen seiner Tage einige Romane vor, doch obwohl er einigen Ansporn erhielt, schaffte er damit nie den Durchbruch. Wie sein Sohn später feststellte: »Keine seiner Geschichten ließ sich verkaufen, und keine davon überlebte.«

In dieser Bücherkiste entdeckte King, neben mehreren Taschenbüchern des Avon-Verlages, zum ersten Mal H. P. Lovecraft; dessen Erzählungen hinterließen ihr unauslöschliches Mal in dem jungen und leicht beeindruckbaren King. Lovecraft »schlug . . . mit aller Macht zu, und ich glaube immer noch, daß er trotz all seiner Mängel der beste Horrorschriftsteller ist, den Amerika je hervorgebracht hat«. Später sollte King in *Danse Macabre* schreiben: »Als Lovecraft *The Rats in the Walls* und *Pickman's Model* schrieb, pfuschte er nicht einfach nur so herum

41

oder versuchte sich ein paar Extramäuse zu verdienen; er meinte, was er schrieb, und es war diese Ernsthaftigkeit, auf welche diese innere Wünschelrute, ebenso wie auf alles andere, ansprach, glaube ich.«

Lovecraft — zu seiner Zeit ein hohlwangiger, verdrießlich dreinblickender Außenseiter — nahm seine unheimlichen Romane in der Tat ziemlich ernst, er umriß sogar die Ästhetik des Horrors in einem langen Essay, *Supernatural Horror in Literature*, der ersten vollständigen Studie dieser Art.

In mancherlei Hinsicht war Lovecraft der Stephen King seiner Generation. In Neuengland geboren, war er zu seiner Zeit ebenfalls ein Außenseiter. Als überaus eifriger Leser, der bereits in jungen Jahren alles Gedruckte regelrecht verschlungen hatte, brachte Lovecraft seine frühesten Werke selbst heraus und erforschte später das neuenglische Milieu seiner Heimat Rhode Island durch fiktive Konstruktionen wie Innsmouth und Arkham, Massachusetts. Indem er den Horror anhand von Mythen erforschte — innerhalb des Rahmenwerks des Cthulhu-Mythos, einer Rasse von kosmischen Entitäten, durch deren Existenz der unbedeutende Platz des Menschen im Universum völlig in den Schatten gestellt wurde —, fand Lovecraft in Horrorromanen das ideale Ausdrucksmittel für seine düsteren Visionen, die eine Basis für Nachkriegsautoren legten wie Fritz Leiber, den frühen Ray Bradbury, den frühen Robert Bloch, Charles Beaumont, Jack Finney und Richard Matheson. Alle diese Autoren trugen dazu bei, Horrorliteratur für breite Leserschichten genießbar zu machen, und jeder von ihnen hat auf seine Art immensen Einfluß auf Stephen King ausgeübt.

Chris Chesley schrieb es Lovecraft zu, daß King zu einer neuen Art des Romanschreibens fand:

Was Steve von Lovecraft gelernt hat, war die Möglichkeit, die Atmosphäre Neuenglands als Sprungbrett zu verwenden. Lovecraft zeigte ihm ein Horrormilieu, das eindeutig neuenglischen Ursprungs war. *Dracula* hätte im Grund genommen ebenso nach Durham verlegt werden können. Steve las zwar nicht nur Lovecraft, doch im Zuge seiner Entwicklung nahm er diese europäische Art von Horrorliteratur an und verlegte sie auf diesen Kontinent.

King war geradezu versessen auf Horror, insbesondere als er entdeckte, daß er mit seiner Begeisterung für die unheimliche Lektüre nicht allein dastand. In einem Vorwort zu *Mr. Monster's Movie Gold* — einer Studie über den Horrorfilm von Forrest J. Ackerman — schrieb King: »Da ich im ländlichen Maine aufwuchs, wurde mein Interesse für Horror und das Fantastische keinesfalls mit Wohlwollen betrachtet — da ging der junge Steve King, der seine Nase entweder in irgendeine gespenstische Ausgabe der *Tales from the Vault* oder in eine noch unheimlichere Taschenbuchausgabe irgendeiner anderen Art steckte. Ich war von Robert Bloch zu Frank Belknap Long und von Long zu dem Rest des sogenannten Lovecraft Zirkels übergewechselt. Was die Meinung der meisten Älteren betraf, ernährte ich mich einzig von ... giftigen Früchten.«

Chesley, der sich Kings gefühlsmäßige Isolation in der damaligen Zeit ins Gedächtnis zurückrief, erklärte:

In Anbetracht der Menge dessen, was er las und schrieb, dachte jeder, daß er viel zu viel Zeit in seinem Zimmer zubrachte, zu viel Zeit in seiner Phantasie; und das hielt man für ein ungesundes und anomales Verhalten. Ich glaube, er fühlte das und es kränkte ihn. Für ihn war es sehr schwierig, der zu sein, der er war und als solcher akzeptiert zu werden. Ich glaube, in dieser Hinsicht fühlte sich Steve noch einsamer; er fühlte sich ausgeschlossen. Doch die Isolation war nötig, um ihn zu dem zu machen, was er wurde.

Als King zum ersten Mal auf Ackermans *Famous Monsters of Filmland* stieß, war er angenehm überrascht zu entdecken, daß es überall im Land Kinder wie ihn gab, die seine Affinität zur populären Kultur teilten. Die Erwachsenen konnten es ruhig Schund nennen, aber Ackerman wußte es besser. Ackerman, so später King, »hielt zu einer Generation von Kindern, die entdeckt hatten, daß wenn es schon Schund war, dann doch immerhin *magischer* Schund. Er hatte das Fantastische — sowohl die Geschichten als auch die Kinofilme — stets als einen Zugang zum Wunderbaren gesehen. Seine Liebe für das Genre ist das Erstaunen eines Kindes, unberührt von der Überheblichkeit der Erwachsenen, die letztendlich verdirbt. Doch diese kindliche Liebe war gepaart mit dem Enthusiasmus eines Mannes, der die Sache gefunden hat, für die ihn Gott erschuf und sie mit einem einzigartigen Stil und einer nie erlahmenden Energie in Angriff nahm.«

Für King war Durham der Ort, an dem alles begann. Durch die Linse seiner Phantasie sah King ein Durham, das keiner außer ihm wahrnehmen konnte. Beim Herunterhämmern von Geschichten auf einer Reiseschreibmaschine in seinem vollgestopften Zimmer, das er mit seinem Bruder teilte, entfloh King der gewöhnlichen Welt und katapultierte sich in eine außergewöhnliche Romanwelt. Wie Chesley schrieb: »Die Feldwege des Landes, die

Kiefernbestände, der Acker vor der Saat, die kupferfarbene Sonne Maines, all das war normal und wirklich genug; doch in Kings Zimmer war es, als betrete man tatsächlich eine andere Atmosphäre, die direkt aus der Phantasie dieses vor einer Schreibmaschine sitzenden Kindes in den Raum zu dringen schien; und plötzlich wurden all die außergewöhnlichen Dinge lebendig und wahrhaftig — für die Dauer eines Nachmittags wahrhaftiger als die prosaische Landschaft vor dem Fenster.«

Das Irreale real zu machen, das Unglaubwürdige glaubhaft — das sei, Chesleys Meinung nach, Kings einzigartige Gabe, die ihn zum Erfolg führte:

Wenn ich zu Stephen King nach Hause ging, um gemeinsam mit ihm Geschichten zu schreiben, überkam mich dort jedesmal das Gefühl, daß diese Dinge nicht nur Geschichten waren; wenn du die Türschwelle seines Hauses überschritten hattest, lauerte da immer dieser Eindruck, als besäßen die Romanfiguren ein echtes Gewicht.

Die Phantasie machte seine Geschichten nicht nur für ihn real, sondern auch für *mich*. Sein Haus zu betreten war, als würde man in eine andere Welt hineingezogen, die dem alten, phantasielosen Durham mit seinen Kuhställen in keinster Weise ähnelte. Und das war es auch, was mich zu Steve hinzog. Er hatte diese besondere Fähigkeit: Wenn du gemeinsam mit ihm Geschichten gelesen hast, seine oder fremde, oder dir mit ihm zusammen Geschichten ausgedacht und niedergeschrieben hast, dann nahmen die erfundenen Charaktere plötzlich Gestalt an. Es war eine eigene Welt, und ich hatte die Ehre, sie betreten zu dürfen. Selbst als

Kind, als Teenager, hatte King bereits diese Macht. Es war einfach erstaunlich.

Das ist die Essenz des Geschichtenerzählens: Wenn der Schriftsteller sein Handwerk beherrscht, dann wird der Leser mühelos aus der realen Welt in die autohypnotische Welt der Imagination hinübergleiten; der Übergang verläuft so glatt, das der Leser es niemals bemerken wird.

Jahre später, als er für eine Gruppe in Truth or Consequences, einer Stadt in New Mexico, eine öffentliche Rede hielt, erklärte King die Magie dieses fiktiven Übergangs:

> Der Grund, aus dem ich schreibe, ist ein Gefühl der Verwunderung, eine Ahnung, daß es da noch mehr geben könnte oder daß es einen Weg gibt, die Welt und die natürlichen Gesetze, von denen diese Welt geregelt wird, festzulegen.
>
> Das nenne ich das Narnia-Gefühl.
>
> Die beste Darstellung dieses Gefühls ist nämlich für mich in einem Roman von C. S. Lewis, *The Lion, the Witch and the Wardrobe (Der König von Narnia)* verborgen, der damit beginnt, daß einige Kinder in einem großen, alten Haus in England Verstecken spielen. Lucy versteckt sich in einem Kleiderschrank; sie bahnt sich ihren Weg durch hängende Gewänder, Mäntel und Stolen nach hinten. Plötzlich wird es kalt unter ihren Füßen, und als sie nach unten blickt, ist es dort nicht mehr dunkel — sondern hell. Und als sie sich bückt, berührt ihre Hand irgend etwas Kaltes und nicht die Schrankbretter; sie hebt es auf und preßt es an ihr Gesicht.
>
> Und es ist Schnee.
>
> Das ist es für mich. Das ist der Zeitpunkt, an dem alles zusammenpurzelt, und ich bin verschwunden,

und dann sagt man: Ich bin durch die Welt gefallen. Ich habe diesen ganzen Mist hinter mir gelassen. Ich bin an einem anderen Ort. Für mich ist das wirklich eine aufregende Sache, so ähnlich wie: Toto, ich glaube, wir sind gar nicht mehr in Kansas. Das ist ein wundervoller Moment, und man antwortet: Gott sei Dank, bist du das nicht, Dorothy, weil hier wirst du viel mehr Spaß haben können. Du wirst Leute kennenlernen, die du da drüben *niemals* kennengelernt hättest.

Im Januar des Jahres 1959 begann David King mit der Herausgabe einer Gemeindezeitschrift, genannt *Dave's Rag*. Die erste Ausgabe hatte eine sehr kleine Auflage von zwei Exemplaren, da jedes Exemplar einzeln mit der Schreibmaschine getippt werden mußte. David Kings Kommentar hierzu: »Bis ich eine teure Vervielfältigungsmaschine bekomme, werden die Dinge ziemlich flott laufen müssen.«

Eine zugegebenermaßen bescheidene Leistung — David King war immerhin erst dreizehn und Stephen ganze elf Jahre alt — doch als der junge Verleger erst einmal in den Besitz eines Mimeographen kam, konnte *Dave's Rag* es schließlich auf zwanzig bezahlte Abonnements bringen.

Das Druckverfahren Mimeographie ist heutzutage nahezu ausgestorben: Man tippt dabei direkt auf eine Wachsmatrize; die Matrize wird auf eine mit Tinte gefüllte Drehtrommel gelegt; während die Trommel sich dreht, und die Tinte von der Matrize aufgesogen wird, gibt man das Papier in die Maschine, die dann die fertigen Exemplare druckt.

Obwohl man mit der Mimeographie sehr wohl ausgefeilte Arbeiten hervorbringen kann — etwa indem man verschiedenfarbige Tinte verwendet, Fotografien oder Bilder in einem elektronischen Verfahren auf spezielle Schablonen bringt, die dann auf die Mimeographenmatrize geklebt werden –, war das Layout von *Dave's Rag* eher schlicht: Die Seiten im Briefformat wurden nur mit schwarzer Tinte bedruckt und die Cartoons direkt auf die Matrize gemalt. In dieser Gemeindezeitschrift also wurden Stephen Kings erste journalistische Versuche abgedruckt. Das einzige überlebende Exemplar aus diesen Tagen trägt das Datum »Sommer 1959«. In dieser Ausgabe wurde David King als Chefredakteur und Illustrator im Impressum aufgeführt. Donald P. Flaws, ein Cousin, war der Sportreporter. Stephen King hatte einen Artikel über das Fernsehprogramm beigetragen:

> Nun, die Herbstfernsehsaison ist in vollem Gange, und sie bringt die besten und neuesten Shows seit dem Beginn des Fernsehens. Für jeden Fernsehfan ist etwas dabei. Sie mögen Abenteuer oder Spionage? Versuchen Sie es mit den *Trouble Shooters* oder *Five Fingers*. Sie bevorzugen Western? Wie wäre es mit *The Deputy* oder *Man from Blackhawk?* Die Western überwiegen zahlenmäßig in dieser Saison. Science-fiction? Versuchen Sie es mit *Man into Space* oder *Twilight Zone*. Ungefähr *20* neue Herbstshows. Viel Spaß beim Fernsehen. Steve King.

Vollgepackt mit Neuigkeiten über die Sommerferien in West Durham, Kleinanzeigen, Witzen, Briefen, Sportnachrichten und allgemeinen Nachrichten, kostete *Dave's Rag* fünf Cent pro Exemplar (ohne Postgebühren) oder einen Dollar für ein Langzeitabonnement.

In den Kleinanzeigen wurde Werbung für fotografische Dienste gemacht (David King offerierte »fachmännisch aufgenommene Bilder von jedwedem Objekt, in Farbe oder schwarzweiß, professionell aussehende Drucke oder

Vergrößerungen zu niedrigsten Preisen«), auch einheimische Erzeugnisse wurden dort feilgeboten.

Von besonderem Interesse in dieser Rubrik: Werbung für ein selbstverlegtes Buch von einem einheimischen Schriftsteller. »Ein neues Buch von STEVE KING! Ein Klassiker! Lesen Sie KIPNAPPED, TOM SAWYER und viele andere! Wenn Sie innerhalb von drei Wochen bestellen, bezahlen Sie nur dreißig Cent.«

Das war nicht das erste Angebot eines gerade flügge gewordenen Schriftstellers, da King in einer früheren Ausgabe ebenfalls ein Buch feilgeboten hatte, das in seiner Beschreibung dem Roman von Edgar Rice Burroughs *The Land That Time Forgot* sehr ähnlich klang:

HALTEN SIE AUSSCHAU NACH DER NEUEN KING-STORY!!!! *Land of 1.000.000 Years Ago.* *(Ein Land vor einer Million Jahren)* Eine spannende Geschichte über 21 Gefangene auf einer Insel, die schon vor einer Million Jahren ausgestorben sein müßten. Bestellen Sie durch diese Zeitung.

Im Jahre 1962 begann King seine Romane an Verlage zu verschicken. Er hämmerte die Kurzgeschichten in seine Schreibmaschine und legte sie den Verlegern von Science-fiction-Literatur vor. Doch auch damals schon überwiegte der Horror in seinen Erzählungen, wie King in *Dream Makers: Volume II* dem Interviewer Charles Platt erklärte:

Ich habe ungefähr mit zwölf angefangen, Geschichten an Zeitschriften wie *Fantastic* oder *Fantasy and Science-fiction* zu schicken. Diese Geschichten waren in Science-fiction-Manier aufgemacht, da sie im Weltraum spielten, doch eigentlich waren es

Horrorgeschichten. In einer der besseren Geschichten ging es um einen Asteroidenschürfer, der einen pinkfarbenen Würfel entdeckte, und plötzlich kommt all dieses Zeug aus dem Würfel und drängt ihn immer weiter in den hinteren Teil seiner kleinen Weltraumhütte zurück, wobei es eine Luftschleuse nach der anderen zerstört. Und das Ding hat ihn dann am Ende auch erwischt.

Die als wirklichkeitsfremd angesehenen Romane, die »Pulps« (Schundromane), wie man sie abschätzig nannte, wurden auf billigem Pulpenpapier gedruckt. Sehr oft waren die Geschichten auch nur wenig besser als das Papier, auf das sie gedruckt wurden. Respektable Romane wurden in Zeitschriften aus Glanzpapier abgedruckt, den »Slicks«.

Die Geschichten wurden verschickt – und kamen sogleich zurück. David King erzählte Stephen Spignesi in *The Shape Under the Sheet*, daß sein Bruder »ständig an seiner Schreibmaschine saß« und für seine Bemühungen »haufenweise Absagen erhielt. Wenn ich mich recht entsinne, hatte er einen Nagel in die Wand unseres Zimmers geschlagen, an dem er all diese Absagen aufspießte.« Chesley bestätigt diese Beobachtung: »Auf seltsame Art und Weise waren sie seine Trophäen. Sie deprimierten ihn, aber er wußte, daß er seinen Tribut zu zollen hatte.«

Schon ganz zu Anfang seiner Karriere erkannte King, daß einzig die Menge und Qualität des Geschriebenen den Amateurschriftsteller vom Profi unterschied. Wie King später bemerkte: »Ich glaube, daß Schriftsteller gemacht werden. Man wird weder als Schriftsteller geboren, noch läßt sich ein Schriftsteller aus Träumen und Kindheitstraumata erschaffen – das Entstehen eines Schriftstellers ... ist das direkte Ergebnis eines starken Willens. Natürlich spielt dabei auch das Talent eine gewisse Rolle, aber Talent ist eine fürchterlich billige Handelsware, billiger als Speisesalz. Nur eine Menge harte Arbeit und Lernen unterscheidet das talentierte Individuum vom erfolgreichen; ein ständiger Schleifprozeß.«

King erkannte bereits sehr früh, daß es für die Zeit, die er an seiner Schreibmaschine verbrachte, keinen Ersatz gab. Jahre später sinnierte Chesley über die Wichtigkeit Kings selbstauferlegter Isolation, die für jedwede Schriftstellerkarriere unabdingbar ist.

> Stephen King weiß, was er braucht, um seine Produktivität zu erhalten — die Zeit, den Platz und den Abstand, die ihm das Schreiben ermöglichen.
> Er war ganz bestimmt kein Eigenbrötler. Er hatte ebenfalls Freunde, so wie wir alle, aber er kehrte immer wieder an seine Schreibmaschine zurück. Wenn man ihm beim Schreiben zusah, wußte man, daß er dort hingehörte.

Durch Kings Vorstellungskraft wurde Durham zum Mikrokosmos des Universums, in dem sich die »Linse seiner Phantasie« auf die Leute und ihre Eigenarten einstellte. Jahre später wurde dieser Ort zu dem fiktiven Castle Rock, Maine, das King auf die literarische Landkarte setzte.

Das Durham, wie King es sah, gefiltert durch seine überrege Phantasie, verwandelte sich mit seinen alltäglichen Gegebenheiten in den Stoff, aus dem Romane sind.

Hinter Kings Haus stand ein Schuppen, in dem sich Stephen und David King mit ihren Freunden trafen, um »Karten zu spielen, Zeitschriften zu lesen und solcherlei Dinge«, erinnert sich Chesley. Mit seinem Namen »249 Club« — die Nummern waren von einem Wohngebäude abgefallen und an ihren Schuppen gepinnt worden —, war er der Vorgänger von Kings fiktivem 249 Club in New York, einem braunen Sandsteingebäude, in dem sich die Mitglieder eines exklusiven Clubs trafen, um sich gegenseitig Geschichten zu erzählen.

Nahe der Chesleyresidenz befindet sich der Harmony-Grove-Friedhof, zu dem, wie sich Chesley erinnert, er und King ». . . im Schein des späten, fahlen Sommermondes gingen« und »zwischen den alten Grabsteinen . . . den schlichten Visitenkarten des Todes herumrannten.« Jahre später sollte der Friedhof in *Salem's Lot (Brennen muß Salem)* unter dem fiktiven Namen Harmony-Hill-Friedhof erneut auftauchen.

Ein Stück von Chesleys Haus entfernt befindet sich der Runaround Pond, vor dem er, King und ein gemeinsamer Freund, einmal standen und beobachteten, wie man eine Leiche, das Opfer eines Bootsunfalls, aus dem See barg. Jahre später sollten der See und die Leiche in der Geschichte *The Body (Die Leiche)* verwendet werden, aus welcher der Film *Stand by Me — Das Geheimnis eines Sommers* entstand.

Einige Schritte von Kings Haus entfernt steht eine alte Scheune, die früher einmal als Haus gedient hatte. Dort drehten Chesley und King einen Amateurfilm, nachdem sie dem örtlichen Kino einen Besuch abgestattet hatten.

> Wir hatten eine Filmkamera in die Finger bekommen. Wir versuchten eigentlich gar nicht ernsthaft, einen Film zu drehen; wir versuchten nur herauszufinden, wie man eine Einstellung drehen konnte, damit sie gruselig wurde. Wir versuchten herauszufinden, wie man den Darsteller die Treppe hoch und runterlaufen läßt und wie man die Schatten herstellt.
>
> Dieses Haus gehörte zu den Orten mit einer echt üblen Ausstrahlung. Man verspürte wirklich keine

Lust, die Nacht dort zu verbringen. Ich glaube nicht, daß wir jemals den Nerv hatten, das zu tun. Man konnte die Gegenwart seiner vorherigen Bewohner spüren und wollte nicht zu lange dort herumhängen. Es gab eine Stiege, die Steve in *Brennen muß Salem* erwähnt. Die Stiege, an der sich Hubie Marsten erhängte.

Ein Stück die Straße hinunter von dem Gebäude, das Chesleys Meinung nach die Inspiration für das Haus der Marstens war, steht der Shiloh Temple, ein merkwürdiges, mehrstöckiges Gebäude, das mit einer Art Kuppel abschließt, auf der eine goldfarbene Krone sitzt. Wenn die Sonne versinkt und ihre Strahlen die Krone zum Glänzen bringen, fällt sein Schatten auf die lange, geradlinige Straße, die zu ihm hinaufführt. Am unteren Ende dieser Straße befindet sich ein von dunklen Bäumen flankierter Friedhof.

Jahre später sollte der Shiloh Temple in *Die Leiche* Erwähnung finden.

King, der in Durham aufgewachsen war, entdeckte, daß auch Durham ihm seinen Stempel aufgedrückt hatte. King erfuhr das charakteristische Gefühl dieser Kleinstadt, ihre ganz bestimmte Lebensart, die von Außenseitern und oftmals auch von den Einheimischen selbst gar nicht wahrgenommen wurde. In *It Grows on You* schrieb King: »Außenseiter denken, daß alle Kleinstädte gleich sind — daß sie sich nicht verändern. Es ist eine Art Tod, an den die Außenstehenden glauben, obwohl sie es ›Tradition‹ nennen, einfach nur, weil es sich freundlicher anhört. Es sind diejenigen, die in dieser Stadt leben, die den Unterschied kennen — sie kennen ihn, aber sie sehen ihn nicht.«

King sah ihn, und er wurde zum realistischen Grundstein seiner Romane, ein Teil seines Maine-Milieus. In Kings Vorstellung *existierte* Castle Rock, Maine, tatsächlich, da er dort gewissermaßen den größten Teil seiner Jugend verbracht hatte. Es war eine ganze Wagenladung an Erinnerungen, die Jahre danach in vollem Umfang in seinen Romanen auftauchte: »Ich war zwölf, beinahe dreizehn, als ich zum ersten Mal einen Toten sah. Das geschah im Jahre 1960, vor langer Zeit . . . obwohl es mir manchmal gar nicht so lange vorkommt«, schrieb King in *Die Leiche*, eine Geschichte, deren Schauplatz Castle Rock, Maine, ist, das sich in der Nähe »der umliegenden Städte Motton und Durham und Pownal« befindet.

Im Frühling des Jahres 1962 beendete King die Grundschule als Klassenbester − er war einer von nur drei Abschlußschülern.

Die Zeit an der High School

Vom Herbst des Jahres 1962 an besuchte Stephen King die Lisbon-High-School im nahe gelegenen Lisbon Falls, das sich schätzungsweise sechs Meilen nordöstlich von Durham befindet. (David King besuchte die Brunswick High, südöstlich von Durham.)

In einem Interview mit Brian Hall, der zusammen mit King die High School besuchte, schrieb Jeff Pert, daß »Durham sich nicht leisten konnte, einen Schulbus für nur ein paar Kinder zu unterhalten, also mieteten sie Mikes Taxi aus Lisbon. Mike hatte eine alte Limousine, und damit kutschierte er die Handvoll Kinder aus Durham in die Schule. Hall erzählt, daß zu den regelmäßigen Fahrgästen eines von zwei Mädchen gehörte, das King später zur Hauptfigur seines Romanes *Carrie* machte. Wenn die Limousine ankam, gab es immer ein Mordsgedrängel um den besten Platz. Denn keiner wollte auf dem ganzen Weg nach Lisbon diese Carrie auf dem Schoß haben.«

Chris Chesley, der eine nahe gelegene, auf das College vorbereitende Privatschule besuchte, erinnerte sich, daß er »Steve regelmäßig an den Wochenenden sah. Aber er redete nie viel über seine Erfahrungen auf der High-School. Wir hatten die stumme Vereinbarung getroffen, daß wir uns nur über Filme, Fernsehen und Bücher unterhalten würden, wenn wir uns trafen.«

Kings High-School-Karriere verlief ziemlich normal. Insgesamt gesehen, war er ein überdurchschnittlich guter Schüler; obwohl er sich daran erinnert, »Dreien und Vieren in Chemie und Physik« gesammelt zu haben, kam er in den anderen Fächern so gut voran, daß er sogar zweimal, während seiner *Freshman*- und *Sophomore*-Jahre (erstes und zweites High-School-Jahr), eine Ehrenurkunde erhielt.

Da er für sein Alter ziemlich groß war, spielte King als Halbstürmer im Footballteam; wahrscheinlich hatte er jedoch viel größeres Interesse an der Rock-and-Roll-Band, in der er die Rhythmusgitarre spielte. (Auf einem Jahrbuchfoto ist King beim High-School-Abschlußball im Smoking abgebildet, zusammen mit seiner mutmaßlichen Freundin. Auf diesem Bild hat King ziemlich viel Ähnlichkeit mit Buddy Holly, während er die Gitarre spielt und in ein Standmikrofon singt.)

Wenn es während der High-School irgend etwas gab, das die Aufmerksamkeit auf King lenkte, so war es sein schriftstellerisches Talent — ein zweischneidiges Schwert, wie er bald herausfand. Jahre danach, in dem Aufsatz *Everything You Need to Know About Writing Successfully — In Ten Minutes* erzählt King von seinen Mißgeschicken als Satiriker, der im Selbstverlag *Village Vomit*, eine Parodie auf die Schülerzeitung, herausbrachte. Als Mitarbeiter der regulären Schülerzeitung war King der ideale Mann, sie auch zu persiflieren. In jedem Jahr, außer dem ersten, gehörte er zum festen Mitarbeiterstab der High-School-Zeitung; und in seinem dritten Jahr wurde er sogar zum Chefredakteur.

Wie King erklärte, machte sich seine Zeitung *Village Vomit* über die Lehrer lustig — erwähnte sie sogar namentlich, mit jener unschuldigen Grausamkeit, wie sie nur Kindern eigen ist. Sein selbstverlegtes Werk zog somit auch sofort ungewünschte Aufmerksamkeit auf sich — gepaart mit der Aussicht auf eine Suspendierung für drei Tage. Doch King hatte Glück im Unglück. Statt ihn vom Unterricht auszuschließen, beschloß die Schulleitung, seine schriftstellerischen Bemühungen in produktivere Bahnen zu lenken — in Form einer lokalen Zeitung, der *Lisbon Enterprise*, für die er daraufhin Berichte über Sportveranstaltungen an der High-School schrieb, wofür er einen halben Cent pro Wort erhielt.

John Gould, ihr Chefredakteur, war derjenige, »der mir in zehn Minuten alles über das Schreiben beibrachte«, schrieb King. Gould sollte, wie sich herausstellte, die erste Person sein, die King beibrachte, daß exzellente Werke nur durch ständiges Filmen Umschreiben entstehen.

Während dieser vier Jahre häufte King das Rohmaterial für seine zukünftigen Werke an. King sah die High-School in ihrem wahren Licht: als unerbittliches Kastensystem, in dem jeder seinen Platz kannte. Jahre später sollte King bemerken:

> Ich beobachtete des öfteren, was mit Leuten geschah, die von den anderen ausgeschlossen und ständig gehänselt wurden. Eines Morgens kam man ins Zimmer und sah etwas Ähnliches wie »Sally Delavera spinnt«, das irgend jemand quer über ihr Schließfach geschrieben hatte ... so ging es weiter, bis das Kind schließlich die Schule verließ, weil es die Demütigung nicht mehr ertragen konnte. Die High-School ist die letzte Chance, der letzte Ort, an dem es dir gestattet wird, dieses völlig unverhüllte und grausame Verhalten gegenüber Leuten, die du nicht leiden kannst, an den Tag zu legen.

Während seiner High-School-Zeit machte King einen großen Unterschied zwischen Literaturwerken wie *Hamlet* und *Moby Dick*, deren Lektüre ihm von den Lehrern vorgeschrieben wurden (»Muß ich lesen«), und den Werken der populären Literatur, die er aus eigenem Antrieb las (»Will ich lesen«).

Chesley erinnert sich daran, daß King besonderen Gefallen an Ed McBain fand (an dem er vor allem die pointierten Dialoge lobte), ebenso wie an dem frühen Ray Bradbury. Doch am besten gefiel ihm Don Robertson, den Chesley und King sich gegenseitig vorlasen.

In der »Will-ich-lesen«-Kategorie, befanden sich, wie King sich erinnert, John D. MacDonald, Ed McBain, Shirley Jackson, Drehbuchsammelbände von Fernsehfilmen, Robert E. Howard, Andre Norton, Jack London, Agatha Christie, Margaret Mitchells *Vom Winde verweht*, und unzählige Comicbücher.

In der Zeitschrift *Scholastic Scope* zitiert King seine »favorisierten Bücher... aus seiner Schulzeit«: *I Am Legend* von Richard Matheson; *Hot Rod* von Henry G. Felsen; *Jude the Obscure* von Thomas Hardy; *Lord of the Flies* (dt.: *Herr der Fliegen*) von William Golding; *The Collector* von John Steinbeck; und *The End of Night* von John D. MacDonald.

Trotz seiner aus populärer und klassischer Literatur bestehenden Lektüre zog King den Stoff für die Romane, die er während dieser Zeit produzierte, überwiegend aus früheren Inspirationen: Fernsehshows wie *Outer Limits* und *The Twilight Zone* (kurze Science-fiction- und Horrorfilme. Wie Chesley sich erinnert, setzte sich King ganz spontan an die Schreibmaschine:

> Er schrieb stets intuitiv. Er sagte dann immer: »Ich werde eine Geschichte schreiben«, und dann setzte er sich hin, spannte ein Blatt Papier in seine Schreibmaschine und schrieb die erste Seite. Es erscheint überflüssig, dies zu erwähnen, aber auf diese Seite folgte dann stets die nächste. Er wußte nicht, wo das Ganze hinführen würde; er hatte zwar einige Ideen, die ihm im Kopf herumspukten, aber er hatte nicht die fertige Handlung im Kopf.

Im Jahre 1963 brachten Chesley und King ihr erstes Buch im Selbstverlag heraus. *People, Places, and Things — Volume I*, das früheste, noch greifbare Beispiel der Jugendwerke von King, hergestellt auf David Kings Vervielfältigungsapparat. Dieses »Buch«, eine Sammlung von Kurzgeschichten, die während eines Zeitraums von drei Jahren geschrieben worden waren, wurde in zwei Ausgaben von der Triad Publishing Company veröffentlicht, die erste im Jahre 1960, die zweite im Jahre 1963. Von den achtzehn Geschichten steuerte Chesley neun bei und King acht, und eine Geschichte hatten sie zusammen verfaßt.

Laut Chesley wurden nur ein Dutzend Exemplare davon veröffentlicht. Mehr als alles andere war es eine Gelegenheit für die beiden jungen Schriftsteller, ihre Werke gedruckt zu sehen. Auch wenn sie eigentlich nur um des Vergnügens willen schrieben:

> Ich hatte mir angewöhnt, Steve, der sich gerne gruselige Geschichten ausdachte, zu besuchen. Ich ging bei ihm vorbei und lieferte meinen Beitrag, wenn ich konnte. Wir hatten immer eine Menge Spaß dabei, besonders an heißen Augusttagen, abwechselnd einige Absätze der Geschichten über vom Gewitter heimgesuchte große, dunkle Gebäude zu schreiben. Wir tippten die Geschichten in eine alte Schreibmaschine — an der eine Type kaputt war. Wenn man eine Seite fertig hatte, mußte man die fehlenden Buchstaben mit dem Bleistift einsetzen.

In dem von den Kritikern unbeachteten »Forward« — nicht »Foreword« (»Vorwärts« anstatt »Vorwort«), erklärten die Autoren, was man in den folgenden Geschichten zu erwarten hatte:

> *People, Places, and Things* ist ein außergewöhnliches Buch. Es ist ein Buch für Leute, die Spaß daran haben, sich für ein paar Minuten einen angenehmen Schauer über den Rücken jagen zu lassen.

Nehmen wir zum Beispiel Chris Chesleys schauerliche Geschichte *GONE.* Die letzten Momente eines Menschen, der als einziger in einer atomverseuchten Welt überlebt hat.

Lassen Sie sich von Steve Kings *I'M FALLING* in eine Traumwelt versetzen.

Aber wenn Ihr keine Phantasie besitzt, solltet Ihr jetzt sofort aufhören. Dann ist dieses Buch nichts für Euch.

Wenn Ihr Phantasie besitzt, dann laßt ihr freien Lauf.

Wir warnen Euch . . . das nächste Mal, wenn ihr im Bett liegt und ein unverhofftes Knarzen oder Poltern hört, dann könnt ihr natürlich versuchen, es einfach logisch zu erklären . . . wie wäre es jedoch mit Steve Kings und Chris Chesleys Erklärung: *People, Places, and Things.*

Da die Geschichten nur sehr kurz waren — eine halbe, höchstens eine Seite lang — und da sie verständlicherweise den Vorbildern nachempfundene frühere Versuche im Horror-, Science-fiction- oder Fantasy-Bereich waren, würde es keinen großen Sinn ergeben, sie zu genau zu analysieren.

Kings Geschichten — einige mit recht aufschlußreichen Titeln — hießen: *Hotel at the End of the Road, I've Got to Get Away!, The Dimension Warp, The Thing at the Bottom of the Well, The Stranger, I'm Falling, The Cursed Expedition* und *The Other Side of the Fog.*

Die letzte Geschichte des Buches, deren Titel *Never Look Behind You* lautete, hatten King und Chesley gemeinsam geschrieben.

Chesleys Erinnerungen zufolge wurden Kings Geschichten immer länger, je mehr er seine schriftstellerischen Fähigkeiten schulte. »Als wir anfingen, uns zu treffen, schrieb er Kurzgeschichten; dann wurden diese immer länger, und wuchsen sich zu Novellen aus, und die Novellen wurden später zu Romanen. Ein langsamer Prozeß, bei dem ein Schritt auf den anderen folgte.«

Dieser Prozeß zeigte sich auch in Kings nächstem literarischen Versuch, der ein Jahr später veröffentlicht wurde. *The Star Invaders* — eines von mehreren selbstverlegten, mimeographierten »Büchern« — war tatsächlich nur eine in die Länge gezogene Kurzgeschichte (weniger als dreitausend Worte), doch die zweiteilige Geschichte war eindeutig als Buch aufgemacht. Es wurde im Jahre 1964 von Triad and Gaslight Books unter dem Erscheinungsvermerk »A Gaslight Book« veröffentlicht und existiert heute nur noch in einem, in Kings Besitz befindlichen Exemplar, das er rein zufällig in einer noch aus der Durham-Zeit stammenden Kiste mit persönlichen Papieren entdeckte.

Verglichen mit den halb- bis ganzseitigen Kurzgeschichten in *People, Places, and Things*, lehnt sich diese ehrgeizigere Bemühung noch enger an die Science-fiction-Filme der fünfziger Jahre an. Die Angst vor einem nuklearen Holocaust und den feindlich gesinnten, glupschäugigen Monstern, die mit Lichtgeschwindigkeit durch die Galaxie rasen, um die eroberungsreife Erde zu plündern, beherrscht diese Geschichte. Wie man uns auch bereits in *Earth vs. the Flying Saucers* ermahnt: »Seht in den Himmel über euch ... eine Warnung wird vom Himmel kommen ... seht in den Himmel über euch ...«

In *The Shorter Works of Stephen King*, brachte Michael R. Collings eine Zusammenfassung des Inhalts von *The Star Invaders*:

Im ersten Teil wird Jerry Hiken, einer der letzten Verteidiger der Erde, von den Weltraumeroberern

61

gefangengenommen und gefoltert, da sie ihn zwingen wollen, den Aufenthaltsort von Jed Pierce, dem brillanten Kopf, der die Gegenwaffe erfunden hat, zu offenbaren. Als Hiken sich weigert, wenden sie psychologische Foltermethoden an; er bricht zusammen und erzählt ihnen alles, was er weiß; danach begeht er Selbstmord (indem er seinen Schädel gegen den Boden rammt). In Teil II spielt die Geschichte dann in Pierces' Versteck, wo die Arbeiten an der Waffe beinahe abgeschlossen sind. Die Eroberer greifen an. Pierce zerstört ein Schiff nach dem anderen, ohne sich um die ständig wachsende, durch die Überhitzung der Maschinerie hervorgerufene Gefahr zu kümmern. Als das letzte Schiff zerstört ist, eilt Pierce zum Atommeiler und verhindert im Alleingang eine Atomkatastrophe.

Ein Jahr später, im Jahre 1965, veröffentlichte King *I Was a Teenage Grave Robber*, eine Kurzgeschichte, die deshalb Erwähnung findet, weil sie sein erstes Werk war, das nicht im Selbstverlag herausgebracht wurde.

Der Titel dieser in der Fachzeitschrift *Comics Review* herausgebrachten Geschichte ist offensichtlich auf die Flut der Gruselfilme der fünfziger Jahre zurückzuführen, die Titel wie *I Was a Teenage Werewolf* und *I Was a Teenage Frankenstein* trugen. (Im Jahre 1966 wurde Kings Geschichte nochmals verlegt, in Marv Wolfmans Fanzeitschrift *Stories of Suspense*, unter dem Titel *In a Half-World of Terror*.)

Im Gegensatz zu H. P. Lovecraft, dessen Leben und schriftstellerische Karriere durch seine Arbeit für Fanmagazine — Amateurpublikationen, die außer dem Vergnügen nichts einbrachten — stark behindert wurde, wußte der junge Stephen King diesen organisierten Fanrummel klugerweise schon zu Anfang seiner Karriere zu meiden. *I Was a Teenage Grave Robber* war sein einziger, früher Beitrag für die Fanmagazine seiner Zeit, wozu er sich folgendermaßen äußerte: »Ich war niemals Teil eines Fannetzwerkes. Diese Art von Unterstützung wurde mir niemals zuteil«.

I Was a Teenage Werewolf, das beinahe die doppelte Länge von *The Star Invaders* hat, zeigt wiederum viele Parallelen zu den Horrorfilmen der fünfziger Jahre. Die phantasievolle Darstellung und der Gebrauch der Ich-Form offenbaren jedoch, daß King bereits im frühen Alter seine erzählerischen Fähigkeiten verfeinert hatte. Trotz ihrer Mängel ist diese Geschichte zumindest ein Beweis dafür, daß King durchaus in der Lage war, ein Garn zu spinnen – ein natürliches Talent, das man weiterentwickeln, jedoch nicht erlernen kann.

In *The Shorter Works of Stephen King* brachte Michael Collings einen kurzen Handlungsabriß: »Ein verwaister Teenager nimmt einen Job als Grabräuber bei einem Wissenschaftler an, der mit dem ganzen Flair eines stereotypen ›verrückten Wissenschaftlers‹ der Fünfziger ausgestattet ist, mit Radioaktivität herumexperimentiert und dabei aus den Maden, die in den Leichen leben, Ungeheuer macht. Der junge Mann muß seine Freundin retten und die Ungeheuer vernichten.«

Trotz all ihrer Unzulänglichkeiten zeugt diese Geschichte doch von einer flotten Erzählweise und lebhaften Phantasie, gepaart mit dem für King charakteristischen, bildhaften Schreibstil:

Eine riesige, weiße Made krümmte sich auf dem Boden der Garage und hob Weinbaum mit langen Saugnäpfen an ihren triefenden, rosafarbenen Schlund, dem sich entsetzliche, miauende Geräusche entrangen. Rote Adern pulsierten unter ihrem schleimigen Fleisch, und man konnte Millionen sich

63

windender, kleiner Maden in den Blutgefäßen und in ihrer Haut erkennen, winzige Maden, die sich sogar zu einem riesigen Auge formierten, mit dem sie mich anstarrte. Eine riesige Made, die sich aus Hunderten Millionen von Maden zusammensetzte, denjenigen, die sich an dem toten Fleisch ergötzt hatten, mit dem Weinbaum so freizügig umsprang.

King, der mit dieser Geschichte das »totale Grauen« anstrebte, hat einer Neuauflage niemals zugestimmt. Obwohl sie eindeutig als Jugendwerk zu identifizieren ist, muß sich King des schonungslosen Erzählstils nicht schämen. Es ist eine leicht lesbare Geschichte, deren bildhafte Ausdrucksweise einem noch lange nachgeht.

The Aftermath, ein aus fünftausend Wörtern bestehender Roman, ist bei weitem das vielversprechendste Jugendwerk, das King während seiner High-School-Zeit fertigstellte. Obschon eine handgeschriebene Notiz in dem Originalmanuskript besagt, es sei im Jahre 1963 geschrieben worden, als King sechzehn war, gehört *The Aftermath* aller Wahrscheinlichkeit nach zu den späteren Werken, wenn man die Länge der Geschichte und die Reife des Schreibstils mit früheren Werken vergleicht; Douglas Winter ordnet sie in *The Art of Darkness* den Jahren 1965 oder 1966 zu.

Ein apokalyptischer Roman über das Leben nach der Explosion der Atombombe — mit starker Anlehnung an die überhandnehmende Paranoia dieser Zeit, in der man befürchtete, die Russen würden ihre Raketen über amerikanischen Hinterhöfen abwerfen. Kein Wunder, daß der Luftschutzkeller zu einem beliebten Projekt wurde, das die Wohnqualität verbessern sollte — verständlich auch deshalb, da im Jahre 1962 die gesamte Welt den Atem anhielt, als Präsident Kennedy und Premierminister Chruschtschow ein psychologisches Kräftemessen veranstalteten. Satellitenbilder hatten die Anwesenheit von russischen Raketen in Kuba offenbart, die zu einem ersten Schlag gegen die Vereinigten Staaten verwendet werden konnten. Obwohl die Russen einen Rückzug starteten, hatten sie ihren Standpunkt ein für allemal klar gemacht. Plötzlich erschienen die Schreckensvisionen in Filmen wie *Earth vs. the Flying Saucers* gar nicht mehr so irreal.

In der im Jahre 1964 erschienenen Story *The Star Invaders* schrieb King über das Böse, das in Form von außerirdischen Eroberern von einem anderen Planeten kommt. In der Geschichte *The Aftermath* dagegen lokalisierte King das Böse in unserer Mitte — Zerstörer von diesem Planeten. King erkannte, daß es keine Veranlassung mehr gab, nach einem intergalaktischen Schreckgespenst — kosmischen Tommyknockers — zu fahnden. Wie uns auch schon Walt Kelly mit seinem bekanntesten »Pogo«-Cartoonstreifen ermahnte, lauert der gefährliche Feind in uns selbst.

»Sie nennen dieses Zeug nicht umsonst ›Jugendwerke‹, Freunde und Nachbarn«, sollte King Jahre später in einem Vorwort zu Harlan Ellisons *Stalking the Nightmare* schreiben. Doch, wie King erkannte, ».. . es kommt der Tag, an dem du zu dir selbst sagst *Gütiger Himmel! Wenn ich wirklich so schlecht war, wie konnte ich dann jemals besser werden?«* Die Antwort darauf muß natürlich lauten, daß King, wie jeder andere Schriftsteller auch, das Schreiben während des Schreibens lernte; diese frühen Werke, die ihm, wie er zugibt, heute nur noch peinlich seien, bewiesen einzig, daß King schon als Teenager dazu in der Lage war, eine Geschichte zu erzählen. Die Fähigkeit, spannend zu schreiben, war bereits vorhanden und bildete eine fest Grundlage für seine zukünftigen Werke. Wenn man eine Geschichte erzählen kann, dann liegt es im Bereich des Möglichen, daß man irgendwann einmal seinen Lebensunterhalt mit dem Schreiben von Romanen bestreiten wird; wenn man es jedoch nicht kann — wenn der Erzählmotor einfach nicht in die Gänge kommt — dann ist auch keine noch so ausgefeilte schriftstellerische Kunstfertigkeit dazu in der Lage, einen passenden Ersatz dafür zu bieten.

Der Rückblick auf seine High-School-Zeit versetzt King heute keineswegs in nostalgische Stimmung. »Meine Schulkarriere unterschied sich durch nichts von der anderer Schüler. Ich war weder der Beste noch der Schlechteste in meiner Klasse. Ich hatte Freunde, doch keiner von ihnen gehörte zu den Großmogulen oder den Schülersprechern oder so was.«

Chris Chesley bestätigt Kings Worte: »Ich habe immer angenommen, daß seine High-School-Erfahrungen nicht gerade zu seinen großartigsten Erlebnissen zählten und daß es für ihn damals gar keine so tolle Zeit war.«

Im Sommer nach der Abschlußprüfung begann King mit seinem ersten ausgereiften Werk, brachte es jedoch nicht zu Ende. Es hieß *Getting it On*, und der Titel war von dem T. Rex Song *Bang a Gong (Get It On)* abgeleitet. Es handelt sich um eine psychologische Studie — die Geschichte eines High-School-Schülers, der seine Klassenkameraden zu seinen Geiseln macht. Deutlich läßt der Autor Kindheitsängste durchklingen, deren Beschreibung jenseits gängiger Klischees liegt.

King hat einmal in einem Interview erklärt, daß eine seiner schlimmsten Kindheitsängst war, »nicht in der Lage zu sein, mitzumischen, mit den anderen auszukommen und eine Form der Kommunikation aufzubauen. Es ist die Angst, keine Freunde finden zu können, die Angst davor, sich zu fürchten und niemandem sagen zu können, daß man sich fürchtet ... Diese ständige Angst davor, *allein zu sein.*«

Getting it On markierte einen Wendepunkt in Kings Karriere. Von diesem Zeitpunkt an, zog King den Stoff für seine an amerikanischer Ikonographie überreichen Geschichten aus der Quelle der allgemeinen Ängste. Er imitierte nicht länger andere Roman- oder Drehbuchautoren. Die Ungeheuer konnte man, wie King nun begriff, ebensogut in der Maple Street der Vereinigten Staaten finden, und ihre am meisten beängstigende Seite war, daß sie eigentlich ziemlich normal aussahen, genauso wie Todd Bowden, das menschliche Ungeheuer, das King in *Apt Pupil — Der Meisterschüler —* beschrieb:

> Er sah wie der typische amerikanische Junge aus, als er auf seinem Fahrrad mit dem abwärtsgeschwungenen Lenker durch eine Wohnstraße des Vororts radelte, und genau das war er auch: Todd Bowden, dreizehn Jahre alt, ein Meter zweiundsiebzig groß und gesunde hundertdreißig Pfund schwer, strohblondes Haar, blaue Augen, weiße, ebenmäßige Zähne und eine leicht gebräunte Haut, die nicht einmal die geringste Spur von Jugendakne aufwies.

Laut Douglas Winter hatte sich King ursprünglich an der Drew University in New Jersey angemeldet, doch »die finanziellen Mittel seiner Familie reichten nicht aus, ihm dort ein Studium zu ermöglichen...« Statt dessen beschloß King die University of Maine in Orono zu besuchen, für die er, ebenso wie sein Bruder David, ein Stipendium erhalten hatte.

Die Jahre auf dem College

Im Herbst des Jahres 1966 begann King sein erstes Jahr an der University of Maine in Orono, einer Universitätsstadt mit ungefähr zehntausend Einwohnern.

Wie auch die anderen Anfänger fühlte sich King dort entschieden fehl am Platze, was er später in seiner Kolumne für die Campus-Zeitung zum Ausdruck brachte:

Hier war ich also, ganz allein in Zimmer Nr. 203 der Gannett Hall, glattrasiert, adrett und so grün hinter den Ohren wie die Äpfel im August. Draußen auf dem Rasen zwischen der Gannett und Androsgin Hall spielten mehr Leute Football, als meine Heimatstadt Einwohner zählte. Meine wenigen Besitztümer waren erbärmlich und für einen College-Studenten unpassend. Mein Zimmer wirkte wie eine Massenanfertigung. Ich war ziemlich sicher, daß mein Zimmerkamerad sich als eine Art Wirrkopf entpuppen würde, oder, was noch viel schlimmer war, daß er hier mehr Leute kennenlernen könnte als ich. Ich stellte das Bild meiner Freundin auf den Schreibtisch, wo ich es in elenden Tagen, die da kommen sollten, immer im Auge haben würde, und fragte mich, wo das Klo war.

Die »elenden Tage, die da kommen sollten«, standen in starkem Kontrast zu dem Konservatismus der Nachkriegsjahre. Wie auch seine Zeitgenossen, sollte King von den Turbulenzen dieses Jahrzehnts mitgerissen werden, das von politischen und gesellschaftlichen Unruhen, dem Vietnamkrieg und der Bürgerrechtsbewegung, dominiert wurde.

Vor diesem geschichtlichen Hintergrund sollte King,

der auf seinen High-School-Bildern stets sauber und ordentlich amerikanisch wirkte, eine radikale Veränderung durchlaufen: Idealismus sollte einem Sinn für Realismus weichen; Konservatismus sollte durch milden Radikalismus, dem Vorläufer zum Liberalismus, ersetzt werden; und, vielleicht das wichtigste daran, King sollte professionellen Ansporn für seine schriftstellerischen Bemühungen erhalten und, vollkommen selbständig, zu seinem ureigenen Stil finden.

David Bright, ein Schulkamerad, erinnert sich an King als »ziemlich schüchternen, aber brillanten« Jungen, was wahrscheinlich eine ziemlich gerechte Beurteilung ist. Jahre später, als King über sein erstes Jahr am College schrieb, erinnerte er sich, daß er sich zwar zu Hause stets »aufplusterte«, auf dem Campus »jedoch sofort wieder auf neunzig Zentimeter zusammenschrumpfte.« King schrieb, es sei eine Zeit der gemischten Gefühle gewesen, Unschuld gepaart mit — Furcht. Vor allem war es aber eine Zeit der Entdeckungen: Das Essen am College war gar nicht mal so übel, die Mitglieder der Studentenverbindung trugen flaschenweise Schnaps in ihren Hosentaschen und Kondome in ihren Brieftaschen herum (wie King vermutete), und dann war da diese Nervosität, wenn man »sein erstes erfahrenes College-Mädchen« ausführte. King weiß noch, daß er sich »dreimal in zwanzig Minuten rasierte, und das nur, um sie anzurufen und zu fragen, ob sie mit mir ausgehen würde«.

King schloß seine Reminiszenz mit den Worten: »Und niemals — ich wiederhole, niemals — hast du deine Kappe in der Öffentlichkeit abgenommen, weil sonst all die Oberklässler durch irgendein mystisches Talent, das sie besaßen, groß und breit das Wort ANFÄNGER quer über deiner Stirn hätten lesen können ... und wenn sie dich auf der Bude ohne deine Kappe erwischten, dann wärst du wahrscheinlich am Memorial-Union-Flaggenmast aufgehängt worden, während der Campusaufseher die nach Gerechtigkeit hungernde Menge den dreistimmigen Kanon von *The Maine Stein Song* singen ließ.«

In den ersten beiden Semestern belegte King Hauptkurse in Geologie, Geschichte, Sport, Soziologie und öffentlicher Rede. Aber es war der Schriftstellerkurs für Anfänger, in dem er sich besonders hervortat. Sein Professor, Jim Bishop, erkannte und unterstützte Kings frühe schriftstellerische Bemühungen. Burton Hatlen, der King später unterrichtete, bemerkte: »Jim Bishop war der erste Mensch, den Stephen King auf dem Campus traf, der für seine Arbeit ein offenes Ohr hatte.«

In *The Student King (Der Student King)* gab Sanford Phippen Jim Bishops Erinnerungen an King, den Studenten im ersten Jahr, wieder: Jim Bishop . . . erinnert sich an «Steves auffällige Größe« und daran, wie King »geradezu eine Religion aus seiner Schriftstellerei machte«. Er erinnert sich außerdem, daß King ständig ein Taschenbuch in der Tasche hatte und viele Autoren kannte, von denen niemand sonst je etwas gehört hatte. »Steve war ein netter Kerl, ein guter Student, aber er besaß zu wenig Selbstbewußtsein im Umgang mit den anderen«, meinte Bishop. »Er sah sich selbst damals schon als berühmten Schriftsteller und glaubte, damit eines Tages sein Geld verdienen zu können. Steve schrieb beständig, fleißig und eifrig. Er war liebenswürdig, beharrlich und schuf sich seine eigene Welt.«

Im Sommer des Jahres 1967 stellte King die Kurzgeschichte *The Glass Floor* fertig. Er beschloß, sie Robert A. W. Lowndes vorzulegen, der eine Reihe von Zeitschriften herausbrachte — zumeist Kurzromane und zumeist bereits veröffentlichtes Material. Aus welchem Grund auch immer sandte King die Geschichte jedoch nicht sofort ein; in den letzten zwei Jahren waren die Sachen, die er an Lowndes geschickt hatte, jedesmal wieder zurückgekommen, wozu also die Eile?

Was die Romane in Buchlänge anbetraf, wandte King seine Aufmerksamkeit erneut seinem ersten voll ausgefeilten Werk *The Long Walk (Todesmarsch)* zu. »Ich kam darauf, als ich während meines ersten Jahres eines Abends vom College nach Hause trampte«, schrieb King später im Jahre 1985 in einem Brief an Michael R. Collings. Präsident John F. Kennedys Vorliebe für lange Fußmärsche inspirierte King zu diesem Roman. Kennedy hatte die Bevölkerung im Jahre 1962 angespornt: »Ich möchte jeden Amerikaner dazu ermutigen, so oft wie möglich zu wandern. Es ist nicht nur gesund; es macht auch Spaß.« Es ist eines von drei Zitaten, die dem später unter dem Pseudonym Richard Bachman veröffentlichten Roman vorangestellt sind.

Im *Todesmarsch* wird diese Idee ins Extrem umgewandelt. Es ist ein Geschichte über eine Gruppe von durch Losentscheid ausgewählten Jungen, die vom nördlichen Teil Maines aus gen Süden marschieren, bis nur ein Überlebender übrigbleibt. Der Fußmarsch wird eine Methapher für unerbittlichen Lebenskampf. Der Roman ist in einem Amerika der nahen Zukunft situiert. Es herrscht eine Militärdiktatur. Der Diktator ist Schirmherr des Marathons, dessen Sieger Luxus auf Lebenszeit erhält. Die Läufer müssen vier Tage ohne Pause durchhalten und ein Mindesttempo wahren.

Im Herbst des Jahres 1967 wandte Stephen King sich an Burt Hatlen, der ihn in amerikanischer Literatur unterrichtete, und zeigte ihm das fertiggestellte Manuskript. Jahre später erinnerte sich Burt Hatlen an die Einzelheiten: »Ich nahm das Manuskript mit nach Hause und legte es auf den Eßtisch. Meine damalige Frau hob es auf, fing an, darin zu lesen und konnte nicht mehr aufhören — diese Erfahrung machte ich ebenfalls. Die Erzählung nahm dich gefangen und trug dich mit sich fort. Das war das faszinierende am *Todesmarsch:* King offenbarte darin ein voll entwickeltes Gespür für die Entwicklung einer spannenden Geschichte. All das war bereits darin vorhanden. Es war ziemlich erstaunlich.«

Der Roman wurde daraufhin in der Englisch-Abteilung herumgereicht. Edward Holmes, der Kurse in »creative writing« gab, erinnerte sich daran, *Todesmarsch* gelesen und dann Hatlen begeistert erklärt zu haben, daß sie einen Schriftsteller unter ihren Studenten hätten. Jim Bishop las den Roman, ebenso wie Caroll Terrell, der in seinem *Stephen King: Man and Artist* von seiner ersten Begegnung mit King erzählt. »Professor Hatlen meinte, ich solle Ihnen das hier zu lesen geben. Es ist ein Roman. Ich habe ihn geschrieben«, erklärte King, der Terrell »ein dickes Manuskript, das ganz nach einer Diplomarbeit für den Magister Artium ausah«, vorlegte. Terrell erinnert sich weiter:

> Es hieß *Todesmarsch* und warf gewisse erzähltechnische Probleme auf, für deren Lösung er noch ein wenig Übung benötigte. Durch den Grundplot des Romans wiederholten sich bestimmte Dinge ständig; sie ließen den Autor in eine Art »Ein-weiterer-Indianer-beißt-ins-Gras«-Falle laufen. Die Lösung dafür hätte eine erweiterte Rückblende in die Vergangenheit der verschiedenen Personen sein können, durch die sie etwas differenzierter dargestellt würden.
>
> Steves Reaktion darauf war präzise und (wie ich letztendlich erkennen sollte) korrekt. Er sagte, daß die Gleichförmigkeit voll beabsichtigt und Teil des Wesentlichen sei. Auf der Straße des Lebens würden nur sehr wenige Leute aus der Masse hervorstechen; sie stolpern einfach nur weiter, bis sie umkippen.

Terrell schloß mit den Worten: »Heute bin ich mir bewußt, daß ich *Todesmarsch* für einen Erstlingsroman hielt. Ich hätte jedoch wissen müssen, daß es so nicht war: Niemand hätte ein solch ausgewogenes und ausgefeiltes Buch schreiben können, ohne sich vorher eine Menge Übung erworben zu haben; und nicht nur wahllose Übung, sondern bewußte und gezielte Übung.«

Von der Begeisterung der Englisch-Abteilung ermutigt, beschloß King, daß der Roman reif für die Veröffentlichung sei und reichte ihn bei einem Wettbewerb für den besten Erstlingsroman ein. Das Buch wurde jedoch erneut abgewiesen, was man ihm in einem Formschreiben mitteilte, und King legte ihn entmutigt beiseite. »Ich war zu niedergeschmettert, um das Buch einem Verleger in New York vorlegen zu können«, schrieb King später in einem Artikel mit dem Titel *On Becoming a Brand Name*.

Es war ungefähr zu derselben Zeit, daß King *The Glass Floor* an Robert A. W. Lowndes schickte, der die Geschichte schließlich druckte. Die Geschichte wurde 1967 in der Herbstausgabe der Zeitschrift *Startling Mystery Stories* veröffentlicht. Die Einleitung des Herausgebers besagte: »Stephen King schickt uns schon seit einiger Zeit Geschichten, und wir schickten eine von ihnen nur deswegen zurück, da sie zu lang war. Inzwischen haben wir hier eine Gruselgeschichte für Sie, deren Länge es uns gestattete, sie jetzt zu drucken.«

Diese erste veröffentlichte Geschichte war laut King »das Produkt des unausgegorenen Verstandes eines Geschichtenerzählers«. Er erhielt ein Honorar von fünfunddreißig Dollar. Nach den Dutzenden von Ablehnungen, die er seit dem Jahre 1962 gesammelt hatte, konnte er jetzt von sich behaupten, ein professioneller Schriftsteller zu sein. King schrieb einige Jahre danach: »Ich habe seitdem viele größere (Schecks) eingelöst, aber keiner von ihnen hat mir so viel Befriedigung verschafft; da hatte mir doch tatsächlich endlich jemand echtes Geld bezahlt für etwas, das ich in meinem Kopf ausgebrütet hatte!«

In der nächsten Ausgabe der *Startling Mystery Stories* belegte Kings Geschichte bei einer Leserumfrage den fünften Platz. Nicht schlecht, wenn man sämtliche Umstände in Betracht zog. Der Erfolg sollte nicht über Nacht kommen; es sollte noch ein langer Marsch vor ihm liegen.

Während seines zweiten Studienjahres belegte King, zusätzlich zu Hatlens Kursen in amerikanischer Literatur, Seminare in Englisch, Amerikanisch und der Literatur des zwanzigsten Jahrhunderts sowie einen Kurs in »creative writing«. Diese Veranstaltungen ergänzte King dann noch durch Psychologiekurse, einen Soziologiekurs, der sich um das Leben auf dem Land drehte, einen Kurs für Bühneninszenierungen und einen Lehrkurs, der sich »Die Amerikanische Schule« nannte.

Burton Hatlens Unterricht machte King mit den Werken eines John Steinbeck, William Faulkner, William Carlos Williams und anderer Schriftsteller bekannt. Jahre später erinnerte sich Hatlen:

> Wir lasen Steinbecks *Stürmische Ernte*, und ich erinnere mich daran, daß ihn dieses Buch sehr beeindruckte. Vielleicht hatte er auch schon vor diesem Kurs Steinbeck gelesen, ich will dafür nicht die Lorbeeren einheimsen. Ich glaube, Steinbeck hat ihn stark beeinflußt. Wir lasen auch Faulkners *Licht im August*, obwohl ich nicht glaube, daß Faulkner eine ebenso starke Anziehungskraft auf ihn ausübte wie Steinbeck. Schließlich studierten wir auch William Carlos Williams — sein fünfbändiges Epos *Paterson* fand er besonders spannend.

Im Gegensatz dazu hatte der Kurs im kreativen Schreiben einen eher negativen Einfluß auf ihn. King erzählte später, daß er den Eindruck hatte, der Kurs würde ihn beim Schreiben hemmen. Als intuitiver Schriftsteller, der bereits als Teenager ein instinktives Gespür für Handlungsabläufe und erzählerisches Tempo — den Hauptbestandteilen des Geschichtenerzählens — besaß, fand King, daß seine eigenen Schreibversuche durch das übermäßige Analysieren, das zu diesem Seminar gehörte, eingeschränkt wurden. Wie King später erklärte: »Die Kurse für kreatives Schreiben auf Collegeniveau sind meiner Meinung nach nicht unentbehrlich... Das Beste daran war noch, daß man lernte, die Kunst des Schreibens sehr ernst zu nehmen.«

Da King sich das Schreiben selbst beigebracht hatte, befand er sich nun auf der Suche nach seinem eigenen Erzählstil, ein bisher nur wenig begangener Weg. Deshalb sollten seine Geschichten auch im Vergleich zu denen seiner Mitstudenten hervorstechen, insbesondere da sie in *Ubris*, der Literaturzeitung des Colleges veröffentlicht wurden.

Im Jahre 1968 veröffentlichte King zwei Kurzgeschichten in der Frühlingsausgabe von *Ubris: Here There Be Tygers* (dt.: *Achtung Tiger*), eine zwar lesbare, doch unbedeutende Geschichte über einen Drittklässler, der auf der Toilette seiner Schule einen Tiger entdeckt, und *Cain Rose Up* (dt.: *Kains Aufbegehren*), durch die Kings schriftstellerisches Talent endgültig offenbar wurde.

Die Idee für *Kains Aufbegehren* entstand nach einer wahren Begebenheit, die sich am 1. August 1966 ereignete, als Charles Whitman — ein früherer Marinesoldat, ein Student, der sich Unmengen von Seminaren aufgebürdet und sich nebenbei als Aushilfsarbeiter verdingt — auf dem siebenundzwanzigstöckigen Turm der University of Texas in Austin Stellung bezog und einfach zu schießen anfing. Das Ergebnis: Zwölf Menschen fanden den Tod, dreiunddreißig wurden verletzt. »Die Fakultätsmitglieder fanden keine Erklärung für Whitmans Tat. Sie sagten, er sei niemals wegen psychologischer Störungen im Krankentrakt der Studenten behandelt worden. Während seiner Studienzeit war er niemals auch nur wegen irgendeines Vergehens verwarnt worden.«

Doch King konnte die Bedrängnisse, die Whitman erlebte, nachvollziehen. 1969, ein Jahre später, schrieb er in seiner Maikolumne für die Campuszeitung: »Vielleicht läßt du dich am Donnerstag nachmittag vollaufen. Du könntest in deiner Klasse dermaßen unangenehm auffallen, daß du aus dem Kurs fliegst. Du könntest vielleicht sogar zum Steven Hall Turm hochblicken und dich fragen − ich betone, nur *fragen* −, ob es nicht recht nett wäre, dort hinaufzuklettern und einige Leute aufs Korn zu nehmen.«

Diese Vorstellung faszinierte King einige Zeit lang; das halbfertige *Getting It On* erzählte von einem High-School-Schüler, der unter Druck einfach ausflippte, was fatale Konsequenzen hatte. In *Kains Aufbegehren* bezieht Garrish, ein Collegestudent, Feuerstellung in seinem Schlafzimmer und fängt an, mit einer .352er Magnum mit Teleskop-Fernrohr Studenten abzuknallen.

Durch den starken Kontrast zu den anderen Geschichten im *Ubris* kündete *Kains Aufbegehren* von einem neuen literarischen Talent, das man nicht einfach ignorieren konnte. Das war kein nachgemachter, zügelloser Schund von einem Studenten, der sich krampfhaft literarischen Stil anzuerziehen versuchte; es war eine rohe Art des Schreibens, die direkt aus dem Bauch zu kommen schien und die Wirkung eines wuchtigen Faustschlags hatte.

Im Herbst des Jahres 1968 veröffentlichte King im *Ubris* die Kurzgeschichte *Strawberry Spring* (dt.:

Erdbeerfrühling), die er in weniger als zwei Stunden auf Servietten der Campus-Cafeteria niedergeschrieben hatte. Und auch diese Geschichte schlug wie zuvor *Kains Aufbegehren* wie eine Rakete ein. Dieser »falsche Frühling, ein Frühling voller Lügen« bringt auch »Springheel Jack« auf den Plan, einen Killer, der im Nebel des Erdbeerfrühlings auf dem Campus umherstreunt.

In diesem Herbst war es auch, daß Burton Hatlen und Jim Bishop auf die Idee kamen, ein Seminar über zeitgenössische Dichtkunst abzuhalten, zu dem nur ein Dutzend Studenten zugelassen wurden, die sich für den Kurs einschreiben und anschließend von Hatlen oder Bishop geprüft werden sollten. Hatlen erzählte : »Es war für die Studenten eine sehr dynamische Erfahrung. Viele von ihnen begannen im Anschluß an den Kurs, Gedichte zu schreiben. Der Kurs führte zur Entstehung eines Workshops für Dichtkunst«.

King erinnerte sich daran, während dieses Semesters »ungefähr vierzig bis fünfzig Gedichte« geschrieben zu haben, was er als eine »überaus spannende Erfahrung« bezeichnete, bemerkte jedoch, daß »nicht viel daraus wurde. Es war, als wäre man für lange Zeit betrunken gewesen. Andererseits bin ich aber auch nicht gerade ein Paradebeispiel dafür, was bei diesem Kurs zustande kam. Für einige Studenten kam sehr viel Gutes dabei heraus«.

Jim Bishop erklärte in einem Vorwort zu der 1970er Ausgabe von *Moth:*

> Dieses Seminar ... brachte etwa sechs ehrgeizige und höchst individuelle junge Poeten zum Vorschein, die seitdem einen ständigen Dialog führen, immer wenn sie sich auf den Fluren, in den Cafés, vor der Steven Hall oder auch woanders zufällig begegnen, und jene ursprüngliche Gruppe ist in diesem Jahr auf ein Dutzend Mitglieder angewachsen;

manchmal sind es sogar zwanzig Leute, die sich jeden zweiten Freitag in einer informellen Arbeitsgruppe treffen, um sich gegenseitig ihre Gedichte vorzulesen oder um die Werke der anderen zu lesen und ihre Gruppe zu erweitern, und hoffentlich, um ein besseres Verständnis für sich selbst, ihre Welt und ihre Arbeit zu gewinnen.

King belegte ferner Seminare über Shakespeare und die britische Literatur des 20. Jahrhunderts; einen Einführungskurs für Medienkunde; ein Seminar über die Kunst, richtig zu diskutieren; und einen Pädagogikkurs, der sich mit Lernprozessen während des Wachstums (Growth Learning Process) befaßte.

Im Frühling des Jahres 1969, es war sein vorletztes Jahr am College, das sogenannte Juniorjahr, war King zu einer Institution auf dem Campus geworden. Tabitha King erinnerte sich später daran, daß sie, als man sie auf ihn aufmerksam machte, »einen enorm großen, dahintrottenden Menschen in abgeschnittenen Elastikhosen« erblickte.

Am 15. Januar des Jahres 1969 erschien King auf der Titelseite der Zeitung *The Maine Campus*, Frank Kadi, ein Schulkamerad von King, hatte ein Foto von ihm gemacht: lange Haare, in Lederjacke, mit einer doppelläufigen Schrotflinte unter dem Arm, die er auf den Betrachter gerichtet hielt, und einem boshaft-verrückten Glühen in den Augen. Die Situation war natürlich gestellt, und der junge Schriftsteller sah auf diesem Foto Charles Manson bedrohlich ähnlich. Die Bildunterschrift lautete: »STUDY DAMMIT!« (Wollt ihr wohl studieren, verdammt noch mal!)

Auf diesem Foto bewies King großen Sinn für genau die Art von Humor, die dazu benötigt wurde, den Druck der Zwischenprüfungen im Januar ein wenig zu mildern.

Im Monat darauf stießen die Leser des *The Maine Campus* erneut auf King, diesmal auf einer dauerhafteren Basis. King startete eine regelmäßige Kolumne, *King's Garbage Truck (Kings Müllauto)*, die ihr Debüt in der Ausgabe des 20. Februar 1969 hatte.

David Bright, Publizistikstudent und Herausgeber der Zeitung, erinnerte sich daran, wie King ihn zum ersten Mal ansprach: »Steve trat in unser Büro auf dem Campus und sagte, er wolle eine Kolumne schreiben. Wir waren dazu da, Studenten schreiben zu lassen, also konnte er tun, was immer er wollte. Ich sagte: ›Steve, du bist uns mehr als willkommen, wenn du eine Kolumne schreiben willst. Meine einzigen Bedingungen sind, daß sie spätestens Dienstag mittag abgegeben wird, und daß sie in die Spalte paßt.‹ Danach tauchte King jedesmal bei uns auf, um seinen Beitrag auf unserer Schreibmaschine zu tippen.«

Der Verleger Bright mußte bei Kings Arbeiten niemals den Rotstift ansetzen. »Er war überaus produktiv; er schrieb gern und machte seine Sache ausgezeichnet. Er kam einfach zu uns rein und hämmerte seine Kolumnen in die Schreibmaschine. Sie waren jedesmal äußerst korrekt, und er legte sie auf dem Schreibtisch ab.‹

Ein anderes Redaktionsmitglied erinnert sich: ›King war immer zu spät dran. Wir rauften uns schon jedesmal die Haare, weil der letzte Termin immer näher rückte. Etwa fünf Minuten vor Annahmeschluß tauchte Steve auf, setzte sich an die Schreibmaschine und produzierte zwei vollkommen makellose, druckreife Seiten für seine Kolumne. Er trägt die Geschichten in seinem Kopf herum wie andere Leute Kleingeld in ihrer Hosentasche.«

In seinem ersten Artikel, der einen Umfang von ungefähr siebenhundert Wörtern hatte, berichtete er von einem Kulturprogramm, das Studenten eines Colleges in Vermont gestartet hatten; sowie über die Premiere des Films *Hush*,

Hush, Sweet Charlotte. Die Artikel, die ihm folgten, sollten für King absolut charakteristisch sein: zwanglos, im Plauderton geschrieben, geradeheraus und direkt, mit persönlichen Kommentaren über Aktivitäten auf dem Campus, den immer noch andauernden Vietnamkrieg und über kontroverse Themen wie Geburtenkontrolle. Außerdem gab es auch noch die etwas leichter verdauliche Seite der Kolumne, in der King Bücher rezensierte, Filme und Schallplatten besprach und weitschweifige Abhandlungen über Themen wie Baseball, Mädchen-Beobachten und Popkultur brachte. Kurz gesagt, King schrieb über nahezu alles; man konnte niemals voraussagen, was er — eben wie ein Müllauto — auf seiner wöchentlichen Runde einsammeln und wieder abladen würde.

Was seine fiktiven Werke anbelangte, so veröffentlichte King seine vierte Geschichte im *Ubris* in der Frühlingsausgabe des Jahres 1969: *Night Surf* (dt.: *Nächtliche Brandung).* Auf einem Strand sinnieren mehrere Teenager über das Leben und den Tod, nachdem die Welt von einem Supergrippevirus verwüstet worden ist. Es ist eine äußerst schwermütige Erzählung. Und auch Lowndes veröffentlichte in diesem Jahr in der Frühlingsausgabe von *Startling Mystery Stories* eine zweite Geschichte von King, *Reaper's Image* (dt.: *Der Sensenmann),* die dem Autor weitere fünfunddreißig Dollar einbrachte. Es war die Geschichte eines Mannes, der sich so sehr in die unheimliche Vergangenheit eines Spiegels hineinversetzt, daß er selbst zu einem Opfer wird — detailgenau und lakonisch erzählt und verstörend mehrdeutig, eine Short story im klassischen Stil, wie sie in jedes Schulbuch Eingang finden könnte.

Im Frühling des Jahres 1969 belegte King überwiegend Englischseminare: der Amerikanische Roman, moderne

Grammatik, britisches Schauspiel, und — unumgänglich für die Lehrbefähigung — der Unterricht an der Höheren Schule (Teaching in Secondary School).

Zu dieser Zeit durchlief das College gerade eine Phase der Selbstbewertung; Diskussionsrunden mit Studenten und Fakultätsmitgliedern wurden abgehalten, um den Stundenplan zu beurteilen. King, wegen des traditionell gearteten Literaturunterrichts ein hartnäckiger Kritiker der Englisch-Abteilung, tat sich dort besonders hervor und zog mit seiner oftmals unverblümt geäußerten Meinung die allgemeine Aufmerksamkeit auf sich.

Burton Hatlen erinnerte sich an ihn als Studenten im letzten Jahr: »King unterschied sich maßgeblich von den meisten Studenten. Er schien immer genau zu wissen, was er wollte. Meiner Meinung nach ist das in diesem Alter ziemlich ungewöhnlich.«

Der beste Beweis dafür war Kings Standpunkt zur populären Kultur. Hatlen erklärte:

Ich erinnere mich an eine Diskussionsrunde, zu der sich Studenten und Fakultätsmitglieder trafen, um über den Stundenplan der Englisch-Abteilung zu sprechen. Mehrere Leute erinnern sich noch daran, daß Steve während dieser Runde aufstand und die Abteilung kritisierte, weil er in keinem der Kurse, die er belegt hatte, jemals Shirley Jackson hatte lesen können.

Er kritisierte den Stundenplan und beharrte auf dem Wert und der Wichtigkeit der Popkultur und Massenmedien, und die Leute hörten ihm zu. Es war ein wichtiger Augenblick. King wollte ein spezielles Seminar über populäre amerikanische Lesestoffe leiten, was eine ziemliche Krise heraufbeschwor. Wir hatten einen Abschlußschüler, der allen Ernstes selbst einen Kurs leiten wollte.

Unter der Leitung von Graham Adams, einem Lehrer der Englisch-Abteilung, hielt King dann tatsächlich sein Seminar über die Massenkultur ab. Es war aller Wahrscheinlichkeit nach das erste und einzige Mal in der Geschichte der University of Maine, daß ein Abschlußstudent seine Kommilitonen unterrichtete. Gleichermaßen beeindruckend war, daß er sich den Stoff für diesen Kurs *außerhalb* des College völlig selbständig angeeignet hatte.

Im Herbst des Jahres 1969 — dem ersten Semester seines letzten Studienjahres — wurden seine Vorlesungen aufgeteilt in Lehrkurse (pädagogische und didaktische Themen) und Englischkurse (Dichtkunst der Romantik). King belegte außerdem einen Kurs über Anleitung im Schreiben (Directed Writing), den Edward Holmes gab.

Holmes hat Kings Werke als »überaus phantasievoll gestaltete und gut durchstrukturierte Erzählungen in Erinnerung. Es gab überhaupt keinen Zweifel daran, daß er eine exzellente Note erhalten würde. Ich habe es genossen, seine Arbeiten zu lesen und zu kritisieren.«

Diane McPherson — die als eine von zwölf Studenten an dem ersten Seminar über zeitgenössische Dichtkunst zusammen mit King teilnahm — hatte ebenfalls den von Holmes geleiteten Kurs belegt. »Zunächst schrieben wir unabhängig voneinander, doch dann trafen Steve und ich uns einmal in der Woche, und es machte einen Riesenspaß. Oft waren wir regelrecht ausgelassen. Ich war das ideale Publikum für Steves wilden und originellen Einfallsreichtum. Meine Aufgabe war es, all die überflüssigen Adverbien und Adjektive zu streichen. Steve schrieb spannende Geschichten, doch er tat es völlig unkontrolliert«, erzählte McPherson später in *The Student King* von Phippen.

Außerhalb des Klassenzimmers fuhr King mit der Arbeit an einem Roman fort, den er ein Jahr zuvor begonnen hatte. *Sword in the Darkness*, das sich stark an John Farris' *Harrison-High*-Romane anlehnt, ist die Geschichte von Arnie Kalowski, einem Teenager an der Harding High-School, die vor dem Hintergrund eines Rassenaufstandes spielt. Ein naturalistischer Roman, der die turbulente Zeit, in der er geschrieben wurde, widerspiegelt, eine Zeit, in der die Bürgerrechtsbewegung in den Vordergrund geriet.

Caroll Terrell, der einen vorzeitigen, unvollständigen Entwurf des Romans erhielt, erinnerte sich an Kings verfrühte Bemühungen, ihn veröffentlichen zu lassen:

> Nachdem er ihn ungefähr zur Hälfte fertig hatte, fragte er mich, ob es eine gute Idee wäre, ihn an einen Verleger zu schicken und um einen Vorschuß zu bitten. Zu der Zeit hatte ich keine Ahnung von seinen ernsthaften finanziellen Schwierigkeiten. Ich sagte ihm, daß es nicht schaden könne, aber daß wahrscheinlich auch nichts dabei rauskommen würde. Ich hielt es für möglich, daß er das Buch verkaufen konnte, doch meiner Meinung nach war es nichts, für das ihm ein Verleger im Jahr 1969 einen Vorschuß gewährt hätte. Also sagte ich ihm voraus, daß die Lektoren es lesen und ihm mitteilen würden, es sei sehr vielversprechend, daß sie ihn dazu auffordern würden, die komplette Version zu schicken, aber daß sie einem unbekannten Autor weder einen Vorschuß noch einen Vertrag geben würden. Ein paar Wochen später überreichte er mir ein Schreiben von einem Verleger und sagte so etwas Ähnliches wie: »Zumindest haben Sie den Nagel genau auf den Kopf getroffen.«

Am 30. April 1970 stellte King *Sword in the Darkness*, sein bis dahin aufwendigstes Werk, fertig. Es war sein längster Roman. Dank der Hilfe eines seiner Professoren war King in der Lage, eine Agentin zu finden, die den Roman in New York herumreichte. Patricia Schartle Myrer von McIntosh und Otis legte das Manuskript einem Dutzend Verlegern vor, zu denen auch der große Doubleday-Verlag gehörte, fand jedoch keinen Abnehmer. Jahre später sollte King das Buch als »einen furchtbar miesen Erguß«, bezeichnen, für ihn war es ein derart schlechtes Buch, daß »es mir noch nicht einmal im betrunkenen Zustand gefällt«.

Anfang 1970, im zweiten Semester seines letzten Jahres, blieb King in dem von Holmes abgehaltenen Kurs »Directed Writing«; zusätzlich belegte er noch einen Kurs über moderne Literatur und einen Sozialpädagogik-Kurs. King unterrichtete außerdem als Student an der Hampden Academy in Hampden, südlich von Bangor. Wie man sich erzählt, wurde King, damals ein langhaariger Freak, aufgefordert, er solle sich erst einmal die Haare schneiden lassen, bevor er sich ans Unterrichten wage. Die Haartracht war für King damals wie für viele seiner Generation ein brisantes Thema. Er hatte seiner Meinung zu diesem Thema in einer am 12. Februar 1970 erschienenen Ausgabe von *The Maine Campus* Luft gemacht. Er hatte sich in seiner Kolumne über »einige Sachen, die ich wirklich satt habe« ausgelassen: an erster Stelle stand die Kritik an langen Haaren. »Könnt ihr Euch ein Land vorstellen, das angeblich auf der freien Meinungsäußerung aufgebaut ist, und den Leuten doch vorschreibt, daß sie sich keine Haare auf dem Kopf und im Gesicht wachsen lassen sollen? Seit wann haben wir unser Niveau eigentlich derart herabsinken lassen, daß wir uns mehr Sorgen darum machen, wie die Leute aussehen, als um das, was sie denken?« King machte dann den spaßigen Vorschlag, wir

84

sollten »total abfallen und die wahren Helden verehren —
glattrasierte Typen wie James Earl Ray, Lee Harvey
Oswald, Eichman und George Lincoln Rockwell. Idiotie!
Wie kann man nur so dämlich sein?«

Es war eine Zeit, in der es schwierig war, nicht auf das
Establishment wütend zu sein. Wie King Jahre später
einem Reporter gegenüber erklärte:

> Als ich in der Schule war, ging Vietnam in Flam-
> men auf, Watts ging in Flammen auf, Bobby Ken-
> nedy und Martin Luther King waren erschossen
> worden, und all diese kleinen Püppchen hüpften
> mit neun Pfund Make-up im Gesicht ins Seminar,
> perfekt zurechtgemacht, mit Stöckelschuhen und
> all dem Zeugs, weil sie Ehemänner und/oder Jobs
> wollten und weil sie all die Statussymbole brauch-
> ten, die ihre Mütter hatten, und weil sie in irgend-
> eine große Studentinnenverbindung wollten.
> Mächtig wichtig war das alles.

Vor dem Klassenzimmer marschierten Studenten auf
und demonstrierten gegen den Krieg, kämpften für die
Redefreiheit und protestierten gegen die Universitätspoli-
tik.
Es war, wie King später feststellte, eine Zeit, die für
Horrorromane einen besonders reichhaltigen Nährboden
bot, eine Zeit, in der Eltern sahen, wie sich ihre Kinder
in Ungeheuer verwandelten, eine Entwicklung, die durch
Linda Blair in dem Film *Der Exorzist* in symbolischer Ver-
fremdung widergespiegelt wurde:

> Zu dieser Zeit befanden sich sämtliche Universitä-
> ten in einem schweren Aufruhr. Für einige von uns

ist es schwer, sich daran zu erinnern — selbst für mich, und ich war, wie so viele von meinen Freunden, zu jener Zeit *mittendrin*; wir wurden mit Eiern beworfen und mit Tränengas bekämpft. Wir gingen nach Hause, und unsere Eltern fragten: »Wirst du dir nun bald mal die Haare schneiden lassen?« Und wir antworteten: »Nö, ich glaube nicht. Willst du 'nen Joint, Paps?« Das haben wir natürlich nicht gesagt; ich habe es wenigstens nicht gesagt, nur gedacht. Was ich aber damit klarmachen will, es gab damals eine Art Jugendleben, eine Revolution der Jugend, eine Art Bürgerrechtskrieg zwischen Eltern und Kindern; und vor diesem Hintergrund entstand dann ein Film über ein wunderschönes, reizendes Vorstadtmädchen, das sich in eine fluchende, häßliche Monstrosität mit strähnigen Haaren verwandelte, die all diese häßlichen Wörter, diese schrecklichen Obszönitäten ausspricht und anständige Bürger mit Erbsensuppe bespuckt. Die Eltern sahen sich diesen Film also an und empfanden pures Entsetzen ... doch dann sagten sie mit einem Seufzer der Erleichterung: »Also, *das* ist mit unserer Susi passiert. Sie ist ins College gegangen, und der Teufel hat sie erwischt.« In gewisser Weise ist dieser Film eine bedeutende Parabel für das, was die Eltern damals erlebten. *Der Exorzist* packte die älteren Leute und rührte etwas in ihnen an, das ihnen Unbehagen und Kummer bereitete, und das auf eine Art, die Jugendliche zu dieser Zeit noch nicht richtig begreifen konnten; und der Film brachte es außerdem noch fertig, das Ganze in eine symbolische Handlung zu kleiden.

Für King schienen Horrorromane das beste Ausdrucksmittel für diese unruhigen Zeiten zu sein. Für die Ängste und Krisen unserer gegenwärtigen Zeit scheint der Horror ein noch angemessener Ausdruck zu sein. Wie King später schrieb:

> Horrorromane schaffen irreale Symbole für sehr reale Ängste. Ich glaube nicht, daß Horrorromane wirklich funktionieren — ich glaube nicht, daß es möglich ist, einen Menschen zu erschrecken, besonders nicht mit einem Roman —, es sei denn, man spricht mit zwei Stimmen: auf einer Ebene mit einer sehr lauten Stimme, man schreit es seinem Publikum entgegen, man erzählt ihm schreiend von Geistern, von Werwölfen, von Wesen, die ihre Gestalt verändern können, von Vampiren und ähnlichen Spukgeschöpfen. Aber mit einer anderen, sehr leisen Stimme — im Flüsterton — spricht man von *realen* Ängsten, und im besten Fall ist man dann in der Lage, dieses alptraumhafte Gefühl in ihnen zu wecken, das wir alle schon einmal erlebt haben; wir wissen, daß es nicht real ist, aber das spielt keine Rolle mehr. Wenn ich das erreichen kann, dann weiß ich, daß ich die Leute genau da habe, wo ich sie haben wollte.

In dieser stürmischen Zeit wurde King, wie viele seiner Zeitgenossen, vom Schwung des Augenblicks mitgerissen; er *mußte* Stellung beziehen. King, der in seiner Heimatstadt als Anhänger der konservativen Republikaner gegolten hatte, wurde zu einem eingeschriebenen Unabhängigen und verwandelte sich in »einen elenden, radikalen Bastard«, wie er es selbst bezeichnete.

Der Ausdruck »elender, radikaler Bastard« bedeutete für King, daß er stolz darauf war, ein Amerikaner zu sein, der an die »Unabhängigkeitserklärung, die Verfassung und sogar die Bundesartikel« glaubte.

In seinem letzten College-Jahr, während er in der Universitätsbibliothek arbeitete, lernte King seine zukünftige Frau, Tabitha Jane Spruce, kennen, eine Poetin und Schriftstellerin, die ihren Abschluß in Geschichte machte. Ungefähr zu dieser Zeit tauchten mysteriöse Massen von seltsamen, grellbunten Bogen Papiers in der Bibliothek auf; King nahm ein Ries »hellgrünes« Papier, Tabitha Spruce nahm tausend Bogen »rotkehlcheneierblaues« Papier, und David Lyons — »der Kerl, mit dem sie damals ging« —, schrieb King — nahm das »erdkuckucksgelbe« Ries.

King, der damals »in einer winzig kleinen Hütte am Fluß, unweit der Universität« lebte, führte seine tausend Bogen Papier einem guten Zweck zu und setzte sich damit vor sein »Büromodell einer Underwood«, wahrscheinlich derselben Schreibmaschine, die er schon in Durham benutzt hatte. Mit seinem ureigensten Zweifingersystem hämmerte er den Eröffnungssatz für eine neue Geschichte: »Der Mann in Schwarz flüchtete durch die Wüste, und der Revolvermann folgte ihm«.

Als King später in Durham war, der Stadt, in der er seine Kindheit verbracht hatte, kam Chesley vorbei und setzte sich zu King in die Küche. »Er saß neben dem Ofen«, erinnerte sich Chesley, »und ich fragte, ›was schreibst du da?‹ Da hielt er diese Bögen hoch — es waren ungefähr zehn — und sie trugen den Titel *The Dark Tower* (dt.: *Schwarz*). Ich las sie und sagte, ›Steve, das ist das Erstaunlichste, was du jemals geschrieben hast. Was hast du damit vor?‹«

Im ersten Moment unternahm King jedoch gar nichts mit dieser Geschichte. Er stand kurz vor dem Examen, und die Suche nach einer Arbeit sollte zunächst den Vorrang haben. Das Schreiben mußte warten.

Am 18. Mai 1970 wurden einige Schüsse abgegeben, deren Widerhall man auf der ganzen Welt hören konnte. In Kent State fand eine Demonstration gegen den Krieg ein mörderisches Ende. Angehörige der Nationalgarde von Ohio, die sich gerade auf dem Nachhauseweg befanden, nachdem sie einigen Fernfahrern vor einem Heckenschützen auf der Autobahn Schutz gewährt hatten, wurden auf die Bitte von Universitätsbeamten zum Campus abberufen. In ihrer Kampfausrüstung — Tarnuniform, Fliegerjacke, Koppel mit Munitionslaschen und Helm — marschierten die Gardisten, die Gewehre im Anschlag, in Straßenkampfformation auf die Studenten zu.

Dann geschah das Unfaßbare. An die Mauer gedrängt, von den Studenten mit Steinen beworfen, glaubten einige der Soldaten den Feuerbefehl gehört zu haben... und eröffneten das Feuer. Das tragische Ergebnis: Zwei Männer und zwei Frauen wurden getötet; acht weitere Personen verwundet — Opfer des Friedens, Unglücksopfer eines Krieges, der an der Heimatfront ausgefochten wurde.

Die 1970er Ausgabe von *Prism*, dem Jahrbuch der UMO, hielt die Reaktionen der betroffenen Studentenschaft Oronos in Worten und Bildern fest:

> Eines Morgens, eines sonnigen Morgens, wurde Kent State zum Schlagwort, einem Gerücht über vier tragische Todesfälle auf dem Campus einer Universität, die weitaus mehr für ihren Sport als für ihren Unterricht bekannt ist.
>
> Und dann innerhalb von vierundzwanzig Stunden, kam es zu einem nationalen Begräbnis.
>
> »Nun denn, seht zu, ob ihr den Kummer ebenso auslöschen könnt, wie ihr den Idealismus niedergekämpft habt!« Denn nur allzu real war die Wut der Studenten.

Studenten, die ganz allein entscheiden mußten, welche Art des Unterrichts für sie in Frage kam.

Die für sich selbst entschieden, welche Werte für sie den höchsten Wert haben. Ob die Schule wichtiger sei als die Forderung nach Beendigung eines blutigen Krieges.

Sie hielten Kerzen in der Hand und liefen in der Nacht dieses siebten Mai an der Promenade entlang. Sie liefen. Sie marschierten nicht. Es war keine militärische Zeremonie. Tatsächlich war es noch nicht einmal ein Protest gegen das Militär. Das sollte erst später kommen.

Es waren tausend ernsthafte Menschen. Einige mit Tränen in den Augen. Einige voller Wut; der Art von grimmiger, schmerzvoller, zerstörerischer Wut, die an einem frißt und brennt wie eine Gewehrkugel im Bauch. Damit es niemand vergaß! Damit es jeder erfuhr.

Die Bilder in diesem Jahrbuch zeigten den Rest der Geschichte: Studenten, die sich versammelten, um sich gemeinsam zu erinnern; eine Studentin, die einem langhaarigen Studenten, der nur ein weiterer »elender, radikaler Bastard« ist, eine schwarze Armbinde anlegt; Studenten bei einem Sit-in, die von einem Verwaltungsmitglied, das sich mit einem Megaphon bewaffnet hat, konfrontiert werden; ein Strom von Studenten, die mit grimmigem und düsterem Gesichtsausdruck langsam über den Campus schreiten; Studenten, die sich in einer Kapelle versammelt haben; auf einem bunten Kirchenfenster in ihrer Nähe prangen die Worte »Vergeßt nicht«; Studenten, die gemeinsam schweigend auf einer Innenbühne sitzen, während vier Kerzenflammen hell gegen die Dunkelheit anbrennen; eine blonde Studentin blickt auf die Kerzenflammen hinab, die ein nachdenkliches Gesicht beleuchten; und, schließlich, eine Fotografie von einer einzelnen Kerze, Perlen aus Wachs ranken sich um den beinahe erloschenen Stummel . . . die Flamme flackert . . . eine Kerze im Wind.

Mit ihrem Lied *Find the Cost of Freedom* sollte die Gruppe Crosby, Stills, Nash & Young später an diese vier Studenten erinnern, die den endgültigen Preis der Freiheit gefunden — und bezahlt hatten: den Tod in Gewehrsalven.

Am 7. Mai 1970, elf Tage vor der gewaltsam beendeten Demonstration, hatte King in seiner Kolumne *King's Garbage Truck* geschrieben: »In ein paar Wochen . . . kann ich mit dem Rest der siebziger Klasse in die Außenwelt hinausmarschieren, mit glänzenden Augen (es sei denn, ich habe einen Kater), nobler Haltung, einem Lächeln auf meinen Lippen, Freude in meinem Herzen und Raucherhusten in meinen Lungen.« Aber die Schüsse von Kent State straften Kings unbeschwerte Worte Hohn.

In dem nächsten Artikel, dem siebenundvierzigsten, machte *King's Garbage Truck* zum letzten Mal in der Schülerzeitung halt. Am 21. Mai 1970 trug Kings Kolumne den Titel: *EIN GESEGNETES (?) EREIGNIS WIRD AN DER UNIVERSITÄT VON MAINE IN ORONO VERKÜNDET.* King verlegte das freudige Ereignis seiner Geburt auf den 5. Juni 1970 fest, dem Tag, da er im Alter von zweiundzwanzig Jahren, mit einer Größe von fast zwei Metern und einem Gewicht von dreiundneunzig Kilo aus dem College in die Außenwelt entlassen werden sollte. King schrieb, die Zukunftsaussichten seien »verschwommen, obwohl entweder die nukleare Vernichtung oder eine Umweltkatatrophe durchaus im Bereich des Möglichen zu sein scheinen«.

In einer Beurteilung seiner selbst schrieb King:

Dieser Junge hat einiges an Talent bewiesen, obgleich es zu diesem Zeitpunkt noch unmöglich ist, festzustellen, ob es nur ein kurzes Strohfeuer war, oder ob er echte Möglichkeiten haben wird. Es erscheint offenkundig, daß er an der Universität von Maine in Orono eine Menge gelernt hat, obschon manche Umstände dazu beigetragen haben, seinen idealistischen Eifer einzudämmen.

Am 5. Juni 1970 verließ King das College als »Bakkalaureus der englischen Sprache und Literatur mit einem Nebenabschluß in Rhetorik und Schauspielkunst«. Er hatte sich auch die Lehrbefähigung für die höhere Schule erworben.

Der lange Weg

Nach seiner Graduierung zog King in eine Wohnung in Orono, Maine, und fuhr mit seiner Arbeit an *The Dark Tower* (dt.: *Schwarz*) fort. Die Handlung begann in seinem Kopf Form anzunehmen — ein langes, heroisches Epos über einen Revolvermann.

In diesem Sommer veröffentlichte King in *The Maine Campus* den Fortsetzungsroman *Slade*, ein humorvoller Western, der an die Breckinridge-Elins-Geschichten von Robert E. Howard erinnern sollte. Mit seinen sechstausendfünfhundert Wörtern, die in acht Fortsetzungen vom 11. Juni bis 6. August 1970 erschienen, sollte *Slade* in gewisser Weise eine Art Probelauf für die Geschichte des Revolvermannes sein, die Kings Energie bis dahin voll beansprucht hatte.

Slade beginnt mit den Worten:

> Es war schon beinahe dunkel, als Slade in Dead Steer Springs einritt. Er saß aufrecht im Sattel; ein ganz in Schwarz gekleideter Mann mit düsterem Gesichtsausdruck. Selbst die Griffe seiner beiden unheilvollen .45er, die er in einem Gürtel lässig um die Hüften trug, waren schwarz. Seit den siebziger Jahren des 19. Jahrhunderts, da der Name Slade selbst die Herzen der kühnsten Helden des Westens vor Furcht erbeben ließ, hatte es bereits viel Getuschel über die Art seiner Aufmachung gegeben...
>
> Einige sagten, er trage Schwarz, weil Slade der für den amerikanischen Südwesten zuständige Spießgeselle des finsteren Sensenmannes sei. Und dann gab es wieder welche, die dachten, er sei noch seltsamer als eine Dreidollarnote. Kein Mensch

hätte es jedoch gewagt, diesen letzten Gedanken ihm gegenüber auszusprechen.

Mit *Slade* ritt King tatsächlich gen Sonnenuntergang, zumindest was seine Beiträge für *The Maine Campus* anging, da diese Erzählung kein Geld einbrachte, und King sich — ebenso wie seine Zeitgenossen — der düsteren Aussicht gegenüber sah, eine Stelle als Lehrer finden zu müssen, und das in einer Zeit, in der es zu viele frisch aus der Uni entlassene Lehramtskandidaten und zu wenige freie Stellen auf dem Markt gab.

Angesichts dieses Arbeitsmarktes mußte King sich den Lebensunterhalt zunächst als Tankwart bei einer Tankstelle in der Nähe von Brewer verdienen. Das Benzin kostete vier Cent pro Liter; wenn man volltanken ließ, erhielt man noch einen Laib Brot gratis; und wenn man den Ölstand kontrollieren ließ, bekam man ein Glas, auf dem die Familie Feuerstein abgebildet war. Der Job brachte Steve einen Dollar fünfundzwanzig die Stunde.

Als King die Gelegenheit erhielt, einen neuen Job anzunehmen, ergriff er sie sogleich beim Schopfe und arbeitete in der New Franklin Wäscherei in Bangor. Sein Einkommen stieg jetzt sprunghaft auf einen Dollar sechzig die Stunde und sechzig Dollar pro Woche an. Zusätzlich arbeitete King noch als freiberuflicher Schriftsteller und schrieb Geschichten für Männermagazine, die ihn jedoch nicht sofort bei Annahme, sondern erst zum Datum der Veröffentlichung bezahlten.

»Fast alle Männermagazine sind ausgezeichnete Absatzmärkte, wenn man anfängt, freiberuflich Horrorromane zu schreiben«, bemerkte King später in seinem Essay *The Horror Writer and the Ten Bears*. King fuhr fort: «Sie benötigen Unmengen an Material, und die meisten von ihnen kümmert es nur wenig, wenn man noch unbekannt ist. Wenn deine Geschichte gut ist, und du dir den richtigen Markt aussuchst, dann kannst du sie auch verkaufen.« Eines der besten Magazine sei *Adam*, schrieb King. ›Wenn in der Geschichte ein wenig Sex vorkommt und sie trotzdem Niveau hat, dann würde ich Ihnen raten, sie zuerst an *Adam* zu schicken.«

King verkaufte bereits Anfang des Frühjahrs, als er noch im College war, eine Geschichte an *Adam*. *The Raft* (dt.: *Das Floß*) ist eine Geschichte über Collegestudenten aus Pittsburgh, die sich mit einem Floß auf einem einsamen See vergnügen und lieben, jedoch von einem Seeungeheuer angegriffen und in die Falle getrieben werden — eine Short Story, die harmlos, alltäglich anhebt und mit mörderischem Grauen endet.

Die Geschichte, die zum Verkauf von *Das Floß* gehört — und später von King in einem Nachwort zu *Skeleton Crew* erzählt wurde —, wäre eigentlich selbst Stoff für einen Roman; eine Stephen-King-Story aus dem wahren Leben: Als King kurz nach Mitternacht in Orono mit seinem Auto, dessen Auspuffrohr allmählich verrottete, nach Hause fuhr, holperte er an einer Kreuzung über einige Kegel, woraufhin sein Auspuffrohr endgültig abfiel. Wutentbrannt fuhr King daraufhin in der Stadt herum und sammelte sämtliche zur Verkehrsregulierung aufgestellte Kegel ein, die er finden konnte, mit der Absicht, sie vor dem örtlichen Polizeirevier abzuliefern.

Ein einheimischer Polizeibeamter ersparte ihm jedoch die Mühe. King erinnerte sich, daß der Cop ihn fragte: »Gehören diese Kegel dir, mein Sohn?«

King vertrat sich selbst vor Gericht — und verlor. Er sah sich einer zweihundertfünfzig Dollar hohen Strafe gegenüber, ohne die finanziellen Mittel zu besitzen, mit denen er sie hätte bezahlen können, woraufhin er sich wohl oder übel mit der düsteren Aussicht auf einen Monat im Gefängnis abzufinden hatte.

Völlig unerwartet traf jedoch ein Scheck in Höhe von

zweihundertfünfzig Dollar für seine Geschichte *Das Floß* vom Herrenmagazin *Adam* ein. Da diese Firma nur bei Veröffentlichung bezahlte, sollte man annehmen können, daß die Geschichte auch erschien. Merkwürdigerweise erhielt King jedoch weder ein Belegexemplar vom Verlag, noch konnte er sie an den Zeitungsständen entdecken.

In jenem Herbst tätigte King seinen ersten Verkauf an das Magazin *Cavalier*. Im Gegensatz zu vielen anderen Männermagazinen wurde dort nicht verlangt, daß die Geschichte um Sex kreisen müsse. King berichtete in *The Horror Writer and the Ten Bears* darüber:

> Ich hege eine besondere Zuneigung zum *Cavalier*, weil sie meine ersten Horrorgeschichten veröffentlichten. Doug Allen und Nye Willden sind zwei warmherzige und hilfsbereite Menschen, und wenn deine Geschichte gut ist, wird sie von ihnen auch veröffentlicht. Sie wird innerhalb von vier bis sechs Wochen gedruckt und bringt zweihundert bis dreihundert Dollar; es kommt dabei auf die Länge und die Anzahl der vorher veröffentlichten Geschichten an. Am besten ist es, wenn die Geschichte aus ungefähr viertausend Wörtern besteht.

In der Oktoberausgabe des Jahres 1970 veröffentlichte *Cavalier* die Geschichte *Graveyard Shift* (dt.: *Spätschicht*), die King zweihundertfünfzig Dollar einbrachte. Sie handelte von seinen eigenen Erfahrungen nach der High-School, als er während der Sommerferien in der Gegend von Lisbon Falls in einer Textilfabrik gearbeitet hatte. Ihr eigentlicher Ursprung lag, wie bei so vielen seiner Geschichten, in der Frage »*Was wäre wenn?*« King selbst meint:

Den größten Teil von *Spätschicht* schrieb ich im Redaktionsbüro von *The Maine Campus*. Ich hatte da diese Idee für eine Geschichte: Wäre es nicht ulkig, wenn diese Leute den Keller der Fabrik aufräumten — ein Job, den ich selbst schon mal machen mußte —, und dabei all diese riesigen Ratten finden? Wäre das nicht echt grausig?

Denk nur an all die Sachen, die du damit anstellen könntest. Also schrieb ich die Geschichte.

Die Handlung entwickelt sich wie folgt: Von einem anmaßenden Vorarbeiter zum Dienst gezwungen, begibt sich ein Collegestudent mit seinem Mitarbeiter in den Keller einer Fabrik, um dort aufzuräumen. Dort unten in der Tiefe entdecken sie eine Welt, in welcher der Mensch ein Eindringling ist, und wo mutierte Ratten auf monströse Größe heranwachsen.

Als intuitiver Schriftsteller, der nicht nach Schema arbeitet, fing King einfach mit dem Schreiben an. Als die Seiten nur so aus seiner Schreibmaschine hervorzuquellen begannen, bekam sie ein Freund zu lesen und meinte: »Oh, mehr! Ich finde, er sollte dort unten rumgehen, den Ratten die Köpfe abreißen und sie dann verspeisen!«

Obwohl die Erzählung *Spätschicht* oberflächlich gesehen eher humorvoll ist, war sie doch »die ultimative Arbeitnehmer-gegen-Arbeitgeber-Geschichte«, meinte King. Die scharf beobachteten realistischen Elemente aus der Arbeiterwelt verleihen der Geschichte, so unwahrscheinlich ihr Grundeinfall auch anmutet, Glaubwürdigkeit.

Was mich eigentlich dazu brachte, diese bestimmte Geschichte zu schreiben, war die Fabrik, in der ich arbeitete. Das Werk gehörte keiner Gewerkschaft an, und wenn sie es während der Betriebsferien für eine Woche schlossen, erhielten nur die Leute mit einer festen Anstellung bezahlten Urlaub; wir anderen bekamen ebenfalls eine Woche frei — doch ohne Bezahlung, es sei denn, man wollte im Reinigungstrupp mitarbeiten, was bedeutete, daß man in den Keller mußte.

Ich arbeitete in der Verpackungsabteilung. Sie bliesen das Gewebe in die riesigen Verschläge, und wir mußten es dann in Säcken verstauen. Während man darauf wartete, daß der Verschlag voll wurde, warf man leere Dosen auf die Ratten, denn Ratten gab es dort wirklich überall. Und es waren echt große Brummer darunter; ich weiß noch ganz genau, daß einige von ihnen sich auf die Hinterbeine setzten und wie Hunde bettelten. Als sie mich also baten, dem Reinigungstrupp beizutreten, meinte ich nur: »Nein, das kann ich nicht machen. Da müßt ihr mich entschuldigen. Amüsiert euch gut.«

Später erzählte ihm ein Freund, der in der Färberei arbeitete, daß er etwas verpaßt hätte. Gemäß den Worten dieses Freundes »waren einige der Tiere so groß wie Welpen«. Es war derselbe Freund, der King erzählte, zur Unterhaltung hätten sie »die Ratten in die Färbebehälter gesetzt, um zu sehen, wie schnell sie flitzen würden, wenn die Trommeln sich zu drehen begannen«.

Als man King das Exemplar des *Cavalier* übersandte, in dem seine Geschichte abgedruckt war, ließ er seiner Mutter eine Fotokopie davon zukommen, nachdem er »sämtliche Anzeigen für Glanzfotos und Filme abgedeckt« hatte, die junge Frauen in sehr eindeutigen Posen zeigten.

Es war eine harte Zeit für King. Tabitha Spruce, mit der King gemeinsam in der Bibliothek des Colleges gearbeitet hatte, war der einzige Lichtblick in seinem Leben. Seit dem Abschlußjahr hatte sich ihre Beziehung derart gefestigt, daß sie Ende des Jahres 1970, am Weihnachtsabend, ihre Heiratsabsichten bekanntgaben und das Aufgebot bestellten. King wohnte zu der Zeit in der North Maine Street 112, Orono. Am 29. Dezember 1970 wurde ihnen die standesamtliche Ehegenehmigung ausgestellt.

Jahre später schrieb King: »Das einzig wirklich Wichtige, das ich jemals aus einem ganz bewußten Motiv heraus tat, war Tabitha Spruce, die Studentin, mit der ich mich damals traf, zu fragen, ob sie mich heiraten würde. Das Motiv war die innige Liebe, die ich für sie empfand. Der Witz daran ist nur, daß die Liebe selbst ein völlig irrationales und unerklärliches Gefühl ist.«

Am 2. Januar 1971 wurden Stephen Edwin King und Tabitha Jane Spruce in Old Town nördlich von Orono getraut. Da Tabitha im römisch-katholischen Glauben erzogen worden war, fand die Trauzeremonie in einer katholischen Kirche statt. Die beiden wurden von Pfarrer John M. Anderson vermählt. Da Stephen im methodistischen Glauben erzogen worden war, wurde der Empfang in einer Methodistenkirche gegeben.

Dieser Monat zeichnete sich außerdem durch die Veröffentlichung einer neuen Kurzgeschichte Kings aus. Im Januar 1971 erschien *The Blue Compressor* in *Onan*, der Literaturzeitschrift an Kings Alma Mater. Trotz der deutlichen Anlehnung an die Erzählung *The Tell-Tale Heart* (*Das verräterische Herz*) von Edgar Allan Poe — den King zwar gelesen, jedoch nie bewundert hat —, ließ sich King bei dieser Geschichte ebenso von den Horrorcomics der Fünfziger inspirieren, wobei Bill Gaines' E.-C.-Serie eine besondere Rolle spielte. Obwohl diese Comics sich zumeist durch ihre unheimlichen Einbände und grafischen Darstellungen auszeichneten, wohnte ihnen auch oft eine starke moralische Botschaft inne, die mit Kings methodistischer Erziehung in Einklang stand — die Gerechten siegten, doch die Sünder mußten leiden. (Während der Zeit in Durham besuchten Stephen und David King jeden Donnerstag abend die Jugendgruppe der Methodistenkirche.)

Im März 1971 veröffentlichte King seine zweite Geschichte in der Zeitschrift *Cavalier*; *I Am the Doorway* (dt.: *Ich bin das Tor*), eine Mischung aus Science-fiction und Horror. Obwohl King schon sehr früh die Bekanntschaft von Science-fiction-Filmen und -Geschichten gemacht hatte, war er nicht in der Lage, das zu schreiben, was man allgemein als ›harte‹ Science-fiction bezeichnete — etwa im Stil eines Robert A. Heinlein. Fantasy- oder Horrorgeschichten zu schreiben, fiel Stephen King weit leichter. Der Schauplatz der Erzählung *Ich bin das Tor* gehört zwar eher in den Science-fiction-Bereich, doch ihre Handlung ist ohne Zweifel dem Horrorgenre zuzuordnen. Ein Astronaut kehrt mit einem fremdartigen Leiden vom Planeten Venus auf die Erde zurück: aus seinen Händen wachsen Augen, die ein eigenes Leben entwickeln und zu morden beginnen. Entsetzt verbrennt er seine Hände, doch die tödlichen Augen wachsen erneut, diesmal auf seinem Brustkorb.

Im Mai des Jahres 1971 verließ Tabitha King die University of Maine at Orono als Bakkalaureus der Geschichte. Sie konnte jedoch, ebenso wie ihr Ehemann, nach dem Abschluß keine passende Anstellung finden.

Tabitha erhielt schließlich einen Job in einem der beiden Doughnuts-Geschäfte von Bangor.

Geld war Mangelware im Hause King. Stephen und Tabitha Kings gemeinsames Einkommen — ergänzt durch gelegentliche Schecks für veröffentlichte Geschichten —, reichte einfach nicht zum Leben, insbesondere da sie nun auch für ihre Erstgeborene Naomi zu sorgen hatten.

Ermutigt durch den Verkauf seiner Kurzgeschichten und in der Hoffnung darauf, daß er durch Verkauf eines Buches weiterkommen würde, beendete King seinen Roman *Getting It On* und beschloß, ihn an Doubleday zu schicken, da sie auch *The Paralex View* von Loren Singer veröffentlicht hatten, eine Erzählung, die ebenfalls zum unheimlichen Genre gehörte.

Durch seine verfrühte Vorlage des unfertigen Manuskripts von *Sword in the Darkness* hatte Stephen King gelernt, daß er Romane erst an Verlage verkaufen konnte, wenn er ein vollständiges Manuskript vorlegte.

Obwohl er erst seit kurzer Zeit auf professioneller Basis Kurzgeschichten verkaufte, wußte King ebenfalls, daß er sein Manuskript nicht unaufgefordert losschicken durfte, da die Verleger einen regelrechten »Schundhaufen« besaßen, wie sie es nannten, der sich aus unaufgefordert einsandten Manuskripten ohne bestimmten Adressaten zusammensetzte. Also schickte King zunächst einmal eine Anfrage an Doubleday, genauer an den Herausgeber von *The Parallax View*, der jedoch — was King nicht wußte — Doubleday bereits verlassen hatte. Das Anfrageschreiben landete schließlich auf dem Schreibtisch von William G. Thompson, von dem er eine günstige Antwort erhielt. Schicken Sie es her, schrieb der Lektor zurück, und King folgte der Aufforderung. Ein Verkauf hätte bedeutet, daß er seinen Job in der Wäscherei aufgeben und das Romanschreiben endlich als Vollzeitbeschäftigung betreiben konnte.

Thompson schrieb später, *Getting It On* sei »eine meisterliche Studie, was Charaktere und Spannung anbetrifft, doch es war ein sehr stiller Roman, bewußt klaustrophisch, und so etwas ließ sich nur sehr schwer verkaufen. Ich bat Stephen — wir waren nämlich inzwischen so weit, daß wir uns mit dem Vornamen anredeten —, einige Veränderungen vorzunehmen, was er auch bereitwillig und prompt erledigte. Doch auch danach erhielt ich im Verlag keinerlei Unterstützung für diesen Roman, den ich daher zurückschicken mußte.«

Diese neuerliche Zurückweisung traf King hart. Die Hoffnung, eines Tages mit dem Romanschreiben den Lebensunterhalt verdienen zu können, mußte er vorläufig begraben. Später beschrieb er diese Enttäuschung wie folgt: »Doubledays Ablehnung war ein schmerzlicher Schlag für mich, weil man mir doch für eine außergewöhnlich lange Zeit Anlaß zur Hoffnung gegeben hatte. Ich hatte das Buch sogar ein drittes Mal umgeschrieben, um es für die Verlagsdirektoren mundgerecht zu machen.«

Als an der nahe gelegenen Hampden Academy, an der King gegen Ende seiner College-Laufbahn einen Kurs geleitet hatte, eine Stelle für einen Englischlehrer frei wurde, nahm King sie an. Das Jahresgehalt betrug sechstausendvierhundert Dollar.

Trotz Heirat und Familie war diese Zeit wohl die schlimmste seines Lebens. »Da war ich also; meine Romane blieben unveröffentlicht, ich lebte in einem Wohnwagen, besaß kaum genug Geld, um über die Runden zu kommen, zweifelte immer mehr an meinen schriftstellerischen Fähigkeiten und hatte auch noch dieses Kind, das die ganze Nacht plärrte und weinte.«

Der einzige Lichtblick war sein Erfolg an der Schule.

Da er als Lehrer ein Naturtalent war, mochten ihn seine Schüler, und auch die Verwaltung wußte seine Arbeit zu schätzen. Jahre später erinnerte sich der Direktor der Hampden Academy Robert W. Rowe: »King war ein vielversprechender Lehrer.«

Aber selbst an der Schule blieb niemandem verborgen, wie ernst er die Schriftstellerei nahm. Direktor Rowe erinnert sich: »Man sah ihn nur selten ohne ein Buch unter dem Arm; wenn er eine Freistunde hatte, nutzte er sie, indem er ein Buch las. Aber er nahm sich auch immer die Zeit, neue Erzählungen zu schreiben; er war sehr diszipliniert, was sein Schreiben anging, und ausdauernd, wenn es darum ging, sich hinzusetzen und ein einmal begonnenes Werk auch zu einem Abschluß zu bringen.«

Eine frühere Schülerin, Brenda Willey, erinnert sich an King als »einen guten Lehrer, der sieben Unterrichtsstunden und eine Vorlesung am Tag hatte. Er erzählte uns, daß er gern schrieb, und ich glaube, er wollte damit auch uns Schüler zum Schreiben ermuntern. Er war ein lustiger Typ mit ausgeprägtem Sinn für Humor«. (In den Jahresbüchern der Schule zeigte sich King fürwahr von der humorvollen Seite: Auf einem Foto breitet King die Arme in einer Schwarzen-Mann-Pose aus; ein anderes Foto zeigt ihn lesend; er liest jedoch kein Lehrbuch oder einen gehaltvollen Roman, sondern — das Mad-Magazin.)

Stephen King, der in einem gemieteten Doppeltrailer auf dem Gipfel eines Berges in der Nähe von Hermon, Maine, an der Route 2 wohnte, erkannte schon bald, daß er als Lehrer einen Teil seiner Arbeit mit nach Hause nehmen mußte; also verbrachte er seine Abende damit, sich auf die Stunden vorzubereiten und Klassenarbeiten zu benoten, was die Zeit, die er fürs Schreiben aufwenden konnte, erheblich einschränkte. Dennoch reservierte King bis zu zwei Stunden am Abend für das Schreiben; er saß in dem winzigen Heizungsraum des Wohnwagens, wo er dann auf der Olivetti-Schreibmaschine seiner Frau Geschichten herunterhämmerte, in der Hoffnung, wieder mal etwas verkaufen zu können, und in der Hoffnung, einen weiteren Monat durchzukommen, in dem Tabitha sehr talentiert mit den Rechnungen jonglierte.

Im Winter des Jahres 1971 beschloß King, sich an einem weiteren Roman zu versuchen — *The Running Man* (dt.: *Menschenjagd*), die futuristische Version der Kurzgeschichte *The Most Dangerous Game*. Kings Erzählung handelt von einem Mann, der nicht für seine Frau und sein Kind sorgen kann und an einer tödlichen Gameshow teilnimmt, die ihm ein Vermögen einbringen wird — sofern er sie überlebt.

Es liegt nahe, in diesem Roman eine Aufarbeitung von Stephen Kings Existenznöten zu sehen. Für King bestand der Wettstreit darin, sich genügend Zeit zu schaffen, um so schnell wie möglich einen Roman schreiben zu können, der vor dem Ende der Schulwinterferien fertiggestellt sein mußte.

Menschenjagd wurde, wie King berichtete, »innerhalb eines Zeitraums von zweiundsiebzig Stunden geschrieben«. Die Arbeit an diesem Roman war für ihn »eine fantastische und erregende Erfahrung«. Wie auch die Hauptfigur seiner Geschichte veranstaltete King einen Wettlauf und spekulierte darauf, daß sich seine Mühe bezahlt machen würde.

King schickte den noch nicht vollständig zu Ende geführten Roman an Thompson, der es widerstrebend zurückgehen ließ — nach *Blaze* und *Getting It On* war es nun Kings drittes Werk, das vom Doubleday-Verlag abgelehnt wurde. Anschließend schickte King das Buch an Donald A. Wolheim von Ace Books. King erinnert sich:

Drei Wochen nach der Einsendung, erhielt ich mein Manuskript in dem frankierten Rückumschlag wieder, dem eine ebenso höfliche wie frostige Notiz beilag. »Wir interessieren uns nicht für Sciencefiction und negative Utopien«, besagte das Schreiben. »Sie verkaufen sich nicht.« Ich murmelte meiner Frau irgend etwas in der Art zu, daß George Orwell und Jonathan Swift mit ihren negativen Utopien gar nicht so schlecht gefahren wären — und warf das Manuskript in eine Schublade, in der es dann auch acht oder neun Jahre liegenblieb.

Sieben Jahre später wurde der Roman doch veröffentlicht, der vierte Roman Stephen Kings, der unter dem Pseudonym Richard Bachmann erschien. Obwohl *Menschenjagd* sicherlich nicht so ausgefeilt ist wie die Hauptwerke Stephen Kings, hat er — wie viele vor langer Zeit geschriebene Science-fiction-Romane — nachträglich an Überzeugungskraft gewonnen. Liest man die Erzählung heute, so kann man sich nicht des Eindrucks erwehren, daß Stephen King schon 1974 Entwicklungen geahnt hat, deren Ausmaß erst heute, zwanzig Jahre später, abzusehen sind.

Der Roman spielt im Jahre 2025. Da in US-Städten wie Co-Op-City Armut und ein skandalöses Sozialgefälle herrscht, wird die Bevölkerung durch mediale Dauerberieselung ruhiggestellt. Der Autor scheint die geistige Armut heute populärer Gameshows ebenso vorausgeahnt zu haben wie den Voyeurismus des kostensparenden sogenannten Reality-TV, wenn er etwa die Show *Tretmühle zum Reichtum* beschreibt, in der nur chronisch Kranke oder Krüppel auftreten dürfen. Für das Abendprogramm werden schärfere Geschütze aufgefahren. In der Show *Menschenjagd* wird der nach langen Vorausscheidungen zugelassene Kandidat einen Monat lang von einer Killerhorde gejagt, wobei er jede Stunde, die er überlebt, ein paar Dollar erhält: Wenn er das Spiel wider Erwarten doch bis zum Ende überleben sollte, winkt ihm der große Preis von einer Milliarde Dollar. Der Protagonist des Romans, Ben Richards, der mit seiner Frau in einer erbärmlichen Unterkunft in Co-Op-City haust, nimmt an dem Spiel teil und hält sich sehr lange die Killer erfolgreich vom Leib — am Ende aber ist er doch eingekreist, und ihm bleibt nichts mehr übrig, als sich selbst samt dem Fernsehsender in die Luft zu jagen. Wie schon von allen Kritikern betont wurde, hatte bereits 1958 der legendäre Robert Sheckley in seiner Erzählung *The Prize of the Peril* ein ähnliches Szenario entworfen. Dennoch haftet der Unerbittlichkeit von Kings Entwurf etwas Visionäres an, das diesen sonst eher durchschnittlichen Roman gerade in der gegenwärtigen Zeit, wo die Medien die Bürger einem Dauerbeschuß aus oberflächlichster Unterhaltung und seichtesten Talk-Show-Platitüden aussetzen, lesenswert macht. Zwanzig Jahre nach Stephen Kings Roman beginnen auch andere Künstler, den in *Menschenjagd* dargestellten Prozeß kritisch zu reflektieren, so etwa Oliver Stone in seinem Film *Natural Born Killers*, der ebenfalls das Thema Gewalt und Medien ins Zentrum rückt.

Das Buch leistete *Blaze* und *Getting It On* in Kings privatem Manuskript-Friedhof Gesellschaft. Anfang des Jahres 1972 hatte sich die Situation der King-Familie immer noch nicht verbessert. Im Gegenteil, durch die Geburt ihres zweiten Kindes Joseph am 4. Juni mußte das ohnehin bereits stark beanspruchte Budget noch weiter gestreckt werden.

Zumindest in einer Hinsicht zeigte sich jedoch ein helles Licht am Horizont. Nye Willden, damals Redakteur bei der Zeitschrift *Cavalier* glaubte in King einen talentierten Schriftsteller zu erkennen. »Ich war sehr beeindruckt, da ich spürte, daß Kings Werken etwas überaus Ungewöhnliches anhaftete«. Willden erinnerte sich, daß King ihn, wenn er in einer wirklichen Notlage steckte, darum bat, den Scheck vor der Veröffentlichung zu übersenden, worauf Willden ihm dann auch entgegenkam. »Er hatte wirklich ernste finanzielle Schwierigkeiten«, erinnert sich Willden, »und ich war froh, ihm wenigstens etwas helfen zu können.«

In diesem Jahr verkaufte King vier Kurzgeschichten an *Cavalier*: *Suffer the Little Children*, das im Februar veröffentlicht wurde, *The Fifth Quarter*, unter dem Pseudonym Jon Swithen im April veröffentlicht; *Battleground* (dt.: *Schlachtfeld*), veröffentlicht im September; und *The Mangler* (dt.: *Der Wäschemangler*), das im Dezember erschien. Von diesen Geschichten war eine untypisch für King — die Swithen-Erzählung war eine Kriminalgeschichte. Die anderen trugen Kings untrügliches Merkmal, an dem man seine Kurzgeschichten erkennen kann: eine Art Fantasy-Horror, mit starker Anlehnung an den frühen Ray Bradbury, den frühen Robert Bloch, Charles Beaumont, Jack Finney und Richard Matheson.

Willden erinnert sich, daß King bis zu dreihundert Dollar für eine Geschichte erhielt, was den üblichen Lohn überstieg. Trotzdem konnte King seinen Lebensunterhalt nicht mit dem Schreiben von Kurzgeschichten verdienen; auch konnte er sich mit Short stories keine Leserschaft aufbauen — das war nur mit einer Reihe von erfolgreichen Romanen möglich.

Überarbeitet und gestreßt, fing King an »zu viel zu trinken«, wie er später schrieb. Er und seine Frau hatten kaum mehr Geld, also wurde ihnen das Telefon weggenommen; und als wären das noch nicht genug Schwierigkeiten gewesen, fing auch noch ihr sieben Jahre altes Auto an zu streiken — was mit teuren Reparaturkosten verbunden sein würde.

Noch schlimmer war, daß der junge Lehrer keine Zeit fand, mehr als ein paar Kurzgeschichten zu schreiben. Während des Schuljahres mußte er sich an den meisten Abenden mit der Vorbereitung auf die Unterrichtsstunden befassen. Verständlicherweise fühlte King sich dann zum Schreiben kaum mehr in der Lage; seine schriftstellerische Maschinerie war einfach eingefroren. King selbst im Rückblick auf diese traurige Zeit: »Ich begann damit, abends lange Selbstgespräche zu führen und fragte mich ständig, ob ich nun einer Illusion nachrannte oder nicht.«

Chris Chesley erinnerte sich an dieses Jahr als eine sehr schwierige Zeit für die Familie. »Tabitha blieb mit den Kindern daheim — Joe war damals noch ein Baby, und sie mußte fast immer im Haus bleiben. Tagsüber kümmerte sie sich um die Kinder, während Steve unterrichtete.«

Man sagt, exaktes Timing sei alles; doch auf King schien eher ein anderes Sprichwort zuzutreffen: Das Glück begünstigt den Vorbereiteten. In der Verlagswelt wurde das allgemein einsetzende, große Interesse an übernatürlichen Geschichten aufmerksam verfolgt.

Der Trend hatte 1967 mit der Veröffentlichung von Ira Levins Roman *Rosemarys Baby*, der Geschichte einer jungen Frau, die in eine Sekte gerät und Satans Kind zur Welt bringt, eingesetzt. Im Jahre 1971 folgten zwei weitere unheimliche Romane: *Der Exorzist* von William Peter Blatty und die Zwillingsgeschichte *The Other* (dt.: *Das andere Gesicht*) von Thomas Tyron. Die Verleger und Lektoren begannen daran zu denken, daß Horrorromane in Mode kommen könnten.

Nachdem er diese Entwicklung auf dem Buchmarkt beobachtet hatte und auf das, was er bis jetzt geschrieben hatte, zurückblickte, gelangte King gegen Ende des Jahre 1972 zu einer entscheidenden Einsicht: » . . . es war mir nie in den Sinn gekommen, einen Horrorroman zu schreiben. Eigentlich seltsam, weil ich doch eigentlich nichts verkauft hatte außer Horrorgeschichten.«

Im vorangegangenen Sommer hatte King eine Geschichte um eine Aschenputtel-Gestalt geschrieben, die eine eigenartige Wendung nahm — sie erinnerte an Salingers *Der Fänger im Roggen*, wies aber ein übernatürliches Element auf: die telekinetischen Fähigkeiten der Schülerin Carrie White, die sich an ihrer Umgebung für zahlreiche Demütigungen rächt. Nach einem fehlgeschlagenen Versuch warf King die ersten Seiten dieser Erzählung in den Küchenabfalleimer; Tabitha hatte sie jedoch wieder herausgefischt und ihn zum Weitermachen ermutigt, was er dann auch tat.

»Steve hat immer sehr auf Tabithas Meinung vertraut«, erklärte Chesley. »Sie kann ihm ganz genau sagen, was sie von seiner Arbeit hält. Sie nimmt kein Blatt vor den Mund. Da sie ihn liebt, sagt sie ihm die Wahrheit — sie redet nicht um den heißen Brei herum. Ich halte das für eine ihrer liebenswerten Eigenschaften.«

Von Tabithas Reaktion ermutigt, schrieb Stephen King verbissen weiter, obwohl ihm eindeutig klar war, daß es diesmal keine Geschichte für das Magazin *Cavalier* werden würde; die Hauptfigur Carrie, eine Außenseiterin und Tochter einer religiös bigotten Frau, fing an, die Erzählung immer mehr zu beherrschen. Auf dem Abschlußball wird dem sechzehnjährigen häßlichen Entlein die größte Demütigung zuteil: Mitschülerinnen überschütten sie mit Schweineblut — eine Anspielung auf ihre verspätet (im Duschraum der Mädchenumkleidekabine) einsetzende Menstruation.

»Ich schrieb weiter, weil ich ausgetrocknet war und keine besseren Ideen hatte«, schrieb King später und lieferte damit eine Erklärung für die zahlreichen Entlehnungen aus dem Aschenputtel-Märchen — wie z. B. das Verlieren der Schuhe auf dem Ball.

Als King fertig war, hatte er eine Novelle in der Hand, die fünfundzwanzigtausend Wörter umfaßte — zu lang für eine Kurzgeschichte, zu kurz für einen Roman. Also wandte King dieselbe Technik an, die John Dos Passos bereits in seiner USA-Trilogie praktiziert hatte, und fügte ein etwas abgewandeltes Zeitgeschehen aus Dokumentarberichten hinzu, einerseits um die Erzählung zu strecken, andererseits um ihr noch mehr Glaubwürdigkeit zu verleihen.

Gegen Ende 1972 hielt King ein fertiges Manuskript in den Händen, das er nur noch einschicken mußte. »Meines Erachtens«, schloß King, »hatte ich den größten Verlierer aller Zeiten geschrieben.«

Die Zeit bei Doubleday

Im Januar 1973 schickte King *Carrie* an William Thompson von Doubleday. Nachdem er es sorgfältig durchgelesen hatte, bat der Lektor King darum, den letzten Teil zu überarbeiten, um ihm mehr Ausdruck zu verleihen, und King fügte sich. Anschließend waren sich Lektor und Autor völlig einig; die Veränderungen gaben dem Manuskript mehr Aussagekraft. Endlich war, wie Thompson es ausdrückte, »die Zeit der Wunder« angebrochen.

»Thompsons Ideen funktionierten so gut, daß es fast schon wie ein Traum erschien. Es war, als hätte er die Kante einer Schatzkiste aus dem Sand spitzen sehen und danach den wahrscheinlichen Umfang des eingegrabenen Teils unfehlbar abgesteckt«, schrieb King später.

Thompson erklärte: »Grundsätzlich besteht die Arbeit eines Lektors darin, zu verstehen, was der Autor will, und ihm bei der Erreichung seines Ziels behilflich zu sein. Ich glaube nicht, daß ich als Lektor, weder vor noch nach *Carrie*, jemals so sehr im Einklang mit dem Konzept stand, das der Autor von seinem Buch hatte, wie in diesem Fall.«

Carrie hatte die erste Hürde — die Zustimmung des Lektors — überwunden, doch es sollten noch mehrere folgen. Nun war es an Thompson, im Verlag Begeisterung für *Carrie* zu wecken.

Keine einfache Aufgabe bei einem Erstlingswerk. Schließlich sind der Autor und das Buch noch so unbekannt, daß einzig die Geschichte für den Schriftsteller sprechen kann. Zu Kings und Thompsons Glück handelte es sich bei *Carrie* um eine verteufelt gute Geschichte.

Im Monat darauf fuhr King mit einem Greyhoundbus nach New York, um sich mit Thompson zu einem Verlagsessen zu treffen und über das Buch zu diskutieren. In einem Essay *On Becoming a Brand Name* erinnerte sich King an diese heitere Odyssee voller Mißgeschicke, eine Komödie der Irrungen: Das Treffen war für zwölf Uhr mittags angesetzt, aber der junge Schriftsteller traf acht Stunden zu früh in der Stadt ein. Nachdem er zwei Stunden am Busbahnhof zugebracht hatte, lief King um sechs Uhr zum einige Häuserblocks entfernten Verlagsgebäude; da er jedoch brandneue Schuhe trug, waren seine Füße danach von Blasen überzogen.

Wie die meisten Auswärtigen, die zum ersten Mal diese Stadt besuchten, stierte auch der junge Mann aus Maine fasziniert zu den Wolkenkratzern hinauf, woraufhin ihn später der Nacken schmerzte. Dann trank King beim Mittagessen zwei Gin Tonics auf leeren Magen und war »fast augenblicklich völlig benebelt«, wie er es bezeichnete, ein Zustand, der noch dadurch verstärkt wurde, daß er auf der langen Busfahrt von Maine nach New York kaum ein Auge zugetan hatte. Schließlich bestellte er ein Nudelgericht, das bald zum größten Teil seinen Bart schmückte.

William Thompson, der seine Begeisterung für den Roman im Zaum hielt, da er King schon einige Werke entgegen seiner eigentlichen Überzeugung zurückschicken hatte müssen, wollte dem nervösen Schriftsteller keine falschen Hoffnungen machen; Thompson meinte, daß die Chancen zwar recht gut stünden, man deshalb aber trotzdem keine Garantie hätte. Schließlich wurde das Manuskript noch im Verlag herumgereicht, und der Lektor mußte erst in allen Instanzen grünes Licht erhalten, bevor er es kaufen konnte. Nach dem Mittagessen fuhr King mit dem Greyhoundbus zurück nach Maine und ließ die schillernde Verlagswelt hinter sich.

King, der tagsüber unterrichtete und abends schrieb, stellte am 15. Februar 1973 *The Blaze* fertig. Bei dieser

Erzählung handelte es sich um einen Psychothriller (Umfang: fünfzigtausend Wörter), den der Autor seiner Mutter widmete. *Blaze* war eine Geistergeschichte, die sich um eine Kindesentführung rankt, möglicherweise inspiriert von dem wahren Fall der Entführung von Charles A. Lindbergh jr. im Jahre 1932.

Im darauffolgenden Monat begann King mit der Arbeit an *Second Coming*, einem Roman, der durch eine Unterhaltung mit Tabitha und Chris Chesley entstand. Chesley hatte damals ein Zimmer bei ihnen und fuhr jeden Tag zur University of Maine nach Orono. King, der zu dieser Zeit in seinem Fantasy- und Science-fiction-Kurs an der Hampden Academy gerade Bram Stokers klassischen *Dracula*-Roman durchnahm, hatte die Frage aufgeworfen: Wenn der berühmte blutsaugende Graf in eine Kleinstadt in Maine käme, was würde dann passieren? Würden die Behörden ihn nicht schon sehr bald schnappen?

Tabitha und Chris verneinten die Frage und vertraten die Meinung, man könne auch in Kleinstädten sehr schnell untertauchen.

Obwohl er im Heizungsraum schrieb und die Kinder um ihn herumtollten, war Kings Konzentration ungebrochen. Er vergaß alles um sich herum und schrieb über Vampire in einer Kleinstadt in Maine; ein Thema, das für ihn ebenfalls von therapeutischem Wert war: es beförderte ihn von der realen Welt in die Welt der Phantasie, wo er dem unablässigen finanziellen Druck, unter dem er stand, zumindest für einen Augenblick entfliehen konnte. Eine Romanfigur Kings könnte sagen − wenn man in Hermon, Maine, in eine ausweglose Situation gerät, schert sich kein Mensch einen feuchten Kehricht darum. King wußte, daß nur das Schreiben ihm eine Fahrkarte nach draußen verschaffen konnte, eine einfache Fahrkarte, die ihn von der Vergangenheit und ihren täglichen

Schrecken und von dem armseligen Leben in Hermon wegbringen würde.

Inzwischen hatte *Carrie* in New York die letzte Hürde genommen. William Thompson erinnerte sich: »Als die Augen des Leiters der Lizenzabteilung aufleuchteten und der Werbeleiter den Roman einen ›Volltreffer‹ nannte, wußte ich, daß wir freie Bahn hatten.«

Der ursprüngliche Vorschuß hatte sich, laut Thompson, auf tausendfünfhundert Dollar belaufen — was in jener Zeit gar nicht einmal schlecht war. Dank Thompsons Einsatz wurde das Garantiehonorar auf zweitausendfünfhundert Dollar erhöht — der Betrag wurde bei Unterzeichnung des Vertrages fällig.

Im März 1973 erhielt Tabitha King ein Telegramm von Doubleday: »*Carrie* Offiziell Ein Doubleday Buch. Zweitausendfünfhundert Dollar Vorschuß Auf Honorar. Gratuliere, Junge — Die Zukunft Liegt Vor Dir. Bill.«

Thompson hätte einen Anruf vorgezogen, doch die Kings hatten einige Zeit zuvor ihr Telefon abbestellt, da sie sich diese zusätzliche Ausgabe nicht leisten konnten.

Chesley erinnerte sich daran, was an diesem Tag passierte, als er vom College zurückkam:

Nachdem ich zurückgetrampt war, lief ich über die kleine Landstraße auf seinen Wohnwagen zu. Ich war kaum im Vorhof angekommen, als Tabby aus der Vordertür rannte. Sie wedelte mit einem Telegramm herum und rief: »Schau her, sieh dir das an!« Ich nahm das Papier entgegen, und Tabby hüpfte auf und ab und schrie, dann hüpfte ich ebenfalls auf und ab und schrie, und als Steve später nach Hause kam, zog ich mich zurück. Sie sind sich einfach in die Arme gefallen und haben geweint. Das war einer der schönsten Tage meines Lebens.

Kurz danach traf der Standardvertrag von Doubleday mit seinen (mutmaßlichen) Knebelklauseln ein. King und Chesley tranken Bier im Wohnzimmer und gingen den Vertrag Klausel für Klausel durch. Kings Hartnäckigkeit hatte sich letztendlich bezahlt gemacht.

Nachdem der Vertrag unterschrieben und der Vorschuß eingetroffen war, verwandten die Kings einen Teil der Summe für einen neuen Wagen, »einen neuen blauen Pinto«, räumten den Wohnwagen und zogen in eine Wohnung in Bangors Sanford Street. Die in einem zweistöckigen Mietshaus ohne Fahrstuhl untergebrachte Wohnung war zwar eine Verbesserung gegenüber ihrem Quartier in Hermon, aber trotzdem noch eine recht bescheidene Bude, wie King sich erinnerte. Wenigstens konnte die Familie sich jetzt wieder ein Telefon leisten.

Anfang Mai stellte King den ersten von mehreren Entwürfen für *Second Coming* fertig, doch die wirklichen Neuigkeiten trafen erst am Muttertag, dem 12. Mai, ein, als William Thompson dem erfreuten Autor am Telefon mitteilte, Doubleday habe die Taschenbuchrechte für *Carrie* an den New American Library Verlag verkauft, der das Buch unter seinem Markennamen Signet veröffentlichen würde. Die Rechte seien für vierhunderttausend Dollar verkauft worden, erzählte Thompson; King würde die Hälfte dieser Summe als Anteil erhalten.

King im Rückblick über die Reaktion auf diese Nachricht: »Wenn ich behaupten würde, Tabby und ich wären über diese Nachricht völlig aus dem Häuschen geraten, dann wäre das eine Untertreibung; vielleicht gibt es im

Englischen überhaupt keine Worte, die unsere Reaktion genau beschreiben könnten«. Um das Ereignis gebührend zu feiern, »ging ich in die Stadt, um Tabby etwas Hübsches zu kaufen. Ich ging fort, sah mich um und kaufte ihr schließlich im Drugstore für sechzehn Dollar fünfundneunzig Cent einen Fön.«

King konnte gar nicht wissen, daß er zu dieser Zeit bereits einen unauslöschlichen Eindruck auf Elaine Geiger (heute Elaine Koster) von der New American Library (NAL) hinterlassen hatte. Jahre danach spornte King den Verkauf der Hardcover- und Taschenbuchausgaben von *Carrie* noch weiter an:

Als *Carrie* von Doubleday gekauft wurde, war Bill Thompson mein Lektor und Doubleday ein Verlag, der nicht gerade für seine Großzügigkeit und fürstliche Honorare bekannt war; tatsächlich war er wohl eher eine Art Onkel Dagobert des Verlagswesens — er erwarb meinen Roman für zweitausendfünfhundert Dollar. Und bei NAL gab es diese Frau namens Elaine Geiger, die das Buch gelesen hatte und davon gefesselt war — es fesselte sie genug, um sie ein Angebot machen zu lassen, das einem jungen Mann von vierundzwanzig oder fünfundzwanzig Jahren, der für ein Gehalt von sechstausendvierhundert Dollar im Jahr unterrichtete, wie eine Sensation vorkam.

Elaine Geiger vereinbarte einen Termin mit dem Leiter der Lizenzabteilung von Doubleday, einem Mann namens Robert Banker, der heute bereits tot ist; wenn er noch nicht tot wäre, würde ich ihn wahrscheinlich erwürgen, weil sie diesen Termin vereinbarte, um eine riesige Summe für dieses Buch zu bieten, und Bob Banker ließ sie einfach sitzen. Können Sie sich so etwas vorstellen? Schließlich kamen sie aber doch zusammen, und NAL machte ein Angebot für das Buch.

Das Honorar für die Zweitverwertung des Romans bedeutete für King, daß er zum ersten Mal in seinem Leben die Freiheit genoß, sich voll und ganz dem Schreiben zu widmen. Und doch barg das Unterrichten — besonders die Arbeit mit Kindern — ebenfalls gewisse Vorteile. Schreiben oder Unterrichten? King befand sich in einem Dilemma.

David Bright, damals Redakteur bei der Lokalzeitung *Bangor Daily News*, führte das allererste Interview mit King, das in der Ausgabe vom 25. Mai 1973 veröffentlicht wurde, und schrieb einleitend:

> Steve King kann sich noch nicht ganz entscheiden, ob er nun noch Lehrer bleiben soll oder nicht. Für King stellt das Buch seinen ersten Treffer dar, nachdem sein Versuch, ins Romangeschäft einzusteigen, vorher dreimal fehlgeschlagen war. Seine erste Ablehnung erhielt er zusammen mit einem Brief, der besagte, daß er sich vielleicht einem anderen Gebiet widmen sollte. King meint, daß der Unterricht oft die Zeit beanspruche, die er eigentlich lieber für das Schreiben aufwenden würde.
>
> Fünf seiner Schüler an der Hampden Academy haben ihn wegen ihrer Romane, die sie gerade schreiben, um Rat gebeten, und er versucht sie, so gut er kann, zu ermutigen, was einer der Gründe ist, aus denen er sich, trotz seines neuen Glücks, noch nicht zu einer Entscheidung durchgerungen hat, was die Aufgabe des Unterrichtens betrifft.

Letzten Endes traf King die einzige Entscheidung, die ihm möglich war: er gab das Unterrichten mit großem Bedauern auf.

Fortan bezeichnete sich Stephen King als »freischaffenden Schriftsteller« — sogar bei Kreditanträgen an die Bank. Aber King würde nie vergessen, was hinter ihm lag — »die Scheißarbeit«, wie King sie nannte, die armselige Bezahlung, Zeitarbeit ohne Zukunft und Vollzeitjobs, die er als Mittel zum Zweck annahm: Hausmeister, Packer, Färber und Näher in einer Fabrik, Baseballtrainer, Aushilfskraft, die die Bücher in die Regale stellte; Toilettenwärter in der Industrie, Tankwart und Wäschereiarbeiter.

Jahre später rief sich King in einem Interview für die Zeitschrift *Playboy* diesen berauschenden ersten Verkauf ins Gedächtnis zurück: »Es war ein großartiges, befreiendes Gefühl, weil ich endlich die Freiheit hatte, mit dem Unterrichten aufzuhören und die meiner Meinung nach einzige Funktion zu erfüllen, die ich im Leben habe: Bücher zu schreiben. Ob nun gute, schlechte oder mittelmäßige Bücher, das müssen die anderen entscheiden; das *Schreiben* ist mir genug.«

Nach nur zwei Jahren an der Hampden Academy quittierte King für immer das Lehramt an der Realschule. Doch er würde die Freunde, die er dort gefunden hatte, nie vergessen — Kollegen wie Charlotte Littlefield und G. Everett »Mac« McCutcheon — die ihn kannten, als er, in den Worten eines seiner früheren Studenten »noch nicht *Stephen King*, der berühmte Schriftsteller war; sondern einfach nur ein guter Lehrer, der etwas andere Englischstunden gab«.

Nachdem das Schuljahr zu Ende war, zogen die Kings von Bangor nach North Windham, einer kleinen Stadt östlich des Sebago Sees, der nordwestlich von Portland liegt. Alle Briefe an den Romanautor wurden an ein Postfach in der Stadt geliefert. Im Gegensatz zu Hermon war North Windham der perfekte Ort, an dem man schreiben konnte, ohne abgelenkt zu werden.

Im Juni schickte King dem Lektor des Doubleday-Verlags *Second Coming*. Thompson brachte das Problem zur Sprache, daß man King nach diesem Roman vielleicht als Horrorschriftsteller abstempeln könnte. Eine Sorge, die King nicht teilte. »Meine Antwort darauf war, daß ich die Sachen schreiben wollte, die ich im Kopf hatte. Sollten die Kritiker sich doch eine passende Bezeichnung dafür ausdenken.«

Bis zum Ende des Jahres 1973 überarbeitete King einen dritten Entwurf für *Second Coming*, bei dem er sich an Thompsons Änderungsvorschläge hielt. In der Zwischenzeit wurde die Erstveröffentlichung von *Carrie* auf das Frühjahr 1974 festgesetzt.

Als das Jahr 1973 seinem Ende entgegenging, wurde die Familie King von einem schweren Schicksalsschlag getroffen. Nellie Ruth King, bei der die Ärzte im Jahr zuvor Krebs festgestellt hatten, starb am 18. Dezember in Mexico, Maine. Sie war erst sechzig Jahre alt.

Unter den Nachwirkungen dieser Tragödie stehend, begann Stephen King einen neuen Roman *Roadwork* (dt.: *Sprengstoff*). Dieser Versuch, einen ernsten Roman zu schreiben, erfüllte einen kathartischen Zweck. Jahre später schrieb King:

> Ich glaube, es war ein verzweifelter Versuch, irgendeinen Sinn in dem schmerzvollen Tod meiner Mutter zu sehen, die ein Jahr zuvor gestorben war — die schleichende Krebskrankheit hatte sie Zentimeter für schmerzvollen Zentimeter aufgefressen. Nach ihrem Tod empfand ich ebenso große Trauer als auch Erschütterung über die scheinbare Sinnlosigkeit des Ganzen ... In dem Roman *Sprengstoff* gab ich mir große Mühe, einige Antworten auf das große Rätsel zu finden, warum die Menschen Schmerzen erleiden müssen.

Die Geschichte Barton George Dawes', der Hauptfigur des Romans, spiegelt Kings Leben wider, nicht nur, weil Dawes wie King zeitweilig in einer Wäscherei arbeitet. Die Erzählung spielt im Winter des Jahres 1973 und handelt von dem sinnlosen Tod seines Sohnes, der an Krebs stirbt — ein Unglück, über das Barton George Dawes depressiv wird. »Wenn eine Anhäufung von ein paar bösartigen Zellen, nicht größer als eine Walnuß,« das Leben zerstören kann, so fragt sich George Dawes, »wie soll man dann je Vertrauen ins Leben gewinnen?«

Seine Frau verläßt ihn, und sein Haus soll abgerissen werden und einem Autobahnzubringer weichen. George bastelt sich Molotowcocktails und findet ein schreckliches Ende — der Autobahnzubringer wird mit achtzehn Monaten Verspätung fertiggestellt. Stephen King veröffentlichte diesen Roman später unter dem Pseudonym Richard Bachman.

King veröffentlichte weiterhin Kurzgeschichten in der Zeitschrift *Cavalier*: *The Boogeyman* (dt.: *Das Schreckgespenst*) im März, *Trucks* (dt.: *Lastwagen/Trucks*) im Juni und *Gray Matter* (dt.: *Graue Masse*) im Oktober. Bedeutender jedoch war, daß er mit *Carrie* seinen ersten Roman verkauft, das Unterrichten aufgegeben und den Schuldienst hinter sich gelassen hatte. Eine böse Ironie des Schicksals war es, daß ausgerechnet die Person, die ihm den Rücken gestärkt und häufig das Geld für Briefmarken aufgetrieben hatte, wenn er seine frühen Werke einschicken wollte, nicht lange genug leben sollte, um mitzuerleben, wie der erste Roman ihres Sohnes veröffentlicht wurde. Die Welt drehte sich weiter, und nun gehörten sowohl Kings Vater als auch seine Mutter bereits der Vergangenheit an.

Im Januar 1974 stellte King den Roman *Sprengstoff* fertig.

In der Zwischenzeit begannen in New York die Vorarbeiten für die Veröffentlichung von *Carrie*. Im ganzen Land erhielten die Buchhandlungen vorab ein Leseexemplar — was bei einem Erstlingsroman ziemlich unüblich ist —, dem ein Formschreiben beilag:

Doubleday freut sich, Ihnen diese Sonderausgabe des Buches *Carrie* von Stephen King vorlegen zu dürfen. Wir denken, es könnte *der* Roman des Jahres werden — eine spritzige Erzählung mit dem Tempo und der unbarmherzigen Macht von *Der Exorzist* und ein ebenso harter Schocker wie *Rosemaries Baby*. Doch damit nicht genug, es ist außerdem Teil einer seltenen Gattung auf dem heutigen Büchermarkt — eine gute Geschichte. Wenn Sie an diesem Abend noch irgendwelche Verabredungen haben, sollten Sie nicht mit dem Lesen anfangen; denn dieses Buch ist ein Knüller. *Carrie* ist die Geschichte eines Mädchens, das sein Leben lang als Außenseiterin galt, eine Eigenbrötlerin, die geborene Verliererin. Hin und her gerissen zwischen ihrer fanatischen Mutter, die in allem eine Sünde sieht — in der Nacktheit im Mädchenduschraum, in jeglicher Freundschaft, die Carrie zu Mädchen ihres Alters entwickeln könnte, und besonders in Verabredungen mit Jungs — und ihrem eigenen bemitleidenswerten Wunsch, zu einem Teil dieser Welt zu werden, wird Carrie zur Zielscheibe für grausame Scherze und boshafte Streiche. Carrie ist jedoch nicht nur ein Opfer von Kräften, die sie nicht verstehen kann. Sie besitzt auch eine seltsame und furchteinflößende Macht, die sie kaum zu kontrollieren vermag. Und als man ihr einen letzten Streich spielt, stellt sich heraus, daß Carries Macht ebenso faszinierend wie verheerend ist. Wir hoffen, daß

Sie *Carrie* ebenso spannend finden wie wir. Ein außerordentlich lesenswerter Roman über das Paranormale, und außerdem eine brillante Charakterstudie der stillen Art über ein junges und ungewöhnliches Mädchen, das sich einen Weg aus seiner ganz persönlichen Hölle zu bahnen sucht. Wir glauben, daß *Carrie* und Stephen King eine strahlende Zukunft bevorsteht, und wir begrüßen die Möglichkeit, die Freude daran mit Ihnen teilen zu können.

Der Roman, der am 5. April 1974 veröffentlicht werden sollte, hatte die Leser des Vorabexemplars bereits in seinen Bann geschlagen. Das *School Library Journal* feierte ihn als »einen spannenden Leckerbissen sowohl für Anhänger des Horrors als auch der Parapsychologie«. *Publishers Weekly*, eine für den amerikanischen Buchmarkt äußerst wichtige Fachzeitschrift, die auch in allen europäischen Verlagen gelesen und ausgewertet wird, nannte ihn »... eine tolle, unheimliche und gruselige Geschichte ... die auf einen rasanten Höhepunkt zusteuert. Mr. Kings Talent liegt nicht zuletzt darin, daß er Carrie stets eher bemitleidenswert als bösartig darstellt.«
Die abweichende Kritik des *Library Journal* machte keinen Hehl aus deren Abneigung zu dem Buch: »Dieser Erstlingsroman kann im Wettstreit um das blutigste Buch des Jahres mithalten – Menstruationsblut, Blut bei der Kindsgeburt und Fehlgeburt, das Blut einer gesamten sterbenden Stadt, und schließlich das Blut der Heldin, als diese ihr Leben aushaucht ... Manche Leute brauchen wohl solche Bücher als eine Art Ersatzbefriedigung, doch man kann ein solches Buch nicht guten Gewissens empfehlen.«
Die scharfsinnigste Kritik formulierte Kings Mentor an seiner ehemaligen Universität, Burton Hatlen, der *Carrie*

für die Frühlingsausgabe des *Alumnus* besprach. Nur für den Fall, daß irgend jemand annehmen sollte, King wäre über Nacht zu einem Erfolgsautoren geworden — erklärte Hatlen, daß *Carrie* in seiner Rechnung Kings *sechster* und nicht sein erster Roman sei. Bei der Bemerkung, King habe »nicht den amerikanischen Traum, sondern den amerikanischen Alptraum« entdeckt, führte Hatlen weiterhin aus, daß King »von der Einsamkeit des ländlichen Maines weiß — Träume sind sauer geworden, die Körper und Seelen der Menschen werden durch ihr entbehrungsreiches Leben verhärmt. Und er weiß, dieses Leben wird weder von einem Gefühl des Neids oder der Sehnsucht bestimmt, sondern von reinem Haß — einem Haß, der, sollte er jemals ungezügelt zum Ausdruck kommen, all unsere Traumschlösser über unseren Köpfen zusammenbrechen lassen wird.«

Hatlen stellte an dem Roman einige Schwächen fest, fügte jedoch hinzu, daß »es uns nicht überraschen sollte, solcherlei Schwächen in dem Roman eines fünfundzwanzigjährigen Schriftstellers zu finden«. Er fuhr fort: »Viel wichtiger als diese geringfügigen Mängel ist die Macht, die Steve Kings Vision selbst ausstrahlt. Nur wenige unserer Schriftsteller haben eine solch klare Vorstellung von den Dämonen, die in der Seele eines jeden Amerikaners lauern. Und wenn sich Steves Fähigkeit, diese Vision zu projizieren, noch weiter entwickelt, dann hat er gute Aussichten, zu einem der bedeutendsten amerikanischen Schriftsteller zu werden.«

Hatlen scheint ebenso wie Thompson ein untrügliches Gespür für zukünftige Entwicklungen zu besitzen. Beide hatten einen Blick für das in diesem vielversprechenden jungen Schriftsteller schlummernde Talent und Potential, einem Schriftsteller, der es zum größten Teil allein geschafft hatte; ohne jene traditionellen Finanzspritzen — Stipendien, Förderpreis und Zuschüsse —, die einem Anfänger sonst zugute kommen.

Carrie wurde im April 1974 laut Doubleday mit einer Erstauflage von dreißigtausend Exemplaren in die Buchhandlungen ausgeliefert. Auf dem Einband des billig aussehenden, schlecht gebundenen, einhundertneunundneunzig Seiten umfassenden Buches (Preis: 5,95 Dollar) prangte ein seltsames Bild von Alex Gotfryd, auf dem eine junge Frau zu sehen war, die man eher für ein New Yorker Modemodell halten konnte als für die bemitleidenswerte Person, die King mit Carrie beschrieben hatte. Schlimmer noch wog, daß die maßlos übertriebenen Worte aus einer Zeitungsanzeigen die auf der Rückseite des Einbandes abgedruckt waren, den eigentlichen Sinn der Geschichte nur in äußerst geringem Maße verdeutlichen konnten. »Stephen Kings Geschichte ist sowohl ein Angriff auf Ihr Zartgefühl als auch auf ihre Nerven und wird bei Ihnen immer mehr Fragen aufwerfen . . .«

Es ist zweifelhaft, ob das Buch die Nerven und das Zartgefühl der Leser angriff oder bei ihnen mehr Fragen aufwarf, aber *Carrie* hatte Spannung und gruselige Szenen zu bieten. Dennoch erinnerte King sich daran, wie schwer es war, für den Roman die Werbetrommel zu rühren. »Es konnte nicht mit der Erwähnung auf irgendeiner Bestsellerliste rechnen, es wurde auch nicht auf den ersten drei Seiten irgendeines Kritiker-Magazins mit Pauken und Trompeten empfangen, und was die Zeitschriften *Playboy*, *The New Yorker*, *The Saturday Review*, *Time* und *Newsweek* anbelangte, so existierte es überhaupt nicht. Was ebenso auf die Buchclubs zutraf.«

Im April 1974 fällte Thompson die Entscheidung, *Second Coming* zu veröffentlichen. Das Buch war bereits dreimal umgeschrieben worden und trug nun den neuen Titel *Jerusalem's Lot*, nach der Stadt, in der die Geschichte spielte. Später sollte der Titel dann auf *Salem's Lot* (dt.: *Brennen muß Salem!*) gekürzt werden.

Das Buch wurde fast augenblicklich für fünfhunderttausend Dollar an den Verlag New American Library (NAL) verkauft, ein Betrag, von dem King wie bei *Carrie* die Hälfte erhielt. Wie King sich erinnerte, war NAL sehr froh über diese Investition:

> *Brennen muß Salem!* wurde bei NAL mit großer Begeisterung gelesen, was zweifellos teilweise daran lag, daß sie das Potential erkannt hatten, durch das hier ein neuer Markenname entstand. Horror wurde zu dieser Zeit großgeschrieben ... und ich zeigte auch bei meinem zweiten Buch keinerlei Anzeichen dafür, daß ich meine Gruselperücke und mein Lon-Chaney-Make-up gegen eine Pfeife und ein Tweedjackett eintauschen würde, um etwas wirklich Tiefschürfendes und Bedeutendes zu schreiben.

Brennen muß Salem! ist in seiner endgültigen Fassung ein sehr düsterer Vampirroman, vorrangig aus der Perspektive der Opfer des Vampirs Barlow geschrieben, die sich von der Korruption und falschen Bequemlichkeit des trostlosen Kleinstadtmilieus gleichmachen haben lassen.

Ende des Sommers 1974 mieteten die Kings ein Haus in der South Fourtysecond Street Nr. 330 in Boulder, Colorado. King erklärte den vorübergehenden Ortswechsel folgendermaßen:

> Ich hatte *Carrie* und *Brennen muß Salem!* geschrieben, und sie beide spielten in Maine, weil es meine Heimat ist. Ich sagte zu meiner Frau: »Ich glaube, es wird Zeit, daß ich ein Buch über einen anderen Ort schreibe. Es sieht aus, als würde das zu einer Karriere und nicht zu meinem Hobby werden.«

Sie fragte: »Wo willst du hingehen?«

»Ich weiß nicht — an irgendeinen Ort, an dem ich etwas anderes sehen kann und ein Gefühl für einen anderen Landesteil entwickeln kann«, antwortete ich.

Sie zog also einen Straßenatlas hervor und schlug die Karte der Vereinigten Staaten auf. »Komm mal her«, sagte sie.

Sie band mir ein Taschentuch vor die Augen und meinte: »Leg deinen Finger drauf.«

Ich deutete blind auf Colorado; mein Finger lag irgendwo in der Nähe von Boulder, also begaben wir uns dorthin.

Colorado, »ein geisterhafter Staat mit Bergen und hohen Pässen, wo der Wind und die Wölfe heulen«, war, wie King bald feststellte, der ideale Handlungsort für einen weiteren Horrorroman. Seltsamerweise war es nicht das, was er als nächstes schrieb. Statt dessen begann er mit der Arbeit an *The House on Value Street*, einem Roman, zu dem er durch den wahren Kriminalfall der Entführung der Patty Hearst, der Tochter des in Kalifornien ansässigen Verlagsmoguls Randolph Hearst, inspiriert worden war. King weiß noch, daß »es mit der Geschichte einfach nicht voranging. Während der nächsten paar Wochen fummelte ich apathisch daran herum . . .«

King legte sie vorübergehend beiseite und wandte seine Aufmerksamkeit einer Romanidee zu, die im Jahre 1962 geboren worden war. *Darkshine* — von Ray Bradburys klassischer Kurzgeschichte *The Veldt* inspiriert — sollte von wahrgewordenen Träumen handeln, in Anlehnung an Bradburys Geschichte, die von einem Kinderspielzimmer erzählt, in dem plötzlich alles schiefläuft.

»Die Idee kam mir, als ich gerade unter der Dusche stand und mir die Haare wusch. Ich riß die Augen weit auf, und die Seife brannte... Die Vision verschwand, aber die Idee blieb«, schrieb King später.

Leider ging ihm die Idee wieder verloren, als King mit dem schwierigen Problem, wo die Geschichte spielen sollte, zu kämpfen hatte.

> Ich fragte mich, was passieren würde, wenn man einen kleinen Jungen mit einer Art Empfänger für Übersinnliches hätte, der diese Phänomene vielleicht sogar noch verstärkte. Und ich wollte das kleine Kind mit seiner Familie an irgendeinen abgeschiedenen Ort versetzen, an dem sich dann schauerliche Dinge ereignen würden.
>
> Ich wollte es eigentlich in Disney World passieren lassen – Goofy kommt, um dich zu ermorden... Aber das hätte niemals funktioniert. Die Sache ist nämlich so, man kann eine ganze Familie in einem Vergnünungspark nicht einfach absondern, sie würden sofort nach nebenan gehen und sagen: Wir haben hier ein kleines Problem.

Wie auch *The House on Value Street* verschwand *Darkshine* zunächst in der Versenkung. Doch im Gegensatz zu dem Erstgenannten, tauchte es später wieder auf, und zwar im Oktober, als Stephen und Tabitha King allein fürs Wochenende wegfuhren. Nachdem sie die Einheimischen gefragt hatten, ob sie eine Unterkunft empfehlen konnten, machten sich die Kings auf den Weg zum Stanley Hotel im nahegelegenen Estes Park.

Als sie am 30. Oktober 1974 auf den gewundenen Gebirgsstraßen zu dem abgelegenen Hotel hochfuhren, kamen die Kings an einem Schild vorbei, auf dem stand: »Die Straßen könnten nach dem 15. Oktober gesperrt sein.«

Bei ihrer Ankunft im Hotel mußten sie zu ihrer Überraschung feststellen, daß es gerade im Begriff stand, sich schnellstens zu leeren. Es war der letzte Tag der Saison, und das Hotel bereitete sich auf seinen Winterschlaf vor, da die Straßen während des Winters fast unpassierbar sein würden; ein plötzlicher Schneesturm könnte das gesamte Umfeld zudecken, wodurch das Hotel mitsamt seinen Bewohnern völlig isoliert wäre.

Wie sich herausstellte, war es den Kings fast unmöglich, ein Zimmer zu bekommen, da das Hotel seine Blankoformulare für Kreditkarten bereits an sein Hauptbüro in Denver geschickt hatte – alle, bis auf eine Quittung für eine American Express Karte. Glücklicherweise hatte King eine American Express Karte bei sich und konnte schließlich doch ein Hotelzimmer bekommen; eine unheimliche Wende.

Auf dem Weg zu ihrem Zimmer Nr. 217 liefen sie über lange Korridore, an deren Wänden ordentlich aufgerollte Feuerwehrschläuche hingen, und Kings Phantasie lief augenblicklich auf vollen Touren. Er stellte sich vor, diese Feuerwehrschläuche würden zum Leben erwachen und über den Teppich kollern. »Inzwischen«, erinnerte sich King, »hatte das, was uns dazu bringt, uns Dinge vorzustellen ... bei mir bereits zu rotieren angefangen. Ich fürchtete mich, aber ich genoß es.«

An diesem Abend speisten die Kings im Colorado Restaurant des Hotels. An einem normalen Abend hätte eine Band gespielt; an jenem Abend gab es jedoch keine Band, es gab nur Musik von einer Kassette. An einem normalen Abend wäre der Speisesaal voll gewesen; an jenem Abend war er fast leer – die meisten Tische und Stühle waren verschwunden. An einem normalen Abend hatte die Speisekarte für jeden etwas zu bieten; an jenem Abend gab es nur eine geringe Auswahl. Der Kellner, der Ähnlichkeit mit Lurch aus der Fernsehshow *The Addams Family* hatte, fragte mit Grabesstimme: »Was hätten Sie denn gerne? Sie haben nur eine Wahl. Sie können entweder das Colorado Rindfleisch haben oder nichts.«

Sie nahmen das Rindfleisch.

Nach dem Abendessen ging Tabitha zu Bett, doch Stephen, der sich rastlos fühlte, begab sich noch auf einen Drink, der ihm von einem Barmixer namens Grady serviert wurde, in die Bar. Als er in sein Zimmer zurückkehren wollte, verirrte sich King in dem Labyrinth der Korridore. Endlich in seinem Zimmer angekommen, ging er ins Badezimmer, betrachtete die Badewanne mit ihren geschwungenen Klauenfüßen, vor der ein rosaroter Vorhang hing, und dachte: »Was, wenn hier jemand gestorben wäre? In diesem Moment wußte ich, daß ich die Idee zu einem Roman hatte«.

Während der letzten Monate des Jahre 1974 arbeitete King dann an dem Buch *The Shine* (dt.: *Shining*). Er mietete ein Zimmer in Boulders Innenstadt, griff die ursprünglich für das Buch *Darkshine* entwickelte Idee neu auf und verpflanzte den fürs Übersinnliche empfänglichen Jungen in das erfundene Overlook Hotel. Der Junge, Danny Torrance, besaß die unerwünschte Gabe der außersinnlichen Wahrnehmung — er besaß das Zweite Gesicht, die Fähigkeit, das Paranormale zu »sehen«. Als Hotel der Luxusklasse, das »ans Firmament angrenzte . . . mit Blick auf die letzten, hohen und gezackten Gipfel der Rockies«, hatte das Overlook gewisse Ähnlichkeit mit dem echten Stanley Hotel, das ebenfalls von den Rocky Mountains umgeben war. King stellte jedoch jedwede Ähnlichkeit in Abrede: »Einige der schönsten Panoramahotels der Welt befinden sich in Colorado, aber das auf diesen Seiten erwähnte Hotel soll keines von ihnen widerspiegeln. Das Overlook und die damit verbundenen Leute existieren einzig in der Phantasie des Autoren.«

Von Zeit zu Zeit schien es ihm beim Schreiben von *Shining*, als würde die Welt der Phantasie eine Anziehung ausüben, die etwas zu real war. Während er über Jack Torrance schrieb — einen Lehrer, der eine Stelle als Hausmeister in einem abgelegenen Hotel annimmt, um dort einen Roman zu schreiben, sich immer mehr von allem und jedem absondert und schließlich verrückt wird —, entdeckte King, daß ihn diese Romanfigur in eine Zeit zurückversetzte, die er lieber vergessen hätte. »Ich schien mich erneut in dem Trailer in Hermon, Maine zu befinden, mutterseelenallein, bis auf das summende Geräusch der Motorschlitten und meine eigenen Ängste . . .«

Manche dieser Ängste waren auf die Sorgen ausgerichtet, die er als Vater hatte. »Ich war in der Lage, viele meiner unerfreulichen, aggressiven Impulse auf Jack Torrance zu übertragen und mich somit in Sicherheit zu wiegen«, erinnert sich King. Für King stellte dieser Roman eine Erforschung der Schattenseite seiner eigenen Psyche dar, «die Vorstellung, daß Eltern nicht immer gut sind«. Er erklärte:

Für mich war das in gewisser Weise eine Offenbarung, da ich ohne Vater aufgewachsen bin. Ich konnte auf keine eigenen Erfahrungen zurückgreifen, also mußte ich, als ich heiratete und Kinder in die Welt setzte, auf das Rollenbild der jungen amerikanischen Männer zurückgreifen, das uns vom Fernsehen gezeigt wird.

Ich dachte, daß ich wüßte, was ein Paps ist. Die Fernsehväter waren immer cool. Sie hatten alles unter Kontrolle. Papa trug sogar eine Krawatte am Abendbrottisch. Zum ersten Mal erkannte ich, daß Eltern nicht immer nur gut sind, als mein Kind mitten in der Nacht nicht aufhören wollte zu weinen. Ich stand auf, um ihm eine Flasche zu machen, und irgendwo in einem Hinterstübchen meiner Gedanken, in irgendeinem Schlammloch da hinten, regte sich plötzlich der Alligator ... *Bring es dazu, daß es mit dem Weinen aufhört. Du weißt, wie man das macht — nimm das Kissen.*

Es war für mich schockierend und unangenehm, diese Gefühle in mir zu entdecken. Durch die Art, auf die ich großgezogen worden war, war ich auf so etwas nicht vorbereitet. Plötzlich wurde ich mit der Vorstellung konfrontiert, daß meine Beweggründe auch nicht immer nur gut sind.

Im Januar des Jahres 1975 traf sich King mit Doubleday-Lektor Thompson in New York. Gemeinsam gingen sie die überarbeitete Fassung von *Brennen muß Salem!* durch, das Ende des Jahres im Oktober veröffentlicht werden sollte. Während dieses Aufenthaltes kam es dazu, daß King dem Lektor »bei grob geschätzten zweitausend Bieren, die wir in einem angenehmen kleinen Hamburger-Restaurant namens Jasper zu uns nahmen, die Handlung von *Shining* verriet.«

Laut King, war Thompson von diesem Romanprojekt »nicht gerade vollauf begeistert«, da es einige Ähnlichkeit mit Robert Marascos Roman *Burnt Offerings* (dt.: *Landhaus der toten Seelen*) aufwies, der 1973 erschienen war, und als abendfüllender Film im Jahre 1976 in die Kinos kommen sollte.

Wenn man sie bis auf die Grundhandlung entblößt — eine Familie schlägt vorübergehend ihr Lager an einem archetypischen Ort des Bösen auf —, dann kann man Kings und Marascos Romane durchaus als ähnlich bezeichnen. Doch wie man so schön sagt, es hängt alles davon ab, wie man es schreibt.

Thompson äußerte noch eine weitere Befürchtung. »Zuerst das telekinetische Mädchen, dann die Vampire, und jetzt das Spukhotel mit Danny, dem telepathischen Kind des Jack Torrance. Man wird dich in eine Schublade stecken.«

King erwiderte, daß er sich damit durchaus »in guter Gesellschaft« befinde, und nannte andere Schriftsteller dieses Genres, deren Werke ihm gefielen: Lovecraft, Clark Ashton Smith, Frank Belknap Long, Fritz Leiber, Robert Bloch, Richard Matheson und Shirley Jackson (ja; selbst sie galt als Horrorschriftstellerin). Thompson ließ sich davon allerdings nicht umstimmen.

Als King wieder in Colorado war, stellte er den ersten Entwurf von Shining fertig. Einen Monat später nahm er dann erneut die Arbeit an *The House on Value Street* auf. Wie King später schrieb:

> Es sollte ein Schlüsselroman über die Entführung von Patty Hearst werden, über die Gehirnwäsche, die sie über sich ergehen lassen mußte... ihre Teilnahme an dem Bankraub, die Schießerei beim Versteck in Los Angeles – in meinem Buch befand sich das Versteck in der Value Street... Nun, ich habe das Buch nie geschrieben.

Sechs Wochen lang funktionierte dann gar nichts mehr, wie King sich erinnerte. Er konnte sich nicht in die Geschichte einfinden, egal welche schriftstellerischen Tricks er auch anwandte, um sich selbst anzuspornen. Widerwillig legte King alle Entwürfe beiseite.

Während dieser sechs Wochen verfolgte King »eine Geschichte aus den Nachrichten, über die ich gelesen hatte. In Utah hatte sich ein Unfall mit biologisch-chemischen Kampfstoffen ereignet, die dort ausgetreten waren. Bösartige Viren entwichen aus Kanistern und töteten einige Schafe. In dem Artikel war aber auch die Vermutung zu lesen, ›daß es den Leuten von Salt Lake City sehr schlimm ergangen wäre, wenn der Wind aus einer anderen Richtung gekommen wäre.«

Dieses Ereignis trug für King den Bazillus einer guten Geschichte in sich, eine Idee, die er schon zuvor in der Erzählung *Nächtliche Brandung* verfolgt hatte, in der die gesamte Weltbevölkerung von der ansteckenden Supergrippe »Captains Trips« dahingerafft wird. (*Night Surf*, so der amerikanische Originaltitel, erschien 1969 ursprünglich in *Ubris* und wurde dann für die Augustausgabe des *Cavalier* 1974 grundlegend überarbeitet.) Schon damals hatte King einen längeren Roman über diese Ansteckung schreiben wollen, doch die Zeit war einfach noch nicht reif dafür gewesen; und er wußte aus Erfahrung, daß es besser war, nichts zu erzwingen. Zum richtigen Zeitpunkt ließen sich die willkürlich erwählten Elemente durch die Magie der Kreativität verbinden und verschmolzen zu *The Stand*: *Nächtliche Brandung*, der abgebrochene Versuch *The House on Value Street*, die Nachrichten von dem Unfall mit den bakteriologisch-chemischen Kampfmitteln, George Stewarts *Earth Abides* und die Rede eines Predigers, die King im Radio gehört hatte, und die von einer generationsbedingten Seuche handelte.

The Stand sollte King während der nächsten zwei Jahre beschäftigen. Der scheinbar endlose Roman wurde, in Kings Worten »zu meinem eigenen kleinen Vietnam, weil ich mir ständig einzureden versuchte, daß ich nach den nächsten hundert Seiten oder so endlich ein Licht am Ende des Tunnels erblicken würde«.

The Stand — *Das letzte Gefecht* — Kings Gelegenheit, die Welt vollständig zu zerstören und aufs neue zu beginnen; ein Thema, das er schon als Teenager in *The Aftermath* behandelt hatte — spiegelte die gravierenden Veränderungen wider, die Amerika Mitte der Siebziger durchlaufen hatte. Später schrieb King in *Danse Macabre*:

133

Das Buch wurde während einer sorgenvollen Zeit für die Welt im allgemeinen und für Amerika insbesondere geschrieben; wir litten an der ersten Benzinknappheit in der Geschichte, wir hatten gerade das traurige Ende von Nixons Amtszeit und den ersten Rücktritt eines Präsidenten in der Geschichte miterlebt, wir waren in Südostasien vernichtend geschlagen worden und hatten an einer Reihe von Inlandsproblemen zu kauen, angefangen mit der Frage der Abtreibung-auf-Verlangen bis hin zu einer Inflationsrate, die sich in einer sehr angsteinflößenden Art und Weise nach oben bewegte.

The Stand war also, kurzgesagt, ein Alptraummärchen dieser krisengesättigten Zeit und Kings erster Versuch, sich von den Handlungsabläufen des traditionellen Horrors zu lösen, um die literarische Welt auf größerem Gebiet zu erforschen. Die epische Handlung der Geschichte und der phantasievolle Zusammenschluß von Science-fiction, Fantasy und Horror, der in ihr vorgenommen wurde, sollte sich zu seinem längsten Werk auswachsen: ein eintausendzweihundert Seiten zählendes Manuskript.

Im April 1975 wurde Carrie vom NAL-Verlag unter dessen Verlegerzeichen Signet als Taschenbuch herausgebracht. King erinnert sich noch heute mit Schrecken daran, daß das »ziemlich verwirrende Titelbild« weder seinen Namen noch den Titel des Buches aufwies. Es handelte sich um einen doppelten Einband, auf dessen zweiter Seite eine wiederum zwei Seiten einnehmende Abbildung von einer kleinen Stadt in Flammen prangte. Als es den Verleger nämlich nach einem besonders schicken und eindrucksvollen Einband verlangt hatte, war er auf ein drucktechnisches Problem gestoßen, das eine Verwirklichung des ursprünglichen Konzeptes unmöglich machte: normalerweise sollte die Vorderseite des Einbands an der rechten Kante abgeschnitten werden, so daß man dann — vertikal auf dem zweiten Einband — den Titel und den Namen des Autoren hätte lesen können.

Die Erstauflage bestand aus siebenhunderttausend Exemplaren. In den nächsten neun Monaten wurden 1,33 Millionen Exemplare von *Carrie* verkauft — ein himmelschreiender Unterschied zu der Zahl der im ersten Jahr verkauften Leinenausgaben von *Carrie*: laut King dreizehntausend Exemplare.

In diesem Sommer zogen die Kings zurück nach Maine. Boulder, das vor Studenten und aufstrebenden Yuppies nur so überquoll, konnte einfach nicht mit jenen bodenständigen, nüchternen Einwohnern aufwarten, welche die Kings als Nachbarn bevorzugten.

Im Herbst kauften die Kings dann ihr erstes Haus, das sich an der RFD zwei, in der Kansas Road in Bridgton, Maine befand. Seine Lage westlich des Long Lake ließ Bridgton als den perfekten Ort erscheinen: ein landschaftlich schön und scheinbar idyllisch gelegenes Fleckchen, an dem die Familie ihre Zurückgezogenheit genießen konnte; und wenn ihnen nach den Unterhaltungsangeboten einer größeren Stadt zumute war, konnten sie in das vierzig Meilen entfernte Portland fahren.

Obwohl sich erst ein Buch von ihm im Handel befand, sah sich King als das Objekt ungewollter Aufmerksamkeit, die ihm Leser zuteil werden ließen, indem sie ihm Briefe schrieben. Manche Leser aber kamen auch einfach vorbei und fragten die Einheimischen nach Kings Adresse, was unweigerlich dazu führte, daß »die wachsamen Leute vom Land in plötzliches Schweigen verfielen«.

In seinem neuen Heim fuhr King mit der Arbeit an seinem ersten Entwurf von *The Stand* fort, während er auf die Veröffentlichung von *Brennen muß Salem!* wartete, die für den Oktober angesetzt war.

Als Halloween nahte, ging *Brennen muß Salem!* mit einer Erstauflage von zwanzigtausend Exemplaren in Druck. Im Vergleich zu *Carrie*, einem einhundertneunundneunzig Seiten dünnen Buch zu fünf Dollar fünfundneunzig, war die gebundene Ausgabe von *Brennen muß Salem!* mit sieben Dollar fünfundneunzig preiswert und mehr als doppelt so lang.

Das ideenreiche und komplexe Buch *Brennen muß Salem!*, dessen Inhalt aus einer Vielzahl von Quellen geschöpft wurde, ist in vielerlei Hinsicht eine Weiterführung von Bram Stokers Roman *Dracula*; in gleicher Weise erinnert der Roman mit seiner Schilderung des Marstenhauses auch an den archetypischen Ort des Bösen, der insbesondere in Shirley Jacksons klassischer Erzählung *The Haunting of Hill House* beschworen wird, aus dem King das Epigramm für seinen Roman zog.

Es war jedoch nicht nur der Gebrauch von traditionellen Handlungsabläufen aus Horrorgeschichten, der *Brennen muß Salem!* letztendlich seine Kraft verlieh. King zog seinen Stoff ebenso aus populären und zeitgenössischen Literaturwerken, wie auch aus eigenen Erinnerungen an seine Kindheit in Durham. Das Ergebnis: ein ideenreiches Buch mit gut aufgebauter Handlung, das ebenso wie das vorhergehende *Carrie* darauf schließen ließ, daß hier ein bemerkenswertes schriftstellerisches Talent heranreifte. *Brennen muß Salem!* erinnert an Grace Metalious' *Peyton Place* und Don Robertsons zweibändiges *Paradise Falls*; ein besonderer Beigeschmack des Buches stammt jedoch von Thornton Wilders *Our Town* (*Unsere kleine Stadt*), das King an der Hampden Academy durchgenommen hatte. »Was er über die Stadt zu sagen hatte, rührte mich. Die Stadt ist etwas, das sich nicht verändert. Die Leute kommen und gehen, aber die Stadt bleibt. Ich konnte mich regelrecht mit dem Charakter einer sehr kleinen Stadt identifizieren.«

Al Sarrantino, ebenfalls ein Autor unheimlicher Romane, faßte die ungeheure Wirkung von *Brennen muß Salem!* wie folgt zusammen:

> Während *Rosemaries Baby* und *Der Exorzist* einen Platz für das Übersinnliche auf den Bestsellerlisten schufen, wurde *Brennen muß Salem!* zum auslösenden Moment des Booms der Horrorliteratur, in dessen Mitte wir uns gerade befinden — und der noch lange nicht seinen Höhepunkt erreicht hat.

Allerdings war King nicht gerade der Erfinder des Horrorromans. Richard Matheson und viele andere waren schon vor ihm dagewesen, wie King bereitwillig zugab. »Wenn die Leute über dieses Genre reden, schätze ich, daß sie meinen Namen zuerst erwähnen werden, aber ohne Richard Matheson würde es mich nicht geben«, schrieb King.

Wie auch Matheson Jahre zuvor, brachte King Mitte der Siebziger neuen Wind in das Genre, was auch bitter nötig war, um es wiederaufleben zu lassen.

Anfang des Frühlings 1976 begannen die ersten Dreharbeiten zu dem Film *Carrie*. Hinter der Kamera stand der noch ziemlich unbekannte Brian de Palma, der 1974 bei *Phantom of the Paradise* Regie geführt hatte, vor der Kamera agierten Amy Irving, Nancy Allen, William

Katt, John Travolta und Sissy Spacek in der Titelrolle der Carietta White. Einzig Piper Laurie, die ihren Ruhestand nochmals verließ, um die Rolle der Mutter Carries zu übernehmen, war damals im Filmgeschäft ein bekannter Name.

Lawrence Cohens Drehbuch spiegelte die Handlung in Grundzügen wider: die Geschichte des Häßlichen Entleins/Aschenbrödels Carrie — geradezu perfekt für die Jugendlichen, also die eigentlichen Kinogänger. Das Erscheinungsdatum des Films wurde auf den November festgelegt, wodurch er harte Konkurrenz haben würde, zu der auch die Filmadaption von Marascos *Landhaus der toten Seelen* gehörte.

Kings Leben in Bridgton schien, zumindest für die Öffentlichkeit, die nur das sah, was sie auch sehen wollte, nämlich das schmückende Beiwerk von Kings Erfolg »über Nacht«, die reinste Idylle zu sein: Er hatte zwei gebundene Bücher herausgebracht, sechsstellige Taschenbuchverträge abgeschlossen und außerdem noch Filmverträge zu erwarten. Sicherlich hatte sich Kings Lebensstandard dadurch enorm verbessert — er besaß jetzt ein Haus für hundertfünfzigtausend Dollar, in dessen Einfahrt ein Cadillac stand. Allerdings ahnten nur wenige Leute, daß er, trotz seines erklecklichen Einkommens durch Taschenbuchverträge, das sein Verleger zur Hälfte mit ihm teilte, für jedes neue Buch immer noch sehr niedrige Vorschüsse von Doubleday erhielt.

Schon in diesem frühen Stadium seiner Karriere mußte King entdecken, daß der Ruhm auch seinen Preis hat. Mel Allen, der King zu dieser Zeit interviewte, schrieb:

> Eine für ihn noch sehr neue Erfahrung ist der Druck, unter den ihn Reporter, Schulen, Clubs,

gemeinnützige Vereine und so weiter setzen, indem sie Interviews und öffentliche Auftritte von ihm verlangen. Ihre Zahlen sind ebenso schnell in die Höhe gegangen, wie er an die Spitze der Bestsellerlisten gestiegen ist.

Zum ersten Mal beginnt er damit, auch einmal nein zu sagen. Dabei allerdings fühlt er sich hin und her gerissen. »Einerseits möchte ich den Leuten gern entgegenkommen, aber andererseits brauche ich auch Zeit für mich. Und doch kann ich jedesmal, wenn ich nein sage, geradezu hören, wie sie denken: Dieser hochnäsige, eingebildete Schreiberling...«

Was King erfahren mußte, war, daß er nicht immer alle Leute zufriedenstellen konnte. Die zumeist jugendlichen Fans drangen wie vom Licht angezogene Motten immer regelmäßiger in sein Leben ein:

... Er hat seine Telefonnummer ändern lassen, und die hiesige Telefonauskunftsstelle wimmelt jeden Tag zahllose Anrufer ab: »Nein, tut mir leid, es ist uns nicht gestattet, diese Nummer herauszugeben.« Denn aus dem ganzen Land riefen Fremde an, die ihn um Geld, Interviews oder um seine Hilfe bei der Suche nach einem Verleger für den achthundert Seiten langen Werwolfroman, den sie gerade geschrieben haben, angehen wollen, oder sie erbitten seinen Rat, wie man einen dämonischen Nachbarn loswird, der ihr Gemüse verdorren oder verfaulen läßt.

Kings Antwort auf diese Formen unerbetener Aufmerksamkeit war simpel: Er schreibe seine Bücher, und *das* sei für ihn vorrangig. Unter dieser Prämisse stellte er den ersten Entwurf von *The Stand* fertig. Diese Arbeit sollte ihn jedoch schöpferisch gesehen völlig auslaugen. Bevor er ein weiteres großes Projekt angehen konnte, würde er seine Batterien erst mal neu aufladen müssen.

Während der nächsten Monate dieses Jahres schlugen Kings schriftstellerische Bemühungen einfach nicht ein. *Welcome to Clearwater* — eine Pleite. *The Corner* — eine weitere Pleite.

Ein früher Entwurf von *The Dead Zone* (dt.: *Das Attentat*) — wieder nichts. Auch der Versuch mit *Firestarter* (dt.: *Feuerkind*) war ein Schlag ins Wasser, zumal Kings Kreativität unter seiner Befürchtung litt, er würde sich selbst kopieren und nur *Carrie* neu schreiben.

Gegen Ende des Jahres begannen die Dinge jedoch wieder besser auszusehen, zumindest was die Verkaufszahlen anbelangte. Im August 1976 brachte NAL die Taschenbuchausgabe von *Brennen muß Salem!* heraus, von der binnen kürzester Zeit eine Million Exemplare verkauft wurden. Als jedoch der Film *Carrie* im November landesweit in die Kinos kam, wurde der Verkauf beider Bücher heftig angekurbelt, da Kings Name nun auch für Kinogänger ein Begriff war. Durch die Premiere des Films *Salems' Lot* von Tobe Hooper in die Höhe getrieben, stieg die Verkaufszahl des Vampirromanes in den ersten sechs Monaten auf 2,25 Millionen.

Hier wurde eindeutig ein Markenname geschaffen, und NAL hätte darüber gar nicht glücklicher sein können. Würde das perfekte Marketing auch *Shining* zu einem Bestseller machen?

Für King war es allmählich Zeit, in Erwägung zu ziehen, sich von einer professionellen Agentur vertreten zu lassen. Dann könnte er sich ganz ausschließlich auf das Schreiben konzentrieren, und das Verkaufen einem hartgesottenen Vertreter überlassen, der unweigerlich auch bessere Verträge aushandeln könnte.

Obwohl er bei den Verkäufen seiner Bücher an

Doubleday recht selbstbewußt auftrat, hatte King dabei wahrscheinlich Knebelverträge unterzeichnet, die stets zugunsten des Verlegers ausfielen, insbesondere was die Kontrolle über Nebenproduktverträge und Filmrechte anging. Und somit also ein kleines Vermögen oder auch zwei in den Wind geschrieben.

Jahre später erteilte King in einem Artikel für Schriftsteller einen weisen Ratschlag:

> Und erinnern Sie sich an Stephen Kings erste Regel, was Schriftsteller und Agenten angeht, die er aus eigenen bitteren Erfahrungen gelernt hat: Man braucht sie nicht, bis man genug Geld verdient, daß andere es stehlen wollen . . . und wenn man einmal so viel verdient, dann kann man sich einen der guten Agenten aussuchen.

Was in exakten Worten wiedergibt, was King am eigenen Leib erfahren mußte. Bei einer Schriftstellerparty in New York, an der auch James Baldwin teilnahm, trafen Stephen und Tabitha King auf Kirby McCauley, einen vierunddreißigjährigen, umgesiedelten Literaturagenten aus Minneapolis, der mehrere Science-fiction- und Fantasy-Autoren vertrat.

McCauley erinnert sich:

> Ich hatte von Steve gehört, aber ehrlich gesagt, hatte ich, als ich zu dieser Party ging, erst eine Sache von ihm gelesen. Vor der Party kaufte ich mir ein Exemplar von *Brennen muß Salem!* und war völlig hin und weg davon. Ich liebte es. Also ging ich zu der Party und sagte zu Steve: »Ich liebe dieses Buch, aber, um ehrlich zu sein, habe ich sonst noch nichts von Ihnen gelesen.« Also haben wir uns über Schriftsteller im allgemeinen

und über Autoren im Bereich Horror und Science-
fiction unterhalten. Wie sich herausstellte, lagen
Steves und meine Interessen auf ziemlich ähn-
lichen Gebieten. Er zog es vor, sich über relativ
unbekannte Schriftsteller wie Frank Belknap, Clif-
ford Simak und die Leute, die ich kannte oder vertrat, zu unterhalten, anstatt in seiner Ecke stehen-
zubleiben und ein Gespräch mit James Baldwin zu
führen.

In *Brennen muß Salem!* spricht Benjamin Mears über
seine unverhoffte Begegnung mit Susan Norton: »Aus
solchen Zufallsbegegnungen sind Dynastien entstanden«.
Das würde auch bei Kings Begegnung mit McCauley der
Fall sein, und McCauley sollte Jahre danach gestehen:
»Natürlich sah ich, daß er immer populärer wurde. Ich
sah, daß er immer größer und größer wurde. Aber . . .
ich kann nicht behaupten, damals schon vorhergesehen
zu haben, daß Steve in der letzten Hälfte des zwanzigsten
Jahrhunderts zu dem literarischen Phänomen schlechthin
werden würde.«
Nach der Party begannen King und McCauley einen
Briefwechsel. Bald danach hatte McCauley sich entschieden: »Natürlich wollte ich, daß Steve sich überlegte, ob
ich ihn vertreten solle.« Doch King hatte noch keine Entscheidung gefällt.

Im Januar 1977 wurde *The Shining* (dt.: *Shining*) von
Doubleday als gebundene Ausgabe zu acht Dollar fünfundneunzig herausgegeben. Mit seinen vierhundertacht-
undvierzig Seiten übertraf *Shining* bereits die Seitenzahl
von *Brennen muß Salem!*, doch wenn Doubleday das
Vorwort *Before the Play* und den ursprünglichen Epilog
(*After the Play*) nicht gestrichen hätte, wäre *Shining* nach

Kings Schätzung ein etwa fünfhundert Seiten langer Roman gewesen.

Wie auch schon seine beiden vorangegangenen Bücher wurde *Shining* an NAL verkauft; der Roman erklomm die Bestsellerliste der *Times*. Der Klappentext pries Stephen King als »den unbestrittenen Meister der modernen Horrorgeschichte« an. In der Hoffnung, sich ebenfalls ein Stück vom begehrten Kuchen abschneiden zu können, begannen andere Verleger, Bücher mit ähnlich lautenden Titeln herauszugeben. King schrieb dazu: »Ich werde keines davon namentlich erwähnen. Aber ich sehe eine Menge Bücher, die sich als Imitationen meiner Romane geben. Zum einen tauchen jetzt überall diese ›Horrorromane‹ auf, deren Titel im Gerundium enden: *The Piercing, The Burning, The Searing*.«

The Piercing hatte *Shining* tatsächlich einiges zu verdanken — sogar eine ganze Menge, wie sich herausstellte. Die Erzählung war von Yvonne McManus geschrieben worden, und deren Verleger machte keinen Hehl aus seiner Ähnlichkeit mit Kings Roman, posaunte im Gegenteil, laut Ray Walters, sogar noch die Gleichartigkeit der beiden Bücher ganz groß hinaus:

> Bridgewater war solch ein hübscher Ort, an dem man leben konnte, ein stilles Fleckchen Erde, wo niemals etwas passierte... Bis sich die kleine Emma Winthrop eine Freundin mit Namen Abigail ausdachte... Bis Abigail Emma beibrachte, wie sie durch ihre Geisteskraft seltsame Dinge bewegte, Herztöne stoppte und schreckliche Brände legte... Bis das Blut in Strömen floß und die Menschen starben... Ein Meisterstück des modernen Horrors im Stil von Stephen Kings *Carrie*.

So warb Pinnacle Books für diesen unheimlichen Roman, und ähnlich lasen sich auch die Ankündigungen von einem Dutzend anderer Verlage für drei Dutzend solcher Bücher, die sie in diesem Sommer herausbringen werden, Taschenbücher mit Titeln wie *Hobgoblin*, *Nightmare Country*, *Don't Talk to Strangers* und *Creepshow*.

Wie auch *Brennen muß Salem!* zog *Shining* augenblicklich die Aufmerksamkeit der Leserschaft auf sich. Peter Straub schrieb, nachdem er es gelesen hatte: »Es war offensichtlich ein Meisterstück, wahrscheinlich der beste Roman des Übersinnlichen seit hundert Jahren«. Straub führte weiterhin aus: »Die geradezu überwältigende atmosphärische Dichte, das Einfühlungsvermögen für individuelle Erfahrungen und auch seine opernhafte Überzeugungskraft erhoben den Roman zu einem sehr beachtlichen Kunstwerk«

Stanley Kubrick — der berühmte britische Regisseur, der sich mit Filmen wie *Dr. Seltsam oder wie ich lernte, die Bombe zu lieben* und *Clockwork Orange* bereits einen Namen als Perfektionist gemacht hatte, dachte ähnlich und hoffte, daß *Shining* ebenso der Stoff für den ultimativen Horrorfilm sein könnte wie Clarks Roman *2001: Odyssee im Weltraum* den Stoff für den ultimativen Science-fiction-Film abgegeben hatte.

Im ersten Jahr wurden fünfzigtausend Exemplare von *Shining* in gebundener Ausgabe verkauft; als Taschenbuch konnte es jedoch allein in den USA die eindrucksvolle Zahl von zwei Komma drei Millionen verkauften Exemplaren erreichen.

Doubleday hatte also einiges zu feiern: Dem Roman *Shining* sollte nämlich schon sehr bald *The Stand*, das bisher aufwendigste Werk Kings, folgen.

In der Zwischenzeit war der Verlag auch gewillt, das Risiko einzugehen, eine Kurzgeschichtensammlung von King zu veröffentlichen, ein Privileg, das normalerweise

144

nur für Autoren reserviert war, die sich mit ihren Romanen bereits einen festen Leserstamm aufgebaut hatten, da sich solche Sammelbände erwiesenermaßen nicht so gut wie Romane verkaufen ließen. *Night Shift* (dt.: *Nachtschicht*) mit einem einführenden Essay von John D. MacDonald und einem langen Vorwort von King, war ein Sammelband mit Kurzgeschichten, von denen die meisten bereits in der Zeitschrift *Cavalier* erschienen waren und deren Urheberrechte auch an diese Zeitschrift übergegangen waren. King konnte sie jedoch auf seine Bitte hin zurückerhalten. Zu diesem Zeitpunkt machte sich King wahrscheinlich aus mehreren Gründen nur noch wenig Illusionen hinsichtlich seiner Zusammenarbeit mit Doubleday, wie *Newsweek* später berichtete. Zunächst einmal waren da die Vorschüsse: »... Obwohl er bereits damit begonnen hatte, für Doubleday Millionenumsätze zu erzielen, fuhr sein Verleger immer noch damit fort, ihm nur dürftige Vorschüsse zu bezahlen.« Für seine fünf Bücher erhielt King siebenundsiebzigtausendfünfhundert Dollar — im Durchschnitt also fünfzehntausendfünfhundert Dollar pro Buch. Hinzu kam, wie geringschätzig King bei Doubleday behandelt wurde: »Jedesmal, wenn er ins Büro kam, mußte ich ihn den Geschäftsführern aufs neue vorstellen«, soll Lektor William Thompson geklagt haben. Außerdem hatte er einige Befürchtungen wegen *The Stand*: King wollte das Buch in limitierter Auflage herausbringen, doch Doubleday wollte ihm diesen Wunsch nicht erfüllen, da die Verlagsleiter behaupteten, frühere Lizenzvereinbarungen mit Bücherclubs würden es ihnen unmöglich machen.

»Doubleday verfährt hinsichtlich des Geldes aus Taschenbuchverträgen auf einer Fifty-fifty-Basis, ein Verfahren, über das nicht zu verhandeln ist«, meinte King über seinen Vertrag. Laut King führte vor allem diese mangelnde Kompromißbereitschaft dazu, daß sie bald getrennte Wege gingen...

Im Frühjahr überredete der Literaturagent Kirby Mc-Cauley — der Kings Vertrauen gewonnen hatte, indem er mehrere seiner Kurzgeschichten an teilweise sehr bedeutende Verlage verkauft hatte — den aufstrebenden Schriftsteller, einen Vertrag mit New American Library zu unterzeichnen, einem Verlag, der inzwischen 2,9 Millionen Exemplare von *Carrie* und 2,2 Millionen Exemplare von *Brennen muß Salem!* in Druck hatte. Der Drei-Bücher-Vertrag, den McCauley ausgehandelt hatte, brachte 2,5 Millionen Dollar ein, was die winzigen Vorschüsse, die King von Doubleday erhalten hatte, als er noch sein eigener Agent war, geradezu sittenwidrig erscheinen ließ. »Ein Schriftsteller, der als sein eigener Agent fungiert, macht sich zum Narren seiner Vertragspartner«, sagte King später einmal, und dieser neue Vertrag schien der beste Beweis dafür zu sein, wie nützlich ein Literaturagent dem Autor sein kann.

Für McCauley stellte der Vertrag ebenfalls eine grundlegende Veränderung seiner derzeitigen Stellung als Agent dar. »Er versetzte mich in einen ganz anderen Stand. Nicht nur, was mein Einkommen betraf, sondern auch was meine Agentenfunktion anging, denn nun war ich einer der namhaften Agenten.«

The Dead Zone — Das Attentat und *Firestarter* (dt.: *Feuerkind*), zu denen es bereits Erstentwürfe gab, waren Bestandteil des Vertrages, außerdem sollte noch ein dritter Roman folgen, der bis dahin noch keinen Namen hatte.

Dieser Abschluß war, laut King, ein deutliches Zeichen für »den Trend, daß Schriftsteller direkt mit Taschenbuchverlagen über ihre Werke verhandelten«. Dadurch wurde auch Kings Einkommen immens gesteigert. NAL hatte die Wahl, Kings Bücher entweder als gebundene

Ausgaben oder als Taschenbücher herauszugeben, konnte aber auch die Rechte für die gebundene Ausgabe separat verkaufen und die Taschenbuchrechte behalten. Gleichgültig, wofür NAL sich entscheiden würde, King wäre stets der Gewinner; er mußte sein lukratives Einkommen, das er für den Taschenbuchverlag erhielt, nicht mehr mit dem Herausgeber der gebundenen Bücher teilen. Der wirtschaftliche Vorteil lag eindeutig bei den Taschenbuchverlagen und nicht bei den Verlagen für gebundene Ausgaben. King schrieb ganz richtig: »Die Taschenbuchindustrie ist zu einem Giganten der Verlagswelt geworden.«

Mit einem neuen Agenten, einem neuen Vertrag und einem neuen Verleger hatte King endlich einen Treffer erzielt. Am Anfang brauchte King die Verleger; jetzt brauchten die Verleger ihn. Trotz seines neuen Verlages hatte King noch zwei Bücher bei Doubleday, die auf ihre Veröffentlichung warteten: Night Shift (dt.: Nachtschicht) und The Stand.

Als die bedeutendste amerikanische Buchmarktzeitschrift Publishers Weekly in der Juliausgabe des Jahres 1977 die Neuigkeit von Kings Dreibüchervertrag hinausposaunte, ließ das jedermann aufhorchen. Doch fast kein Mensch nahm Notiz davon, als NAL zwei Monate später ein Taschenbuch zu einem Dollar fünfzig herausbrachte, das den seltsamen Titel Rage (dt.: Amok) trug und von Richard Bachman verfaßt worden war, dessen richtiger Name Stephen King lautete.

Das ursprünglich mit dem Titel Getting It On geschriebene Rage stellte das erste in einer Reihe von unter dem Pseydonym Bachmann veröffentlichten Romanen dar. »Die Bachman-Romane waren ›einfach nur normale Bücher‹, Taschenbücher, die auf die Drugstores und Busbahnhofsbuchhandlungen Amerikas verkauft werden sollten. Das war auch mein Wunsch; ich wollte, daß

Bachman sich im Hintergrund hielt. Also hatte dieser arme Kerl im Grunde genommen schon von Anfang an keine Chance», schrieb King später.

In einer der wenigen Besprechungen, die *Amok* erhielt, wurde es von *Publishers Weekly* als Erstlingswerk eines Anfängers identifiziert:

> Selbst ein Kurs in lateinischer Grammatik würde interessanter sein als das, was in dem Klassenzimmer in Maine passiert, in dem der Psychopath Charlie Decker seine Mitschüler als Geiseln festhält. Charlie ist in Rage, es wird jedoch nie klar, warum, und außerdem ist er noch sauer auf seinen Vater und auf die Vorsitzenden der Hochschulbehörde, die ihn wegen seines Angriffs auf zwei Lehrer vom Unterricht suspendiert hatten. Nun hat Charlie zwei Lehrer ermordet, ein Feuer in der Schule gelegt und hält seine Klasse mit einer Waffe in Schach. Als die anderen Kinder sich wie Klone von Charlie zu verhalten beginnen, indem sie einander bösartige Streiche spielen, werden auch sie dadurch nur zu Rebellen ohne Plan und Ziel; doch anscheinend reicht ihre Gewalttätigkeit nach Meinung des Autors aus, um unser Interesse fesseln zu können.

Es wird berichtet, daß nicht einmal Robert Diforio, der Vorstandsvorsitzende bei NAL, Bachmans wahre Identität kannte. Nur seine Lektorin Elaine Koster und der Leiter der Lizenzabteilung wußten von Kings Autorenschaft.

Als beim Library of Congress die Urheberrechte eingetragen wurden, stand auf dem Formular der Name King und nicht Richard Bachman. Was wahrscheinlich ein Irrtum des Verlegers war, blieb jedoch ebenso unbemerkt wie die Veröffentlichung des Buches selbst. Im Herbst

1977 boten die Kings ihr Haus in Bridgton zum Verkauf an und machten sich auf den Weg nach England, um dort ein Jahr zu verweilen. Ebenso wie King zuvor für ein Jahr nach Colorado gezogen war, um einmal andere Luft zu schnuppern und einen neuen Schauplatz für ein Buch zu erforschen, wählte er nun England als Wohnsitz, um ein Buch »mit englischem Hintergrund« schreiben zu können. »Wenn der Roman fertig ist ... wird er wieder an einem erfundenen Ort spielen, obwohl es sich eigentlich um Fleet handelt«, berichtete *Fleet News*, eine englische Zeitung, in der die Kings folgende Anzeige aufgegeben hatten: »Gesucht: ein zugiges viktorianisches Haus auf dem Land, mit dunklem Dachboden, knarzenden Bodendielen, und in dem es nach Möglichkeit auch spuken sollte.«

Das Haus, das sie mieteten, befand sich in Mourlands, Aldershot Road siebenundachtzig, Fleet Hants. Es spukte dort zwar nicht, aber es war groß genug für die Familie King, die ein weiteres Mitglied erhalten hatte — ihr drittes Kind, Sohn Owen, der Anfang des Jahres geboren worden war.

Naomi und Joseph wurden an der St.-Nicholas-Schule in Fleet eingeschrieben; der sieben Monate alte Owen fand laut der *Fleet News* »bereits Geschmack an den Büchern seines Vaters — im wahrsten Sinne des Wortes«.

In den Staaten veröffentlichte NAL eine Pressemitteilung, die besagte, daß King vorübergehend nach England gezogen sei, um einen englischen Roman zu schreiben. »Mit seiner Ahnenreihe der Schriftsteller des Unheimlichen und seinem Hang zum Mysteriösen sollte England Stephen King beim Schreiben eines besonders gruseligen Romans dienlich sein — eines Romans, der Kings Ruf als ›Meister des modernen Horrorromans‹ nur aufs neue rechtfertigen sollte.«

Was den von King geplanten englischen Roman betrifft, so materialisierte er sich ebensowenig wie der Geist, den die Kings sich für ihr gemietetes Haus gewünscht hatten. Bei dem dritten Buch für Kings Dreibüchervertrag würde es sich keineswegs um eine Geistergeschichte handeln. Statt dessen spielte die Handlung wieder in Maine, und im Zentrum stand ein tollwütiger Bernhardiner, der eine in ihrem kaputten Ford Pinto festsitzende Mutter und deren Sohn terrorisiert und in Schach hält.

Die Idee stammt aus einem Artikel, der in Portland, Maine in der Zeitung zu lesen war. »Da war dieses kleine Kind, das von einem Bernhardiner angegriffen und getötet wurde«, erinnerte sich King. Diese Nachricht vermischte sich in Kings Phantasie mit einem Erlebnis, das er ein oder zwei Jahre zuvor hatte, als er sein Motorrad aus der Garage hervorgeholt hatte und festgestellt hatte, daß es nicht richtig lief. Nachdem er herumgefragt hatte, erfuhr King, daß »es etwa sieben Meilen entfernt eine Werkstatt« gab »die ziemlich abgeschieden lag«, und daß der Typ, dem sie gehörte, seine Geschäfte auf recht seltsame Art abwickelte; er sagte einem, was er verlangen würde, und blieb dann auch genau bei diesem Betrag.

King, dessen Motorrad mit nur einem Zylinder fuhr, fand die Werkstatt außerhalb der Stadt. Wie King sich erinnerte:

> Ich fuhr in die Einfahrt, und das Motorrad gab den Geist auf. Ich klappte den Ständer herunter und stieg ab. Dann hörte ich dieses Geräusch; es klang so ähnlich wie ein Motorboot, und auf der anderen Seite der Straße tauchte der größte Bernhardiner auf, den ich jemals in meinem Leben gesehen hatte. Langsam überquerte er die Straße. Sein Kopf hing träge hinunter, sein Schwanz wedelte nicht; und ich wußte, was er wollte — er wollte *mich*.

Da trat der Typ, der diese Werkstatt führte, aus der rostigen Wellblechgarage hervor und überquerte die Straße. »Keine Sorge«, meinte er. »Das ist nur Joe. Der macht das *ständig*.«

King erinnerte sich, daß der Hund sich auf die Hinterläufe setzte und zu knurren begann. Sein Herrchen schwang daraufhin einen verstellbaren Steckschlüssel und ließ ihn auf den Rücken des Hundes herabsausen. »Es hörte sich an, als würde eine Frau ihren Teppich mit einem Klopfer bearbeiten«, erzählte King.

Der Besitzer betrachtete seinen neuen Kunden und meinte nur: »Joe scheint Sie nicht zu mögen«.

Nach diesem Vorfall setzte sich die Idee für *Cujo* (dt.: *Cujo*) in Kings Phantasie fest. Er fragte sich: »Was würde passieren, wenn du irgendwelche Leute in diese Situation brächtest, und es wäre niemand da, der den Hund zurückrufen könnte?«

King schrieb einen ersten Entwurf für diesen düsteren und unbarmherzigen Roman nieder, der die rauhe Seite des Landlebens in Maine bloßlegte, die Schattenseite, mit der die Einheimischen leben müssen, und welche die Touristen — die Sommerleute — niemals zu Gesicht bekommen.

Einen Monat später, Mitte Oktober, speiste die Familie King gemeinsam mit Peter Straub und seiner Frau in deren Haus, das sich in Crouch End, einem Vorort von London, befindet. Nach dem Abendessen unterhielten sich die beiden Schriftsteller über die Idee, gemeinsam einen Roman zu schreiben. Sie beschlossen, eine Zusammenarbeit zu wagen. Beide waren jedoch auf mehrere Jahre durch Verträge gebunden, so daß die Idee erst einmal in der Versenkung verschwand.

Kings Abstecher nach Crouch End brachte ihm jedoch zumindest eine literarische Frucht sofort ein; er schrieb

Crouch End, eine Geschichte, die von Lovecrafts Cthulhu-Mythos inspiriert worden war.

Als das Jahr zu Ende ging, war der erste Entwurf für *Cujo* fertiggestellt. Die Dinge hatten sich nicht ganz so entwickelt, wie King es sich vorgestellt hätte — der englische Roman wurde nie geschrieben, und der für ein Jahr geplante Aufenthalt in England verkürzte sich auf ganze drei Monate. Dann fuhren die Kings zurück nach Maine, wo sie in Center Lovell, nahe des Seengebietes, ein Haus erwarben.

Im Februar 1978 brachte King seinen ersten Kurzgeschichtensammelband heraus. *Night Shift* (dt.: *Nachtschicht*), in gebundener Ausgabe zu acht Dollar fünfundneunzig, beinhaltete ein Vorwort von John D. MacDonald, einen ausführlichen Essay von King über das Schreiben von Romanen des Übersinnlichen und zwanzig Kurzgeschichten, die ursprünglich in Zeitschriften veröffentlicht worden waren: elf Geschichten aus *Cavalier*, zwei aus *Penthouse*, jeweils eine aus *Gallery*, *Cosmopolitan* und *Maine* und vier, die für diesen Sammelband das erste Mal im Druck erschienen: *Jerusalem's Lot* (dt.: *Briefe aus Jerusalem*), *Quitters, Inc.* (dt.: *Quitters, Inc.*), *The Last Rung on the Ladder* (dt.: *Die letzte Sprosse*) und *The Woman in the Room* (dt.: *Die Frau im Zimmer*).

Da sie sehr anschaulich geschrieben waren, sollten alle Geschichten — bis auf *Jerusalem's Lot*, einer im Briefstil geschriebenen Geschichte — früher oder später für Fernseh- oder Kinofilmadaptationen erwählt werden. »Diese Short Stories hinterlassen einen visuellen Eindruck«, erklärte King. »Vor meinem geistigen Auge sehe ich sie fast schon als Filme. Wenn ich ein Exemplar von *Nachtschicht* signiere, und es nicht gerade eilig habe, dann füge ich normalerweise noch den Satz hinzu: Ich hoffe, daß Ihnen diese Heimkinofilme gefallen haben, denn genau das sind diese Geschichten.« Im ersten Jahr wurden vierundzwanzigtausend Exemplare der gebundenen Ausgabe der Erzählsammlung verkauft, was für einen Sammelband wirklich ausgezeichnet ist und trotzdem nur die Hälfte der von *Shining* verkauften Exemplare ausmachte.

Im September 1978 zogen die Kings nach Orrington, einer kleinen Stadt südwestlich von Bangor. Sie mieteten ein Haus an der Hauptstraße, die durch die Stadt führte – eine Hauptfernroute nach Bangor –, und King fuhr jeden Tag nach Orono, um an seiner ehemaligen Universität zwei Kurse in Creative Writing abzuhalten. Burton Hatlen erklärte Kings Anstellung folgendermaßen:

Als »Ted« Holmes 1975 mit fünfundsechzig Jahren in den Ruhestand gehen mußte, stellte sich uns die Frage, was wir mit der freigewordenen Stelle anfangen sollten. Die Englisch-Abteilung beschloß, die Stelle nicht mit einem Lehrer auf Dauer, sondern mit Schriftstellern zu besetzen, die den Unterricht im kreativen Schreiben wieder für relativ kurze Zeit leiten sollten.

Wir baten Stephen King, für ein Jahr zu unterrichten. Später versuchten wir, seinen Vertrag zu verlängern, doch das wollte er nicht. Ich glaube, es hatte ihn nur gereizt, als Fakultätsmitglied in der Englisch-Abteilung der Universität tätig werden zu können, in der er früher immer nur Schüler gewesen war.

Für King – der bereits als Student an der UMO unterrichtet und auch eine Lehrstelle an der High-School innegehabt hatte –, war dies die Gelegenheit, auf einem ganz anderen Niveau Unterricht zu geben. »Ich freue mich darauf, im College zu unterrichten, weil man sich dort mehr auf die Kreativität als auf die Grammatik konzentrieren kann«, meinte King. Seine Lehrstelle brachte auch noch einen weiteren Vorteil mit sich – ein eigenes Büro: »Das ist großartig. Ich habe noch nie ein richtiges Büro gehabt. Jetzt kann ich auch zu meiner Frau sagen: ›Liebes, ich geh' ins Büro‹.«

In diesem Herbstsemester gab King zwei Literaturkurse und hielt zwei Seminare Creative-Writing-Kurse ab: eines über Romane und das andere über Gedichte. Nach der Schule arbeitete King an dem letzten Entwurf für *Feuerkind*.

Der Roman *Feuerkind* weist von der Thematik und vom Plot her einige Ähnlichkeiten mit *Carrie* auf, zeugt aber von einer deutlichen Weiterentwicklung Stephen Kings. Anders als in seinem ersten Roman spitzt Stephen King diesmal nicht nur die Handlung zu, sondern auch die moralischen Zweifel, in die das Individuum sich angesichts der modernen Wissenschaften immer wieder gestürzt sieht. Das Mädchen Charlie McGee hat die unheimliche Fähigkeit, mit der Kraft ihrer Gedanken Feuer zu entfachen. Diese Fähigkeit ist das Ergebnis wissenschaftlicher Experimente, die Charlies Eltern in den sechziger Jahren im Rahmen eines Geheimdienstprogramms mit sich machen ließen. Als Charlie sieben Jahre alt ist und sich ihr Talent, per Gedankenübertragung Feuer zu entfachen, manifestiert, will der Geheimdienst ihre übersinnliche Begabung für seine Zwecke ausbeuten. Aber während die Mutter – die ebenfalls über gewisse telekinetische Fähigkeiten verfügt – ermordet wird, flieht Charlie mit ihrem Vater und macht sich die Bedeutung ihrer magischen Kräfte und die damit verbundenen Gefahren deutlich. Obwohl sie jünger ist als Carrie, gesteht ihr der Autor einen weit höheren Reflexionsgrad zu als seiner ersten Romanheldin, die in blinder Rache von ihren Kräften Gebrauch machte. Anders als in den meisten Horrorromanen gibt es im *Feuerkind* auch ein in Ansätzen positives Ende: Nachdem sie zwischenzeitlich ins Gefängnis gesteckt wurde, wo sie mit dem einäugigen Indianer Rainbird Freundschaft schloß, ist ihr Vater bereit, sich für seine Tochter zu opfern. In gewisser Weise sühnt er damit für den Leichtsinn, der ihn früher die verhängnisvollen Experimente eingehen ließ. Charlie McGee aber kommt nicht nur aus dem Gefängnis frei, sondern weckt auch das Interesse der Medien an ihrem Schicksal, das somit öffentlich wird.

Obwohl es sich um einen unheimlichen Roman mit übersinnlichen Elementen handelt, liest *Feuerkind* sich gerade in den Passagen, die den Geheimdienst betreffen, realistischer als manche gut recherchierten CIA-Tatsachenromane. Die Verstrickungen der modernen Wissenschaft in die Politik lösen offenbar in vielen Menschen Ängste aus, die mit den Mitteln des realistischen Romans nicht mehr beschreibbar sind.

In seinem nächsten Roman — den vom Doubleday-Verlag stark gekürzten *The Stand* (der deutsche Titel der gekürzten Ausgabe lautet: *Das letzte Gefecht*, die Jahre später erschienene vollständige deutsche Ausgabe trug den Titel *The Stand*) — wagte Stephen King sich noch weiter aus den engen Grenzen des Horror-Genres hinaus. Für viele Leser, Fans und Kritiker stellt *The Stand* Kings Hauptwerk dar. In jedem Fall ist es Kings ehrgeizigstes Werk.

Dabei ist der Grundeinfall des Romans eher simpel und aus zahlreichen Science-fiction-Romanen vertraut: Aus einem geheimen Forschungslabor entweicht ein Grippevirus, der bald die ganze Bevölkerung hinwegrafft. Nur einige wenige Menschen erweisen sich als resistent und überleben die Seuche. Sie scharen sich um zwei Persönlichkeiten, die Schwarze Abigail und den bösen Flagg. Alles scheint auf einen Kampf zwischen Gut und Böse hinauszulaufen, aber die sich immer feiner verzweigende Handlung bringt zum Vorschein, daß es *das* Gute ebensowenig gibt wie *das* Böse. Jeder Mensch trägt beide moralischen Optionen in sich und muß sich von Fall zu Fall immer wieder neu entscheiden. Der Horror-Roman wird hier zu einem moralischen Gesellschaftsroman und gleichzeitig zu einer Auseinandersetzung mit dem Utopie-Thema. Denn in dem Mikrokosmos der von den Überlebenden geschaffenen Gesellschaft spiegeln sich auch die Schwierigkeiten wider, unter den Bedingungen der Moderne — der psychologischen Desillusionierung bei gleichzeitiger Potenzierung der Gewaltmittel — den Entwurf einer besseren Gesellschaft auch nur zu denken. *The Stand* ist ein Roman, der sich nicht in Spannung und Grauen erschöpft, sondern den Leser zwingt, sich über Macht und Gesellschaft Gedanken zu machen. Wie weit der epische Entwurf hier über den Grundeinfall hinausträgt, wird nicht zuletzt im Vergleich zu der Vielzahl von Plagiaten deutlich, die dieser Roman nach sich gezogen hat. So benutzt zum Beispiel der 1991 erschienene Roman *Fire* (dt.: *Feuer*) des immerhin mit dem Bram-Stoker-Preis ausgezeichneten Amerikaners Alan Rodgers die gleichen Elemente, wie sie in *The Stand* auftauchen, ohne auch nur annähernd die atmosphärische Dichte und die Überzeugungskraft in den beschreibenden Szenen aufzuweisen wie das Vorbild.

The Stand erschien im September 1978, war Kings fünftes Buch bei Doubleday und umfaßte achthundertdreiundzwanzig Seiten. Als sein bisher längstes und aufwendigstes Werk erhielt das Buch überwiegend positive Kritiken, insbesondere von *Publishers Weekly*, wo es hieß, King »übertrifft sich selbst mit dieser spannenden Fantasygeschichte, deren mutige Wirklichkeitsnähe die Basis für kühn erdachte Feldzüge ins Bizarre bildet ... Kings Botschaft ist einfach zu verstehen, doch seine

Romanfiguren sind derart real und die alptraumhaften Schauplätze so gekonnt geschildert, daß man das alles fast glauben möchte.«

Zu dieser Zeit wußte jedoch noch niemand, daß King sein Buch um fast ein Fünftel hatte kürzen müssen — was beinahe der Länge eines kurzen Romans entspricht. Die Kürzungen ärgerten King, der sich schwor, den fehlenden Text aufzuheben und das Buch eines Tages in seiner ursprünglichen Länge zu veröffentlichen.

Nach der Veröffentlichung von *The Stand* wandte King sich auch von Doubleday ab und damit auch von William Thompson, der bisher alle seine Bücher lektoriert hatte. King wechselte zu NAL über, und Thompson wurde in Everest House als Cheflektor angestellt.

Amerikas literarisches Schreckgespenst

Anfang November 1978 telefonierte William Thompson mit King und schlug vor, daß er einen dokumentarischen Überblick über die Welt des Horrors schreiben sollte: »Warum machst du nicht ein Buch über das gesamte Horrorphänomen, so wie du es siehst? Bücher, Filme, Radio, Fernsehen, das ganze Drumherum.«

Es war die richtige Idee zur rechten Zeit, da King damals gerade einen Lehrplan mit Themen aus dem Gebiet des Horrors und Übersinnlichen für die Literaturklasse ausarbeitete. Nachdem er gründlich darüber nachgedacht hatte, fühlte King, daß »sich der Kreis mit einem Buch über dieses Thema schließen läßt«.

In der Zwischenzeit wurde Kings Phantasie von einem Ereignis im privaten Bereich angeregt. Am Thanksgivingtag wurde Smurky, die Katze seiner Tochter, von einem Auto überfahren, das auf der Route fünfzehn vor Kings Haus vorüberkam. »Meine Tochter Naomi war sehr unglücklich«, erinnerte sich King. »Ich wollte ihr eigentlich nur sagen: ›Herrje, ich habe die Katze schon eine Zeitlang nicht mehr gesehen.‹ Aber meine Frau meinte, daß wir es ihr sagen sollten, weil sie ja doch irgendwann einmal mit dem Tod konfrontiert werden mußte.«

Smurky wurde auf dem örtlichen Tierfriedhof begraben, der von den Nachbarkindern aufgebaut worden war, die ihn in kindlicher Schrift als »Pets Sematary« ausgeschildert hatten (anstelle von Pet Cemetery — Anm. d. Übers.). Smurky war nicht mehr da, doch der Vorfall ließ King keine Ruhe. Bald danach, als er gerade eine Straße in der Stadt überquerte, kam ihn dann eine Idee: »Auf der einen Seite der Straße überlegte ich mir, was passieren würde, wenn die Katze wieder lebendig werden würde.

Als ich auf der anderen Seite ankam, überlegte ich mir, was passieren würde, wenn man einen Menschen wieder lebendig machen könnte.«

Um diese Frage beantworten zu können, mußte sich King zum ersten Mal mit dem Gedanken an den Tod auseinandersetzen. Er würde die Gestalt unter den Laken berühren müssen:

> Der Tod ist endgültig. Er ist die einzige Sache, der wir uns alle stellen müssen. In zweihundert Jahren wird keiner von uns mehr herumlaufen und Nahrung zu sich nehmen. Früher oder später zeigt Gott mit dem Finger auf dich und sagt: Es ist Zeit, deinen Mantel an den Haken zu hängen, das Spiel ist aus. Das ist das Ende. Die Sache ist jedoch die, daß jedes Lebewesen auf dieser Erde das durchmachen muß, nur sind wir, unseres Wissens nach, die einzigen Lebewesen auf dieser Welt, die einen weiteren Sinn für Zukünftiges haben. Wir sind die einzigen Lebewesen, die nach vorn blicken und sagen können: »Ja, das ist richtig, das wird passieren. Und wie werde ich mit dem Gedanken an meinen eigenen Tod fertig?«
>
> Nun, wenn du dir Zeit nimmst, darüber nachdenkst und dir klarmachst, welch ein eindeutiges Konzept wir von der Sache haben, sollte die Antwort eigentlich lauten: Wir werden nicht damit fertig; der Gedanke daran wird uns in den Wahnsinn treiben. Für mich ist die Tatsache, daß dies eben doch in aller Regel nicht der Fall ist, das wirklich Wunderbarste am menschlichen Dasein, und wahrscheinlich ist es in dieser Welt auch der einzig wahre Hinweis auf Gottes Gnade. Die Fähigkeit, einfach weiterzumachen, sich Tag für Tag ein bedeutungsvolles Leben aufzubauen, seine Kinder

darauf vorzubereiten, all das wirkt genauso wie dieser Mann, der sich an seinem eigenen Riemen hochreißt. Gleichzeitig müssen wir uns ja auch in irgendeiner Weise darauf vorbereiten; wir müssen sämtliche Möglichkeiten in Betracht ziehen. Und für viele von uns ist die Analyse des schlimmsten Falles auch eine Art und Weise das zu tun. Man sagt sich also, »in Ordnung, sehen wir uns einen Horrorfilm an und schauen wir mal, wie schlimm es sein kann, und dann wird es nicht mehr ganz so schrecklich sein, wenn ich in meinem Bett sterbe.«

Für lange Zeit war der Tod, neben dem Sex und der Frage, wieviel Geld einer verdient, eines der großen Tabuthemen unserer Gesellschaft.

Durch die Arbeit an dem Buch *Pet Sematory* (dt.: *Friedhof der Kuscheltiere*) wurde King mit etwas konfrontiert, das er gegenüber Reportern immer wieder als seinen schlimmsten Alptraum bezeichnete: der Tod eines Kindes, den King sich nur allzu leicht vorstellen konnte, und das ganz besonders an dem Tag, als Owen auf die Route fünfzehn hinauslief, dieselbe Straße, die auch immer wieder dafür sorgte, daß der Tierfriedhof Nachschub erhielt.

Friedhof der Kuscheltiere sollte ein schwieriges Buch für King werden, der von Anfang an fühlte, daß er es ohne irgendwelche Kompromisse schreiben mußte. »Wenn man in einer Geschichte über echte Menschen schreibt, dann sollte man auch fair spielen«, erklärte King. »Ich glaube, die Charaktere diktieren die Ereignisse; ich glaube nicht, daß Ereignisse Charaktere diktieren. Du mußt deine Figuren das tun lassen, was sie tun müssen.«

Doch dann legte King *Friedhof der Kuscheltiere* vorübergehend beiseite, um die Winterferien mit seiner

Familie in Saint Thomas, auf den Virgin Islands der USA zu verbringen. Was ihn zu der Zeit am meisten beschäftigte, waren das bevorstehende Frühjahrssemester und das Buch *Danse Macabre*. Da King die Gelegenheit hatte, den Inhalt des Buches vorab mit seiner Klasse durchzusprechen, waren diese Projekte untrennbar miteinander verbunden.

Im Januar 1979 begann das Frühjahrssemester, und King gab einen Literaturkurs für einhundert Studenten. Gelegentlich kamen Gastdozenten vorbei — zum Beispiel Burt Hatlen, der einen Vortrag über *Dracula* hielt — und es wurden auch Filme gezeigt. Wie King erklärte: »Wir haben auch eine Reihe von unheimlichen Filmen besprochen: *Psycho*, *Exorzist*, *Die Nacht der Lebenden Toten* und *Die Körperfresser kommen*. Nur *Carrie* konnte ich jedoch nicht bekommen — ist das nicht komisch?«

Tagsüber unterrichtete King, und abends schrieb er an *Danse Macabre*, wobei er feststellen mußte, daß sich diese Arbeit völlig von der Arbeit an einem Roman unterschied, da man in einem Roman einfach neue Sachen erfand, während man schrieb. King erklärte: »Bei einem Sachbuch hat man ständig die lästige Pflicht, die Fakten genau zu überprüfen, man muß darauf achten, daß die Jahreszahlen übereinstimmen und daß man die Namen auch richtig schreibt ... und am schlimmsten ist, man gerät damit in den Vordergrund ... Der Autor von Sachbüchern ist einfach zu sichtbar.« Im Gegensatz zu Romanen, wo die Geschichte König ist, wurde King mit *Danse Macabre* eigentlich selbst zur Geschichte — seine Meinungen, seine Ansichten und seine Schlußfolgerungen formten dieses Buch.

Im Mai 1979 war der erste Entwurf von *Friedhof der Kuscheltiere* fertiggestellt, doch King hatte nicht die

Absicht, ihn zu veröffentlichen. Der Roman las sich zu grausam, zu realistisch und zu erschreckend, dachte King und legte *Friedhof der Kuscheltiere* beiseite.

Außerdem ging in diesem Monat mit dem Semester auch seine Unterrichtszeit am College zu Ende. King lehnte die Bitte ab, ein zweites Jahr zu unterrichten. Als Berufsschriftsteller wollte er seine Zeit mit dem Schreiben und nicht mit dem Unterrichten verbringen. Außerdem gab es auch noch andere Schriftsteller, frühere Studenten der Universität, welche die Gelegenheit willkommen heißen würden, dorthin zurückzukehren und einen Schriftstellerkurs geben zu können (so zum Beispiel Sanford Phippen).

Die Kings zogen nach Center Lovell, Maine, wo King sich auf seine Arbeit an *Danse Macabre* konzentrieren konnte, da ihm die Diskussionen am College noch frisch im Gedächtnis waren.

In diesem Sommer brachte King zwei Bücher heraus: im Juli seinen zweiten Bachman-Roman *The Long Walk* (dt.: *Todesmarsch*); und im August seinen ersten Roman beim Viking-Verlag: *The Dead Zone* (dt.: *Dead Zone/ Das Attentat*).

Das eindeutig in einem anderen Romanstil als seine jüngsten Bücher geschriebene *Todesmarsch* offenbarte eine Seite Kings, die von seinen populären Horrorwerken in den Schatten gestellt wurde.

Hatlen gab dem Buch dennoch eine gute Kritik: »Ich glaube immer noch, daß *Todesmarsch* ein erstklassiges Buch ist. Ich denke, es war das beste, was er als Student geschrieben hat, und es ist das beste, was er bis *Brennen muß Salem!* schrieb. Meiner Meinung nach ist dieses Buch auch besser als *Carrie*.« King beurteilte diese ersten beiden unter dem Bachman-Pseudonym veröffentlichten Romane jedoch weniger nachsichtig:

Sowohl *Todesmarsch* als auch *Amok* stecken voller windiger psychologischer Moralpredigten (sowohl im Text als auch im Subtext), allerdings passiert in beiden Romanen auch viel — letztendlich wird der Leser wohl eher als der Autor in der Lage sein, zu entscheiden, ob die Handlung ausreicht, um all die Mängel an Motivation und Fingerspitzengefühl zu übertünchen.

Im Sommer 1979 konzentrierte sich King außerdem auf *The Mist* (dt.: *Der Nebel*), für das die Idee während eines Einkaufsbummels im Lebensmittelladen entstanden war. King erklärte:

Ich hatte diese Idee während einer dieser langweiligen Hausarbeiten, die immer dann auf dich zukommen, wenn deine Frau dich fragt: »Gehst du heute für mich zum Supermarkt?« und dir einen Einkaufszettel überreicht. Ich ging also zum Supermarkt und kaufte all dies Zeug, während ich meinen Wagen durch die Gänge schob. Und wenn du ein Schriftsteller bist, dann wird dir plötzlich klar, daß die Welt zwischen neun und fünf Uhr tagsüber den Frauen gehört, aber das ist eine andere Geschichte. Die Leute sehen dich an und fragen: »Was ist los mit dir, Kerl? Lebst du von der Wohlfahrt?«
Ich war total gelangweilt und lief durch diesen Gang mit seinen Reihen von Dosennahrung, als ich mir plötzlich dachte: »Wäre es nicht lustig, wenn hier auf einmal eine Flugechse durch den Gang flattern und die Ravioli, Suppendosen und das ganze Zeug herunterschmeißen würde?« Die Vorstellung gefiel mir ausnehmend gut, und ich begann, eine Geschichte über dieses eine kleine Reizmittel zu schreiben. Ich weiß nicht, ob man diese Geschichte

als Perle bezeichnen kann, aber es gibt sie nun mal, und damit hat sie angefangen.

Als Kings Agent, McCauley Beiträge für seine Anthologie *Dark Forces* zu sammeln begann — McCauleys zweite Horroranthologie, als Fortsetzung von *Frights* — bat er, in der Hoffnung auf eine Kurzgeschichte, auch um einen Beitrag von King, der ihm *Der Nebel* anbot. Danach erhielt McCauley mehrere Telefonanrufe von King, der ihm erklärte, daß die Geschichte einfach von selber weitergewachsen sei.

Laut McCauley bestand die Geschichte zunächst aus siebzig, dann aus fünfundachtzig, dann aus über einhundert und zuletzt aus hundertfünfundvierzig Manuskriptseiten oder ungefähr vierzigtausend Wörtern! McCauley schrieb, er habe »eine Geschichte von normaler Länge erwartet, und erhielt letztendlich einen Kurzroman von dem populärsten Autoren der Welt auf dem Gebiet der übernatürlichen Horrorgeschichten«.

»Man muß sich diese Geschichte in einer Art verschwommenem Schwarzweißton vorstellen«, meinte King zu »dieser Erzählung, deren Handlung an die Science-fiction und Horrorfilme der Fünfziger erinnert.« Sie wird aus der Sicht des Künstlers, David Draytan, erzählt. Dessen Familie flüchtet angesichts eines Orkans in den Keller. Als Draytan am Morgen darauf in einem Supermarkt einkauft, zieht dichter Nebel herauf. Die Einkaufenden wagen sich nicht mehr nach draußen und verfallen in Hysterie.

Der Nebel ist eines von Kings besten Romanwerken; ähnlich wie in der Erzählung *Das Floß* hat King wieder eine Inselsituation geschaffen, in der sich die Ängste des modernen Individuums gleichsam wie von selbst potenzieren.

Im Juni 1970 hatte der langersehnte Kinofilm von Stanley Kubrick Premiere: *The Shining* erhielt widersprüchliche Kritiken, auch wenn Jack Nicholson schauspielerisches Können mit Lob bedacht wurde. Kings Kommentar zum Film war lakonisch genug: »Die Produktion von *The Shining* als Film hat grob geschätzt neunzehn Millionen gekostet; die Produktionskosten des Romanes lagen bei ungefähr vierundzwanzig Dollar — Kosten für Papier, Farbbänder und Versand.«

King hat Kubricks Film durchaus zu schätzen gewußt. »Ich schaute mir *The Shining* zusammen mit Steve an«, erinnert sich Chris Chesley. »Ich saß neben ihm und beobachtete ihn, und, obwohl er nicht sehr viele Worte darum machte, konnte ich sehen, daß ihm gefiel, was der Regisseur geschaffen hatte, doch die übernatürliche Seite fehlte — es war in keinster Weise mehr seine Vision. Das hat er gesagt, als wir das Kino verließen. Es war nicht sein Buch — es war Kubricks Film.«

Da fast jedermann erwartet hatte, eine Fusion von Kubricks Fähigkeiten als Filmemacher und Kings gewaltiger Phantasie zu sehen, erschien *The Shining* King und vielen seiner Leser als »ein superheißer Ofen, der aber leider keinen Motor hat.«

Im Gegensatz zu *Carrie* — eine einfach in ein Inferno mündende Geschichte, die sich geradezu für eine Filmadaptation aufdrängt — gehört *The Shining* zu den Romanen Kings, deren Reiz und Kraft nur schwer auf die Leinwand zu übertragen sind. King zog aus diesen Erfahrungen seine ganz persönliche Konsequenz:

Wenn man etwas ans Kino verkauft — und ich liebe das Kino, es ist überaus schmeichelhaft, wenn jemand dein Buch für einen Film verwenden will — dann gibt es zwei verschiedene Wege, wie man das Ganze angehen kann: der eine ist, sich selbst zu engagieren, entweder ganz oder nur teilweise, und dann dort oben zu stehen und die Schuld oder die Kritik für alle anderen auf dich zu nehmen; und der andere ist, einfach zu sagen: »Ich werde es verkaufen; und ich werde das Geld nehmen.«

Sie wissen ja, was John Updike darüber zu sagen pflegte: »Es ist überhaupt das allerbeste der Welt, wenn sie dir einen Haufen Geld bezahlen und dann doch *keinen* Film machen. Wenn man aber nicht mitmischt, dann kann man gar nicht verlieren, weil man sich alle Möglichkeiten offenhält: Wenn der Film gut ist, so betont man, daß er auf dem eigenen Werk basiert, und wenn er schlecht ist, sagt man: Ich habe rein gar nichts damit zu tun.«

Was *Shining* anbelangte, so hatte King rein gar nichts damit zu tun; es war von Anfang an eindeutig eine Konstruktion Kubricks und eindeutig nicht *der* ultimative Horrorfilm, den Kubrick sich ursprünglich vorgestellt hatte. Vor allem hat Kubrick aus der Hauptfigur des Jack Terrance alle Entwicklung herausgenommen: Er ist hier von Anfang an verrückt, als Möchtegernschriftsteller einfältig und damit psychologisch uninteressant.

Im Jahr 1978 entwickelte King auch die Idee zu *Christine*, es sollte ursprünglich eine Kurzgeschichte werden, wuchs sich dann jedoch wie so viele seiner anderen Geschichten zu einem ganzen Roman aus. King erinnerte sich:

Es fing alles damit an, daß ich eines Tages zu Fuß nach Hause ging und mir Gedanken um mein Auto machte, das allmählich den Geist aufgab. Ich dachte mir: »Wäre es nicht komisch, wenn die kleinen Zahlen auf dem Kilometermesser plötzlich rückwärts liefen, und das Auto durch ihren Rückwärtslauf immer jünger würde?« Und ich dachte: »Das wäre eine lustige kleine Kurzgeschichte. Am Ende der Geschichte müßte das Auto einfach auseinanderfallen, weil es bei der Null angelangt wäre und in seine ursprünglichen Einzelteile zerlegt werden würde.« Es kam jedoch nicht ganz so; denn es entwickelte sich zu diesem tollen, großen, langen Roman.

Lassen wir jedoch das alles einmal beiseite, es machte einfach nur Spaß, die Straße entlangzulaufen und zu denken: »Was wäre, wenn«, weil es einen befreit und von dem Rest der Welt loslöst, und man sich weder Sorgen um seinen Versicherungsbeitrag noch über den Atomkrieg oder Reagan macht; man zerbricht sich einzig darüber den Kopf, ob das Auto auseinanderfällt, wenn es bei Null angelangt ist, oder nicht.

Wie diese Ausführungen schon ahnen lassen, ist *Christine* ein Roman mit heiteren Passagen. Das gilt vor allem für Anfang und Ende, die jeweils aus der Perspektive eines Freundes von Arnie Cunningham, dem Romanhelden, geschrieben sind. Als Geschichte eines Jungen und seines Autos – Arnie Cunningham und sein 1958 Plymouth Fury – führte *Christine* ein Thema weiter, das King ursprünglich in *Der Wäschemangler* und *Trucks* behandelt hatte, zwei Kurzgeschichten aus *Nachtschicht*, die den Technohorror erforschten: boshafte Maschinen erwachen zum Leben und greifen in die natürliche Ordnung der Dinge ein, indem sie Menschen terrorisieren.

Christine läßt sich auch als Abgesang auf das Auto lesen, das in der Eisenhower-Ära noch das amerikanische Symbol für Freiheit und Unabhängigkeit gewesen war und nun, im Zuge der Mitte der Siebziger einsetzenden Energiekrise, erstmals in die Kritik geriet. Das Auto Christine muß am Ende vernichtet werden, und mit ihm geht auch der blinde Glaube an stetigen Fortschritt zugrunde. Dieser Roman läßt aber auch ahnen, warum Stephen King gerade bei jugendlichen Helden so gut ankommt: Wie schon in *Carrie* und *Feuerkind* ist auch hier wieder ein Heranwachsender die Hauptfigur, der begreift, wie lieblos, kalt und prosaisch die Welt der Erwachsenen ist, in die er allmählich hineinwächst.

Im August 1979 veröffentlichte der Viking-Verlag seinen ersten Roman von Stephen King. *Dead Zone* ging mit einer Erstauflage von achtzigtausend Exemplaren in den Druck. Dieses vierhundertsechsundzwanzig Seiten umfassende Buch sollte King außerhalb der Horrorgemeinde zu einem Bestsellerautor machen. Daher schickte der Viking-Verlag King auf eine sechstägige Autorentour durch sieben große Städte — was, laut King, eine ziemliche Strapaze war:

> Nach einer solchen Lesetour fühlt man sich etwa so, als hätte man an einer Kissenschlacht teilgenommen, bei der sämtliche Kissen mit einer geringen Dosis Giftgas behandelt worden waren. Du bist völlig losgelöst von Zeit und Ort. Und als ich meine letzte Lesung auf dieser Reise hinter mich gebracht hatte, die übrigens in Cleveland stattfand, das man auch als größten Fehler auf der Landkarte bezeichnet, flog ich planmäßig mit einem Flugzeug nach Maine zurück.
>
> Ich stieg in Cleveland ins Flugzeug und fühlte mich irgendwie völlig daneben. Ich nahm in der ersten Klasse Platz, legte den Sicherheitsgurt an, und das Flugzeug entfernte sich von der Gangway und fing an zu wenden, doch dann fuhr es plötzlich wieder zurück, und ich dachte mir: »Oh, Himmel, wir haben irgendeinen Motorschaden; das ist genau

das, was ich jetzt brauche.« Dem war jedoch nicht so. Es handelte sich nämlich nur um einen Nachzügler. Sie fuhren zurück zum Gate, die Tür öffnete sich, und Ronald McDonald stieg ins Flugzeug. Es war Ronald McDonald mit den orangefarbenen Haarbüscheln — ja diese Figur *ist* in einem meiner Bücher aufgetaucht — mit der großen Nase, den großen orangefarbenen Schlappschuhen und den Knöpfen an der Vorderseite seines Gewandes, und da dachte ich mir: »Ich weiß, wo dieser Mistkerl sitzen wird.« Und ich hatte recht. Ronald setzte sich in die erste Klasse, durch den Gang von mir getrennt, und bestellte einen Gin Tonic bei der Stewardeß. Es war zehn Uhr morgens. Er trank ihn und sagte: »Ich hasse diese kleinen Tourneen mit ihren Kurzauftritten. Ich hasse das alles einfach. Ich habe beinahe dieses Flugzeug *verpaßt*.« Und ich meine: »Mmhhmm, genau.« Und das Flugzeug startete, und als das Nicht-Rauchen-Licht ausging — das Ganze geschah nämlich zu einer Zeit, da man doch tatsächlich noch im Flugzeug rauchen durfte — zog Ronald eine Schachtel Lungenkrebs hervor. Und ich saß da, nach sieben Tagen auf der Straße, neben Ronald McDonald, der einen Gin Tonic trinkt und eine Kent raucht. Und ich fragte das einzige, was mir in den Sinn kam, nämlich: »Wo kommen Sie denn her?« Und er antwortete: »McDonaldland«. Ich habe erst Jahre später herausgefunden, daß es in Chicago tatsächlich so einen Ort gibt, der eine Art McDonalds-Clownzentrum ist. Das war das Ende meiner ersten echten Leserreise.

Viking trieb seine Verkaufszahlen zweifellos auch durch das Design seiner Büchereinbände nach oben, das Stephen King sehr gefiel:

Ich mag Bücher, die schön gemacht sind, und mit Ausnahme von *Brennen muß Salem!* und *Nachtschicht* hat Doubleday keines meiner Bücher sonderlich gut gemacht. Sie alle sehen zerfleddert und massenproduziert aus, als wären sie dafür gemacht, im nächsten Augenblick auseinanderzufallen. Bei *The Stand* ist es sogar noch schlimmer: dieses Buch sieht aus wie ein Betonklotz. Es ist so ein winzigkleines, klobiges Ding, das viel größer aussieht, als es eigentlich ist. *The Dead Zone* dagegen ist wirklich hübsch gemacht. Es hat einen hübschen Stoffeinband und ist einfach ein schönes Produkt.

Da das Buch ein allgemeineres Publikum ansprach, stellte *The Dead Zone* die Verkaufszahlen von Kings jüngst durch Doubleday veröffentlichten Roman *The Stand*, von dem im ersten Jahr fünfzigtausend Exemplare erworben wurden, in den Schatten. Von *The Dead Zone* wurden im ersten Jahr in den USA hundertfünfundsiebzigtausend Exemplare verkauft, was teilweise auf die von manchen als aggressiv bezeichnete Vermarktungsmethode und auch auf den attraktiv gestalteten Buchumschlag zurückzuführen ist. Das Design des Einbands von *The Dead Zone* war besonders ansprechend und ging auf das Konto des One + One Studios.

Stephen King hatte abwechselnd an den Romanen *Feuerkind* und *Dead Zone* geschrieben, und so nimmt es nicht wunder, daß die beiden Romane auch inhaltlich in mancher Hinsicht verwandt sind. Wieder sind es die übernatürlichen Fähigkeiten eines Kindes, die die Handlung in Gang bringen: John Smith verfügt über hellseherische Eigenschaften, seit er als kleines Kind einen schweren Autounfall erlitt. Er liegt fünf Jahre im Koma, und als er das Krankenhaus endlich verläßt, kann er Ereignisse aus der Zukunft voraussehen — eine unheimliche Gabe, die später auch der britische Horrorautor James Herbert zum Stoff seines Bestsellers *Moon* erhob. Wie schon in *Feuerkind* wachsen auch in *Dead Zone* mit dieser unheimlichen Begabung moralische Probleme heran, die durch den Fortgang der Handlung konsequent zugespitzt werden: Als John Smith dem Politiker Sillson die Hand schüttelt, der sich dank geschickter Medienkampagnen großer Beliebtheit beim Wahlvolk erfreut, erahnt er hinter der Maske des glatten Erfolgsmenschen Abgründe. Der Hellseher weiß intuitiv, daß dieser Politiker eines Tages in einem Anfall von Wahnsinn den atomaren Krieg auslösen wird. Johnny Smith steht nun − wie die Helden vieler klassischer Dramen, die sich um das Motiv des Tyrannenmords ranken − vor der Entscheidung: Soll er die Konsequenz aus seinem Wissen ziehen und den zukünftigen Präsidenten unschädlich machen, oder soll er besser sein Wissen ignorieren und der Zukunft ihren Lauf lassen? Schon zuvor war der Protagonist des Romans mit seiner hellseherischen Gabe in starke Gewissensnöte gekommen. Die Menschen verdammten ihn entweder als Betrüger oder Quacksalber oder aber glaubten in ihm ihren neuen Führer gefunden zu haben, den sie maßlos idealisierten. In diesen Passagen liefert der Roman ein exaktes Psychogramm von Sektenanhängern, deren blinder Fanatismus und Autoritätshörigkeit die westlichen Gesellschaften alle Jahre wieder gehörig aufschrecken. Ebenso gelungen sind in dem Roman weitere Charaktere, so etwas Johns Mutter, die sich in der Zeit, da ihr Sohn im Koma liegt, in religiöse Wahngebilde versteigt. Obwohl sich *Dead Zone* auf dem europäischen Buchmarkt nicht so lange auf den Bestsellerlisten behaupten konnte wie beispielsweise *Shining* oder *Friedhof der Kuscheltiere*, ist es zweifelsohne eines der stimmigsten und in sich geschlossensten Bücher Stephen Kings.

Während des Halloweenwochenendes im Jahre 1979 war King der gefeierte Ehrengast der in Providence, Rhode Island, abgehaltenen World Fantasy Con (Weltkonvent für Fantasyliteratur). Hier hatten sich die absoluten Anhänger des Fantasy- und Horrorgenres versammelt. Neben Gastrednern und Diskussionsrunden bot die World Fantasy Con auch eine vollendete Kunstausstellung, sowie eine Art Basar für Sammlerobjekte.

Auf dieser Versammlung wurde King von Christopher Zavisa, Leiter eines Fachverlags in Michigan, angesprochen. Zavisa bat ihn »eine Geschichte zu schreiben, die in zwölf monatlichen Fortsetzungen in Vignettenform herausgebracht würde«, wobei Berni Wrightson, ein renommierter Maler der Horrorszene, die Illustrationen anfertigen sollte. Der Text und die Bilder würden dann als Kalender veröffentlicht werden.

Für Zavisa war es der perfekte Zeitpunkt, King anzusprechen, der auf der World Fantasy Con von Schuldgefühlen geplagt wurde, da er durch seinen Erfolg viele finanziell weniger gut situierten, an der Versammlung teilnehmenden Schriftsteller in den Schatten stellte. Wie King später schrieb: »Schließlich kam ich auf direkte Tuchfühlung mit Schriftstellern, die ich als Kind verehrt hatte, Schriftsteller, die mir sehr viel von dem, was ich über mein Handwerk wußte, beigebracht hatten — Leute wie Robert Bloch... Fritz Leiber... Frank Belknap Long... Sie hatten lange, hart und ehrenhaft im Dschungel der populären Literatur gearbeitet; und ich kam zwanzig Jahre nach dem Ableben der *Weird Tales* daher... und erntete einfach die ertragreichen Lorbeeren, die sie sich in diesem Dschungel verdient hatten.«

King erklärte sich dazu bereit, diese Kalendergeschichten zu machen, indem er das »einzige schrieb, was für dieses Format, das Zavisa vorschlug, geeignet war. Und das war natürlich der Werwolf-Mythos.«

King hatte ursprünglich vor, jeden Tag eine Vignette anzufertigen und das gesamte Werk in weniger als zwei Wochen zu vollenden. Leider gelang das nicht. Statt dessen stagnierte die Arbeit an *Cycle of the Werewolf* (dt.: *Der Werwolf von Torker Mills*) bereits, nachdem er drei der Kalendergeschichten geschrieben hatte. Irgend etwas war grundlegend falsch gelaufen, King wußte jedoch nicht, was es war. »Hin und wieder«, schrieb er, »warf ich einen schuldbewußten Blick auf den winzigen Papierstoß, der neben der Schreibmaschine verstaubte, doch das war auch schon alles. Es war eine kalte Mahlzeit. Keiner ißt gerne eine kalte Mahlzeit, außer wenn er muß.«

Der Werwolf von Torker Mills sei eine »Totgeburt« gewesen, schrieb King. King sollte in jenem Jahr nicht mehr an dem Buch arbeiten. Als es dann sechs Jahre später doch noch vollendet wurde, war es zumindest stilistisch ein ausgefeiltes Werk. Stephen King hatte seinem üblichen umgangssprachlichen Erzählton entsagt und einen legendenhaften, oft poetischen Ton gefunden, der dem mythischen Stoff angemessen war.

Im November 1979 wurde die erste fürs Fernsehen gedrehte Verfilmung eines seiner Bücher gesendet. *Salem's Lot* wurde am 17. und 24. November ausgestrahlt. Tobe Hooper, der bereits mit seinen Filmen *Texas Chainsaw Massacre* (*Blutgericht in Texas*) — ein regelrechter Kultfilm — und *Poltergeist* bekannt geworden war, führte Regie. *Salem's Lot* war ursprünglich als abendfüllender Spielfilm geplant gewesen, doch der gehaltvolle und komplexe Inhalt des Romans ließ sich einfach nicht in einen Neunzigminutenfilm quetschen; nachdem mehrere Drehbuchvorschläge abgelehnt worden waren, nahm man Paul Monashs Drehbuch an, »ein zweihundert- bis zweihundertfünfundzwanzigseitiges Drehbuch — für eine vierstündige Miniserie«, erinnerte sich Hooper.

Mit einem Budget von vier Millionen Dollar und Ferndale, einer kleinen nordkalifornischen Stadt als Drehort, wurde *Salems's Lot* zu Kings erster Konfrontation mit den einschränkenden Standards und Ausführungsrichtlinien des Fernsehens. Unter solchen Bedingungen war es schwierig, glaubwürdige Horroreffekte zu erzielen. »Wenn man bedenkt, daß es sich um das Medium Fernsehen handelt«, sagte King, »haben sie wirklich gute Arbeit geleistet. Das Fernsehen ist der Tod des Horrors. Als der Horror ins Fernsehen einzog, haben das eine Menge Leute beklagt, und ich gehörte dazu.«

In der Innenstadt Bangors, Maine, erinnert eine dreißig Fuß große und dreitausendsiebenhundert Pfund schwere Statue von Paul Bunyan an das Ende des 19. Jahrhunderts. Damals galt Bangor als »die Welthauptstadt des Holzabbaus«, und die Holzfäller waren noch angesehene Leute. Im Sommer des Jahres 1980 zog Stephen King in diese Stadt, in der unternehmerischer Geist mehr als alles andere zählte.

Nachdem sie ein zum Verkauf stehendes Haus in Bangors Altstadt gefunden hatten, bezahlten die Kings hundertfünfunddreißigtausend Dollar für ihr neues Zuhause, das unter den Einheimischen William-Arnold-Haus hieß — eine Villa in italienischem Stil, die im Jahre 1856 für sechstausend Dollar erbaut worden war.

King befand sich mit seiner Karriere an einem Punkt, da ein Umzug nach Bangor einfach fällig erschien. »Ich will schon seit fünf Jahren ein Buch über eine erfundene Stadt in Maine schreiben«, meinte King.

Bangor, eine von Kanälen und Wassergräben durchzogene Stadt, sollte sich in Derry, Maine verwandeln. King schrieb darüber in *A Novelist's Perspective on Bangor*: «Ich stellte mir ein sehr langes Buch vor, ein Buch, von dem ich hoffte, daß es von der Art und Weise erzählen würde, in der Mythen, Träume und Geschichten zu einem Teil des alltäglichen Lebens einer amerikanischen Kleinstadt werden ... Oh, mein Gott, die Geschichten, die man über diese Stadt hört — die Straßen hallen von ihnen wider. Das Problem ist nicht, sie zu finden oder aufzuspüren; das Problem ist dasselbe, das auch ein alter Trunkenbold hat — zu wissen, wann man aufhören muß.«

Derry, der später in *It* (dt.: *Es*) umgetauft wurde, sollte Kings bisher längster Roman werden. Ein aufwendiges Werk, das Ende der Fünfziger spielt — die erste Hälfte des Buches erzählt die Geschichte von sieben Kindern (darunter ein Stotterer, ein Schwarzer, ein Asthmakranker), die sich einem Monster in den Abwasserkanälen stellen und es verwunden; und die zweite Hälfte, die Mitte der Achtziger spielt, bringt die Geschichte der Kinder, die als nun Erwachsene dem personifizierten Bösen ein letztes Mal die Stirn bieten, zu einem Ende. Dieses unheilvolle Es schlummert unter der Erde der Kleinstadt und erwacht alle 27 Jahre zu neuem Leben und holt sich dann seine Opfer, deren Schwächen es genau kennt. Das Böse nimmt hier verschiedene Erscheinungsformen (Clown, Werwolf) an, und die ausführliche Lektüre von Horrorromanen trägt zu seiner Besiegung bei.

Im Gegensatz zu Center Lovell und Bridgton, seinen vorhergegangenen Wohnorten, hatte Bangor, außer daß es als Schauplatz für ein weiteres Buch diente, für King auch noch mehrere andere Annehmlichkeiten zu bieten: einen großen Flughafen, unmittelbare Nähe zu einer großen Universität mit all ihren Hilfsmitteln, eine ausgezeichnete Bücherei — eine der besten Neuenglands — und eine Anzahl an Buchhandlungen sowie ein neues Kino mit acht verschiedenen Sälen nahe dem Einkaufszentrum von Bangor.

King charakterisierte die Stadt als den typischen Wohnort eines »harten Trinkers und Arbeiters«, dennoch gefiel King die Atmosphäre Bangors, und er tauschte seine Designerklamotten gegen Jeans und Arbeiterhemd ein, die typische »Uniform« der Stadt. »Ich denke, ein Ort gehört dir, wenn du weißt, wohin die Straßen führen. Die Leute hier sprechen meine Sprache; und ich spreche ihre. Ich glaube, ich mag sie; sie kennen mich. Ich habe das Gefühl, am richtigen Fleck zu sein.«

Als die Kings Pläne machten, ihre Winterresidenz nach Bangor zu verlegen — die Sommer würden sie in Center Lovell verbringen —, fand auch Kings stetig wachsender Stapel an Manuskripten schließlich ein festes Zuhause. In diesem Sommer stiftete King der Fogler Bibliothek seiner Alma Mater, der University of Maine at Orono «sechs Kisten voller Manuskripte» für ihre Spezialitätensammlung. Die Stiftung war der Höhepunkt jahrelanger Bemühungen des damaligen Bibliothekars Eric Flower, der King am 20. November 1975 geschrieben hatte, um ihn daran zu erinnern, daß er das Manuskript von *Carrie* stiften wollte.

Als King bestätigte, *Carrie* vorbeizubringen, fragte ihn Flower auch nach *Brennen muß Salem!* dessen Wichtigkeit für »zukünftige Studenten der Maine-Literatur« er betonte, woraufhin King erwiderte, daß seine Werke seiner Meinung nach nicht so eng an Maine geknüpft seien.

Dennoch übergab King Entwürfe, Probeabzüge und Druckfahnen mehrerer Bücher, einschließlich *Carrie, Jerusalem's Lot, The Dead Zone, The Stand* und *The Shining* an die Universität. Außerdem verschenkte er auch noch Kurzromane und Dokumentarberichte — veröffentlichte und nicht veröffentlichte — und was wichtiger ist, mehrere frühe Kingromane, die damals noch sämtlich unveröffentlicht waren: *The Aftermath, Blaze, Second*

Coming (der erste von drei Entwürfen für *Brennen muß Salem!*) und *Sword in the Darkness*.

Im Herbst des Jahres 1980 zogen die Kings in ihr neues Haus in der Altstadt von Bangor. Während King seine Arbeit an *It* (dt.: *Es*) begann, veröffentlichte der Viking-Verlag im September seinen dritten Kingroman; von *Firestarter* (dt.: *Feuerkind*), das eine Erstauflage von hunderttausend Exemplaren hatte, wurden im ersten Jahr zweihundertfünfundachtzigtausend Exemplare verkauft — hundertzehntausend mehr als von *Dead Zone* im Jahr zuvor.

In *Feuerkind*, das Shirley Jackson gewidmet ist, wird das bei *Carrie* erstmals angeschnittene Thema der Telekinese noch erweitert. Charlie McGees übersinnliches Talent war jedoch noch verhängnisvoller; als Pyrokinetikerin besaß sie die Fähigkeit, allein durch ihre Willenskraft Selbstentzündungen zu verursachen.

Der Subtext, der sich durch das Buch zieht, ist der allgegenwärtige Einfluß, den die Regierung auf unser Leben ausübt, ein Thema, das im Nachwort der Taschenbuchausgabe von *Feuerkind* direkt angesprochen wurde. Darin schrieb King: »Die Regierung der Vereinigten Staaten oder deren Vertreter haben tatsächlich bereits mehr als einmal potentiell gefährliche Drogen an Personen ohne deren Wissen verabreicht.«

Kings Spekulationen werfen beunruhigende Fragen darüber auf, in welchem Ausmaß die Regierung ihre eigenen Bürger unter dem Deckmantel der nationalen Sicherheit als Versuchskaninchen mißbraucht hat. Die Welt, schließt King, »ist immer noch voller seltsamer, dunkler Ecken und beunruhigender Winkel und Nischen.«

Firestarter wurde ebenfalls in limitierter Auflage von Alex Bermans Phantasia Press herausgegeben, der, neben

177

sechsundzwanzig in Amiant gebundenen Briefromanen (die Sonderausgabe von Ray Bradbury's *Fahrenheit 451* war ähnlich gebunden) siebenhundertfünfundzwanzig von King signierte und datierte Exemplare herausbrachte. Mit ihrem farbigen von Michael Whelan entworfenen Umschlag kennzeichnete die limitierte Auflage des Romans *Feuerkind* den Beginn von Kings Bekanntschaft mit dem Sonderausgabenmarkt, der die Science-fiction-, Fantasy- und Horror-Fans versorgte, zu denen eben diejenigen gehörten, die im Oktober 1980 dafür gestimmt hatten, King für seine »besonderen Beiträge auf diesem Gebiet« den World Fantasy Award — eine kleine Büste von H. P. Lovecraft — zukommen zu lassen.

Am Jahresende hatte King, Berichten zufolge, die Arbeit am ersten Entwurf für *Es* aufgenommen, ein Roman, an dem er während der nächsten vier Jahre immer wieder schreiben sollte.

Im Januar 1981 erkundigte sich Chris Zavisa telefonisch bei King über den Fortschritt von *The Cycle of the Werewolf*. Der Künstler Bernie Wrightson habe bereits mit den Illustrationen angefangen. »Und erneut wurde ich von Schuldgefühlen übermannt«, schrieb King. »Ich log das Blaue vom Himmel herunter und erzählte Chris, ich käme sehr gut voran.«

Im Februar fuhr die gesamte Familie King in den Urlaub nach Puerto Rico. Eingedenk seiner noch unerledigten Arbeit, nahm King das Manuskript mit, um es fertigzustellen, doch es wurde ihm schon sehr bald klar, daß er nicht über den Text für den Monat Juni hinauskommen würde. »Die Vignettenform brachte mich um«, schrieb King. Als intuitiver Schriftsteller, der normalerweise seine Romane nicht auf Bestellung schreibt, änderte King seine Vorgehensweise und wandelte das Ganze in eine

Kurzgeschichte um. Danach spulte sich die Geschichte vor seinem geistigen Auge ab. Nachdem er drei weitere Vignetten geschrieben hatte, welche die Monate Juli bis September abdeckten, informierte King Zavisa telefonisch, daß es sich nicht mehr um einen Geschichtenkalender handelte, sondern um ein dünnes Buch.

Zavisa, schrieb King, reagierte »mit derartigem Enthusiasmus«, daß King sich »fragte, ob es nicht genau das war, was er irgendwie die ganze Zeit gewollt hatte, sich jedoch vielleicht nicht zu fragen getraut hatte«. Zavisa war aber nicht zu schüchtern gewesen, ein Buch anzunehmen; er hatte sich zwar ursprünglich einen Kalender vorgestellt, doch als King ihm die Möglichkeit bot, ein Buch zu erwerben, erkannte Zavisa, daß dies einfach eine marktgängigere Idee war und daß er es, vielleicht, schon von Anfang an hätte vorschlagen sollen.

Im Gegensatz zu *Firestarter* sollte *The Cycle of the Werewolf* einzigartig sein: Es sollte nicht im Handel erscheinen. Fantasyfans, die ein Abonnement bei Fachzeitschriften wie *Locus* besaßen, wußten von seiner Veröffentlichung, doch das breite Kingpublikum — diejenigen, die jedem Roman Rekordverkaufszahlen einbrachten —, würden von seiner Veröffentlichung noch nicht einmal erfahren.

Im April 1981 veröffentlichte Everest House die gebundene Ausgabe von *Danse Macabre* in einer Erstauflage von sechzigtausend Exemplaren für den Handel (dreizehn Dollar fünfundneunzig) und zweihundertfünfzig numerierte Exemplare in limitierter, von King signierter Auflage (fünfundsechzig Dollar). Später sollte es vom Berkley-Verlag, der die Taschenbuchrechte für fünfhundertfünfundachtzigtausend Dollar erworben hatte, in einer neuen Auflage herausgegeben werden. Als Kings erstes und bis heute einziges Sachbuch bot *Danse Macabre* eine Übersicht über das Horrorgenre von den Fünfzigern bis zu den Achtzigern. Allerdings hatte King auch sich selbst einen Platz im Horrorgenre reserviert:

> Stephen Kings erstaunlicher Erfolg als Romancier könnte möglicherweise in der Geschichte des Verlagswesens konkurrenzlos bleiben. Es gab zwar auch andere Schriftsteller, die im Alter von Anfang Zwanzig bejubelt wurden, doch wenige von ihnen haben nur ein Jahrzehnt später Verkaufszahlen von über fünfundzwanzig Millionen Büchern erreicht, und keiner außer King hat sich dabei einen Namen als unbestrittener Meister eines ganz besonderen Genres, nämlich des Horrors, gemacht. *Carrie*, *Shining*, *Dead Zone* und *Feuerkind* haben die Menschen weltweit auf Stephen King und seine intuitive Affinität zur Gruselgeschichte neugierig gemacht.

Es versteht sich von selbst, daß *Danse Macabre* all jenen Schriftstellern gewidmet war, die den Weg für King und seine Zeitgenossen geebnet hatten: Robert Bloch (bekannt durch spannende Psychothriller wie *Psycho*, *Psycho-Haus* etc.) Jorge Luis Borges (ein südamerikanischer Dichter, der das schrieb, was man gemeinhin als magischen Realismus bezeichnet), Ray Bradbury (dessen frühe Horrorgeschichten King beeinflußten), Frank Beknap Long (ein Mitglied des ursprünglichen H.-P.-Lovecraft-Zirkels), Donald Wandrei (der gemeinsam mit August Derleth den Fachverlag Arkham House ins Leben rief, um Lovecrafts Werke in gebundener Ausgabe herauszugeben) und Manly Wade Wellman (ein Schriftsteller aus Nordkarolina, der mit seinen Fantasygeschichten über John den Balladensänger, den Mann, der die Gitarre mit den silbernen Saiten spielte, Furore machte).

Im starken Kontrast zu den Literaturkritiken, die nur für ein erhabenes Publikum geschrieben wurden, brachte

Danse Macabre, wie King es bezeichnete, einen »benutzerfreundlichen« Überblick über das Genre, den Leser und Rezensenten ebenso unwiderstehlich lesenswert wie seine Romane fanden. Im zweiten Kapitel gewährt der Autor Einblick in die schriftstellerische Arbeit, wenn er handwerkliche Aspekte und Techniken der Horrorliteratur beschreibt, im dritten Kapitel wendet er sich den grundlegenden Klassikern des Genres zu: *Dr. Jekyll und Mr. Hyde*, *Dracula* und *Frankenstein*. Erkennt Stephen King auch den zeitgenössischen Horrorliteraten eine ethische Bedeutung zu? Antwort: Ja, und zwar im Rückgriff auf den aristotelischen Katharsisbegriff. Die Furcht auf die Spitze zu treiben heißt, sie zu läutern.

»Durch sein umfangreiches Wissen und sein Engagement ist King der perfekte Reiseführer durch das Land des Schreckens«, lobte *Publishers Weekly*. »Kings erzählerischer Stil ist erfrischend ... Und doch kann eine derartige Ungezwungenheit oft dazu führen, daß man zu sehr vom Thema abschweift, was hier auch der Fall ist. Kings Bericht ist jedoch über weite Strecken scharfsichtig und bemerkenswert umfassend.«

Ende Mai 1981 begann George Romero mit seinen Dreharbeiten zu *Creepshow*, einer Filmanthologie, die von den United Film Distributors unterstützt wurde. Mit einem Budget von acht Millionen Dollar — ein himmelschreiender Unterschied zu den hundertsiebenundzwanzigtausend Dollar, die Romero für seine *Night of the Living Dead* (*Die Nacht der Lebenden Toten*) zur Verfügung hatte — konnte sich *Creepshow* durchaus Spitzenleute leisten: Tom Savini und Cletus Anderson für die Spezialeffekte sowie mehrere erfahrene Schauspieler und Schauspielerinnen wie Adrienne Barbeau, Ted Danson, Hal Holbrook, E. G. Marshall und Leslie Nielsen.

In *Creepshow* gab King auch sein schauspielerisches Debut, als Bauerntölpel aus Maine in *The Lonesome*

Death of Jordy Verrill: Das ganze Projekt ist als eine Reverenz von Stephen King an jene alten, oft detailgenauen grausamen Horrorcomics zu verstehen, die er als Jugendlicher eingestandenermaßen gern gelesen hatte und die nach der Einführung der Selbstzensur der Verlage (»Comic Codes«) nicht länger erschienen.

Da der Film sich an Stephen Kings ursprünglichem Drehbuch orientierte, fanden sämtliche Dreharbeiten, mit einer einzigen Ausnahme, in Philadelphia statt. Wozu King folgende Erklärung abgab:

> Richard P. Rubinstein, der Produzent, war wirklich interessiert daran, die Geschichte *Something to Tide You Over* in Maine abzudrehen. Er schickte ein Produktionsteam nach Ogunquit, Maine, denn dort war der Strand genau richtig. In der Geschichte gibt es einen Kerl, der bis zum Hals hinter der Flutmarkierung eingegraben ist, und dann kommt die Flut. Sie gingen also zum Ortsvorsteher und sagten: »Hören Sie, wir wollen auf dem Strand einen Film drehen, und natürlich werden wir auch jeden Tag ein kleines Stück vom Strand abriegeln müssen.«

> Und der Ortsvorsteher erwiderte darauf: »Oh, nein, das können Sie nicht machen. Nein, auf gar keinen Fall. Sie können diesen Strand nicht einfach absperren.«

> »Ich glaube, Sie verstehen nicht. Es handelt sich wirklich nur um ein ganz kleines Stück. Es geht nicht, daß im Hintergrund Leute herumlatschen, denn die Geschichte handelt von einem Mord, und dieser Typ steckt bis zum Hals im Sand. Wenn im Hintergrund Leute herumlaufen, dann macht das doch die gesamte Glaubwürdigkeit zunichte.«

> »Herrjeh, das verstehe ich, aber Sie dürfen es trotzdem nicht«, erwiderte der Ortsvorsteher.

»Warum denn nicht?«
»Weil das hier noch nie jemand gemacht hat.«

Dieser Teil des Filmes wurde dann in New Jersey gedreht, doch der Vorfall wurmte King aus zweierlei Gründen: da die meisten seiner Geschichten in Maine spielten, war es einfach nur logisch, auch die Verfilmung in Maine anzusiedeln. Außerdem hätte das Eintreffen der Filmgesellschaft für Maine, das für Hollywood noch jungfräuliches Territorium darstellte, einen dringend notwendigen Geldsegen bedeutet, da dieser Staat viel zu stark vom Sommertourismus abhängig ist. Hätte man die Geschichte für *Creepshow* im Nachsaisonmonat Oktober gedreht, wäre das für die Ortsgemeinde wie Manna vom Himmel gewesen.

Diese Schlacht gewann King nicht, doch sie brachte ihn dazu, über Maine und die Filmgesellschaft nachzudenken, insbesondere da ja auch noch mehrere andere Geschichten zur Auswahl standen.

Zu Halloween 1982 sollte ebenfalls ein Buch zu dem Film *Creepshow* veröffentlicht werden. Berni Wrightson, der beste Zeichner des Makabren im Comicbuchbereich, erklärte sich kurzfristig bereit, ein auf den Film abgestimmtes, farbiges Comicalbum anzufertigen. King sollte die notwendige, detaillierte Hintergrundinformation zu den fünf Geschichten liefern.

Während der Dreharbeiten zu *Creepshow* wußte King mit seiner freien Zeit etwas Sinnvolles anzufangen. Er begann mit der Arbeit an *Cannibals*, einem mit der Hand geschriebenen Roman, dessen Handlung J. G. Ballards *High-Rise* nicht unähnlich war, in dem »die Bewohner eines riesigen Hochhauses sich allmählich in wilde Tiere verwandeln, als die Annehmlichkeiten der Zivilisation, die ihr Leben in einer undurchdringlichen Schutzschicht umgeben, ausfallen«. In dem Buch *Cannibals* geht es, wie King später Winter erzählte, »um diese Leute, die in einem Wohngebäude festsitzen. Das war so ziemlich das Schlimmste, was ich mir vorstellen konnte. Und ich dachte mir, wäre es nicht ulkig, wenn sie sich zum Schluß gegenseitig auffressen würden? Die ganze Sache ist sehr bizarr, weil alles in nur einer Tonart abläuft.«

Im Oktober 1981 veröffentlichte Viking *Cujo*, (dt.: *Cujo*) ein gebundenes Buch zu 13,95 Dollar, mit einer Erstauflage von dreihundertfünfzigtausend Exemplaren − eine beachtliche Steigerung gegenüber jenen fünfzigtausend Exemplaren, die Doubleday im ersten Jahr von *Shining* und *The Stand* verkauft hatte. King brachte es fertig, daß einige seiner Leser von Taschenbüchern auf gebundene Ausgaben umstiegen − ein eindrucksvoller Beweis dafür, daß King als Geschichtenerzähler genau das lieferte, was sein Publikum lesen wollte.

Cujo, das in Castle Rock, Maine spielt, stellt ein weiteres Kapitel in Kings fortdauernder Erforschung des Maine-Mythos dar. Es trägt ebenfalls ganz deutlich seine Handschrift, da die Hauptfiguren versuchen, den amerikanischen Traum zu finden, jedoch statt dessen nur den amerikanischen Alptraum finden − ein Leitmotiv, das in Kings Werken immer wieder auftritt.

Im Gegensatz zu dem übersinnlichen Beiwerk, das seine frühen Romane kennzeichnete, liegt die Aussagekraft von *Cujo* überwiegend in den Schrecken des alltäglichen Lebens verborgen. Donna Trenton und ihr Sohn sitzen in einem kaputten Ford Pinto vor Joe Cambers Werkstatt fest und sind den gnadenlosen Attacken von Cujo ausgeliefert, einem Bernhardiner, der schon mehrere Menschen getötet hat, seit er von Fledermäusen gebissen und mit der Tollwut infiziert worden ist.

Cujo wird von vielen Kritikern und Lesern als Stephen Kings düsterster Roman angesehen. Die Botschaft des Romans ist ungleich pessimistischer als die vieler anderer King-Bücher. Das liegt weniger an der Einführung des dämonischen Tiers, welches das Böse in all seiner Sinnlosigkeit verkörpert, als vielmehr an der Darstellung der Hauptcharaktere. Da ist auf der einen Seite die Familie der Trentons, die aus der Großstadt in die vermeintliche Kleinstadtidylle von Castle Rock, Maine, gezogen ist. Der Mann hat eine Werbeagentur aufgebaut, sein neuester Slogan, einem Fernsehprofessor in den Mund gelegt, lautet: »Nein, hier ist nichts verkehrt.« In Wahrheit ist alles verkehrt in seiner Ehe, die in dumpfem Leerlauf versinkt. Seine Frau Donna flüchtet sich in einen Seitensprung mit einem Mann, den sie nicht liebt. Überdies steht auch die Werbeagentur kurz vor dem Knockout.

Die zweite Familie, die der Chambers, ist sogar schon nach außen hin verwahrlost: Der Mann ist Trinker und Grobian, er schlägt seine Frau, die sich rächt, indem sie ihn mit Gewalt dazu bringt, seinen ehelichen Pflichten nachzukommen. Angesichts dieses Zerfalls der Institution Ehe, die gerade in der amerikanischen Ideologie immer wieder als Hort der Harmonie idealisiert wird, erscheint es fast bedeutungslos, ob der Bernhardiner diese Familien nun auch physisch auslöscht oder nicht. Bei den Familienkonstellationen ist ein Happy-ending von vornherein ausgeschlossen. Das Grauen erscheint hier nicht mehr als eine äußerliche Macht, deren Einfluß nur vorübergehend währt und deren Überwindung sogar zu einer Neubesinnung des Menschen führen kann, nein, in *Cujo* besiegelt der Horror nur endgültig absurde und ausweglose Lebensverhältnisse. Der Einstieg des Romans, eine typische Märchenfloskel, erweist sich vom Ende des Romans aus betrachtet, als reiner Hohn.

Cujo, ein naturalistischer Roman, ist ein weiterer

Beweis für Kings Fähigkeit, den Schrecken in die Welt des Alltäglichen einzuflechten — was Kings Meinung nach die größte literarische Herausforderung ist. »Mit dem untrüglichen Gespür eines Meisters, der von der Macht des Plausiblen weiß, das oftmals erschreckender ist als das Unheimliche, schustert King einen niet- und nagelfesten Roman aus den Leben einiger überaus normaler und glaubwürdiger Bewohner einer kleinen Stadt in Maine und einem vom Pech verfolgten zweihundert Pfund schweren Bernhardiner zusammen«, meinte *Publishers Weekly*.

Andere Rezensionen fielen weit kritischer aus, da viele Leser sich in ihrem Glauben an den amerikanischen Traum geradezu grausam bestraft sahen.

Zur gleichen Zeit wurde der unter dem Bachman-Pseudonym veröffentlichte Roman *Roadwork* (dt.: *Sprengstoff*), der in seiner Wirklichkeitsnähe nicht minder gnadenlos als *Cujo* war, kaum beachtet. Dabei hatte gerade die Auseinandersetzung mit dem Thema Krebs sehr ernsten Charakter.

> Krebs ist überall; Krebs gehört zu den Dingen, die jedem Menschen Angst einjagen. Er ist ein Fremdkörper, der in unsere Systeme eindringt, sich dort festsetzt und ausbreitet. Manchmal kann sein Wachstum verzögert und manchmal kann es aufgehalten werden, doch oftmals verläuft es auch tödlich.
>
> Die Menschen haben große Angst davor. Sie fürchten sich vor diesem heimtückischen Eindringling. Und immer häufiger bekommen wir zu hören, daß *alles*, was wir tun, Krebs verursachen kann: Wenn du rauchst, bekommst du Lungenkrebs; aber selbst wenn du nicht rauchst und in einer Asbestfabrik arbeitest, wirst du Lungenkrebs bekommen.

Wenn du zu viel Rindfleisch ißt, könntest du Darm-krebs bekommen; wenn du aber zu viel Fisch ißt, könntest du dir eine Quecksilbervergiftung einhan-deln — die wiederum Lymphkrebs zur Folge haben kann.

Hier gibt es die verschiedensten Möglichkeiten: Paraquad, Agent Orange (Nervengifte)... Der Krebs scheint herumzuschweben — er ist einfach *überall.* Da ist diese riesige Krebswolke, die nur darauf wartet, auf uns alle herabregnen zu können.

Im November 1981 veröffentlichte King *Do the Dead Sing?* (dt.: *Der Gesang der Toten*) in der Zeitschrift *Yan-kee.* Durch Kings ergreifende Geschichte über Stella Flan-ders — die sowohl die regionale Schriftstellerei von ihrer besten Seite zeigte als auch ein bedeutendes Werk der amerikanischen Literatur darstellte — wurde eindeutig klar, daß King ein Schriftsteller war, den es ernst zu neh-men galt. Diese Erzählung offenbarte sein schriftstelleri-sches Talent, ein Talent, das auch außerhalb des Horror-genres beachtliches Aufsehen erregen sollte.

Im vorangegangenen Monat hatte King von der Uni-versity of Maine at Orono den Career Alumni Award erhalten (Preis für ehemalige Studenten, die nach ihrer Studienzeit eine besondere Karriere machen, Anm. d. Übers.). Mit vierunddreißig Jahren war King der bisher jüngste Empfänger des Preises. Und innerhalb des Fan-tasygenres erhielt King den British Fantasy Award für seine Beiträge auf diesem Gebiet. Zwei seiner Kurzge-schichten wurden ebenfalls für einen Preis vorgeschla-gen: *The Mist* für einen World Fantasy Award und *The Way Station* für einen Nebula Award.

Für King besaß der Ruhm auch noch manch anderen Vorzug. In einem Weihnachtsinterview erzählte King der Zeitung *Bangor Daily News*, daß er sich »einige neue

Brotformen« wünschte, da er sehr gerne Brot buk, woraufhin er noch hinzufügte, »ich weiß, was ich mir wünsche, aber ich werde es nicht bekommen. Ich möchte eine Musikbox. Ich denke, einige von den alten sehen wirklich sehr hübsch aus.«

Tabitha King besorgte ihm die Backformen für sein Brot. Er erhielt jedoch auch die Jukebox, und das von gänzlich unerwarteter Seite. Edward Ames erzählte: »Ich las in der Zeitung, Stephen King wünsche sich eine Musikbox, glaube aber nicht, daß er sie jemals bekommen würde. Ich dachte mir: ›Herrjeh, das ist wirklich ein Jammer. Ich hab' hier doch eine.‹ Das letzte Mal, als ich sie spielte, hat sie auch noch funktioniert.«

In den Mittagsstunden des Weihnachtstages wurde in der King Residenz ein Geschenk für einen König abgeliefert. Kings Augen »wurden vor Überraschung ganz groß — dann wurde sein Blick weich vor offensichtlicher Freude«, berichtete die *News*. »Mannomann. Du liebes Bißchen. Das ist unglaublich. Erstaunlich. Ich werd' verrückt«, sagte King. »Wo habt ihr diese alte Jukebox denn aufgetrieben?«

Im Frühling des Jahres 1982 begannen King und Peter Straub aus einer längeren Skizze, die sie ein Jahr zuvor angefertigt hatten, den ersten Entwurf für *The Talisman* (dt.: *Der Talisman*) zu schreiben. Um den unangenehmen Nebeneffekt zu vermeiden, der sich unweigerlich ergibt, wenn in ein und derselben Geschichte zwei grundverschiedene Stilrichtungen aufeinanderprallen — Kings lebhafte Erzählweise im Kontrast zu Straubs bedächtiger, ausgewogener Prosa — beschlossen sie, die Geschichte in Form einer Verschmelzung beider Stimmen zu erzählen, wodurch sie eine dritte Stimme erzeugten, die es für die Leser unmöglich machte festzustellen, wer was geschrieben hatte.

Mit Hilfe eines Modems sandte King seinen Text von seinem Wang Wordprozessor in Bangor über die Telefonleitung an Straubs IBM Displaywriter in Connecticut. Straub nahm dann seinerseits den Faden der Geschichte da auf, wo King ihn fallengelassen hatte, und schrieb, bis er aufhören wollte, woraufhin er seinen Text wieder an King schickte. Bis zum Ende des Jahres sprang die Geschichte zwischen den beiden hin und her. Für King stellte *The Talisman* seinen ersten erfolgreichen Versuch an einem Buch von Romanlänge seit seinem ersten Entwurf von *ES* dar, das ihn, schöpferisch gesehen, ebenso ausgelaugt hatte wie *The Stand* zuvor.

Im Jahre 1981 hatte King mehrere Bücher herausgebracht, doch keines davon war ein Roman, der aus jüngster Inspiration entstanden wäre.

Im Mai 1981 veröffentlichte King *The Running Man* (dt.: *Menschenjagd*), seinen vierten Richard-Bachman-Roman, den er für »möglicherweise den besten hielt«, weil er nichts weiter als Geschichte ist — sie bewegt sich mit der seltsamen Geschwindigkeit eines Stummfilms, und alles, was *nicht* Teil der Geschichte ist, wird frohgemut über Bord geworfen. Wie auch die vorherigen Bachman-Bücher, wurde es von den Rezensenten überwiegend ignoriert, obwohl die Story immerhin stark genug war, um für einen Film in Erwägung gezogen zu werden.

Im Juli 1981 erschien Stephen King's *Creepshow*, das von Berni Wrightson illustrierte Comicalbum, als Jumbopaperback im Handel. Das ganzfarbige Buch, das zu einem Preis von 6,95 Dollar verkauft wurde, glänzte durch einen von dem E.-C.-Künstler Jack Kamen angefertigten Einband — ein Teenager liest spätnachts das *Creepshow*-Comicbuch. An der Wand hinter ihm hängen Filmposter von *Dawn of the Dead*, *Zombies*, *Shining* und *Carrie*. Vor dem Fenster steht eine knöcherne Gestalt und lugt ins Zimmer hinein.

Im August 1981 wurde *Different Seasons* (dt.: *Frühling, Sommer, Herbst und Tod*) von Viking veröffentlicht. Im Gegensatz zu *Nachtschicht*, einem Sammelband, der sich aus überwiegend neuaufgelegtem Material zusammensetzte, bestand *Frühling, Sommer, Herbst und Tod* aus vier bis dato unveröffentlichten Kurzgeschichten. Douglas E. Winter meinte dazu:

> Heute erscheint es, als wären die vier Kurzgeschichten von King nicht in der im »Nachwort« *Frühling, Sommer, Herbst und Tod* erwähnten, sondern in der folgenden Reihenfolge geschrieben worden: *Die Leiche* während der Fertigstellung des ersten Entwurfs von *Brennen muß Salem!*; *Der Musterschüler* während der Fertigstellung des ersten Entwurfs von *Shining*; *Pin-up* nach dem ersten Entwurf von *The Stand*; und *Atemtechnik* nach dem ersten Entwurf von *Cujo*.

Aus eben dem Grund, aus dem sich Sammelbände nicht so gut wie Romane verkaufen lassen, wurde *Frühling, Sommer, Herbst und Tod* von dem Herausgeber des Vikingverlags zunächst mit nur gedämpfter Begeisterung empfangen. King schrieb:

> »Novellen«, sagt Alan und stöhnt. Er trägt es mit Fassung, doch an seiner Stimme erkenne ich, daß ihm ein Teil seiner guten Laune vergangen ist, als habe er das Gefühl, zwei Flugtickets nach einer dubiosen, kleinen Bananenrepublik gewonnen zu haben. Natürlich mit Revolución Airlines.

Kings Verleger hätte sich keine Sorgen machen müssen. Im ersten Jahr wurden laut King bereits hundertvierzigtausend Exemplare des Erzählbandes in den USA verkauft.

Das Grundelement des Horrors ist in diesem Erzähl-band zwar immer noch vorhanden, doch es wird umge-wandelt, mächtiger und realer, weil King den Horror im alltäglichen Amerika ansiedelt — was in der parasitären Beziehung zwischen Todd Bowden und Kurt Dussander in *Der Musterschüler* besonders krass zum Ausdruck kommt. Laut eigener Aussage berührte King damit bei seinem neuen Verleger einen wunden Punkt:

> Ich habe auf diese Geschichte eine echt starke Reak-tion erhalten... Mein Verleger rief an und prote-stierte. Ich fragte: Und, warum halten Sie es für antisemitisch? Da es um einen Naziverbrecher geht, der auf die Frage des Kindes in der Geschichte plötzlich all den alten Mist vom Stapel läßt. Aber das war nicht das Problem. Es war zu real. Wenn dieselbe Geschichte im Weltraum gespielt hätte, wäre es in Ordnung gewesen, weil man sich dann mit der überaus bequemen Ausrede hätte trösten können: »Das ist sowieso alles nur erfunden, also können wir es auch gleich wieder vergessen.« Diese Erzählung hat den Verleger also sehr beunruhigt, und ich dachte mir: »Herrjeh, ich hab' es wieder mal geschafft. Ich habe etwas geschrieben, das den Leuten echt unter die Haut geht.« Und das gefällt mir sehr. Ich mag das Gefühl, als hätte ich jeman-den direkt zwischen den Beinen erwischt... Dieser primitive Impuls war schon von Anfang an ein Teil meiner schriftstellerischen Tätigkeit.

Außerdem ist in *Frühling, Sommer, Herbst und Tod* die Geschichte *Die Leiche* zu finden, eine Erzählung über das Erwachsenwerden, die zu Kings besten Arbeiten gezählt werden kann und die auf mehreren eigenen Erlebnissen basiert. Laut King wurde er ursprünglich von einer Geschichte, die George McLeod, ein Zimmerkamerad und Schriftsteller auf dem College, ihm erzählte, dazu inspiriert. Sie handelte von einem Hund, der von einem Güterzug erwischt wird. Laut King trug McLeod sich lange mit der Absicht, diese Geschichte zu schreiben, tat es jedoch nie. Fünf Jahre später erzählte ihm King: »Ich habe deine Idee aufgenommen und eine Geschichte über diese Kids geschrieben, die an den Bahngleisen entlanglaufen, um die Leiche eines Jungen zu finden.«

Aber eine Idee ist noch keine Geschichte, also erzählte King: »Ich verwendete eine Menge der Dinge, die ich als Kind erlebt hatte, für diese Story.« So zum Beispiel einen Vorfall, der auf die Zeit zurückgeht, als King vier Jahre alt war und in Stratford Connecticut lebte. Eines Tages kehrte er vom Spiel mit einem Freund nach Hause zurück. King, der unter Schock stand, hatte einen furchtbaren Unfall mit ansehen müssen. »Das Kind, mit dem ich gespielt hatte, war von einem Güterzug überfahren worden . . .« Ein weiterer Vorfall aus den Tagen in Durham, Maine, war ein Bootsunglück am Runaround Pond in der Nähe von Chris Chesleys Haus. Chesley erinnert sich:

> Ein Freund von mir fragte mich und Steve: »Wollt ihr eine Leiche sehen?« »Warum nicht?« antworteten wir. »Das wäre doch toll! Kein Problem für uns!« Als wir dann zum Runaround Pond kamen, hatten sie den Toten bereits geborgen und beleuchteten ihn mit ihren Lampen. Sie hatten die Leiche noch nicht zugedeckt. Das war für uns alle eine lehrreiche Erfahrung. Es war nicht gerade ein erhebender Anblick.

Auch stammten viele der Namen in *Die Leiche* aus dem *New-England*-Telefonbuch dieser Gegend, wie der

Das Haus in Durham, Maine, in dem King seine Kindheit
verbrachte. (Foto von George Beahm)

Hinter Kings Haus in Durham befand sich die Scheune, die von Stephen King als »der 249 Club« getauft wurde. Dort trafen sich Stephen und David King mit ihren Freunden, um Karten zu spielen, Zeitschriften zu lesen und Geschichten zu erzählen.

Blick aus Kings Schlafzimmerfenster in Durham, Maine. Zur linken Seite des Hauses steht die West Durham United Methodist Church. (1990, Foto von GB.)

Blick über die Straße von Kings Haus in Durham, Maine. (1990, Foto von GB.)

Die West Durham United Methodist Church, an deren Gottesdiensten die Kings in Durham teilnahmen. (1990, Foto von GB.)

Die Grundschule (heute ein Privatwohnhaus), besuchte King in seiner Kindheit. (1990, Foto von GB.)

Der Harmony Grove Friedhof in Durham, Maine, der in *Brennen muß Salem!* als Harmony Hill Friedhof auftaucht.
(1990, Foto von GB.)

Die Silo Chapel (wird in *Die Leiche* erwähnt, diente möglicherweise auch als Inspiration für das Marstenhaus in *Brennen muß Salem!*) (Foto 1990, Foto von GB.)

Chris Chesley, Stephen Kings Jugendfreund, steht vor dem Runaround Pond in Durham, Maine, wo man die Leiche entdeckte. (Foto von GB.)

Die Lisbon High-School in Lisbon Falls, Maine, die King besuchte. (1990, Foto von GB.)

Stephen King bei einer Antikriegs-demo an der Universität von Maine; ein Bild aus dem Unijahr-buch ›Prism‹.

Burton Hatlen,
Bangor, Maine.
(1990, Foto von GB.)

Edward ›Ted‹
Holmes, einer von
Kings College-
professoren an
der UMO in
Winter-Sport.
(1990, Foto von GB.)

Carroll F. Terrell in seinem Haus in Orono, Maine.
(1990, Foto von GB.)

Die Hampden Academy in Hampden, Maine.
(1990, Foto von GB.)

Stephen King im Jahrbuch der Hampden Academy.
Hampden, Maine.

Stephen King, Lehrer an der Hampden Academy, posiert als
Schreckgespenst.

Stephen King, nachdem *Carrie* verkauft war.
(Foto freundlicherweise von *Bangor Daily News*
zur Verfügung gestellt.)

Stephen King signiert ein Exemplar seines Buches *Friedhof der Kuscheltiere* für Peter Bruder aus New Jersey, am 3. Dezember, 1983. (Foto freundlicherweise von dem Portlander Press Herald, einer Guy Gannett Verlagsfirma, zur Verfügung gestellt.)

Stephen King erhält vom Bürgermeister den Ehrenschlüssel der Stadt Truth or Consequences, New Mexico
(Foto freundlicherweise von *The Herald* zur Verfügung gestellt.)

Schriftsteller David Lowell erzählt. In der 1970er Ausgabe des Telefonbuchs sind die Namen mehrerer Personen aus der Geschichte zu finden: Lachance (die Hauptfigur in der Geschichte), Merrill (der Schurke, der Lachance und seine Freunde terrorisiert), Hogan, Desjardins, Dougherty, Thomas, Cote, Gamache, Charbonneau, Cormier, Duchamp (der im Telefonbuch Ducharme heißt) und Tessio (Tessier im Telefonbuch).

Ebenso sind auch mehrere der in der Geschichte erwähnten Orte in der Nähe von Durham zu finden: the Hillcrest Chicken Farm (die Hillcrest Hühnerfarm) The Royal River, Shiloh Church und WLAM (WALM in der Geschichte).

Die beiden Gordon Lachance zugeschriebenen Geschichten-innerhalb-der-Geschichte stammen eigentlich von King und wurden während seiner Collegezeit in Literaturzeitschriften veröffentlicht. *Stud City* (dt.: *Hurenstadt*) erschien im Herbst des Jahres 1969 in einer Ausgabe von *Ubris*, und *The Revenge of Lard Ass Hogan* (dt.: *Schmalzarsch Hogans Rache*) erschien 1975 in der Juliausgabe der *Maine Review*.

In *Die Leiche* schreibt Gordon Lachance — in Worten, die ebenso für Stephen King sprechen — über *Hurenstadt*:

> Eigentlich sollte man über jede Seite drucken: DIES IST DAS PRODUKT EINES STUDENTEN-WORKSHOPS FÜR KREATIVES SCHREIBEN ... denn genau das war es, zumindest bis zu einem gewissen Punkt ...
>
> Und doch war es die allererste von mir geschriebene Geschichte, bei der ich das Gefühl hatte, daß es *meine* Geschichte sei — die allererste, die, nachdem ich fünf Jahre lang herumprobiert hatte, wirklich *vollständig* wirkte. Auch wenn ich sie heute

lese ... kann ich hinter den gedruckten Zeilen das wahre Gesicht von Gordon Lachance erkennen, eines jüngeren Gordon Lachance, als derjenige, der heute lebt und schreibt, einer, der mit Sicherheit idealistischer war als der Bestseller-Autor, dessen Taschenbuchverträgen man mehr Interesse entgegenbringt als seinen Büchern ...

Auch *Atemtechnik*, die vierte Geschichte in *Frühling, Sommer, Herbst und Tod*, erinnert an die Zeit, die King in Durham zubrachte. Das erfundene Sandsteingebäude an der 249 B East 35th Street, besser bekannt unter dem Namen »Der Club«, in dem sich alte Männer zum Geschichtenerzählen treffen, hat laut Chesley seinen Ursprung in dem Schuppen hinter Kings Haus — dem 249 Club, wo die Kinder sich trafen, um Geschichten auszutauschen.

Über dem riesigen Kamin dieses erfundenen Sandsteingebäudes befindet sich ein Mittelstein, auf dem die Worte zu lesen sind DIE GESCHICHTE ZÄHLT, NICHT DER ERZÄHLER. Stevens, der scheinbar alterslose Verwalter des Hauses, erklärt, daß es in diesem Gebäude viele Räume gibt, unzählige Zimmer und Flure. »Hier, Sir, gibt es *immer* neue Geschichten«, antwortet er auf die Frage eines Clubmitglieds.

Frühling, Sommer, Herbst und Tod wurde von der Leserschaft mit Begeisterung aufgenommen, ganz besonders von jenen, die ebenso wie John D. MacDonald glaubten, daß King auch Romane schreiben konnte, die nicht im traditionellen Horrorstil verfaßt und dennoch unheimlich waren. *Publishers Weekly* bezeichnete die Geschichten als »einige seiner besten Werke«, und *Book World* äußerte sich ähnlich: »Das Wichtigste, was man durch Kings ungemeine Popularität und den Strom der von ihm produzierten Worte erfährt, ist die simple Tatsache, daß er schreiben kann. Er kann schreiben, ohne sich oder seine Leserschaft abzuwerten oder mit Trivialitäten abzuspeisen.«

Selbst die schwer zufriedenzustellenden absoluten Horrorfans erkannten, daß die Art der Geschichte weniger Bedeutung hatte als die Weise, in der sie erzählt wurde. »Ich erinnere mich auch nicht an einen einzigen Briefeschreiber... der sich darüber beschwert hätte, daß es sich diesmal nicht um Horror handelte«, schrieb King.

Obgleich King sicher sein konnte, daß seine Stammleser Gefallen an *Frühling, Sommer, Herbst und Tod* finden würden, zweifelte er daran, ob *The Dark Tower: The Gunslinger* (dt.: *Schwarz*) eine Zusammenfassung von fünf ursprünglich in den Jahren 1980 und 1981 veröffentlichten Kurzgeschichten, mit ebensolcher Begeisterung aufgenommen werden würde.

Der Verleger Donald M. Grant, der diese Erzählungen als erster in seiner Zeitschrift abgedruckt hatte, schrieb:

Der in einem Zeitraum von zwölf Jahren geschriebene Roman *Schwarz* stellt den ersten Geschichtenzyklus eines bemerkenswerten Epos dar. Es ist das fremdartigste und erschreckendste Werk, das Stephen King je geschrieben hat. Das Buch handelt von Roland, dem letzten Revolvermann, und seiner Suche nach dem Schwarzen Turm in einer Welt, in der Zeit keine Bedeutung hat.

Ein zerstörter und sterbender Planet, auf dem der letzte Revolvermann den Mann in Schwarz verfolgt, bildet hierbei einen eigentümlichen Hintergrund. Eine Zeit, da der Wissensdurst des Menschen sich bereits verflüchtigt hat und das gemarterte, kalte Land merkwürdige Geschöpfe beherbergt: die langsamen Mutanten, eine in Höhlen lebende geringere Spezies; einen sprechenden

Dämonen, der unter einem vergessenen Kleinbahnhof haust; und eine namenlose, vampirhafte Erscheinung, die in einem uralten Altarsteinkreis gefangengehalten wird.

Hier haben wir eine Geschichte, wie sie der Bestseller-Autor Stephen King noch nie geschrieben hat; in der Tat gibt es niemanden, der etwas Ähnliches geschrieben hätte. Und es ist ein Buch, das geradezu nach Illustrationen lechzt! Für dieses Buch taten sich der bekannteste Autor und der beste Künstler auf dem Gebiet der Science-fiction und Fantasy zusammen. Der Künstler Michael Whelan, Gewinner sowohl des »Howard«- als auch des »Hugo«-Preises für den besten Künstler des Genres, unterstützte King bei der Vollendung dieses höchst ungewöhnlichen Buches.

Mit fünf vielfarbigen Illustrationen, einem bunten Einband und zahlreichen Schwarzweißzeichnungen und Mustern.

Von dem Buch *Dark Tower* wurden in Amerika nur zehntausend gebundene Exemplare zu zwanzig Dollar und eine limitierte Auflage von fünfhundert Exemplaren mit Kings und Whelans Signatur zu sechzig Dollar veröffentlicht, da es einzig in Fantasy-Fachkreisen verkauft werden sollte. Was King folgendermaßen begründete: »Ich dachte nicht, daß irgend jemand es lesen wollte. Es hatte nichts mit anderen Büchern gemein. Die erste Ausgabe besaß keinerlei festen Bezug zu unserer Welt, zu der Realität; sie glich eher der Vorstellung Tolkiens von einer anderen Welt. Der andere Grund war, daß das Buch noch nicht fertig war; es war nicht vollendet.«

Dieses Buch stellte für King ebenfalls eine Möglichkeit dar, seine steile Karriere im Zaum zu halten. »Durch die Veröffentlichung eines solchen Buches kann ich natürlich, was selten genug vorkommt, zum Ausdruck bringen, daß ich noch nicht gänzlich zum Verkauf stehe – daß ich immer noch in diesem Geschäft bin, weil es mir Spaß macht, und daß ich noch nicht vollständig von dem Moloch Kommerz, den ich freudestrahlend selbst genährt und in Gang gesetzt habe, verkonsumiert worden bin.«

Obwohl *Dark Tower* nur an wenigen öffentlichen Stellen vertrieben wurde, war es fast augenblicklich vergriffen. Danach schoß der Preis in die Höhe, was sowohl für King als auch für seinen Verleger eine Überraschung war. »Das Buch wurde zu zwanzig Dollar veröffentlicht, und die nachfolgenden Geschehnisse erschreckten mich schon ein wenig. Der Preis stieg sprunghaft an, und das Buch wurde zu einem Sammlerobjekt. Das war nun wirklich nicht meine Absicht gewesen, mitzuerleben, wie dieses Buch von zwanzig Dollar auf fünfzig Dollar und dann auf siebzig Dollar anstieg«, meinte King.

Als treuer Fan des Genres brachte King *Cycle of the Werewolf* und *Dark Tower* heraus, da er der Fantasygemeinde, die ihn gehegt und gepflegt hatte, etwas zurückgeben wollte. Kings Verbindung mit den kleineren Verlagen garantierte bezeichnenderweise, was kein anderer Autor des Genres fertigbringen konnte: ein Projekt von King führte unweigerlich zum Ausverkauf.

Der Verleger von *Whispers*, Stuart David Schiff, schrieb in seinem Leitartikel zu der King gewidmeten Sonderausgabe seiner Zeitschrift:

> Ich bin sicher, es gibt auch nicht einen Menschen, der dies liest, dem man Stephen King erst vorstellen müßte. Die Geschichte seines meteorhaften Aufstiegs in der Welt der Bücher gehört zu den unglaublichsten des letzten Jahrzehnts. Trotz seines neuen und erhabenen Stellenwertes ist Steve sich selbst treu geblieben. Die Unterstützung, die er den

kleinen Verlagen und weniger erfolgreichen Autoren zukommen läßt, ist ein ausreichender Beweis
dafür. Hätte Steve nicht seinen Erfolg mit anderen
teilen wollen, so wäre diese Ausgabe von *Whisper*
einfach nicht zustande gekommen.

Im September des Jahres 1982 erhielt King auf der
World Science Fiction Convention für *Danse Macabre*
den Howard Award für das beste Sachbuch des vorange-
gangenen Jahres. Im Oktober erhielt King auf dem World
Fantasy Con für *Do the Dead Sing?* einen Preis in der
Kategorie der Kurzgeschichten.

Ironischerweise entstand für King durch seinen Ruhm
eine süßsaure Beziehung zu den Fans, die diesen Treffen
beiwohnten. King entdeckte, daß er zu einem Gefangenen seines eigenen Erfolges geworden war und eine geradezu magnetische Anziehung auf die Fans ausübte,
wobei es keine Rolle spielte, ob er als Ehrengast oder als
Besucher an den Treffen teilnahm.

Ich bin immer noch ein treuer Fan, und eine Sache,
die mir schwer zu schaffen macht, ist, daß ich nicht
zu einem solchen Treffen gehen und mich im Stö-
berzimmer umsehen oder vielleicht einige Ausgaben von *Weird Tales* und anderen Romanen
durchblättern kann, ohne daß die Leute mich um
Autogramme bitten oder über irgend etwas reden,
daß sie oder ich geschrieben haben. Ständig rückt
einem jemand auf die Pelle.

Die Fachzeitschrift dieses Genres, *Locus*, berichtete über
die Versammlung: »Stephen King verbrachte viel Zeit in seiner Suite, weil er ständig von Fans umlagert wurde«. Kings
Antwort darauf: »Ich liebe Versammlungen, aber ich werde
sie vielleicht aufgeben müssen, wenn das so weitergeht.«

Zu Kings Leidwesen fuhren die Belagerungen fort, und King mußte die Szene widerstrebend verlassen, was auch seine Fans schwer bedauerten; sie hatten ihn auf Dauer vertrieben. Wie King später erklärte, machten ihm diese Zusammenkünfte »einfach keinen Spaß mehr.«

Kings Popularität nahm sprunghaft zu, als er, weil er sich geschmeichelt fühlte, dazu bereit erklärte, in einem Werbespot für American Express als eine der »Berühmtheiten« aufzutreten.

Wenn man bedenkt, daß sein Antrag auf eine Diner's-Club-Karte einst abgewiesen wurde, weil er ein freier Schriftsteller war, mußte man zugeben, daß sich in der Zwischenzeit einiges geändert hatte.

Der von Ogilvy & Mather, einer Werbeagentur mit Sitz in New York produzierte Dreißigsekundenspot zeigt King als Gruselkönig. In eine Hausjacke gekleidet, schleicht er in einer stürmischen Nacht durch ein von Gespenstern heimgesuchtes Herrenhaus und stellt die rhetorische Frage:

> Kennen Sie mich? Es ist erschreckend, wie viele Gruselromane ich geschrieben habe. Und doch bringt es mich einfach um, wenn ich nicht erkannt werde. Anstatt also ständig erklären zu müssen, daß ich *Carrie* geschrieben habe, nehme ich immer die American-Express-Karte mit. Ist das Leben nicht ein bißchen furchteinflößend ohne sie?
>
> Die American-Express-Karte — *gehen Sie nie ohne die von zu Hause weg.*

Zurück in der Heimat mußte King entdecken, daß es für ihn immer schwieriger wurde, sich zurückzuziehen. Als die Nachricht die Runde machte, daß King sich auf Dauer in Bangor niedergelassen habe, wurde sein Haus zum Brennpunkt des allgemeinen Interesses, und das besonders an Haloween. Für Stephen King, dem dieses Fest sonst immer großen Spaß bereitet hatte, wurde Haloween bald zur Plage. Jahre später, als ein Reporter ihn fragte, ob er Haloween in seinem Haus in Bangor verbringen würde, antwortete King: »Gütiger Himmel, Nein! Ich werde weit weg sein!« Er fügte dann noch hinzu: »Ich hasse Haloween. Ich habe mich in Amerikas Riesenkürbis verwandelt und damit komme ich gar nicht zurecht.«

Der Oktober 1982 brachte auch die Premiere des Films *Creepshow* (Warner Brothers). Die Leute, die daran gearbeitet hatten, setzten große Erwartungen in den Film. Und King, der das Drehbuch geschrieben und in einer Geschichte die Hauptrolle gespielt hatte, versprach sich ebenfalls sehr viel davon. Er hoffte, daß er zu einer furchterregenden Erfahrung für die Kinogänger werden würde — eben ein Film nach seinem Geschmack:

> Zu meiner Vorstellung von einem perfekten Horrorfilm gehören diensthabende Krankenschwestern und Ärzte, die mit Pritschen herumstehen, weil manche Zuschauer einen Herzanfall erleiden. Die Leute würden mit nassen Flecken auf der Hose aus den Kinos kriechen. Das wäre immerhin eine Erfahrung. Sie würden fragen: »Was, zum Teufel, macht ihr mit mir?« Meine Antwort: »Was *du* wolltest. Wir jagen dir Angst ein.«

Man darf bezweifeln, daß der Film *Creepshow* irgendwo auf der Welt solch starke Wirkung auslöste. Und doch erhielt King durch die wertvolle Vor-der-Kamera-Erfahrung als Schauspieler bei *Creepshow* dringend notwendige Einblicke in den Beruf eines Schauspielers.

Als das Jahr sich seinem Ende zuneigte, veröffentlichten zwei Fachverlage das erste von mehreren Büchern über Stephen King. Underwood-Miller brachte eine Essaysammlung über Kings Arbeiten heraus, *Fear Itself: The Horrorfiction of Stephen King*, und Starmont veröffentlichte *Stephen King* von Douglas E. Winter, der in seinem Vorwort schrieb: »Hierbei handelt es sich um die erste, in Buchlänge verfaßte Studie über Kings Romane, doch sie wird mit Sicherheit nicht die letzte sein.« Das Jahr endete mit der Veröffentlichung von Stephen Kings *The Plant*, das bei seinem eigenen Verlag, Philtrum Press, gedruckt worden war. Das von Michael Alpert entworfene Buch *The Plant* wurde in limitierter Auflage gedruckt: lediglich die Personen, die auf der Weihnachtsliste der Familie standen, erhielten jeweils eines der zweihundert Exemplare. King erklärte dazu:

> Es ist eine Art unfertiger Briefroman. Vor einigen Jahren fing ich an über Weihnachtskarten und deren Massenproduktion nachzudenken. Man kauft sie mit dem Aufdruck »Frohes Fest« bei den Pfadfinderinnen, und wenn man sie aufschlägt, sieht man in roten Buchstaben »Die Andersons«.
> Es scheint irgendwie nicht ehrlich und persönlich genug. Also habe ich mir gedacht: Nun, ich werde jedes Jahr dieses kleine Buch drucken lassen und es an Freunde verschicken.

In den wenigen Jahren, die zwischen 1979 und 1982 lagen, hatte sich Kings Leben sehr verändert. Er kehrte als Lehrer und gefeierter ehemaliger Student an seine Universität zurück. Er schrieb *Danse Macabre*, das seinen Ruf als angesehener Schriftsteller festigte und ihm dabei half, zu einem Wortführer des Genres zu werden. Er sah, daß seine Romane bei Viking eine große Leserschaft ansprachen, die mit jedem nachfolgenden Buch nur noch mehr anwuchs. Er zog in großem Stil nach Bangor um, das sich in geographischer Nähe zu Hermon befand, wo alles seinen Anfang genommen hatte. Durch seine Erzählung *Gesang der Toten* und die Novellen in *Frühling, Sommer, Herbst und Tod* wurde er trotz seines fest verankerten Rufes als Horrorromancier auch bei den Buchkritikern mit Wohlwollen aufgenommen. Er sah, daß Bücher *über* ihn geschrieben wurden, was wiederum einen neuen Anfang einläutete. Und nachdem der American-Express-Werbespot ausgestrahlt worden war, wurde sein Name zu *dem* Markennamen des Horrorgenres, was ihn auf den besten Weg brachte, zu *dem* Bestseller-Autoren dieser Zeit zu werden. Nun war King, wie er es selbst ausdrückte, zu »Amerikas literarischem Schreckgespenst« geworden.

Bestsellersaurus Rex

In seinem Haus in Center Lovell, Maine, begann King im Januar 1983 mit der Arbeit an einem neuen Roman. Während der letzten Monate hatte ihm die Idee für ein neues Buch im Kopf herumgespukt und begann nun endlich Gestalt anzunehmen.

»Es war die perfekte Zeit und der perfekte Ort«, schrieb King, »eine solche Story anzugehen: Ich war allein zu Hause, draußen blies ein kreischender Nordostwind den Schnee über den gefrorenen See, und ich saß vor dem Holzofen mit einem gelben Notizblock in der Hand und einem kalten Bier auf dem Tisch.« King schrieb an diesem Abend dreizehn Seiten und legte sie beiseite.

Mit *The Napkins* wollte King seine Tochter Naomi ansprechen, die bis jetzt »nur wenige meiner Arbeiten gelesen hatte, und ich wollte ihr damit einfach eine Freude machen und sie damit erreichen. *The Napkins* wurde noch vor dem Ende des Jahres fertiggestellt, und King, der hoffte, daß sie es lesen und daß es ihr gefallen würde, gab das Buch an Naomi weiter. Wie King erklärte: »Obwohl ich zu der Zeit bereits dreizehn Romane geschrieben hatte und meine Tochter dreizehn Jahre alt war, hatte sie doch nichts von mir gelesen. Sie machte mir eindeutig klar, daß sie zwar *mich* liebte, meinen Vampiren, Leichenfledderern und glitschigen Krabbelviechern nur geringes Interesse entgegenbrachte.«

Drei Monate später veröffentlichte King *Christine*. ». . . Ich liebe mein *Spukauto*, und ich denke, es wird eine Menge Leute nervös machen, wenn sie nach Einbruch der Dunkelheit eine befahrene Straße überqueren müssen«, frohlockte King. *Christine* wurde an die Buchhandlungen des ganzen Landes verteilt, und ein Jahr nach seiner Veröffentlichung waren schon dreihundertunddreitausend

Exemplare verkauft worden. Als das dunkle Gegenstück zu *American Graffiti* ist *Christine*, wie King es ausdrückt, »eine Monstergeschichte. Aber es ist ebenfalls eine Geschichte über Mädchen und Jungs, und wie Autos in Amerika zu Mädchen werden. In dieser Hinsicht handelt es sich um ein amerikanisches Phänomen. *Christine* ist eine Autobahn-Horrorstory. Ohne diese Teenagerkultur, die das Auto als integrierten Bestandteil der Zeit zwischen Jugend und Erwachsenendasein ansieht, könnte sie nicht existieren. Der Weg zwischen diesen beiden Stadien wird mit dem Auto zurückgelegt.« *Publishers Weekly* lobte *Christine*, weil es einige der besten Sachen enthält, die King je geschrieben hat; seine jugendlichen Charaktere sind superb ausgewählt, und ihr Dilemma ist wirklich ergreifend. Bei Christine handelt es sich jedoch, wie wir sehr bald erkennen müssen, einfach nur um ein Auto, eine letztendlich leblose Maschine, die es nicht schaffen kann, den durch Kings Darstellung der menschlichen Charaktere hervorgerufenen Erwartungen standzuhalten.«

Gleichzeitig mit der Veröffentlichung des Buches begannen in Kalifornien die ersten Dreharbeiten für den Film — eine unübliche Vorgehensweise, die nur deshalb möglich war, weil Richard Kobritz, der *Salem's Lot* fürs Fernsehen produziert hatte, bereits zuvor eine Kopie des Manuskripts erhalten hatte.

Kobritz, der bereits mehrere andere Manuskripte von King gelesen hatte, sie jedoch nicht für geeignet hielt, las *Christine* innerhalb von drei Tagen und wußte, daß es genau das richtige für ihn war. »Dieses Buch erschien mir einfach etwas sehr, sehr Besonderes zu sein. Es handelte von Teenagern und Rock 'n' Roll, und es verwandelte Amerikas Liebe zum Automobil in eine Horrorgeschichte. King besitzt die große Fähigkeit, vertraute Objekte zu beängstigenden Dingen zu machen, und wenn er das mit einem Auto schafft, dann ist das etwas Besonderes. Und im Gegensatz zu *Shining*, das die ernsthafte Seite Kings widerspiegelt, war es auch ein lustiges Buch.«

Für fünfhunderttausend Dollar erwarb Kolbritz die Option auf das Buch; seine fünfhundertfünfzig Seiten wurden von Bill Phillips zu einem zweistündigen Film komprimiert.

Die von *Publishers Weekly* erwähnte Schwierigkeit — die Bedeutung von Christine, die von den menschlichen Charakteren in den Schatten gestellt wird — sollte auch Kobritz und seinem Regisseur John Carpenter bei der Umsetzung des Buches in einen Film zu schaffen machen.

Obwohl die Verkaufszahlen von Vikings *Christine* bereits beeindruckend waren, sollten die vom Doubleday-Verlag mit *Pet Semantary* (dt.: *Friedhof der Kuscheltiere*), das etwas später, im November desselben Jahres erschien, noch übertroffen werden. In Anbetracht des großen Erfolges von *Christine* kündigte Doubleday *Friedhof der Kuscheltiere* mit einer prunkvollen Erstauflage von fünfhunderttausend Exemplaren an, obwohl es sich tatsächlich nur um dreihundertfünfunddreißigtausend Exemplare handelte. Kein Mensch ahnte jedoch, daß dieses Buch zu einem solchen Renner werden würde. Im ersten Jahr wurden in den USA sechshundertsiebenundfünfzigtausend Exemplare von *Friedhof der Kuscheltiere* verkauft, was um so beeindruckender ist, da King keinerlei Werbung für dieses Buch gemacht hatte. Ein Buch, das King nie hatte veröffentlichen wollen, stellte sich sowohl für Doubleday — als auch für King — als unerwartete Goldgrube heraus. Außerdem wurden durch dieses Buch wie *The Writer's Home Companion* erklärte, endlich festgelegte Gelder freigelegt, die King für frühere Werke verdient hatte, jedoch aufgrund vertraglicher Vereinbarungen bis zu diesem Zeitpunkt nicht bekommen hatte:

Eine Anzahl von Verlagen wie McGraw-Hill und World Publishing riefen einen Auszahlungsplan für die Tantiemen einiger ihrer erfolgreichen Autoren ins Leben. Die Vereinbarungen waren unterschiedlich, dienten jedoch alle dazu, dem Autor Steuerzahlungen für verdiente Tantiemen zu stunden.

Doubleday befand sich ebenfalls unter diesen Verlagen, und dort gab es zwei verschiedene Pläne: einer davon ein Vertrag mit Knebelklauseln, der für jeden Autoren verfügbar war, und ein weiterer, etwas anderer Plan, der nur einigen ihrer erfolgreichsten Autoren angeboten wurde. Durch beide Vereinbarungen war Doubleday in der Lage, eine festgelegte, jährliche Summe zu zahlen, die von dem Autoren bestimmt wurde und sich nicht nach der Höhe des verdienten Honorars richtete. Der Differenzbetrag wurde dann vom Verleger selbst investiert.

Dieser Plan wurde auch dem jungen Stephen King angeboten, und er entschied sich für eine jährliche Auszahlung von fünfzigtausend Dollar, was sich wie eine königliche Summe anhört, doch der im Topf verbleibende Betrag schwoll trotzdem schon sehr bald auf über drei Millionen Dollar an. Als er erkannte, daß sein Einkommen bei Doubleday durch die fünfzigtausend Dollar niemals aufgebraucht werden könnte ... bat King, der nicht mehr als Autor für Doubleday tätig war, den Vertrag aufzuheben und ihm das restliche Geld in einem Betrag auszuzahlen. Doubleday lehnte mit der Begründung ab, wenn man das ganze keiner »reiflichen Überlegung« unterzog, müsse das IRS (Finanzamt) daraus doch schließen, daß man jederzeit aus derartigen Verträgen aussteigen könne. Doubleday verlangte als Ausgleich etwas von Wert und bat um zwei Bücher von dem Autor. Statt dessen lieferte er nur einen Roman, *Friedhof der Kuscheltiere* . . . und damit war King von seinem Vertrag befreit.

Trotz Kings Befürchtungen, die er bei dem Buch hegte, sahen Rezensenten es als das, was es war: die unerschütterliche, gnadenlose Abhandlung eines Themas von einem Autoren, der dabei kein Blatt vor den Mund nimmt. Der *Sunday Portsmouth Herald* schrieb: »Im Alter von sechsunddreißig Jahren ist King nicht nur weit davon entfernt, seine erzählerische Kraft zu verlieren, sondern wird auch noch zu einem besseren Schriftsteller. Sein neues Buch Friedhof der Kuscheltiere zeugt von solchem Talent und solcher Qualität, daß es von einem Horrorroman zu einem unvergeßlichen Literaturwerk über Tod und Trauer wird.«

Der Kommentar von *Publishers Weekly* war ähnlich euphorisch: »Kings neuester Roman ist das wunderbare Porträt einer Familie, bei dem es sich außerdem um den furchterregendsten Roman handelt, den er bisher geschrieben hat . . . Die letzten fünfzig Seiten sind derart erschreckend, daß man sie lesen könnte, ohne auch nur einmal Luft zu holen — doch was hierbei am meisten erstaunt, ist die Tatsache, daß es sich nich in Horror erschöpft . . . Geistreich, weise und mit großer Beobachtungsgabe zeigt sich King hier als ein solch menschlicher Künstler, wie wir ihn noch nie erlebt haben.«

Friedhof der Kuscheltiere, das erste von Kings Büchern, das wahrhaft horrende Verkaufszahlen erreichte, lenkte auch noch aus einem anderen Grund die Aufmerksamkeit auf sich. Am Anfang des Buches stand *Dark Tower* (dt.: *Schwarz*; 1982) mit auf der Liste von Kings bisher veröffentlichen Werken. King wurde dadurch ungewollt zum Mittelpunkt einer Kontroverse mit seinen Fans. Wie, fragten sie, konnte er ein Buch veröffentlichen, von dem sie gar nichts wußten und das zudem noch nicht einmal käuflich zu erwerben war?

Die Auflistung des Buches führte augenblicklich zu einem sprunghaften Wertanstieg der Grant-Ausgabe; der Preis schoß rapide in die Höhe. Von Kings treuen Lesern — von denen viele die Buchhandlungen nach neuen Veröffentlichungen Kings durchstöberten — trafen tonnenweise Briefe bei King, seinen Verlegern und Buchvertrieben ein.

King, der nicht glaubte, daß dieses Buch in der nächsten Zukunft im Handel erscheinen würde, besprach die Angelegenheit mit Donald M. Grant:

> Ich wollte deshalb etwas unternehmen, und Don [Grant] wollte deshalb ebenfalls etwas unternehmen. Er war sehr betroffen. Eines Abends, als wir wegen der Sache telefonierten, fragte ich ihn: »Wie wäre es, wenn Sie noch fünfhundert oder fünftausend herausbringen?« Daraufhin vernahm ich einen langgezogenen Seufzer, und ich sagte: »Das wäre, als würde man auf einen Waldbrand pinkeln, oder?« Und er antwortete: »O ja.«

Man plante also eine zweite Auflage in Druck zu geben, wobei man eine gewisse Stückzahl zurückbehalten würde, um sie auf Anfragen von Kings Leserschaft verschicken zu können. Die zweite Auflage bestand aus zehntausend Exemplaren. Leider war das nur, als würde man auf einen Waldbrand pinkeln ... denn dieser Waldbrand war außer Kontrolle geraten.

Was die Leser des Buches *Friedhof der Kuscheltiere* nicht wußten, war, daß noch ein weiteres Buch von King nur in limitierter Auflage erschienen war — nämlich *Cycle of the Werewolf*. Wie auch bei Grants Ausgabe von *Dark Tower* verlief das Erscheinen dieses Buches nahezu unbemerkt, da es ausschließlich an Fachmärkte verkauft und im Gegensatz zu *Schwarz* nicht unter den in *Christine* erwähnten Büchern aufgelistet worden war. Die übergroße Ausgabe von Zavisa wurde zum Einzelhandelspreis von 38,50 Dollar verkauft und erschien in einer limitierten Auflage von siebentausendfünfhundert Exemplaren im Handel. Obwohl es von Berni Wrightson wunderschön illustriert worden war, kam *Cycle of the Werewolf* vielen Leuten überteuert vor, was von King, laut einem Rezensenten, ebenso empfunden wurde: »King hat seinen Unmut über diesen hohen Preis zum Ausdruck gebracht.«

Wie auch *Dark Tower* sollte *Cycle of the Werewolf* ursprünglich nur in limitierter Auflage erscheinen. King erklärte dazu: »Ich hatte niemals die Absicht, es neu auflegen zu lassen — das ist eine der Methoden, mit denen ich versuche, meine Karriere unter Kontrolle zu halten. Ich versuche von Zeit zu Zeit alternative Wege zur Veröffentlichung zu finden, um zu vermeiden, daß mein Schreiben von dem bloßen Gewicht der Verkaufszahlen erdrückt wird.«

Die Verkaufszahlen waren in der Tat ins Unermeßliche gestiegen. Kings Meinung dazu:

> Zu Anfang war ich nichts weiter als ein Schriftsteller. Ich wurde zu einem populären Schriftsteller und habe entdeckt, daß ich mich, zumindest in der maßstabsgetreuen Modellandschaft des Buchgeschäfts, zu einem Bestsellersaurus Rex ausgewachsen habe — zu einem großen, daherstampfenden

Bücherungeheuer, das man liebt, solange es Geld scheißt, und haßt, wenn es Häuser zertrampelt. Wenn ich diesen letzten Satz so betrachte, dann verspüre ich den Drang, ihn abzuändern, weil er derart vor Selbstmitleid trieft; ich kann ihn jedoch nicht abändern, weil er auch meine echte Verwirrung und Überraschung über diesen absurden Wandel der Ereignisse zum Ausdruck bringt. Ich begann als Geschichtenerzähler; in der Zwischenzeit bin ich jedoch zu einem wirtschaftlichen Machtfaktor geworden.

Ebenso wie es im Jahre 1983 mittlerweile unmöglich geworden war, King, der jeden Herbst einen neuen Roman veröffentlichte, in den Buchhandlungen zu umgehen, kamen auch die Kinogänger kaum noch um Stephen King heum. Tatsächlich war es jedoch eher zuviel des Guten. Da innerhalb eines Zeitraums von sechs Monaten gleich drei Filme herausgebracht wurden, mußte King von den Kritikern einiges einstecken, die den Stephen-King-Film-des-Monats, wie sie ihn spöttisch nannten, durch den Kakao zogen, obwohl der Autor natürlich auf das Erscheinungsdatum keinerlei Einfluß hatte.

Der Film *Cujo*, der im Juni von den Warner Brothers in die Kinos gebracht wurde, war mit einem Budget von fünf Millionen Dollar abgedreht worden und spielte 9,3 Millionen Dollar durch den Inlandsverleih ein. *Cujo*, bei dem Lewis Teague Regie führte und der innerhalb von acht Wochen im nördlichen Kalifornien abgedreht worden war, unterschied sich in einem wesentlichen Punkt von der Buchvorlage: in dem Buch stirbt der kleine Junge, Tad Trenton; aber in dem Film *überlebt* Trenton — eine Änderung, die Teague für unabdingbar hielt. Vier Monate später, im Oktober 1983, wurde *Dead Zone* von

Paramouth in die Kinos gebracht. *Dead Zone,* das mit einem Budget von zehn Millionen Dollar in Niagara-on-the-Lake — einer kleinen Stadt in der Nähe von Toronto, der Heimatstadt des Regisseurs David Cronenberg — abgedreht worden war, brachte durch den Verleih 8,1 Millionen Dollar ein.

Zwei Monate später, im Dezember 1983, erschien *Christine* von Columbia Pictures auf der Leinwand und spielte 9,3 Millionen Dollar durch den Verleih ein.

King, der »Bestsellersaurus Rex«, befand sich mehr denn je im Mittelpunkt des öffentlichen Interesses — was manchmal auch eine dubiose Ehre sein kann. In einem *Playboy*-Interview erinnerte sich King an frühere Zeiten, als seine Tage noch vom ständigen Kampf ums Überleben geprägt waren. »Wir wohnten in einem Trailer ganz oben in der trostlosen, schneebedeckten Berggegend Hermons in Maine«, erzählte King dem *Playboy.* Dann ließ er auch noch in seiner für ihn charakteristischen, offenen Art eine abschätzige Bemerkung über Hermon fallen.

Als der Ostvorsteher von Hermon das Interview gelesen hatte, schrieb er sogleich an den *Playboy* und verkündete, daß sie die Pläne für den Stephen-King-Tag rückgängig machen würden; und des weiteren würden sie auch die Pläne für das »King-Museum, das ursprünglich auf seinem alten Wohnwagenplatz entstehen sollte, fallenlassen«.

King schrieb in einem Brief an die Zeitung seiner Heimatstadt, daß Hermon niemals einer seiner »Lieblingsorte« gewesen sei, da er sich noch sehr gut an die Mißstände, die er damals dort erleben mußte, erinnern könne: die ständigen Schikanen durch seinen Vermieter, der ihn verjagte, und die Erinnerung an den Tag, als er seinen verwundeten Hund zu dem Feld hinter dem Haus trug, nachdem jemand das arme Tier grundlos erschossen hatte.

Glücklicherweise stellte sein »Empfang« in Hermon eine Ausnahme dar. Viel bezeichnender war die Art, wie man ihn in der Billerica-Bibliothek, Massachusetts und in der öffentlichen Bibliothek der Stadt Truth or Conseqences, New Mexico, willkommen hieß.

Als Carolyn Beane, die Direktorin für öffentliche Angelegenheiten der Billerica-Bibliothek, King dazu einlud, anläßlich der National Library Week eine Rede zu halten, nahm King die Einladung an und schlug vor, seinen Besuch dahingehend auszunutzen, um Geldmittel für die Bibliothek zu beschaffen. Am 22. April des Jahres 1983 sprach King zu einer Versammlung von etwa dreihundert Menschen. Der »Abend mit Stephen King« brachte durch den Verkauf von Büchereimitgliedskarten, Eintrittskarten für das eigentliche Ereignis, Anstecknadeln und Postern ungefähr tausendzweihundert Dollar ein. Noch gefragter waren jedoch die vierhundert Kingbücher, unter denen sich auch hundert Exemplare von *Christine* befanden. Zwei volle Stunden lang unterhielt King die Menge, indem er Auszüge aus einer seiner Geschichten vorlas, eine allgemeine Unterhaltung mit den Leuten führte, eine Art Frage-und-Antwort-Runde anspornte, der das Büchersignieren folgte, währenddessen King — durch Zigaretten und Heineken Bier gestärkt — zwei Stunden lang von ihm veröffentlichte Buchexemplare unterschrieb.

Am 19. November 1983 hatte King in der Stadt Truth or Consequences, New Mexico, einen weiteren öffentlichen Auftritt. Im Gegensatz zu dem Besuch in Billerica, kam dieser Auftritt durch eine Unterhaltung zwischen einer Büchereibesucherin und einer Bibliothekarin der öffentlichen Bücherei zustande. Lois Chesley, die Ehefrau von Chris Chesley, betrat diese Bücherei, um ein Exemplar von *Frühling, Sommer, Herbst und Tod* zu lesen, nachdem sie von King kein Exemplar erhalten hatte, wie sie der Bibliothekarin mitteilte.

»Wie sind Sie denn in seine Adressenkartei gekommen?« fragte Ellanie Sampson.

Lois erzählte, daß ihr Ehemann und King, die zusammen aufgewachsen waren, immer noch gute Freunde seien.

»Fragen Sie ihn doch, ob er hierherkommen und eine Rede halten würde, wenn Sie ihn das nächste Mal sprechen«, bat Sampson.

Chris Chesley redete daraufhin mit King, der sich dazu bereit erklärte, einzig gegen Erstattung der Kosten (Hotelunterkunft und Flug) nach Truth or Consequences zu kommen und eine Rede zu halten. Ellanie Sampson, die Kings Besuch organisierte, setzte sich augenblicklich mit den ortsansässigen Firmen in Verbindung, um durch die enge Zusammenarbeit mit ihnen sicherzustellen, daß der Besuch auch wirklich zu etwas Besonderem wurde.

Am Tag seiner Ankunft wurde King von Bürgermeister Elmar Darr, der diesen Tag zum Stephen-King-Tag erklärte, der Schlüssel zur Stadt überreicht. Von dort fuhr King ins Tagungszentrum, wo er nahezu zwei Stunden lang Bücher signierte, und danach fuhr er in einem Autokaravan zu dem Damsite Restaurant, wo er an einem Barbecue-Essen teilnahm, das man ihm zu Ehren dort veranstaltete und das von der örtlichen Bürgerinitiative Chamiza Cowbelles finanziert worden war. Im Anschluß daran hielt er an der Realschule einen Vortrag für beinah achthundert Personen, bei denen es sich zum größten Teil um Leute von außerhalb handelte. Er nahm an diesem Abend noch an einem ihm zu Ehren abgehaltenen Empfang im Geronimo-Spring-Museum teil. Dort signierte er weitere Bücher, bis er Blasen auf der Hand bekam. Er lief hinaus in die Kälte und verkündete, daß es ihm physisch unmöglich sei, noch mehr Bücher zu unterschreiben. Einige Fans hatten seit Stunden vor der Tür gewartet und waren verständlicherweise sehr enttäuscht. King hatte jedoch keine andere Wahl.

In seiner Heimat Bangor sollten einige Angelegenheiten seiner Aufmerksamkeit bedürfen. Obwohl es King Spaß machte, für einen Tag den König spielen zu dürfen, da solch öffentliche Auftritte auch mit sich brachten, daß er mit seinen Lesern direkt in Kontakt treten konnte und auch einiges an Feedback von ihnen erhielt, mußte er sich dennoch um seine vorübergehend aufgeschobenen, geschäftlichen Verpflichtungen und Verantwortungen kümmern: Es galt, eine neue Sekretärin zu finden und eine Immobilieninvestition im Auge zu behalten.

Seine Schwägerin Stephanie Leonard, die bis dahin als seine Sekretärin fungiert hatte, stand kurz davor, einen sechsmonatigen Schwangerschaftsurlaub anzutreten, und er mußte sich unbedingt um eine Vertretung kümmern. Stephanie Leonard empfahl Shirley Sonderegger, mit der sie in einer ortsansässigen Bank zusammengearbeitet hatte. Das Vorstellungsgespräch war nur von sehr kurzer Dauer. King diktierte einen Brief, den sie in Kurzschrift aufnahm. Er stellte ihr einige Fragen und engagierte sie vom Fleck weg.

Die andere Angelegenheit war komplizierter. Auf dringendes Anraten seines New Yorker Finanzmanagers, des Rechtsanwalts Arthur B. Greene, hatte King vor kurzer Zeit in seiner Heimatstadt in Immobilien investiert, da er keine Besitztümer außerhalb erwerben wollte. Als sich die Gelegenheit ergab, kaufte King eine 5000-Watt-Mittelwellen-Radiostation von der Acton Corporation — was es ihm ermöglichte, seinen Teil dazu beizutragen, daß die von ihm heißgeliebte Rockmusik auf der Mittelwelle nicht ausstarb. In gewisser Hinsicht sei das eine sichere Anlage gewesen, erklärte King: »Ich habe es nicht gemacht, um damit Geld zu verdienen; wäre das nämlich der Fall, so müßte ich dieses Geschäft als Mißerfolg abschreiben. Ich habe es getan, weil der Rock and Roll in letzter Zeit gefährlich flau geworden ist.«

Der von Kings neuer Firma, der Zone Corporation, betriebene Sender WZON brachte auch zumindest einen Vorteil mit sich. Sein Eigentümer King, der gern bei lauter Rockmusik an seinen Romanen schreibt, konnte sichergehen, daß sie seine Lieblingsmusik spielen würde, wenn er den Sender einstellte. King: »Wenn ich schreibe, drehe ich die Musik auf volle Lautstärke. Ich lasse mich vom Rock and Roll überschwemmen, und irgendwie vergiftet er die Atmosphäre um mich herum derart, daß die Leute mir sehr gern fernbleiben, es sei denn, sie haben ein wirklich unaufschiebbares Anliegen . . .«

Als das Jahr 1983 sich seinem Ende zuneigte, veröffentlichte King die zweite Ausgabe von *The Plant*, dessen Auflage um sechsundzwanzig auf zweihundertsechsundzwanzig insgesamt anstieg. Außerdem beendete King die Arbeit an den ersten Entwürfen von *Talisman*, *Napkins* (das den neuen Titel *The Eyes of the Dragon* (dt.: *Die Augen des Drachen) erhalten hatte*), und den langen Roman *The Tommyknockers* (dt.: *Das Monstrum/The Tommyknockers*).

Der Winter ist die »bevorzugte Zeit« für das Romanschreiben, da man, wenn man sich nicht gerade für den Wintersport interessiert, laut King »etwas finden muß, mit dem man sich bei Laune halten kann, um nicht verrückt zu werden . . . Also stehe ich gegen sieben Uhr auf, mache mir eine Tasse Tee, gehe nach oben und lasse mich für drei Stunden in diese Welt fallen.«

Am Winteranfang des Jahres 1984 stellte King das Buch *Gypsie Pie*, einen neuen Bachman-Roman, fertig. Am

14. Januar 1984 saßen Douglas Winter und King »gemüt-
lich vor einem Holzofenfeuerchen und sahen schweigend
dabei zu wie sich ein schrecklicher Schneesturm über
Bangor, Maine, hermachte«, wie Winter sich erinnerte.
King überreichte Winter das unter dem Namen Richard
Bachman geschriebene Manuskript *Gypsie Pie*, dem man
später den Titel *Thinner* (dt.: *Der Fluch*) geben sollte.

In diesem Frühling, als die Annual Booksellers Convention während des Memorial-Day-Wochenendes stattfand, vergab NAL tausend Vorabexemplare von *Der
Fluch*, dessen Herausgabe als gebundene Ausgabe zu
12,95 Dollar von NAL für den November geplant war;
optimistisch kündigte NAL eine Erstauflage von fünfzigtausend Exemplaren an. Die meisten Buchhändler interessierten sich jedoch eingehender für das Buch *Talisman*,
dem gemeinsamen Werk von King und Straub, das der
Marktrenner in diesem Herbst zu werden versprach.

Die Buchhändler vermuteten, daß NAL durch die Veröffentlichung des Romans *Der Fluch* versuchen wollte,
einem unbekannten Autor zum Durchbruch zu verhelfen.
Für sie besaß er jedoch einfach nicht die Anziehungskraft, die ein Markenname ausstrahlt, obwohl NAL in
einem Schreiben, das sie dem Vorabexemplar beigefügt
hatten, heftig die Werbetrommel rührten: »Richard Bachman ist ein unglaublich talentierter Schriftsteller und *Der
Fluch* ein fesselnder Roman, durch den die Welt des ›Horrors‹ eine neue Bedeutung erhält. Lesen und genießen Sie
es.«

Waren die ersten Bachman-Romane eher Versuche im
realistischen Genre oder in der Sciene-fiction gewesen, so
handelt es sich bei *Der Fluch* um einen reinen Horrorroman. Die Handlung ist einfach, voraussehbar und bedient sich hinlänglich bekannter übernatürlicher Versatz-
stücke, wird aber dadurch aufgelockert, daß sie nicht
chronologisch erzählt, sondern teils in Rückblenden auf-

gefächert wird. Der Roman ist im Präsens geschrieben, was ihm eine gewisse Eindringlichkeit verleihen soll, aber auch den Eindruck einer rein umgangsprachlichen Tonart verstärkt.

Billy Halleck ist mit zweihundertsechsundzwanzig Pfund, die die Morgenwaage anzeigt, ein schwergewichtiger Mann. Seit einem so kuriosen wie tragischen Unfall verliert er jedoch dramatisch an Gewicht. Seine Frau Heidi (!) hat ihn nämlich während einer Autofahrt manuell befriedigt. Auf dem Höhepunkt der Lust übersah Billy Halleck eine alte Zigeunerin auf der Straße und fuhr sie zu Tode. Es kommt zu einem Prozeß, aber da Richter Cary Rossington ein alter Sportsfreund Billys ist, wird der Angeklagte freigesprochen. Der Richter wird von einem Zigeuner berührt und verwandelt sich in ein Monster mit Schuppenhaut. Und Billy Halleck weiß sich ebenfalls von dem Zigeuner verflucht, seit er dramatisch an Gewicht verliert, ohne daß die Ärzte eine Erklärung finden. Er spürt den Zigeuner auf, will ihn dazu bringen, den Fluch zurückzunehmen, doch der Rächer läßt sich nur zu einem faulen Handel breitschlagen: Halleck soll sein Blut auf eine Torte tropfen lassen, dann wird der Fluch von ihm auf die Person übergehen, die von der Torte nascht. Halleck wählt als Opfer seine Ehefrau Heidi – aber es kommt anders: Ausgerechnet seine geliebte Tochter verzehrt das erste Stück vom Kuchen. Als Billy Halleck das merkt, treibt ihn die Reue dazu, selbst ein Stück von dem unheimlichen Kuchen zu essen.

Zweifellos ein austauschbares Stück Horrorliteratur, das keinerlei Originalität für sich beanspruchen kann. Es sei denn, man hält die Anspielung des anonymen Autors auf Stephen King in einem Dialog für ein besonders gelungenes Beispiel von Selbstironie: »Hört sich an wie ein Stephen-King-Roman, finden Sie nicht?« sagt Dr.

217

Houwton zu Billy Halleck, als er von den schrecklichen Verwandlungen des Richters hört.

In der Zwischenzeit erregte die zweite Auflage von *Schwarz* mehr Aufmerksamkeit als *Der Fluch*. Doch diese aus zehntausend Exemplaren bestehende Ausgabe konnte die heftige Kontroverse nicht eindämmen, die das Buch umgab, obwohl ein Großteil der Druckauflage speziell für diejenigen interessierten Leser zurückgehalten worden war, die an King und seine Verleger schrieben, um zu erfahren, wie sie das Buch bekommen konnten. Die gebundene Ausgabe zu zwanzig Dollar war bereits innerhalb weniger Monate nach ihrer Veröffentlichung ausverkauft, und King hatte auch nicht vor, eine Handelsausgabe herauszubringen. Die Preise für die erste und zweite Auflage kletterten weiter in unermeßliche Höhen.

Während die Anhänger Kings ungeduldig auf den *Talisman* warteten, kamen im Sommer gleich zwei neue King-Filme auf den Markt: *Stephen King's Children of the Corn* im Juni, gefolgt von *Firestarter* im Oktober.

Der Film *Children of the Corn* (dt.: *Die Kinder des Mais*), der auf einer gleichnamigen Kurzgeschichte basierte, wurde von den Kritikern einstimmig verrissen. Selbst der Autor wollte kein gutes Haar an ihm lassen. In seiner Aufstellung »Listen, die eine Rolle spielen (Nummer acht)«, zählte King zehn Filme auf, die seiner Meinung nach die schlechtesten aller Zeiten waren:

> Hier haben wir einen weiteren Gruselschocker, und das schockierendste daran ist für mich, daß er auf einer meiner eigenen Geschichten basiert. Er ist meiner Story nicht sehr ähnlich — gerade ähnlich genug, daß die Produzenten ihn *Stephen King's Children of the Corn* nennen durften, was er ja

eigentlich nicht war ... Ich setze voraus, daß das Machwerk einiges Geld eingespielt haben muß, doch bis jetzt habe ich noch nichts davon gesehen, und ich bin mir gar nicht mal sicher, ob ich das überhaupt will. Könnte ja sein, daß irgendwelche Maisraupen drin stecken.

Vier Monate später, im Oktober, wurde von Universal Pictures eine Dino-DeLaurentiis-Produktion auf die Leinwand gebracht. *Firestarter* erfüllte sämtliche Voraussetzungen für einen Filmerfolg: ein starker Plot, spektakuläre Spezialeffekte und Schauspieler mit Rang und Namen von George C. Scott, Martin Sheen und Art Carney. Regisseur Mark Lester hatte sich im großen und ganzen treu an die Romanvorlage gehalten.

Allerdings hingen Erfolg oder Mißerfolg des Filmes im hohen Maß vom Auftreten des Kinderstars Drew Barrymore ab, die ihre Rolle der Charlie McGee, einem ängstlichen elfjährigen Mädchen, das sich auf der Flucht vor den Behörden befindet, einfach nicht überzeugend spielen konnte.

Firestarter spielte mit seinem Fünfzehn-Millionen-Dollar-Budget durch den Verleih im Inland nur 7,5 Millionen Dollar ein. Während der Film an den Kinokassen nicht gerade wie eine Bombe einschlug, sorgten Stephen Kings aufreizende Bemerkungen – »die schlimmste von allen Filmadaptionen meiner Werke«, schimpfte der Schriftsteller – dafür, daß bei Mark Lester, dem Regisseur des Filmes, eine Sicherung durchbrannte. Lester, der Anstoß an Kings Verhalten nahm, das er als doppelzüngig bezeichnete, erzählte dem Reporter Gary Wood:

> Wenn man einen Film macht, dann versucht man sein Bestes zu geben. Man hofft, daß er bei der Öffentlichkeit ankommt, und meiner Meinung

nach war das bei *Firestarter* auch der Fall. Es reicht schon, daß wir im Showbusiness Kritiker haben, die unsere Filme beurteilen, manchmal richtig, manchmal falsch. Wenn aber eine Person, die so eng mit dem Film verbunden ist, die das Drehbuch genehmigte, den Film guthieß und dann noch jeden Schritt der Dreharbeiten mitverfolgte, danach ankommt und den Film attackiert, dann finde ich das ziemlich mies... Ich wollte das schon seit Jahren einmal loswerden, weil Stephen King mich so oft in den Zeitungen angegriffen hat.

Nachdem King Lesters Kommentar in *Cinefantastique* gelesen hatte, feuerte er seinerseits einen Brief ab, in dem er seinen Standpunkt klarmachte:

Ich sehe, daß Mark Lester endlich mein dunkles Geheimnis gelüftet hat: Ich bin ein doppelzüngiger Mistkerl, ein Lügner und ein durch und durch *böser* Typ. Tatsächlich bin ich nichts von alledem, und Mark ist es genausowenig; er ist einfach nur ein weiterer Regisseur, der letzten Endes mit ansehen mußte, wie sein Skalp von einem Pfahl vor Häuptling Dino DeLaurentiis' Zelt herunterbaumelt... Marks Behauptung, ich hätte den Film gesehen und gutgeheißen, ist unwahr. Ich habe einen *Teil* des Rohschnitts gesehen. Als ich den fertigen Film sah, ... war ich äußerst deprimiert... Man hatte drei Millionen Dollar in die Spezialeffekte gesteckt, weitere drei Millionen in Preisträger der Schauspielbranche, und nichts davon kam auf der Leinwand zum Tragen. Das zu sehen war eine geradezu unwirkliche, aber sehr schmerzliche Erfahrung.

Während der endlosen Querelen um die Verfilmungen, arbeitete King an einem neuen Roman, den er im Sommer begonnen hatte. *Misery* (dt.: *Sie*), ein Kurzroman in Form eines Psychothrillers, beschrieb, wie Tabitha King es ausdrückte, »die enge Verbindung, die... zwischen dem Schriftsteller und dem Leser besteht. Ich hoffe, wir alle sind ehrlich genug, zuzugeben, daß es Fans gibt, deren Anhänglichkeit krankhaft und gestört ist.«

Solchen Fans ist es nicht genug, ein Buch zu lesen; sie wollen auf irgendeine Weise die Aufmerksamkeit des Autors erregen, was durch die Annie Wilkes in *Sie* zum Ausdruck gebracht wird. King erklärte David Streitfeld in einem Interview für die *Washington Post*: »Ich liebe diese Leute. Ich hasse sie nicht. Ich bekomme nur sehr wenige verrückte Briefe. Ich vergebe Autogramme, weil die Fans mich unterstützen und ich deswegen in ihrer Schuld stehe.« Trotzdem müsse man, wie King meint, irgendwo die Grenze ziehen, eine Grenze, die sein persönliches Leben von seinem beruflichen Leben trennt. Er schuldet seinen Fans »was zu lesen. Es ist ein Fifty-fifty-Handel: Ich möchte, daß ihr meine Bücher lest; ihr wollt meine Bücher lesen. Damit sind wir quitt. Sie haben kein Recht auf mein Leben, aber sie nehmen sich trotzdem immer wieder ein Stück davon. Als ich heute nachmittag ausging, um mir ein paar Videos zu holen, stand schon wieder eine Gruppe vor meinem Haus.« Er fuhr fort: »Mein Lebensraum ist bereits sehr eingeschränkt. Es ist, als wärst du eine Batterie, und dauernd versucht irgend jemand dich mit einem Überbrückungskabel anzuzapfen.«

Trotz alledem sei King, wie Streitfeld schrieb, »kein bißchen besorgt darüber, daß ihn ein geistesgestörter, passionierter Fan verfolgen könnte.«

Am 8. Oktober 1984 wurden ungefähr eine halbe Million Exemplare von *Talisman* auf die Buchhandlungen losgelassen — wobei es sich um die größte Erstauflage eines King-Romans handelte, was auf bis dahin die sechshundertsiebenundfünfzig verkauften US-Exemplare von *Friedhof der Kuscheltiere* zurückzuführen ist. Im Gegensatz zu einigen der früheren Werke des Autoren sollte dieses Buch *nicht* durch die Bücherclubs angeboten werden; King und Straub suchten durch ihre Agenten nach einem 70 000-Dollar-Angebot und lehnten ein vierhunderttausend Dollar hohes Angebot von der Literary Guild ab. Sie begründeten ihre Ablehnung mit den reduzierten Tantiemen, die sie für die Buchclubausgaben erhalten hatten.

Für viele King-Fans, die ein weiteres Buch wie *Christine* oder *Friedhof der Kuscheltiere* erwartet hatten, war die Lektüre sicher ein überraschendes Erlebnis, da der *Talisman* eher an Straubs als an Kings Erzählstil erinnerte. Schon der erste Satz schlägt einen aus Kings Romanen wenig vertrauten, hohen literarischen Ton an: »Am 15. September 1981 stand ein Junge namens Jack Sawyer da, wo Wasser und Land zusammentreffen, die Hände in den Taschen seiner Jeans, und blickte hinaus auf die Weite des Atlantiks.«

Für viele Rezensenten war das die Gelegenheit, durch einen beherzten Verriß gleich zwei Fliegen mit einer Klappe zu erschlagen. Die Zeitschrift *People* schloß ihre Abhandlung des Buches in der Rubrik *Picks & Pans* (frei übersetzt: Krimskrams) mit den folgenden Worten: »Im Bereich der Horrorromane sind zwei Köpfe besser als einer, jedoch nur wenn sie auf ein und demselben Körper sitzen«. Der *Esquire*, in dem King und Straub als »Schockmeister« bezeichnet wurden, versuchte beide Autoren auf ihren Platz zu verweisen, nämlich in das Ghetto der Horrorliteratur:

King, dessen eigener Stil eher als amerikanischer Hauruckstil zu bezeichnen ist — laut, rücksichtslos und bodenständig —, hat stets seine Bewunderung für Straubs kühlere, weniger emotionale Erzählweise zum Ausdruck gebracht, und Straub hat seinerseits stets die Kings Werken innewohnende »operettenhafte« Qualität gelobt. Ihr gemeinsames Werk ist zugleich kühl und operettenhaft — und sehr, sehr gruselig. Es ist ein Kunstwerk des Grauens. Aber ist das wirklich Kunst? Wahrscheinlich nicht. Wir sprechen hier von Massenwaren. Die Leute konsumieren Horror, um sich zu gruseln, und nicht um ein *Kunsterlebnis* zu haben.

Publishers Weekly dagegen lobte, das Buch sei »voller Wärme, lebhafter Darstellung der Charaktere und dramatischer Intensität« und »übertrifft die Erwartungen, die man aufgrund ihrer jeweiligen eigenen Werke darin gesetzt hat . . .«.

Der Roman *Talisman* bedient sich einer Konstruktion, die mittlerweile in zahlreichen Fantasyromanen wiederkehrt, nämlich der Idee von Parallelwelten. In dem Roman von Straub und King haben alle Erdenbürger einen Zwilling in der »Region« genannten Parallelwelt, die idyllisch und vorindustriell ist. Nur der Held des Romans, Jack Sawyer, hat keinen Zwilling in der »Region«, da er die Rolle eines Heilers innehat — und zwar mit Hilfe jenes im Titel angesprochenen Talismans: Jacks Mutter Lily — und mit ihr natürlich auch ihre Zwillingsfigur in der Region — ist an Krebs erkrankt. Aber nicht nur das einzelne Individuum ist bedroht, sondern auch die ganze Gesellschaft der »Region«, da Jacks Onkel, der skrupellose Morgan Sloat, gezielt moderne (Waffen-)Technologie in die Idylle einschleust. Erst nach einer Reihe von alptraumhaften Abenteuern kann der

junge Sawyer wieder die alten Zustände in dieser Parallelwelt herstellen.

Der *Talisman* stellt sich als eine Mischung aus Fantasy,
Science-fiction und Horror dar und führt thematisch die
Kritik an der gesellschaftlichen Korruption fort, die
schon den Vampirroman *Brennen muß Salem!* durchzog.

Laut *Booklist* war der *Talisman* als literarisches Experi-
ment »eine eindeutige Abweichung von [Kings] vorangegangenen Studien des Übernatürlichen«.

Im November 1984 tauchte *Thinner* (dt.: *Der Fluch*) in
den Buchhandlungen auf, machte jedoch weitaus weniger
Furore als der *Talisman* zuvor. Die gebundene Ausgabe
zu 12,95 Dollar wurde in einer Erstauflage von sechsund-
zwanzigtausend Exemplaren gedruckt und trug die Widmung: »Für meine Frau Claudia Inez Bachman.« Auf dem
Schutzumschlag prangte das Foto eines allmählich kahl
werdenden Mannes mittleren Alters, unter dem geschrieben stand: »Richard Bachman lebt und arbeitet in New
Hampshire.« Das Foto stammte von Claudia Bachman.

Die Veröffentlichung von *Der Fluch* lenkte viel unge-
wollte Aufmerksamkeit auf Bachman — bei dem es sich
angeblich um einen Molkereiwirt handelte, der nebenbei
noch schrieb —, wozu noch die genaueste Untersuchung
sorgfältig lesender Kingfans kam, die den unnachahm-
lichen Prosastil ihres Lieblingsschriftstellers in *Der Fluch*
wiedererkannten. Die früheren Bachman-Bücher waren
Erstlingswerke gewesen, doch dies hier war erst kürzlich
geschrieben worden und wies einige Übereinstimmungen
mit Kings jüngsten Romanen auf.

In den ersten Wintermonaten des Jahres 1984 waren
bereits einige Risse in der Bachman-Fassade zu erkennen.
Zwei große Buchhändler von einwandfreiem Ruf im
Bereich Fantasy, Robert Weinberg und L. W. Currey, er-
klärten, daß Stephen King tatsächlich Bachman war.
(Weinberg blieb dabei ganz besonders beharrlich, da er

Ellanie Sampson und Stephen King in Truth or Consequences, New Mexico. 19. November, 1983.
(Foto freundlicherweise von Ellanie Sampson zur Verfügung gestellt.)

Stephen King signiert Exemplare seiner Bücher in Truth or Consequences, New Mexico, 19. November, 1983.
(Foto freundlicherweise von Ellanie Sampson zur Verfügung gestellt.)

Stephen King spricht nach dem Unterricht mit einem Studenten. Das Foto wurde während seiner einjährigen Anstellung als Schriftsteller-unter-Zeitvertrag an der UMO aufgenommen. (Foto freundlicherweise von der Alumni Association der Universität zur Verfügung gestellt.)

Das gemietete Haus an der Route 15 in Orrington, das King während seiner Anstellung an der Universität bewohnte; hier wurde *Friedhof der Kuscheltiere* geschrieben. (1988, Foto von GB.)

Aussicht von der Rückseite des Hauses, hinter dem der echte Tierfriedhof lag. (Die ortsansässigen Kinder nannten ihn ›Pets Sematary‹, den Namen malten sie auf ein Schild.) (1988, Foto von GB.)

Die Residenz Stephen
Kings im Winter.
(12. Februar 1984, Foto
freundlicherweise von
dem Portlander *Press
Herald*, einer Guy Gannett
Verlagsfirma, zur Ver-
fügung gestellt.)

Der Greif mit den drei
Köpfen, der Kings Resi-
denz in Bangor, Maine
bewacht.
(1988, Foto von GB.)

Die Paul-Bunyan Statue
in Bangor, Maine.
(1989, Foto von GB.)

Seitenansicht von Kings
Haus in Bangor, Maine.
(1988, Foto von GB.)

Stephen Kings Büro zu Hause. (Foto freundlicherweise von der *Bangor Daily News* zur Verfügung gestellt).

Stephen und Tabitha King erhalten den Norbert X Dowd Award für ihre Dienste an der Gemeinde.

Stephen King bereitet sich darauf vor, bei der All-Star Meisterschaft der Mainer Little League in Old Towne, Maine, den zeremoniellen ersten Wurf zu tätigen. Das Spiel fand am 5. August 1989 statt. (Foto freundlicherweise von der *Bangor Daily News* zur Verfügung gestellt.)

Stephen King in der Portland City Hall am 6. März 1990 (Foto von Gordon Chibroski, freundlicherweise vom Portlander Press Herald, einer Guy Gannett Verlagsfirma, zur Verfügung gestellt.)

John Esposito (Drehbuchautor), Bill Dunn (Co-Produzent), und Stephen King bei der Pressekonferenz zu »Graveyard Shift« im Hoyt Cinema in Bangor, Maine, am 25. Oktober 1990.
(Foto von GB.)

Stephen King an der Waterford Memorial Schule in Waterford,
Maine.
(10. April 1990, Foto freundlicherweise vom Portlander Press
Herald, einer Guy Gannett Verlagsfirma, zu Verfügung gestellt.)

Stephen King im Virginia Beach Pavilion, Virginia Beach, Virginia, am 22. September 1986. King sagte: »Ich würde euch als Schülern, die angeblich lernen sollen, einzig raten: Sobald das Buch aus der Bibliothek verschwunden ist, geht nicht nur, sondern rennt zur nächsten öffentlichen Bücherei oder Buchhandlung und findet heraus, was euch eure Altvorderen nicht wissen lassen wollen, denn das ist es, was ihr wissen müßt!«
(1988, Foto von GB.)

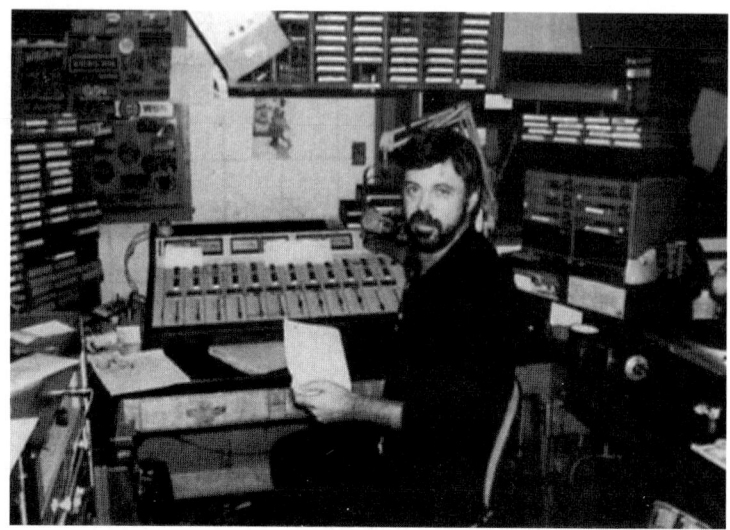

Discjockey, der beim Sender WZON in Bangor, Maine, die Schallplatten auflegt. (1988, Foto von GB.)

Christopher Spruce, Herausgeber-Verleger des Fun-Magazins »Castle Rock«, bereitet in seinem Büro im Radiosender WZON eine Kopie vor. (1988, Foto von GB.)

Stephen Kings Bruder, David King, der »Cujo« in Händen hält.
(1990, Foto freundlicherweise von David Lowell zur Verfügung
gestellt.)

Eine Aufnahme der Rückseite der Haupttribüne und der
Aushebungsarbeiten für das Baseballstadion in Bangor, Maine,
das die Kings der Stadt gestiftet haben. (Foto freundlicherweise
von der *Bangor Daily News* zur Verfügung gestellt, 1992).

Douglas E. Winter (Foto GB.)

Ein Foto aus dem Werbespot für die American Express Card, in
dem Stephen King auftrat.
(Foto mit freundlicher Genehmigung von David Lowell.)

Stephen King als stolzer Sänger und Rhythmusgitarrist der Gruppe
›The Rock bottom Remainders‹.

einen unbestreitbaren schriftlichen Beweis liefern konnte).

In der Zwischenzeit brachte in Colorado Mark Graham, ein Lehrer und ein Leser von King-Büchern, der einige Romane von King für eine örtliche Zeitung besprochen hatte, einige fest umrissene Gründe vor, warum er glaube, daß King Bachmann sei. In einer Bücherbesprechung mit der Schlagzeile »DER FLUCH von Richard Bachman (Stephen King)?« konstatierte Graham die Verbindung zu NAL (Die gebundene Ausgabe von *Der Fluch* und alle Taschenbücher Kings waren von NAL), sowie die Ähnlichkeit zwischen den beiden Autoren (beide waren aus Neuengland, beide Geschichten spielten in Maine), die Erwartung in L. W. Curreys Katalog und die »phantasievolle« Handlung des Buches, die nur King sich hätte ausdenken können.

Graham schloß mit den Worten: »Wenn Sie immer noch nicht davon überzeugt sind, daß dieses Buch von der Nummer Eins des unheimlichen und übersinnlichen Genres geschrieben wurde, dann warten Sie bis zur letzten Seite. Wenn es nicht King war, der das Ende dieser kleinen Erzählung geschrieben hat, dann muß es sein Doppelgänger gewesen sein — was natürlich sehr passend wäre.« So richtig Graham mit seinem Verdacht lag, so sehr überschätzt er aber die Qualität dieses Romans.

Innerhalb der Fantasygemeinde war es bereits sehr bald ein offenes Geheimnis, um wen es sich bei dem wahren Verfasser von *Der Fluch* handelte, doch in der großen, weiten Welt jenseits des Anhängertums wurde das Buch von den Lesern aufgrund seines Äußeren akzeptiert: Immerhin war das eindeutig nicht King auf dem Bachman-Foto.

In demselben Monat, in dem die gebundene Ausgabe von *Der Fluch* erschien, wurde Douglas Winters überarbeitete Starmont-Studie über King in erweiterter und verbesserter gebundener Ausgabe neu aufgelegt. *Stephen King: The Art of Darkness*, das erste und beste Buch über King, wurde mit seiner Zustimmung geschrieben und genoß seine volle Unterstützung. Winter, der offensichtlich eingeweiht worden war, machte selbstverständlicherweise keinerlei Bemerkungen über die Bachman-Verbindung, obwohl das Inhaltsverzeichnis darauf schließen ließ, daß Bachmann auf Seite zweihundert erwähnt werden würde.

Im Dezember 1984 brachte King im Selbstverlag *The Eyes of the Dragon* (dt.: *Die Augen des Drachen*) heraus, ein Buch, das in limitierter Auflage von Kings Philtrum Press gedruckt wurde. King beschrieb seinen Verlag als »ein sehr bescheidenes Geschäftshäuschen in einer Welt, die von wenigen, riesigen und mit Glasdächern bestückten Einkaufszentren dominiert wird«. Die Auflage dieses Buches — zweihundertfünfzig Exemplare mit roten Nummern für den Privatgebrauch und tausend Exemplare mit schwarzen Nummern für den öffentlichen Verkauf — und seine persönliche Bedeutung für King sollten es in der Tat zu einem besonderen Buch machen.

Das von Michael Alpert entworfene und von Kenny Ray Linkous (unter seinem Künstlernamen Kenneth R. Linkhauser) illustrierte Buch wurde durch eine Art Verlosung verkauft. Drei Anzeigen in *Fantasy Newsletter*, *Locus* und *F & SF* kündigten das Werk an; die Interessenten sollen ihren Namen einschicken, doch wenn mehr als tausend Anfragen einträfen, würde eine Verlosung stattfinden.

Zweitausend Namen wurden eingeschickt, und nachdem die Verlosung stattgefunden hatte, versandte Stephanie Leonard die Bestätigungsschreiben. Für einhundertzwanzig Dollar (plus sieben Dollar Versandkosten) erhielten die Käufer etwas, das King als eine echte limitierte Ausgabe titulierte — ein Buch, das in keiner anderen Form erhältlich war — und zudem noch ein Kunstwerk. Im Gegensatz zu den Büchern, die bei ihm unter dem Ausdruck »als Bücher verkleidete Autogramme« liefen — sogenannte limitierte Ausgaben, von denen man behauptet, sie seien einzigartig, weil sie auf einer Liste mit einer Nummer versehen und vom Autor signiert wurden, und die doch tatsächlich wenig mehr als signierte Handelsausgaben sind — wollte King sichergehen, daß diese Ausgabe sich von allen anderen abhob.

Die Ausgabe der Philtrum Press war in der Tat etwas Besonderes. Das große Format (21,5 x 33 cm), und der übergroße, handgesetzte Druck machten das Lesen zum Genuß und vermittelten eine ganz neue Leseerfahrung, wie es der Designer Michael Alpert beabsichtigt hatte. Das säurefreie Papier mit seiner leinenhaften Beschaffenheit hat ein ganz spezielles Gewicht und fühlt sich gediegen an. Die Bilder von Linkous, die getrennt vom Satz gedruckt wurden, dienten als wirkliche Illustrationen und nicht nur als visuelle Lückenbüßer. Um das Buch zu schützen und Text und Bild einen angemessenen Rahmen zu verleihen, sollte der qualitativ hochwertige Einband und Umschlag sicherstellen, daß diese für jede Altersgruppe passende Erzählung auch ein Zeitalter halten würde. »Wenn man es anständig behandelt«, schrieb Alpert, »wird *Eyes of the Dragon* jahrhundertelang in einem guten Zustand bleiben«.

Wie bereits *Dark Tower* und *Cycle of the Werewolf* zuvor sollte auch dieses Nebenwerk noch einem weiteren guten Zweck dienen, der sich von dem der massenhaft aufgelegten Buchausgaben Kings unterschied, die als Produkt verkauft und hemmungslos vermarktet wurden. Kings Meinung nach halten limitierte Ausgaben die Erinnerung an das neunzehnte Jahrhundert wach, »als man Bücher noch als Dinge von großem Wert ansah und sie eifersüchtig bewachte«. King erklärte:

Eine echte limitierte Ausgabe, bei der nicht nur ein teures Autogramm auf einen Roman geschmiert wird, ist ein wahrer Schatz. Und wie das auch bei allen anderen Schätzen der Fall ist, verwandelt sie den verantwortungsvollen Eigentümer in einen Verwalter; und wenn man als Verwalter von etwas so Zerbrechlichem und leicht Zerstörbaren wie Ideen und Vorstellungen fungiert, dann ist das keine schlechte, sondern eine gute Sache ... ebenso wie die Neubewertungen von dem, was Bücher darstellen und tun, die zwangsläufig darauf folgen wird.

1984 brachte Stephen King noch eine weitere Erzählung heraus, die im *Rolling Stone* erschien, dem legendären Journal der amerikanischen Rockmusik: *The Revelations of 'Becka Paulson*‹ (dt.: *Die Offenbarung der 'Becka Paulson*. In: Michele Slung (Hg.): *Ich bebe, wenn du mich berührst*, 1991, Neuauflage für 1996 angekündigt.). Rebecca Paulson, die Titelheldin dieser Erzählung, muß herausfinden, daß sie von ihrem Mann betrogen wird. Das hat zwar den Vorteil, daß sie nicht mehr ihre ehelichen Pflichten erfüllen muß, derer sie schon lange überdrüssig geworden ist, steigert aber auch ihre Wut auf den Gatten. Beim Frühjahrsputz fügt sich Rebecca ausgerechnet mit jener Waffe eine Wunde am Kopf zu, die ihr verhaßter Mann vor Jahren bei einer Lotterie gewonnen und die sie selbst am liebsten gleich aus dem Haus geworfen hätte. In der Folge wird Becka mit ihrem Loch im Kopf zu einer Art wandelnden Leiche und dreht immer mehr durch, hört Stimmen, hat Visionen, die von dem Jesus-Bild auf dem Fernseher ausgehen, Visionen, die mit solcher Unmittelbarkeit und Selbstverständlichkeit geschildert sind, daß auch für den Leser die Grenzen zwischen Traum und Wirklichkeit zusehends verschwimmen.

Der Kontrast zwischen dem extrem umgangssprachlichen, saloppen Erzählton und den zum Teil pompösen Traumgebilden verleiht dieser Story einen zusätzlichen Reiz. Am Ende verstricken sich die Eheleute immer tiefer in ihren Haß, so daß der alptraumhafte Schluß — Joe und Becka bringen sich wechselseitig um — nur zwangsläufig erscheint.

Gerade in dieser Erzählung wird deutlich, daß beim Horror die Wirkung oft um so größer ist, je diffuser die Ursachen sind: Jedes Ereignis in dieser Geschichte ist unklar, verschwommen, mehrdeutig — von dem Unfall (oder war es keiner?) beim Frühjahrsputz, der den Schuß auslöst, der Becka ein Loch im Kopf zufügt, über die Enthüllung des Seitensprungs bis zur wechselseitigen Ermordung am Schluß —, und gerade darin unheimlich. Die Protagonisten dieser Erzählung gleichen willenlosen Geschöpfen, die keiner klaren Reflexion mehr mächtig sind und von ihren Triebwellen wie lästiges Strandgut an unbekannte Ufer gespült werden. Die Ehe erscheint hier als Gefängnis, sie evoziert das Gefühl des Auf-dem-engsten-Raume-Eingeschlossenseins, das für die Wirkung aller Horroreffekte unentbehrlich ist. Motivisch nehmen *Die Offenbarungen der 'Becca Paulson* schon Elemente des *Dolores*-Romans (1992) vorweg — sexueller Frust der Eheleute, Joes (so hieß auch der Ehemann in *Dolores*) Trinksucht, der Gattenmord —, aber in ihrer (bewußt gestalteten) Nebelhaftigkeit ist diese Erzählung das genaue Gegenstück zum psychologischen Realismus jenes späteren Werkes.

Im Januar 1985 begann man mit der Veröffentlichung von *Castle Rock*, dem offiziellen Informationsblatt über Stephen King, auch außerhalb von Bangor, Maine. In der ersten Ausgabe — einem bescheidenen, achtseitigen Blättchen in Briefgröße — erhielt der *Rock* (wie er später genannt wurde) seinen Namen von Kings erfundener

Stadt, Castle Rock, Maine, den King seinerseits aus Goldings nobelpreisgekröntem Roman *Herr der Fliegen* übernommen hatte.

»Unser Ziel ist es, Sie über die Werke dieses ideenreichen Schriftstellers auf dem laufenden zu halten«, schrieb die Herausgeberin, Stephanie Leonard, die sich als Kings persönliche Sekretärin in einer geradezu idealen Position befand, um Vorabinformationen über große Kino-Projekte, Filme und persönliche Auftritte zu liefern.

Leonard erzählte dem Reporter Stephen Spignesi, *Castle Rock* sei ein Hilfsmittel, um mit der Schwemme an Zuschriften fertig zu werden — im Durchschnitt fünfhundert pro Woche, von denen vierhundertfünfzig eine Antwort nötig machten —, und es sollte auch »als Kommunikationsmittel für die Fans untereinander dienen. Also entstand *Castle Rock* mit Stephens Segen und gleichzeitig unter der Bedingung, daß er nichts damit zu tun haben würde.«

Die ersten Ausgaben des Blättchens wurden in einer gar bescheidenen Auflage von fünfhundert Exemplaren gedruckt, doch die Zahl der Abonnenten schoß geradezu dramatisch in die Höhe, nachdem NAL in allen Taschenbüchern Kings ganzseitige Reklame für die Zeitung gemacht hatte.

In der zweiten Ausgabe deutete Leonard an, daß »endlich ein langgehütetes Geheimnis gelüftet wird...«

Richard Bachmann — im Jahre 1942 geboren, ein ehemaliger Student der Universität of New Hampshire, Vietnamveteran, Fensterputzer, Fischer, Sicherheitsbeamter im Privatbereich und seit neuestem Molkereiwirt und Hobbyschriftsteller — erlag am 9. Januar 1985 ganz plötzlich einem Leiden, das King als »Pseudonymkrebs« bezeichnete. Stephen Brown, Verkäufer in einer Buchhandlung in Washington, D. C. schrieb an King und fügte eine Kopie der Urheberrechtseintragung von *Rage*

(Amok) bei, auf der Kings Name stand; bei allen anderen Bachman-Büchern waren die Urheberrechte auf Richard Bachman übertragen worden.

Nachdem er mit diesem Beweismittel konfrontiert wurde, rief King bei Brown an, um sich mit ihm über dessen Entdeckung zu unterhalten. King hatte geplant, sich in der Märzausgabe des *Castle Rock* als Autor der Bachman-Bücher zu bekennen, doch Brown hatte diese Bombe schon vorzeitig platzen lassen — was jedoch nicht publik wurde.

Der Künstlername Bachman, bei dem es sich ursprünglich nur innerhalb der Fantasykreise um ein offenes Geheimnis handelte, regte die Medien inzwischen zu allerlei Spekulationen an, die durch den in *Entertainment Tonight* Ende Januar erschienenen Artikel über Bachman auf die heiße Spur gebracht worden waren.

Der Riß in der Fassade wurde am 9. Februar 1985 um einiges größer, als Joan H. Smith von der *Bangor Daily News* den Artikel »Fünf King-Romane durch ein Pseudonym zu einem Mysterium gemacht« veröffentlichte. King, der seinen Decknamen nun endgültig aufgeben mußte, gestand Smith: »Wissen Sie, wie es ist, wenn man im Regen eine Papiertüte mit Einkäufen nach Hause schleppt und die ganze Tüte sich plötzlich in Wohlgefallen auflöst? Nun, so ist es in letzter Zeit mit Bachman gewesen.«

Von Seiten seiner Fans kamen überwiegend positive Reaktionen, da sie dadurch zu fünf »neuen« King-Romanen kamen. Doch nachdem die Fans entdeckt hatten, daß nur zwei davon noch erhältlich waren — das erst kürzlich erschienene *Thinner* und *The Running Man* —, reagierten manche von ihnen mit bitterer Enttäuschung; ein Leser schrieb an Kings Heimatzeitung und beschwerte sich darüber, daß er wohlüberlegt fünf Bücher veröffentlicht hatte, ohne seine Fans davon in Kenntnis zu setzen. »Das ist so gemein. Und grausam«, beschwerte sich der in Minnesota ansässige Leser.

Als die Eröffnung über die wahre Identität von Bachman landesweit die Runde machte, gab es einen Ansturm auf die Buchhandlungen.

Unmittelbar nach der Eröffnung brachte Kings Heimatzeitung einige falsche Behauptungen in ihrem Folgeartikel. Daraufhin schrieb King an den Redakteur der Zeitung einen offenen Brief, der am 5. März 1985 erschien und die Sache richtigstellte. Zuerst einmal hatte King nicht versucht, die Veröffentlichung der Information zeitlich abzustimmen, um die beiden für Filme vorgeschlagenen Bachman-Bücher ins Rennen zu bringen — sie hatten sich schon verkauft, bevor die Neuigkeiten ans Licht kamen. Zweitens hatte er sein Pseudonym bereits einen Monat zuvor bei Stephen Brown bestätigt, der die Geschichte ursprünglich in die *Washington Post* bringen wollte, zwei Wochen bevor Joan Smith' Artikel erschien. Schließlich wandte er sich an alle diejenigen Leser, die sich über den Gebrauch eines Pseudonyms empört hatten: Sie würden »Vergnügen mit Besitzansprüchen« verwechseln.

Am 9. April 1985 erschien Browns Artikel in der *Washington Post* und lieferte damit die Geschichte hinter der Geschichte. Einen Monat später kletterte *Thinner* (*Der Fluch*) auf Platz eins von *Publishers-Weekly*-Hardcover-Bestsellerliste. Vor der Enthüllung hatte es nur zwei Auflagen des Buches gegeben: die Erstauflage und eine zweite Auflage von fünftausend Exemplaren. Doch nach der Enthüllung ging *Thinner* für eine dritte und vierte Auflage in Druck, die jeweils aus fünfzigtausend Exemplaren bestanden. Es folgte noch eine fünfte Auflage von hunderttausend Exemplaren — was insgesamt eine Summe von zweihunderteinunddreißigtausend Exemplaren ergibt.

King schrieb später, daß achtundzwanzigtausend Exemplare verkauft worden seien, solange er Bachman war. Doch als sich herausstellte, daß King und Bachman ein und dieselbe Person waren, stiegen die Verkaufszahlen auf zweihundertachtzigtausend, was »Ihnen vielleicht etwas sagen sollte . . .«

Es sagte Kings Verlegern in unmißverständlichen Worten, daß seine Leserschaft unersättlich war; sie würden jedes neue Buch von King kaufen, egal wie häufig er Romane veröffentlichte. Pläne wurden gemacht, wie man die Veröffentlichungen von Kings gebundenen Ausgaben beschleunigen konnte, und NAL beabsichtigte, im Oktober dieses Jahres die ersten vier Bachman-Bücher in einer Gesamtausgabe herauszubringen, um die Fans von King zufriedenzustellen.

Die Bachman-Episode zeigte King außerdem, daß man als berühmter Autor und Bestsellasaurus Rex keine Geheimnisse hüten konnte; es gab viel zu viele Leser, die jede seiner Bewegungen beobachteten. Im Anschluß an die ganze Affäre bekannte King einem Reporter gegenüber:

> Ich war stinksauer. Es ist, als könne man überhaupt nichts Eigenes mehr haben. Es ist dir verboten, weil du eine Berühmtheit bist. Was spielt es schon für eine Rolle? Warum sollte sich irgend jemand darüber Gedanken machen? Es ist, als könnten sie es gar nicht abwarten, so ein Zeug herauszufinden, ganz besonders, wenn es etwas ist, das du geheimhalten willst. Das ist einsame Spitze. Es erinnert mich an den Song von Don Henley »Dirty Laundry« (Schmutzige Wäsche). Zur Hölle damit, sollen sie es doch haben.

Kurz nach der Bachman-Enthüllung wurden mehrere Gerüchte darüber laut, welche anderen Pseudonyme King noch benutzt haben könnte. Tatsächlich hat King aber nur noch ein weiteres Pseudonym benutzt: John Swithen für *The Fifth Quarter*, eine Geschichte, die im April des Jahres 1972 in der Zeitschrift *Cavalier* erschien. 1985 beruhigte Stephanie Leonard die Leserschaft in der Aprilausgabe von *Castle Rock*: »Zu der Frage, ob er noch weitere Pseudonyme außer dem Namen John Swithen benutzt hat, kann ich nur sagen ... er hat niemals irgendein anderes Pseudonym benutzt. Wirklich ... Vertrauen Sie mir ...«.

Dennoch tauchten besonders in den klatschsüchtigen Fantasykreisen immer wieder neue Gerüchte auf. *Invasion*, ein von Laser Books gedrucktes und von Roger Elwood herausgebrachtes Taschenbuch, wurde ebenfalls für ein Buch von King gehalten, da das Vorwort unmißverständlich klarmachte, daß es sich bei dem Autorennamen Aaron Wolfe um ein Pseudonym handelte. Die Handlung von *Invasion* war in Maine angesiedelt und hörte sich tatsächlich wie eine King-Geschichte an: Eine auf dem Land lebende Familie wird von Außerirdischen angegriffen. Doch sein Autor war Dean R. Koontz, der in der Folge Kings bedeutendster Konkurrent auf dem Gebiet des Horrors werden sollte. Inzwischen hat Dean Koontz *Invasion* zu einem großen Roman umgeschrieben: *Wintermoon* (dt.: *Wintermond*) der in Los Angeles und Montana spielt und aus der Perspektive eines Polizisten erzählt, von einer doppelten Invasion handelt: der irdischen durch sinnlose Gewalt in den Straßen und der außerirdischen durch ein mit menschlichen Begriffen nicht faßbares Wesen.

Dann gab es da noch *Love Lessons*, das in *Fantasy Review* besprochen wurde und bei dem es sich angeblich um einen Pornoroman handelte, den King im College geschrieben haben sollte. Es sei von Beeline Books »veröffentlicht« worden und in limitierter Auflage in einer neubearbeiteten gebundenen Ausgabe »erhältlich«. Im Gegensatz zu *Invasion* handelte es sich bei *Love Lessons* tatsächlich um ein nie geschriebenes Buch, die Meldung war ein Schabernack von Charles Platt, die mit dem Wissen von Redakteur Neil Barron gedruckt wurde. *Love Lessons*, das als werbewirksames Mittel eingesetzt wurde, um die »Zugkraft« von *Fantasy Review* zu testen, stellte sich einzig als eine Lektion für seinen Herausgeber, Robert Collins, heraus, der sowohl von King als auch von dessen Anwalt Briefe erhielt, die alles richtigstellten und in denen sie eine Klage in Erwägung zogen.

Obwohl es nicht zu einem Rechtsstreit kam, war Kings Standpunkt eindeutig klargemacht worden: Er, der seinen Namen und seinen Ruf in Ehren hielt, würde nicht zögern, sämtliche verfügbaren Mittel in Anspruch zu nehmen, um seine Interessen zu wahren.

Der Erfolg von *Der Fluch* hatte zur Folge, daß in den Jahren 1986 und 1987 die Veröffentlichung von Kings Büchern beschleunigt wurde. In einem Zeitraum von vierzehn Monaten war die Herausgabe von vier gebundenen Ausgaben geplant: im Oktober 1986 *It* (dt.: *Es*); und 1987 *Eyes of the Dragon, Misery* und *Tommyknockers*. die letzten beiden wurden von Kings Agenten Kirby McCauley für jeweils fünf Millionen Dollar verkauft, wobei *Misery* an Viking ging und *Tommyknockers* an G. P. Putnam's Sons, als Gefallen an Kings früheren Verleger bei Viking, Alan Williams. Es sollte, wie Elaine Koster von NAL es bezeichnete, »ein Stephen-King-Feuersturm« werden. Kings Einschätzung der Lage: »Einige Kritiker werden es wohl als Effekthascherei abtun wollen, doch die meisten werden es, wie ich hoffe, als ein bemerkenswertes Bravourstück ansehen«.

In der Zwischenzeit gingen jedoch allein im Jahre 1985

bereits vier Bücher von King in Druck: *Cycle of the Werewolf* in zwei getrennten Ausgaben; ein zweiter Sammelband mit Kurzgeschichten, *Skeleton Crew* (das ursprünglich *Night Moves* nach dem Bob Seeger Song heißen sollte); und *The Bachman Books*. Im April brachte NAL *Cycle of the Werewolf* (dt.: *Der Werwolf von Tarker Mills*) als Taschenbuch in den Handel. Die Ausgabe von Zavisa wurde neu gesetzt (und korrigiert), und die Illustrationen von Wrightson wurden beibehalten. Der Preis von 8,95 Dollar war Kings Meinung nach jedoch für das dünne Buch zu hoch; später wurde es unter dem Titel *Silver Bullet* neu aufgelegt, diesmal als eine auf den Film abgestimmte Ausgabe. Für 9,95 Dollar bot dieses Buch den kompletten Text von *Cycle of the Werewolf*, gekoppelt mit einem mehrseitigen Vorwort, in dem die Geschichte hinter der Geschichte erklärt wurde, Kings endgültigem Drehbuchentwurf für *Silver Bullet*, und einem achtseitigem Fototeil mit Bildern aus dem Film.

Im Juni ging G. P. Putnam's Sons mit der beachtlichen Auflage von fünfhunderttausend *Skeleton-Crew* (dt.: *Der Gesang der Toten*) Exemplaren in Druck. Eine sehr üppige Erstauflage für einen Sammelband mit Short stories. Im Gegensatz zu *Nachtschicht*, einem früheren Sammelband, bot dieses Buch eine breite Auswahl an Material: Gedichte, Kurzgeschichten und einen Kurzroman. Nur ein wirklich sehr treuer Fan konnte sie alle gelesen haben, da die Geschichten aus den verschiedenen Zeitschriften stammten, wie zum Beispiel *Redbook* und *Yankee*, aus Herrenmagazinen wie *Gallery* und *Playboy*, aus Fachmagazinen des Genres wie *Twilight Zone*, *Weird Tales*, *Startling Mystery Stories* und dem *Magazine of Fantasy and Science Fiction (F & SF)*, außerdem noch aus Anthologien wie *Dark Forces*, *Shadows*, *Shadows 4*, *Terror* und *New Terrors 2* und aus *Ubris*, der Literaturzeitschrift an der UMO (University of Maine in Oregon). Zusätzlich kamen auch zwei Geschichten aus einem fehlgeschlagenen Versuch an einem Roman, *Milkman*, zur Geltung.

Als bemerkenswert vielseitige Sammlung früherer und jüngster Werke stellte *Skeleton Crew* insbesondere mit *The Reach*, ursprünglich unter dem Titel *Do the Dead Sing?* veröffentlicht (dt.: *Das Floß*), und *The Mist* (dt.: *Der Nebel*), das charakteristisch für King ist, die Werke eines reiferen Schriftstellers vor. Das *Library Journal* pries die Sammlung als »eine Offenbarung eines enormen Talents und seiner Vielseitigkeit« und stellte fest: »King versteht sich gleichermaßen auf Horror, Science Fiction, Fantasy und die klassischen Spukgeschichten . . .«

Publishers Weekly stimmte dem zu und schloß, diese »starke Auswahl aus allen Stadien seiner Karriere . . . demonstriert den Umfang seiner Fähigkeiten«. Schon nach einem Jahr waren sechshunderttausend Exemplare des Buchs in den USA verkauft.

Im Oktober veröffentlichte NAL *The Bachman Books: Four Early Novels by Stephen King*. Die sechshundertzweiundneunzigseitige, gebundene Ausgabe zu 19,95 Dollar brachte die Romane *Rage* (dt.: *Amok*), *The Long Walk* (*Todesmarsch*), *Roadwork* (*Sprengstoff*) und *Running Man* (*Menschenjagd*) gekoppelt mit einem Vorwort von King: »Warum ich Bachman war«.

Anfang des Jahres hatte King ein Drehbuch mit dem Titel *Trucks* geschrieben, das auf einer gleichnamigen, in *Night Shift* veröffentlichten Kurzgeschichte basierte. *Castle Rock* berichtete, »er hofft, bei diesem Film Regie führen zu dürfen«. Als er im April 1985 sein Drehbuch für *Trucks* fertiggestellt hatte, erschien *Cat's Eye* (*Katzenauge*) auf der Leinwand. Der auf einem Drehbuch von King basierende Film war mit einem sechs Millionen Budget fertiggestellt worden. Er dauerte vierundneunzig Minuten und bestand aus drei, voneinander unabhängigen Geschichten: *Quitters, Inc* aus dem *Night-Shift*-Sammelband, *The Ledge* (dt.: *Der Mauervorsprung*) (ebenfalls aus *Night-Shift* und *The General*, eine neue Geschichte. (In Deutschland sind diese Erzählungen unter dem Titel *Katzenauge* erhältlich).

Obwohl Kings vorangegangene Filmanthologie *Creepshow* durch den Inlandverleih zehn Millionen Dollar eingespielt hatte, brachte dieser Film — eine Dino-DeLaurentiis-Produktion — weniger als vier Millionen Dollar ein.

Im Sommer des Jahres 1985 begannen die ersten Dreharbeiten zu zwei King-Filmen. An der Westküste, in Eugene, Oregon, begann Rob Reiners Castle Rock Entertainment im Juni mit der Verfilmung von *The Body* (*Die Leiche*), die unter dem Titel *Stand by Me — Das Geheimnis eines Sommers* in die Kinos kommen sollte. Die Filmadaption dieser liebenswürdigen Geschichte sollte eine bedeutende Abweichung von dem darstellen, was Kings Kinopublikum normalerweise von ihm erwartete. Rob Reiner, der zugegebenermaßen kein Fan des Horrors war, hatte diese Geschichte ausgewählt, weil sie ihn persönlich berührte. Seine Verfilmung verzichtete auf vordergründige Effekte und entwickelte sich zu einem poetischen Gleichnis auf die Schwierigkeiten des Erwachsenwerdens.

Im Juli, dem darauffolgenden Monat, begannen unter der Schirmherrschaft der Dino-DeLaurentiis-Film-Company in Wilmington, North Carolina die ersten Dreharbeiten zu *Overdrive*. King, der — einschließlich *Creepshow* und *Cat's Eye* — bereits mehrere Drehbücher geschrieben und bei einer Geschichte aus *Creepshow* in der Hauptrolle vor der Kamera gestanden hatte, fand sich jetzt als Regisseur hinter der Kamera wieder.

In einer Vorschau auf den Film kam King zu Wort:

»Eine Menge Leute haben aus meinen Geschichten Filme gemacht... aber ich habe mir gedacht, daß es jetzt wohl an der Zeit sei, die Sache persönlich in die Hand zu nehmen... Schließlich muß man es ohnehin selbst machen, wenn man will, daß es richtig gemacht wird.«

Laut Michael Collings konnte der Film *Maximum Overdrive* entweder nur ein voller Erfolg oder eine Katastrophe werden:

> Daß King hier als Drehbuchautor und Regisseur fungiert, hat *Overdrive* zu einem interessanten Projekt gemacht. Zum ersten Mal wird King einen bedeutenden Einfluß auf das fertige Produkt haben, obwohl DeLaurentiis die Kontrolle über den endgültigen Schnitt behält. Das ist natürlich ein zweischneidiges Schwert. *Overdrive* wird eindeutig Kings individuelle Vision reflektieren. Etwas, das auf diese Art bei *Creepshow, Cat's Eye* und *Silver Bullet* nicht möglich war; was daraus hervorgeht, wird eine klare Definition Stephen Kings als Filmemacher sein. Wenn der Film kein Erfolg werden sollte, kann er die Schuld keinem anderen zuschieben — keinen überempfindlichen Regisseuren, exzentrischen Drehbüchern, etc.

Von Juli bis Anfang Oktober 1985 spielte sich Kings Leben ausschließlich in Wilmington, North Carolina ab, wo die Produktion des zehn-Millionen-Dollar-Films stattfand. King arbeitete sechs Tage die Woche, er stand um sechs Uhr auf, fuhr auf seinem Honda-Motorrad zum Drehort, nachdem er sich bei McDonalds ein schnelles Frühstück genehmigt hatte, und drehte dann den ganzen Tag in der Hitze und Schwüle des Sommers in North Carolina, zusammen mit einer kleinen Armee von Leuten, die darauf warteten, daß er die Dinge ins Rollen brachte und am Ende des Drehtages die einzelnen Aufnahmen überprüfte. Danach machte er beim Zip-Mart halt, um sich Bier zu kaufen, und holte sich im örtlichen Imbißrestaurant sein Abendessen, mit dem er gegen acht Uhr dreißig zu seinem gemieteten Haus zurückfuhr. Dort trank er dann sein Bier, schlang sein Abendessen hinunter und widmete zwei Stunden den Korrekturarbeiten an *Es*.

King erklärte: »Ich habe siebzigtausend Dollar erhalten, um bei diesem Film Regie zu führen, und was mich betrifft, war das die Bezahlung für einen Katastropheneinsatz. Das Geschäft des Filmemachens ist so... unwirklich.« Als er gefragt wurde, ob ihm das Regieführen als Ausgleich zum Schreiben Spaß gemacht habe, antwortete King: »Überhaupt nicht. Ich machte mir rein gar nichts daraus. Ich mußte arbeiten. Ich war nicht ans Arbeiten gewöhnt. Ich hatte schon seit zwölf Jahren nicht mehr gearbeitet.«

In der Zeit, die er in North Carolina beim Dirigieren eines Drehteams und einer Schauspieltruppe verbrachte, hätte King auch einen weiteren Roman fertigstellen können, der ihm fünf Millionen Dollar eingebracht haben würde. Es war ganz eindeutig nicht das Geld, das ihn an der Sache reizte, sondern die Gelegenheit, etwas auszuprobieren, das er noch nie zuvor gemacht hatte. Es wurde ein Film, in dem die Maschinen verrückt spielen; Trucks umzingeln ein Rasthaus, weil sie Benzin brauchen, ein Rasenmäher killt seinen Benutzer, ein Messer zersägt eine Kellnerin — in der Schlußsequenz müssen auch noch Ufos ran. Der Zuschauer jedoch ist gut beraten, nicht nach tieferen Gründen dieser Ereignisse zu fragen — der Film liefert sie nicht.

In diesem Juli verabschiedete North Carolina ein Gesetz, das King als »Anti-Porno-Statute« bezeichnete, woraufhin »die Pornofee« über Nacht sämtliche *Playboy*- und *Penthouse*-Magazine, ebenso wie Pornofilme und

Erwachsenenfilme in örtlichen Videoverleihen verschwinden ließ. Nachdem er einen Polizeibeamten dabei beobachtet hatte, wie er Pin-up-Kalender nach barbusigen Mädchen durchsuchte, stellte King fest: »In North Carolina sind nackte Brüste ein ebensolches Verbrechen wie Kokain. Ich glaube, das ist die wahre Obszönität.«

Nachdem man vor die Wahl gestellt worden war, entweder selbst zu entscheiden, was man las, oder jemand *anderen* darüber entscheiden zu lassen, schloß King: »Wir sind für uns selbst verantwortlich. Verabschiedet ein solches Gesetz, und die Entscheidung darüber, was als obszön gilt und was nicht, wird uns ein für allemal aus der Hand genommen; damit gibt man dann die Freiheit der Selbstentscheidung auf, was eines der Dinge ist, für die Amerika eigentlich einstehen sollte — jedenfalls ist es das, was wir unseren Kindern in der Schule beibringen. Wenn ihr die Hard-core-Pornos ausrottet, was wird dann als nächstes verschwinden?«

Auch in seinem Heimatstaat Maine war die Frage darüber, was obszön sei und was nicht, zu einem Diskussionspunkt geworden, wobei der Pfarrer Jack Wyman von der Christian Civic League (Christliche Bürgerinitiative) das Feuer schürte.

Ein Jahr zuvor hatte die Christliche Bürgerinitiative aus Maine eine Umfrage organisiert, aus der sie schloß, daß die Öffentlichkeit »ein Pornoverbot favorisierte«. Angespornt durch diese »Entdeckung«, sammelte die League daraufhin die erforderliche Zahl an Unterschriften von Maines eingetragenen Wählern, um im gesamten Staat ein Referendum zu diesem Streitpunkt zu erzwingen. Obwohl die League das Ganze bereits im November 1985 bei der Wahl geregelt sehen sollte, wurde das Referendum auf die Erstwahlen im Juni 1986 verschoben.

Im Frühling des Jahres 1986 wurde bei der zweiten regulären Sitzung der gesetzgebenden Körperschaft von

241

Maine verabschiedet: »Im Jahre Unseres Herren/Neunzehn Hundert und Sechsundachtzig/wird EIN GESETZ verabschiedet, das die Verkaufsförderung und Förderung durch den Großhandel von Pornographischem Material im Staate Maine untersagt«. Die Faktenbeschreibung lautete folgendermaßen: »Der Zweck dieses Gesetzes ist es, die Herstellung, den Verkauf, den Tausch oder anderweitige Förderung von obszönem Material in Maine für illegal zu erklären«.

Reverend Jack Wyman und seine Christlichen Soldaten scharten sich um ihren Wahlspruch — »Tut es für die Kinder« — und marschierten voran, wobei sie vielfältige Unterstützung erhielten: durch die Guardians for Education for Maine, die Pro-Life Education Association, dem Maine chapter of the Eagle Forum und der Women's Christian Temperance Union.

Nachdem ihnen somit der Kampf angesagt worden war, versammelten sich auch die Gegner des Referendums um ihren Slogan — »Macht Das Wort Freiheit Nicht zu Etwas Anstößigem«. Zu ihnen gehörten die Maine Civil Liberies Union, The Main Chapter of the National Organization for Women/NOW, der Lehrerverband aus Maine, der Büchereiverband, Zeitschriften und Büchervertriebe Maines, die Frauenlobby, eine Bürgerinitiative gegen Zensur und ein Homosexuellenverband.

Nachdem die Christliche Bürgerinitiative ihre Schlachtordnung aufgestellt hatte, leierte sie eine energische, feurige Kampagne, die das Evangelium im ganzen Lande verbreiten sollte: tausendfünfhundert Kirchen Maines erhielten Informationsmaterial; Unterzeichner der Petition wurden angesprochen und dringlich um Geldspenden für die selbstfinanzierte Kampagne gebeten, indem sie der Christian Civic League beitraten.

Wyman erörterte das Thema auch noch in Radio- und Fernsehsendungen, was durch eine Fernsehwerbekampagne ergänzt wurde. Die aus zwei Werbesendungen bestehende Kampagne kostete einhunderttausend Dollar und sollte »die Verbindung zwischen Pornographie und dem sexuellen Mißbrauch von Kindern herausstreichen«.

In *Another Viewpoint* (Ein anderer Standpunkt), einer offenen Rubrik der *Bangor Daily News*, brachte Wyman seine Meinung zum Ausdruck:

> Hard-core und gewalttätige Pornographie verdirbt und zerstört Leben, Familien und Ehen. Sie hat einen schädlichen Einfluß auf Kultur, Gesellschaft und Moral. Sie erniedrigt den Charakter der gesamten Zivilisation, von dem eine freie Öffentlichkeit abhängt. Sie bedroht unschuldige Frauen und Kinder und beutet sie aus. Das von uns angestrebte Gesetz für den Staat Maine wird weder die Pornographie in Maine völlig ausrotten noch der Vergewaltigung und dem Kindesmißbrauch, was beides unmittelbar mit der Pornographie in Verbindung steht, Einhalt gebieten können. Dieses Gesetz wird jedoch dazu beitragen, die extreme Verbreitung dieser kulturellen Katastrophe zu kontrollieren. Diejenigen, die mit der Durchführung und Auslegung des Gesetzes betraut wurden, werden ihre Aufgabe, wie wir glauben, fair, vernünftig und mit intelligenter Urteilsfähigkeit erledigen.

Stephen King bekämpfte Feuer mit Feuer und unterstützte die Gegner des Referendums. Er trat in einer Fernseh-Werbesendung auf, die mit den Worten begann: »Wollen Sie etwas *wirklich* Gruseliges hören?« und dann von Zensur handelte.

In dem Artikel *Sagen Sie nein zu den Vollstreckern*, der in einer Mainer Zeitung erschien, schrieb King: »Ich denke, die Idee, den Verkauf von obszönem Material zu einem Verbrechen zu machen, ist ziemlich schlecht, weil sie den verantwortungsbewußten Bürgern die Entscheidung, selbst nein zu sagen, aus der Hand nimmt und sie der Polizei und den Gerichten überläßt. Ich denke, es ist eine schlechte Idee, weil sie undemokratisch, anmaßend, und in erschreckendem Maße diffus ist. Ich bitte Sie eindringlich, am 10. Juni zu wählen, und ich bitte Sie ebenso inständig, daß Sie nein sagen«.

In der Rubrik *Another Viewpoint* stimmte Joseph King in dem Artikel *Ein Obszönitätengesetz ist obszön* mit seinem Vater überein. ›Die Idee zu diesem Obszönitätengesetz hat einige Lücken. Unglücklicherweise sind diese Lücken groß genug, daß man mit Lastwagen durch sie hindurch fahren könnte.« Die Gegner des Referendums versuchten daraufhin in einem aufrüherischen, jedoch sehr effektvollen Werbespot an die Gefühle der Zuschauer zu appellieren. Der Spot zeigte einen Mann in Lederjacke, der Bücher von John Steinbeck, Alice Walker und Jean Auel anzündete. Die Stimme eines Sprechers erläuterte: »Wenn das Referendum für die Zensur stimmt, dann könnte sich Ihre Freiheit in Rauch auflösen. Sagen Sie mit Ihrer Wählerstimme nein zur Zensur.«

Nachdem Stephen King den Spot gesehen hatte, gestand er: »Ich hasse diesen Spot. Ich meine, dieser Typ sieht doch aus wie ein Nazi ... Aber wissen Sie, wenn man diesen Weg (zur Zensur) beschreitet, dann könnte das gar nicht mehr so weit hergeholt sein ...«

Am 6. Juni sprach Stephen King in einer vom örtlichen Radiosender ausgestrahlten Diskussionsrunde mit Rev. Jack Wyman. Christoper Spruce erklärte Kings Einstellung während der Debatte in *Castle Rock*:

Stephen King, dessen Bücher aus einigen Schulbibliotheken verbannt worden sind, meinte, er wisse nicht, wohin solch ein Gesetz führen würde.

Er sprach Wyman in der Radiodiskussionrunde an: »Jack, Sie können hier sitzen und behaupten, daß Sie wüßten, was (das Gesetz) bewirken wird, doch das tun Sie nicht. Niemand weiß es. Und deswegen bin ich auch dagegen. Ich bin gegen Dinge, deren Wirkung ich nicht absehen kann.«

Am 10. Juni 1986 wurde das Referendum von den Wählern in Maine eindeutig abgelehnt; zweiundsiebzig Prozent sagten nein zu dem Gesetzentwurf. Obwohl die Christian Civic League schon von Anfang an erklärt hatte, daß die Opposition zu Unrecht behaupten würde, ein Obszönitätenverbot und Zensur wären das gleiche, und das in North Carolina verabschiedete Anti-Obszönitätengesetz von ihnen ungerechterweise als Munition verwendet wurde, gestand ein Sprecher der Christlichen Bürgerinitiative schließlich die Niederlage ein:

Wir haben einen guten Kampf gekämpft. Wir handelten aus den edelsten Beweggründen. Wir können auf das, was wir erreicht haben, stolz sein. Obwohl unsere Gegner eine schmähliche Kampagne führten, können wir ihnen zu ihrer Gewitztheit nur unsere Anerkennung aussprechen und ihnen zu ihrem Erfolg gratulieren. Ich wünschte, wir hätten gewonnen.

Ich wünschte mir selbstverständlich, wir hätten für unsere Kinder gewinnen können... Gott hat sicherlich Seinen Grund dafür, daß er uns diesmal verlieren ließ. Mit Seiner Hilfe werden wir gestärkt zurückkommen; das versichere ich Ihnen.

Diese Schlacht hatten King und die anderen Gegner des Referendums gewonnen, auf anderer Seite mußte King jedoch eine Niederlage einstecken. *Maximum Overdrive* erhielt zunächst von der Motion Picture Association of America's Review Board (zuständig für die Freigabevermerke für Filme) den Todeskuß, da er als rated-x (nicht jugendfrei), eingestuft wurde. King schrieb in dem Artikel, *The Dreaded X* (*das gefürchtete X*) darüber: »Die Freigabevermerke können den Film entweder zum Verkaufsknüller machen oder ihn zerstören«. Die Einstufung als X-Film bedeutete, daß die meisten Zeitungen keine Werbung für den Film drucken wollen. Der Zehn Millionen Dollar teure Film, der im August in tausend auf das ganze Land verteilte Kinos kommen sollte, mußte unbedingt eine R-Einstufung erhalten (frei ab siebzehn Jahren). Nachdem man mehrere anstößige Szenen herausgeschnitten hatte, einschließlich einer Szene, in der ein Kind von einer Dampfwalze überrollt wird, erhielt der Film schließlich doch seine R-Einstufung.

»Wenn ich es recht bedenke, glaube ich nicht, daß der Film schlecht bewertet wird«, orakelt King vor der Veröffentlichung des Filmes. Er erhielt jedoch im Gegenteil nicht nur schlechte Kritiken, sondern die Kritiker schienen auch noch besonderen Spaß daran zu finden, Kings erste Bemühungen im Regiebereich völlig niederzumachen.

Selbst die Zeitung seiner Heimatstadt *Bangor Daily News* konnte kein gutes Haar an diesem Film lassen. Robert H. Newall schrieb: »Als ich das Kino verlassen hatte, verspürte ich das dringende Bedürfnis, ein heißes Bad zu nehmen ... Ich wollte mir den ganzen Schmutz dieses skurrilen, hirnlosen Films von der Haut schrubben ... Kurz gesagt, diesem Film mangelt es an gutem Geschmack, Charme, Kultur und, am meisten, an Menschlichkeit.« Die *New York Times* ließ verlauten, King habe »einen vielversprechenden Gedanken – unsere Abhängigkeit von Maschinen – aufgegriffen und ihn in einen langen derben Film verwandelt, der von einer Bruchlandung zur nächsten keuchte«. Der *Boston Globe* fügte hinzu: »Stephen Kings neuester Film ... ist eine künstlerische Bankrotterklärung ... King gibt sein Debüt als Regisseur seines eigenen Materials, und die Art, in der er den Horror behandelt, ist dümmlich und banal«.

Nachdem der Film weniger als vier Millionen Dollar durch den Verleih eingebracht hatte, wurde er von der Leinwand genommen und innerhalb von vier Monaten auf Video gebannt. *Maximum Overdrive* war die Luft ausgegangen, und Stephen King hatte den endgültigen Beweis geliefert, daß schriftstellerisches Talent und Filmemachertalent zwei völlig verschiedene Begabungen sind.

Als man ihn Jahre später fragte, ob er vorhabe, erneut als Regisseur tätig zu sein, antwortete King: »Ich habe bis jetzt noch keine Pläne, wieder Regie zu führen, aber früher oder später möchte ich es gerne noch einmal tun ... in Maine. Das Gute am Regieführen ist, daß man über alles die Kontrolle hat; und das Schreckliche am Regieführen – der wirkliche Nachteil – ist, daß man über alles die Kontrolle hat.«

Die totale Freiheit brachte, wie King erkennen mußte, die totale Verantwortung mit sich, der er zumindest im Fall von *Overdrive* nicht gewachsen war.

Nach *Cat's Eye, Children of the Corn, Firestarter, Silver Bullet* und jetzt auch noch *Maximum Overdrive* besaß der Name Stephen King in Hollywood oder bei den Kinogängern nicht jenen Ruf, den er sich bei seinen Lesern erworben hatte. Rob Cohen erklärte dem Reporter Gary Wood den Unterschied:

Hollywood sucht ständig nach einem Weg wie man Filme am besten *vermarkten* kann, bevor es sich Gedanken um eine gute Geschichte macht. Es sucht nach marktgängigen Aufhängern. Wenn du einen marktgängigen Aufhänger für einen Film anbietest, dann hast du eine viel bessere Chance, daß er sich auch verkaufen läßt, selbst wenn das Drehbuch nur minderwertig ist. Du kannst sagen: Ich habe einen *Stephen-King*-Film! Und im frühen Stadium der Romanze zwischen Stephen King und Hollywood kamen die Produzenten in Scharen zusammen; sie eilten herbei, weil sie dachten: »Mein Gott!« Wir haben ein Aushängeschild! Das hat nicht funktioniert. Der gute Ruf allein reicht nicht aus, um einen erfolgreichen Film machen zu können.

Im nächsten Monat, als Rob Reiners *Stand by Me* in nur einer Handvoll Kinos anlief, wurde die Verbindung zu King absichtlich heruntergespielt. Man hoffte, wie üblich bei »stillen« Filmen, daß eine positive Mund-zu-Mund-Propaganda langsam ein größeres Publikum anziehen würde – und tatsächlich: Der Film entwickelte sich überraschenderweise zum Hit der Saison, er war ein sogenannter »Schläfer«, wie die Filmbranche es bezeichnet. Wie üblich reagierten die Leute zunächst mit Ablehnung, dann mit Überraschung und Erstaunen, daß es sich tatsächlich um eine Geschichte von King handelte. Indem er sich auf die Geschichte konzentrierte – eine zeitlose, rührende Erzählung über vier Jungen, die allmählich erwachsen werden –, hatte Reiner gezeigt, daß ein King-Film nicht nur profitabel sein konnte, sondern daß eine King-Geschichte auch auf der Leinwand wirkungsvoll darzustellen war; die Essenz seiner Erzählungen konnte in einen Film umgewandelt werden. Reiner erklärte dem Reporter Gary Wood:

Viele Leute nehmen an, daß Stephen King einfach nur ein Horrorschriftsteller der besonders gräßlichen Art ist; aber wenn man seine Bücher genauer liest, wird man entdecken, daß er ein brillanter Schriftsteller ist. Seine Charaktere sind sehr gut ausgewählt, seine Dialoge exzellent, die Plots großartig. Es ist wirklich ein sehr guter Schriftsteller.

Ich glaube, er ist unter anderem so beliebt, weil sich seine Werke um das Übernatürliche drehen. Die Leute mögen solche Sachen. Aber wenn man das alles wegläßt und einzig die Charaktere betrachtet — die Art, in der er seine Charaktere auswählt —, ist er wirklich gut. Das ist es, was mich mehr zu seinen Büchern brachte, nicht die Action, nicht das Grauen ... Das hat mich an *Die Leiche* fasziniert ... Für mich war das eigentlich gar keine Horrorerzählung. Es war ein Charakterstück über vier Jungen, die sich in einem Übergangsstadium befinden.

David Brooks von *Insights* schrieb: »Wer hätte vorhersehen können, daß aus einer Geschichte über vier Zwölfjährige, die auf der Suche nach der Leiche eines Jungen sind, ein guter Film zu machen ist?« Brooks schloß, daß *Stand by Me* eine »erstaunliche Leistung« und ein »eindringlicher, anrührender und sehr ursprünglicher Film« sei. Ein weiterer Kritiker, der seine Aufmerksamkeit Kings jüngster Veröffentlichung widmete, schrieb:

Wenn man in Betracht zieht, was für eine Katastrophe Stephen Kings *Maximum Overdrive* wurde, bei dem der Bestseller-Horrorautor selbst Regie geführt hatte, ist es ein Vergnügen, zu berichten, daß *Stand by Me*, ein Film, der auf seiner Novelle *Die Leiche* basiert, ein fast uneingeschränkter Erfolg wurde ... Einer der extrem raren Filme, die es jemals fertigbrachten, ein echtes Gefühl davon zu vermitteln, wie ein zwölfjähriger Junge das ländliche Amerika erlebt. Ignorieren Sie den irreführenden Titel und sehen Sie sich *Stand by Me* an, das in seinen besten Szenen sowohl an Mark Twain als auch an Faulkner erinnert.

Stand by Me brachte, verglichen mit den vier Millionen Dollar des Films *Maximum Overdrive*, zweiundzwanzig Millionen Dollar durch den Verleih im Inland ein.

Am 6. Oktober 1985 zierte King das Titelblatt der Zeitschrift *Time*. Der Schriftsteller wurde als »König des Horrors‹ dargestellt. Das Porträt über King wurde durch einen Überblick über die Tradition des Horrors vervollständigt. »Der Meister des Pop-Schreckens«, wie King von *Time* tituliert wurde, war zu einem Teil der amerikanischen Kultur geworden.

King war zweifellos geschmeichelt, daß *Time* ihn für eine Titelstory auserkoren hatte, doch »das göttlichste Erlebnis, das ich in meinem Leben in der Öffentlichkeit hatte«, sei, wie er erklärte, nicht diese Story, sondern eine zufällige Begegnung mit einem Fan gewesen. King erinnerte sich an diese Geschichte:

Ich aß mit Bruce Springsteen — dem Boß höchstpersönlich — zu Abend, kurz bevor sie alle auf die »Born-in-the-USA«-Tournee gingen und er auf der Karriereleiter viele Sprossen nach oben kletterte. Ich hatte einige Zitate aus seinen Songs in meinen Büchern verwendet. Ich glaube, er war irgendwie neugierig auf mich, und ich war ein großer Fan seiner Musik, also gingen wir in eine kleine irische Bar mit Restaurant an der East Side; als wir zur Tür hereinkamen, wollte uns irgendein Kerl Kokain verkaufen, also sahen wir wirklich wie normale Typen aus.

Wir setzten uns und aßen. Als wir unsere Mahlzeit ungefähr zur Hälfte beendet hatten, sah ich mich um und mein Blick fiel auf ein Mädchen, das offensichtlich mit seinen Eltern gekommen war. Sie war ungefähr vierzehn, hatte blondes Haar, in dem sie eine schwarze Samtschleife trug, sie drehte sich um und wäre fast vom Stuhl gepurzelt, ihre Augen strahlten; und sie stand auf, ließ ihre Eltern am Tisch sitzen, sah sie noch nicht einmal an, erzählte ihnen nicht, wo sie hinwollte, und lief nicht nur durch diesen Raum — sie schwebte regelrecht auf unseren Tisch zu. Bruce Springsteen griff in seine Tasche und holte seinen Stift hervor, doch sie warf dem Typen noch nicht einmal einen Blick zu. Sie sah mich an und fragte: »Sind Sie nicht Stephen King? Ich habe alles gelesen, was Sie jemals geschrieben haben!«

In diesem Oktober veröffentlichte Viking das erste der vier *Feuersturm*-Bücher. *It* (dt.:*Es*), an dem er vier Jahre geschrieben hatte, markierte den vorläufigen Höhepunkt von Kings schriftstellerischer Entwicklung.

Mit seinen eintausendeinhundertachtunddreißig Seiten zog *Es* seiner Länge wegen die Aufmerksamkeit auf sich. Im Jahre 1980 hatte King sich in *Adelina* über die Gefahren des Schreibens von langen Romanen ausgelassen:

Es gab einmal eine Zeit — ich würde sagen, sie endete so gegen 1950 —, als ein langer Roman um seiner selbst willen beurteilt und akzeptiert wurde; und davor gab es wiederum eine Zeit, in der ein langer Roman eher die Regel als die Ausnahme darstellte. Seit dem Jahr 1950 ... wird ein Roman immer häufiger allein seiner Länge wegen abgeurteilt. Viele Kritiker scheinen einen mehr als vier-

hundert Seiten langen Roman als persönliche Belei-
digung aufzufassen.

King, der Michael Collings vor der Veröffentlichung
eine Fotokopie des Manuskripts geschickt hatte, war verständlicherweise überaus erleichtert, als Collings ihm
eine Kopie seiner Beurteilung von *Es* übersandte, die mit
den Worten schloß: »*Es* übertrifft sich buchstäblich selbst
und wird zum stärksten Roman, den King je geschrieben
hat«. King schrieb daraufhin einen Antwortbrief an Collings, in dem er seinen Kommentare, aus *Adelina* wieder-
holte:

> Vielen Dank für Ihren freundlichen Brief und das
> beiliegende Essay. Ich freue mich sehr, daß Ihnen
> das Buch so gut gefallen hat. Eigentlich hat es mir
> selbst sehr gut gefallen, aber als ich diesen absur-
> den, einen Fuß hohen Stapel Manuskriptseiten sah,
> begab ich mich augenblicklich in Verteidigungsstel-
> lung. Ich glaube, daß die Tage, in denen ein Roman
> von solcher Länge auch nur von den Kritikern ge-
> lesen wird, lange vorbei ist. Ich vermute, daß meine
> Schutzhaltung teilweise eher daher rührt, daß ich
> mir üble Kritiken erwarte, und weniger weil ich
> selbst glaube, daß dieses Buch wirklich zu lange ist.

King hatte die Kritiker unterschätzt. Viele Rezensenten
von *Es* waren sich einig: King ist ein Schriftsteller, der
einem das Gefühl eines heranwachsenden Kindes geradezu vollendet vermitteln kann. Ein Kritiker schrieb:
»Das Aufregende und Fesselnde an *Es* sind nicht seine
mechanischen Entscheidungskämpfe und Schockerszenen
— sondern die einfachen Szenen, in denen King uns fühlen läßt, wie ein Kind die Fünfziger erlebte. Sollte er —
was nahezu ein Ding der Unmöglichkeit ist — jemals

geloben, fortan in Armut zu leben und sich im wahren literarischen Stand der Heiligen zu versuchen, dann wäre diese überaus lebhaft geschilderte Traumwelt ein guter Ort, an dem er seine Wallfahrt beginnen könnte.

Allerdings gab es auch Kritiker, die den Roman als eine Übung in literarischer Zügellosigkeit abqualifizierten, etwas, das sich nur ein Bestsellerautor erlauben konnte. E. F. Bleiler schreibt in *Twilight Zone* über King: »Er, der in vielerlei Hinsicht der Thomas Wolfe unserer Tage ist . . . hat noch nie den Maxwell Perkins, den er braucht und verdient, getroffen.«

Der Vergleich scheint angemessen, insbesondere nachdem King später in *Nightmares in the Sky* (dt.: *Nachtgesichter*) schrieb:

> Ich bin ein Schriftsteller, der mehr von Nervenenden als von intellektuellen Gedankengängen und Logik zehrt. Als man Maxwell Perkins fragte, ob Thomas Wolfe, dessen Bücher Perkins verlegte, ein großer Schriftsteller gewesen sei, schnaubte Perkins: »Teufel, nein! Tom war ein göttliches Windspiel. Nicht mehr als das.« . . . Ich behaupte ebensowenig, der Thomas Wolfe meiner Generation zu sein, wie ich irgendwelche künstlerischen Verdienste in meiner Arbeit sehe . . . Ich sage nur, das, was ich schreibe, kommt eher aus dem Bauch als aus dem Kopf und hat mehr mit Intuition als mit Intellekt zu tun. In diesem Sinne bin ich ebenfalls mehr Windspiel als Schriftsteller.

Einige Kritiker machten es sich sehr leicht mit Stephen Kings bisher längstem Roman. Walter Wagner schrieb im *New York Book Review*: «Wo liegt Stephen King, der erfahrenste Kronprinz der Dunkelheit falsch bei *Es*? Fast überall. Er ließ die Disziplin, die für einen Schriftsteller ebenso wichtig ist wie Phantasie und Stil, einfach beiseite und hat alles, was ihm gerade einfiel, in dieses Buch gesteckt, und dann auch noch zuviel davon.«

Auch *Publishers Weekly*, das Kings Bücher normalerweise günstige Kritiken gönnte, hatte *Es* nicht ins Herz geschlossen. »Holen Sie *Es*. Kaufen Sie *Es*. Jedermann liest *Es*. Der einschmeichelnden Verkaufsslogans gibt es unzählig viele. Doch wie wäre es mit: Vergessen Sie *Es*? . . . Übervölkert und ungenügend charakterisiert, aufgebläht durch träge dahinfließendes, schlecht durchdachtes Philosophieren und Theologisieren, wird die Handlung durch Kings zügellose Schreiberei ertränkt . . . *Es* ist einfach zu viel.«

Dennoch war *Es* durch nichts aufzuhalten. Eine Million Exemplare gingen von dem 22,95 Dollar teuren Buch in den USA in den Druck. Für die Anhänger Kings spielte es überhaupt keine Rolle, was die Kritiker sagten, denn seine Anhänger sind in der Überzahl. Einer von ihnen, die Schauspielerin Whoopi Goldberg, besprach *Es* für die *Los Angeles Times* und brachte die Gesamtmeinung aller Fans zum Ausdruck: »Ich warte auf jeden neuen King-Roman wie ein Alkoholiker auf seinen nächsten Drink. Ich bin süchtig«.

Ebenso wie *Es* den Beginn des Feuersturms markierte, wurde auch das Schreiben der Bücher *über* King allmählich zu einem neuen Industriezweig. Allein im Jahre 1986 wurden vier Bücher über ihn geschrieben: *The Films of Stephen King* (*Stephen King und seine Filme*) von Michael Collings (ein Starmont Buch), *Stephen King at the Movies* von Jessie Horsting, *The Annotated Guide to Stephen King* von Collings, ein zweiter Sammelband mit Essays von Underwood-Miller und das von Tim Underwood und Chuck Miller herausgegebene *Kingdom of Fear*.

Ein weiteres Underwood-Miller-Buch, *Bare Bones*,

254

schuf im Bereich des Buchhandels beträchtliche Verwirrung, als es in dem Bowker Nachschlagewerk *Forthcoming Books* als ein Buch *von* King aufgelistet wurde, obwohl es sich tatsächlich um eine Sammlung von Interviews *mit* King handelte. Es war King wahrscheinlich nie in den Sinn gekommen, daß all die Interviews, die er so bereitwillig gegeben hatte, in einem solchen Sammelband zusammengefaßt werden würden.

Den größten Teil des Jahres 1987 konzentrierte sich King auf das Schreiben von *Tommyknockers* (dt.: *Das Monstrum — Tommyknockers*), das am 19. Mai fertiggestellt wurde. Schöpferisch ausgelaugt von der langen Arbeit an *Es*, durchlitt King während des nächsten Jahres eine regelrechte schriftstellerische Blockade. King erinnerte sich: »Ich habe irgend etwas angefangen, und es fiel zusammen wie ein Kartenhaus. Ich weiß nicht, wie ich es beschreiben soll, außer daß ich mich höchst hilflos, ekelhaft und schrecklich fühlte ... Man fühlt sich wie ein Eierteig im Mixer.«

Da er ständig unter Druck gesetzt wurde, in regelmäßigen Abständen Bücher zu schreiben, die Medien ihn mit Bitten um Interviews belagerten, und seine Fans ihn jede Woche mit Hunderten von Briefen bombardierten — von denen in siebzig Prozent auch noch eine Antwort erbeten wurde —, befand sich King plötzlich im Auge des Sturms ... und war unfähig zu schreiben.

Tabitha King, die sich inzwischen selbst als Schriftstellerin profiliert hatte, wußte genau, was ihr Ehemann durchmachte. In einem Interview erklärte sie, wie wichtig das Schreiben für ihrer beider Leben sei:

Ich weiß nur, daß ich verrückt werde, wenn ich es nicht tue. Steve hat immer gesagt, er würde Selbstmord begehen, wenn er nicht schreiben könne, und das machte mich immer stinksauer. Ich sagte zu ihm, wenn er sich wie Ernest Hemingway aufführen wolle, dann würde ich ihn auf die Straße werfen und auf ihm herumtanzen! Ob Steve jetzt wirklich glaubt, daß er sich umbringen wird oder nicht, ich weiß jedenfalls, wie schrecklich es sein würde, wenn er nicht mehr schreiben könnte.

Als *Castle Rock* die schlechte Nachricht von Kings schöpferischer Pause verkündete, reagierten die viertausend Abonnenten mit größter Besorgnis, da seine süchtigen Fans beständig ihren King-Fix benötigten. Außerhalb der Insiderkreise bemerkte man Kings Blockade jedoch fast gar nicht; schließlich brannte der Kingfeuersturm bereits lichterloh, da die Veröffentlichung von *Eyes of the Dragon, Misery* und *Tommyknockers* für das Jahr 1987 bevorstand.

Außerdem sollten auch noch drei Kingfilme in die Kinos kommen: *Friedhof der Kuscheltiere, Creepshow 2* und *The Running Man.*

Ja es gab sogar drei neue Bücher *über* King: *The Gothic World of Stephen King, Stephen King Goes to Hollywood* und *The Stephen King Phenomenon.*

Im Februar 1987 wurde *Eyes of the Dragon* vom Viking-Verlag als gebundene Ausgabe mit neuen Illustrationen von David Palladini herausgegeben. Da er befürchtete, es würde für ein Kinderbuch gehalten werden, betonte King: »Es ist eine Erzählung, und eine Erzählung ist etwas, das jedem mit genug Verstand beim Lesen etwas bringen wird«.

Obwohl im ersten Jahr fünfhundertfünfundzwanzigtausend Exemplare von der Erzählung verkauft wurden, fand es, in Verkaufszahlen gerechnet, bei den King-Lesern, die sich einzig Horrorromane von King versprachen, zweifellos keinen sehr guten Anklang. Denn diese Leser hatten ernstzunehmende Vorbehalte, sobald King einmal von seinem üblichen Weg abwich. Margi Washburn eröffnete in einem Schreiben an die Zeitung *Castle Rock*, daß sie sich zwar ein Exemplar des Buches hatte reservieren lassen, doch nachdem sie die Inhaltsangabe auf dem Vorführexemplar einer Buchhandlung gelesen habe, die Reservierung sofort rückgängig gemacht. »Warum? Weil Herr King für ein dreizehnjähriges Kind und nicht für mich geschrieben hatte. Ich bin vierunddreißig.«

Als Frau Washburn dem Buch schließlich doch eine Chance gab — nachdem es ihr von einer örtlichen Bibliothekarin, in deren Bücherei vierundvierzig Exemplare zirkulierten, wobei auf der Warteliste bereits hundertzehn Leute standen, die es lesen wollten, mit Begeisterung empfohlen worden war —, entdeckte sie, daß ihre Bedenken gegen das Buch verfrüht gewesen waren. Nachdem sie es gelesen hatte, schrieb sie: »Ich brauchte drei Tage, um diesen Schatz zu Ende zu lesen... Ich lachte und weinte und betete, daß es nicht enden würde.«

Diese Gefühle teilte auch Kings eigene Tochter, Naomi, für die das Buch ursprünglich geschrieben worden war. Stephen King, der ihre Reaktion beobachtet hatte, schrieb, sie habe das Manuskript »mit unverhohlenem Mangel an Enthusiasmus« entgegengenommen, was sich jedoch in »verzücktes Interesse« verwandelte, »als die Geschichte sie gefangennahm«. Als sie das Buch fertiggelesen hatte, erzählte sie ihrem Vater »das einzige, was sie bei dem Buch bemängeln könne, sei, daß es ein Ende hatte«.

»Das, meine Freunde, ist, wie ich glaube, das Lieblingslied eines jeden Schriftstellers«, schloß King.

Für die King-Leser, die sich beständig an seinen eher schauerlichen Romanen labten, war *Die Augen des Drachen* sicherlich eine Überraschung, ebenso wie es viele von ihnen überraschte, das *Stand by Me* auf einer Geschichte Kings basierte. Beides zeigt die ungeheure Vielfalt, über die King als Schriftsteller verfügt — was selten genug ist in der heutigen Zeit, in der es einigen Bestseller-Autoren vollkommen ausreicht, ein und dasselbe Buch immer wieder neu zu schreiben.

Im Juni 1987 veröffentlichte Viking *Misery* (dt. *Sie*) als Kurzroman. Das Buch hatte dreihundertzehn Seiten und wurde in einer Auflage von neunhunderttausend Exemplaren gedruckt. Kings gruselige Interpretation von John Fowles' *The Collector* berührte sowohl bei ihm als auch bei seiner Leserschaft einen wunden Punkt, was Tabitha King dazu veranlaßte, den Artikel *Co-miser-a-ting with Stephen King* für die Zeitung *Castle Rock* zu schreiben, den sie mit den Worten begann:

> Ich habe mehrere verletzte, wütende und beleidigte Fanbriefe gelesen, deren Verfasser irrtümlich glaubten, Steve würde in *Sie* seine wahren Gefühle für seine Leser zum Ausdruck bringen ... Diese Erforschung der schlimmsten Aspekte einer Star-Fan-Beziehung ist richtig und wahr.

In einem späteren Interview fügte Tabitha noch hinzu: »Das Publikum ist häufig besitzergreifend und unbarmherzig, und die Leute scheinen nicht zu verstehen, daß sie versuchen, eine Art der emotionalen Sklaverei auszuüben«. Sie fuhr fort, »Geld und Ruhm sind etwas sehr Anziehendes für die Selbstsüchtigen, die gewillt sind, alles zu tun ... selbst wenn es dir weh tun oder dich umringen sollte ...«

Wie auch der Roman *Friedhof der Kuscheltiere*, den man

wegen der Unerbittlichkeit lobte, mit der er ein Thema behandelte, über das die meisten Leute noch nicht einmal reden wollen, war *Sie* ein Psychothriller. Für die einen war es Kings bester Roman seit Jahren — eine kurze, knapp geschriebene Geschichte, die um so knapper wurde, als King die Vorschläge seines Lektoren beherzigte — für andere war es eins der langweiligsten Bücher des Autors.

King erklärte, *Sie* sei mehr als nur eine unterhaltsame Erzählung; es sei eine Erforschung seiner schriftstellerischen Seele:

> Ich dachte, die Geschichte würde schlicht und ergreifend von einer Flucht handeln. Als ich ungefähr die Hälfte oder zwei Drittel geschrieben hatte, entdeckte ich, daß ich tatsächlich über etwas sprach, das mit einer bloßen Erzählung nur wenig gemein hatte. Ich dachte mir, du redest über *Tausend und Eine Nacht*, und du sprichst von dem, was du tust. Je mehr ich schrieb, desto mehr sah ich mich gezwungen, das, was ich tat, wenn ich meine Phantasiewelt schuf, zu untersuchen; warum ich es tat und aus welchem Grund ich damit Erfolg hatte; ob ich andere Leute damit verletzte oder nicht und ob ich mich damit verletzte oder nicht.

Sicherlich fühlten Kings treue Leser, — diejenigen, welche *Die Augen des Drachen* gemieden hatten, weil es kein Horrorroman war — daß sie in *Misery* verunglimpft wurden und konnten überhaupt nichts Komisches an der Story entdecken. In dem Roman wird Paul Sheldon, Autor von Liebesromanen von seinen Lesern, die von seiner Verlegerin sogar noch unterstützt werden, dazu »gezwungen«, ihnen das zu geben, was sie wollen: Geschichten über die Heldin Misery Chastain, und sonst gar nichts:

Sie wollten Misery, Misery, Misery. Jedesmal, wenn er sich ein oder zwei Jahre freigenommen hatte, um einen seiner anderen Romane zu schreiben — die er zunächst mit Selbstverständlichkeit, dann mit Hoffnung und später nur noch mit einer Art grimmiger Verzweiflung als seine »ernsthaften« Werke betrachtete — erhielt er eine Schwemme von Protestbriefen von diesen Frauen, von denen viele mit »Dein Fan Nummer eins« unterschrieben.

Für einen Schriftsteller ist eine solche Situation tatsächlich eine Misere, die von der Krankenschwester Annie Wilkes noch potenziert wird. Sie zwingt den nach einem Autounfall bettlägerigen Sheldon gegen seinen Willen dazu, einen weiteren Misery-Chastain-Roman zu schreiben. Sie schreckt dabei vor Gewalt nicht zurück und sägt Sheldon Fuß und Daumen ab. Ein literarisches Werk hält zunächst den Schriftsteller und danach den Leser gefangen, doch in *Sie* ist die Reihenfolge gerade umgekehrt, der Leser hält den Schriftsteller gefangen — einen Schriftsteller, der buchstäblich zum Gefangenen seines eigenen Erfolges wird.

En passant flechtet King in die Handlung noch einige Ideen über das Verhältnis von Realität und Fiktion ein, so etwa, wenn er Annie Wilkes, ohne daß sie es bemerkt, in dem Roman auftauchen läßt, den ihr Schreibknecht für sie verfassen muß.

»Was ich tue, gefällt den Leuten wirklich«, sagte King, obwohl er gestehen mußte, »einige von ihnen sind ganz schön wirr. Ich glaube nicht, daß mir schon einmal eine Annie Wilkes begegnet ist, aber ich habe einen Haufen Leute getroffen, die sich meine ›Nummer-eins-Fans‹ nennen, und, Junge, manche von ihnen haben wirklich nicht alle Tassen im Schrank.« In der Widmung für seine persönliche Sekretärin und Verlegerin von *Castle Rock* und deren Ehemann schrieb King: »Dieses Buch ist für Stephanie und Jim Leonard, die wissen warum. Junge, das tun sie wirklich.«

Von seiten der Rezensenten erhielt das Buch ein fast einhelliges Lob. *Publishers Weekly* war ein typisches Beispiel dafür: »Kings neuer Roman über einen Schriftsteller, der von seinem selbsterklärten ›Fan Nummer eins‹ in Geiselhaft genommen wird, ist wirklich erschreckend ... Die besten Szenen des Buches machen es einfach erforderlich, daß wir King als Schriftsteller, der ein tiefempfundenes Verständnis für die Psyche des Menschen hat, ernst nehmen müssen.«

Wie sehr King zeitweilig unter dem Ansturm mancher Fans litt, zeigt diese Geschichte: Im Lauf der Jahre hat King einige Male erzählt, er sei von Mark Chapman, dem Mann, der John Lennon erschossen hatte, angesprochen worden. King erinnerte sich daran, das Hauptquartier eines großen Fernsehsenders in New York verlassen zu haben, vor dem Mark Chapman ihn dann um ein Foto bat. Anschließend habe Chapman darauf bestanden, King solle das Polaroidfoto mit einem speziellen Textmarker unterschreiben.

Das hört sich beinahe wie etwas aus einer Stephen-King-Geschichte an: ein Vorfall aus dem echten Leben, der sich zu phantastisch anhört, um wahr zu sein, was anscheinend auch der Fall ist. David Streitfeld schrieb in der *Washington Post*, zu der Zeit, als das Ereignis, laut King, stattgefunden habe »lebte Chapman in Hawaii, und seine angespannte finanzielle Situation ließ es kaum zu, daß er nach New York fliegen konnte«. Streitfeld schrieb, King erinnere sich zwar daran, ein Autogramm für *einen* Mark Chapman unterschrieben zu haben, doch King sei sich selbst nicht sicher, ob es sich dabei um *den* Mark Chapman gehandelt habe.

Im November 1987 veröffentlichte King *Tommyknockers* (dt.: *Das Monstrum*), einen überlangen Roman von fünfhundertachtundfünfzig Seiten, der in einer Erstauflage von 1,2 Millionen Exemplaren erschien. Im Gegensatz zu *Sie* — einem temporeichen, ohne übersinnliche Elemente auskommenden Buch — litt der Roman *Tommyknockers* an Zügellosigkeit, wie King später selbst in einem Interview gestand:

> Es wird auch immer wichtiger für mich, daß ich aufmerksam auf das lausche, was die Leute sagen, und wenn das, was sie sagen, einen Sinn ergibt, dann muß ich diese Veränderungen vornehmen, selbst wenn ich es nicht will, weil es zu einfach ist, sich irgendwo festzubeißen. Du hast all diese Freiheiten — das kann zu Zügellosigkeit führen. Ich habe das schon erlebt, am auffälligsten war es wahrscheinlich bei *Tommyknockers*. Aber bei einem Buch wie *Sie*, bei dem ich wirklich zugehört habe, war das Ergebnis ein gutes.

Tommyknockers hat ein klassisches Sf-Thema und handelt von den Einwohnern Havens in Maine, die wegen des unheimlichen Einflusses eines außerirdischen Raumschiffes, das dort eingegraben wurde, in technischer Hinsicht zwar immer genialer, moralisch aber immer skrupelloser werden und sich langsam in Außerirdische verwandeln. Die Geschichte soll unzweifelhaft vor Technologie-Gläubigkeit warnen, insbesondere auch vor der Atomenergie. Und wie schon in *Dead Zone* opfert sich wieder ein Held fürs Allgemeinwohl auf, wenn Jim Gordener am Ende das Raumschiff, von dem eine unheimliche Strahlung ausgeht, entführt. Aber die Kritiker verrissen den Roman erbarmungslos. Im *Library Journal* stand zu lesen, daß es »keines von Kings originelleren Romanen« sei, und *Book-*

list machte sich regelrecht über seine Hauptfiguren und Kings Leserschaft lustig: »Überheblich wie wir sind, sagen wir uns, daß niemand so einfältig sein kann wie die Charaktere in diesem Buch. Wenn man jedoch berücksichtigt, mit welcher Ernsthaftigkeit die Fans solcherlei Romane lesen, dann sollte man diese Äußerung vielleicht noch einmal überdenken.«

Publishers Weekly zeichnet, in milderen Farben freilich, ein ebenfalls unerfreuliches Bild dieses Romans:

> *Tommyknockers* wird von der abschweifenden Prosa seines Autors verzehrt. King, der eine gesamte Stadt als Schreibvorlage verwendet, zeichnet in zu groben Strichen und fügt zu allem Übel noch karikaturhafte Romanfiguren und unwahrscheinliche Katastrophen hinzu; auf diese Weise gehen ihm sein guter Schreibstil, die sorgfältig durchdachten Handlungsabläufe und der tiefere Sinn, die für seine besten Romane charakteristisch sind, völlig verloren.

Im Mai jenes Jahres wurde auch *Three* (dt.: *Drei*) veröffentlicht. Es setzt den Erzählzyklus um den geheimnisumwitterten ersten Dunklen Turm fort — sechs Jahre nachdem der erste Band von *Dark Tower: The Gunslinger* (dt.: *Schwarz*) erschien.

Während das erste *Dark-Tower*-Buch aus fünf Geschichten bestand, war das zweite eindeutig als Roman zu identifizieren, wobei es sich um ein Teilstückchen eines großen Mosaiks handelte, das sich, laut King, allmählich in seinen Gedanken zusammensetzte.

In einem Nachwort zu diesem zweiten Buch der Serie — die damals aus sieben Büchern bestehen sollte — erklärte King: »Dieses Werk scheint mein eigener Turm zu sein. Diese Menschen verfolgen mich, allen voran

Roland ... Ich weiß eigentlich nur, daß mich diese Geschichte über einen Zeitraum von siebzehn Jahren immer wieder gerufen hat ... Und der Turm ist näher gerückt.«

Wie auch das erste *Dark-Tower*-Buch wurde es nur in echter limitierter Ausgabe herausgebracht und war in keiner anderen Form erhältlich, eine Sonderbehandlung, die auch *Cycle of the Werewolf* und *Eye oft the Dragon* zuteil geworden war. Beide Bücher sind später von Kings Verlagen neu aufgelegt worden.

Während des gesamten Jahres 1987 stand jedoch Kings Agent, Kirby McCauley mit NAL wegen der Herausgabe einer Handelsausgabe von *Dark Tower* in Verbindung, die Kings Leserschaft zufriedenstellen sollte, da diese ein Nein als Antwort nicht akzeptierte. Kings Verleger, und wahrscheinlich auch King, wurde allmählich klar, daß die Fans selbständig entscheiden wollten, ob sie ein Buch kauften, und nicht, daß andere — einschließlich des Autors — ihnen diese Entscheidung aus der Hand nahmen.

Im August 1987 brachte Kings eigener Fachverlag, Philtrum Press, zum ersten Mal das Werk eines anderen Autors heraus. Don Robertsons *The Ideal, Genuine Man* wurde in einer nur kleinen, aus zweitausendsiebenhundert Exemplaren bestehenden Auflage gedruckt, von denen fünfhundert numeriert und sowohl von King als auch vom Autoren selbst signiert waren. Ein treffliches Beispiel für die Kunst des Buchmachens, war *The Ideal, Genuine Man* von Michael Alpert entworfen worden, der auch die Herstellung der vorherigen Philtrum-Press-Bücher überwacht hatte.

Als Erklärung, warum er dieses Buch veröffentlichte, schrieb King, der sich einiges von Robertsons erzählerischem Stil angeeignet hatte: »Die Veröffentlichung dieses Buches soll keine Dankbezeugung sein, sie ist einfach nur ein Ding der Notwendigkeit. Es nicht zu veröffentlichen, obwohl ich die Mittel dazu habe, wäre mir unverantwortlich erschienen.« King bezeichnete Robertson als den »letzten ... in einer starken Reihe von amerikanischen Geschichtenerzählern, die naturalistische Romane schrieben«, und stellte fest, daß Robertson eine lange Tradition des Schreibens pflegte, die ihm mit Schriftstellern »angefangen bei Mark Twain bis Stephen Crane, Frank Norris, Theodore Dreiser, James Jones und Hubert Selby jr ...« verband. King schloß mit den Worten, »*The Ideal, Genuine Man* ist ein großartiges Buch von einem wahren Schriftsteller.«

Obwohl Kings Fans jedes neue Buch kauften, in der Hoffnung, daß es sie zufriedenstellen würde, sahen sie Kings Filmadaptationen allmählich mit weniger Begeisterung entgegen, und das besonders nach *Maximum Overdrive*, der ein Jahr zuvor herausgebracht worden war, und bei dem es sich, wie King selbst zugab, »sowohl finanziell als auch in den Augen der Kritiker um einen Flop« handelte. Selbst das darauffolgende *Stand by Me* konnte die Zweifel daran nicht ausmerzen.

Im Mai 1987 kam *Creepshow 2* in die Kinos und entpuppte sich als Enttäuschung — es konnte dem ersten Teil einfach nicht das Wasser reichen.

Im Jahr 1987 sollte die angebliche Fortsetzung von *Salem's Lot* in den Kinos erscheinen, schaffte es jedoch nie bis auf die Leinwand. Statt dessen landete es sofort auf Video, nachdem durch Vorabvorstellungen in Kalifornien klargeworden war, daß es sich hierbei nur dem Namen nach um einen King-Film handelte.

Ein kalifornischer Anhänger Kings, der den Film vorab gesehen hatte und der ebenfalls ein Abonnent der Zeitung *Castle Rock* war, bemerkte in einem Brief an dessen Herausgeberin: »Es war zweifellos einer der schlechtesten

Filme, die ich je gesehen habe... Ich möchte alle Stephen-King-Fans inständig darum bitten, diesem armseligen Abklatsch von einem Film fernzubleiben. VORSICHT! *Return to Salem's Lot* ist in keiner Weise mit Kings Buch zu vergleichen. Er hat sich einfach nur Stephen Kings Namen und guten Ruf zunutze gemacht.«

King, der mit dem Film nichts zu tun hatte, hielt ebenfalls nicht sehr viel von der Fortsetzung. »Er hat tatsächlich einige gute Kritiken bekommen, aber ich halte ihn für schauderhaft. Augenscheinlich hatten Warner Brothers das Recht, eine Fortsetzung zu machen, nachdem sie auch den Fernsehfilm gebracht hatten... Er wurde eigentlich *gemacht*, um in den Kinos zu erscheinen, hat es aber einfach nie auf die Leinwand geschafft. Wenn Sie ihn sich ansehen, dann wissen Sie auch, warum (King lacht).«

Der beste King-Film des Jahres 1987, der im November von Taft Entertainment freigegeben wurde, war *Running Man*, der im weitesten Sinne auf dem Bachmanbuch basiert. Mit Arnold (Ich komme wieder!) Schwarzenegger in der Rolle des Ben Richards, war der Film eigentlich mehr ein Mittel, mit dem der österreichische Bodybuilder sich erneut als Ein-Mann-Killermaschine präsentieren konnte – eine Rolle, die er in *The Terminator I*, *Commando* und *Predator I* bereits perfektioniert hatte –, als daß er etwas mit Kings überwiegend tragischer Geschichte zu tun gehabt hätte. Obwohl *Running Man* sechzehn Millionen Dollar durch den Verleih im Inland einbrachte, konnten die hohen Produktionskosten – siebenundzwanzig Millionen Dollar – nicht wieder eingespielt werden.

Kings Schreibhemmung währte vom Januar bis zum Mai 1988. »Schließlich schrieb ich eine kleine Geschichte mit dem Titel *Rainy Season* (dt.: *Regenzeit*), und ganz plötzlich öffnete sich alles und floß geradezu aus mir heraus. Seitdem schreibe ich wieder Horror«, erklärte King.

Obwohl seine schriftstellerische Blockade beendet war, sollte Viking für den Herbst noch keinen neuen King-Roman erhalten haben. Viking versuchte das Riesenloch zu stopfen, indem sie *Nightmares in the Sky* (dt.: *Nachtgesichter*), einen Fotosammelband, der ursprünglich *Gargoyles* hieß, herausbrachten, auf dessen ersten Seiten ein zehntausend Wörter umfassender weder besonders informativer noch geistreicher Essay von King zu lesen war. Den Hauptteil des Buches bildeten von Fitzgerald meisterhaft fotografierte Wasserspeier auf den Häusern von New York, Boston und Philadelphia.

David Streitfeld schrieb in der *Washington Post Book World*, Viking habe zweihundertfünfzigtausend Exemplare des übergroßen 24,95 Dollar teuren Fotobandes veröffentlicht. Unglücklicherweise stellte sich das Buch wirklich als Alptraum heraus, nachdem, Berichten zufolge, einhunderttausend Exemplare an den Verlag zurückgingen. Bei Viking lernte man dadurch eine Lektion: Die Fans von King fordern Originalromane von ihrem Meister, keine Bildbeschreibungen.

Im Juli brachte NAL eine vier Hörkassetten umfassende, ungekürzte Fassung von *The Dark Tower: The Gunslinger* (dt.: *Schwarz*) heraus, von King selbst gelesen. Robert Diforio von NAL verkündete, »Kings Stimme ist ebenso faszinierend wie seine Bücher. Er (King) hat ein unglaublich einnehmendes Wesen, das einen einfach mitreißt. Er ist natürlich kein professioneller Schauspieler oder Rezitator, aber das spielt keine Rolle, denn was man bekommt, ist Stephen King höchstpersönlich. Ich glaube, seine Fans werden begeistert sein.«

King hatte das starke Gefühl, daß sein ungekürzter Vortrag einiges zu bieten hatte: »Ich dachte, ich habe zwar keine professionelle Ausbildung zum Rezitieren, aber ich weiß, was mir die Geschichte bedeutet, und darauf kommt es an. Diese Geschichte scheint geradezu dafür geschaffen, an einem Lagerfeuer gehört zu werden. Das hat sie mit vielen Fantasystoffen gemeinsam.«

Es hört sich zwar seltsam an, aber im Jahre 1988 wurden mehr Bücher *über* King als von King veröffentlicht. Zusätzlich zu zwei gelehrten Studien über Kings Werke (*Landscape of Fear* und *Stephen King: The First Decade*), verlegte Underwood-Miller seinen dritten Sammelband mit Essays (*Reign of Fear*) und *Bare Bones*, seinen ersten Sammelband mit King-Interviews. Sowohl der Herbst als auch der Winter des Jahres 1988 stellten für King eine Art Übergangszeit dar. Im August wurde in *Castle Rock* angekündigt, daß Stephanie Leonard als Verlegerin und Herausgeberin zurücktrat. Sie würde von ihrem Bruder, der schon lange Zeit ein Redaktionsmitglied des *Castle Rock* war, abgelöst werden: Christopher Spruce, der ebenfalls als Leiter vom Stephen-King-Radiosender WZON fungierte.

Tatsächlich durchlebte auch WZON einige Veränderungen. Anfang des Jahres hatte es noch so ausgesehen, als solle der Sender verkauft werden. Im Oktober beschloß King jedoch, ihn zu behalten und sein Programm abzuändern. King erklärte dazu: »Die Veränderung bedeutet nur, daß Z-62 seine Sendungen ohne Werbung bringen wird. Das heißt mehr Musik und keine Unterbrechung durch Werbung. Kommerzieller Rock 'n' Roll ist auf der Mittelwelle fast schon ausgestorben. Wir werden Z als einen werbefreien Rocksender wiederauferstehen lassen, was vielleicht ein Weg ist, die Mittelwelle am Leben zu erhalten.«

Die größte Veränderung war jedoch Kings Wechsel seiner Schriftstelleragentur. In der Septemberausgabe von *Castle Rock* bestätigte Stephanie Leonard, was in den Fachzeitschriften bereits gedruckt worden war. »In einem kürzlich in *Fantasy Newsletter* erschienenen Artikel wurde angemerkt, daß in der McCauleyagentur eine gravierende Umbesetzung stattfände. Es ist wahr, daß Stephen King, wie der Artikel bereits nahelegte, nicht mehr von Kirby McCauley vertreten wird. Bis jetzt steht er noch bei keiner anderen Agentur unter Vertrag.«

Weder King noch McCauley erklärten der Öffentlichkeit den Grund für diesen Wechsel. Also können wir nur unsere eigenen Spekulationen darüber anstellen.

Wie sich herausstellte, übertrug King daraufhin die Kontrolle über seine geschäftlichen Angelegenheiten auf seinen Finanzmanager, Arthur B. Greene, der im Dezember Kings nächsten Vertrag aushandelte.

Im Februar 1989 wurden die Neuigkeiten in einer Titelstory des *Castle Rock* verkündet: »Frohes Neues Jahr: SK UNTERZEICHNET VIER-BÜCHER-VERTRAG.« Robert Diforio von NAL meinte dazu: »Das sind einfach wundervolle Neuigkeiten. Wir sind sehr gerne die Verleger von King und freuen uns darüber, daß diese Beziehung fortgeführt werden wird.«

Der Alptraum eines Schriftstellers war für King zu Ende gegangen; die Schreibblockade war überwunden: »Nach der schöpferischen Pause ... laufen seine Ideen und seine Kreativität wieder auf vollen Touren, was zu mehreren Werken führte, die zum Bestandteil dieses neues Vertrags wurden.«

Vom Herbst 1989 bis 1992 sollten vier neue King-Bücher veröffentlicht werden. Das erste davon, *The Dark Half* (dt.: *Stark − The Dark Half*) war schon beinahe fertiggestellt und für die Herausgabe im November 1989 geplant.

War *Sie* eine Aufarbeitung seiner Schwierigkeiten mit dem Ansturm aufdringlicher Fans, so reflektiert Stephen

King in *Stark — The Dark Half* die Geschichte seiner Schwierigkeiten mit dem Bachman-Pseudonym. Gleichzeitig variiert Stephen King eines der Urthemen der Horrorliteratur, das Jekyll-and-Hyde-Syndrom der Persönlichkeitsspaltung.

Hauptfigur des Romans ist Thad Beaumont, der als Kind in einer Operation Teile seines Gehirns verlor und nun als Schriftsteller zweifelhafte Erfolge feiert. Unter dem Pseudonym George Stark — eine Anspielung auf den Detektivroman-Autor Donald Westlake, der unter dem Pseudonym Richard Stark veröffentlichte —, schreibt er erfolgreiche, aber künstlerisch wertlose Horror-Romane, während seine unter richtigem Namen verfaßten schöngeistigen Werke kein Echo finden. Als er den Richard Stark in sich gleichsam zu Grabe tragen will — King benutzt hier die gleiche Formulierung wie in Interviews zur Bachman-Affäre: »Pseudonymkrebs« —, muß Beaumont feststellen, daß dieser Stark ein Eigenleben entwickelt und alle Personen killt, die mit zur Enthüllung des Pseudonyms beigetragen haben. Richard Stark droht Thad Beaumont damit, seine Familie auszulöschen, und leitet so den abschließenden Showdown ein — der an der Schreibmaschine ausgetragen wird. Nach der Enttäuschung von *Tommyknockers* und den von Rezensenten hämisch ausgekosteten Film-Flops kam dieser spannend erzählte Roman fast schon einer künstlerischen Rehabilitation des Horror-Königs gleich. In einer Besprechung des Buches *Stark* äußerte sich Douglas Winter wie folgt:

> Es ist seltsam. Es ist eine merkwürdige Bestie. Man erlebt sich selbst außerhalb des eigenen Körpers. Und das ist es, worum es in *Stark* eigentlich geht — den Horror des Ruhms, die Art und Weise, wie der Ruhm eine Person kreiert, die du eigentlich nicht bist und die sehr leicht die Kontrolle übernehmen

könnte, wenn du nicht aufpaßt. Peter Straub hat mir immer gesagt, wie froh er sei, daß er den Rummel, trotz seines großen Erfolges, erfolgreich gemieden habe. Und ich kann das gut verstehen. Ich war zum Beispiel ganz selten einmal mit Steve an einem Ort, wo man ihn nicht sofort erkannte.

Die nächsten vertraglich festgelegten Bücher waren *Four Past Midnight* (ein aus Novellen bestehender Sammelband), *Needful Things* (die letzte Geschichte über Castle Rock, ein Roman) und *Dolores Claiborne* (ein Roman).

Gleichzeitig verkündete der Book-of-the-Month-Club – mit seinen 1,5 Millionen King-Büchern, die er an seine Mitglieder verkauft hatte –, daß er eine mittlere siebenstellige Summe für die Bücherclubrechte an den vier Büchern bezahlt und außerdem noch veranlaßt habe, daß achtzehn frühere Bücher von King in einer einheitlichen Ausgabe für eine neue Abonnementsserie, The Stephen King Library, herausgebracht werden sollten. Jedes Buch werde 14,95 Dollar kosten.

Der Frühling des Jahres 1989 war für King eine überaus geschäftige Zeit. Im März stellte King die Arbeit an *Stark–The Dark Half* fertig. Und in diesem Monat brachte NAL die Taschenbuchausgabe von *Three* in den Handel. Hierbei handelte es sich um eine genaue Reproduktion der Grant-Ausgabe – Druck, Aufmachung und Illustrationen wurden beibehalten – und das ganze zu einem Preis von 12,95 Dollar.

Kings aus siebentausend Wörtern bestehende Geschichte *Rainy Season* (dt.: *Regenzeit*) erschien als Kurzroman in einer Spezial-Stephen -King-Ausgabe von *Midnight Graffiti*. *Dolan's Cadillac*, (dt.: *Dolans Cadillac*) eine Erzählung, die bis dahin nur als Fortsetzungsroman in *Castle Rock* gedruckt worden war, wurde als Gesamtwerk vom Verlag Lord John Press herausgegeben. Dieses Juwel eines Buches war auf insgesamt eintausend Exemplare limitiert, von denen zweihundertfünfzig zur De-Luxe-Ausgabe (zu einhundert Dollar) gemacht wurde. Wie gewöhnlich war *Dolan's Cadillac* bereits vor seiner Veröffentlichung vergriffen. Es handelt sich dabei nicht um eine Horror-, sondern um eine Kriminalgeschichte, in dem die Untat eines Mafiosos auf raffinierte Weise gerächt wird.

Selbst zu diesen Preisen war *Dolan's Cadillac* noch erschwinglich, wenn man es mit dem zweitausendzweihundert Dollar Preis von *My Pretty Pony* verglich, einer aus neuntausend Wörtern bestehenden Kurzgeschichte, die vom Whitney-Museum als sechstes Buch seiner Artists-and-Writers-Serie herausgegeben wurde. Seine Veröffentlichung wurde von May Castleberry geregelt und die Auflage von *My Pretty Pony* bestand aus nur zweihundertachtzig, von King signierten Exemplaren. Die Graphikerin und Designerin Barbara Kruger illustrierte das Buch; ihre Arbeit fand bei der Fangemeinde im allgemeinen jedoch nur geringen Anklang.

Im Herbst veröffentlichte Whitney-Museum zusammen mit Knopf eine auf fünfzehntausend Exemplare limitierte Handelsausgabe, die zum Einzelhandelspreis von fünfzig Dollar verkauft wurde.

Im April kam der Film *Friedhof der Kuscheltiere* landesweit in die Kinos — es war das erste Drehbuch Kings, das er zu einem Roman geschrieben hatte, und der erste große Roman Kings, der gemäß seiner Anweisung ausschließlich in Maine gedreht worden war. Bei der Weltpremiere in Bangor beobachtete King die Reaktionen des Publikums und meinte: »Ich glaube, sie haben genauso reagiert, wie wir es uns erhofft hatten, genauso wie wir es uns erträumt hatten — an genau den richtigen Stellen. Und ich glaube, daß die Leute Spaß daran hatten, viele der Orte in dem Film wiedererkennen zu können. Was mir jedoch am meisten Angst macht, ist, wie das Publikum außerhalb reagieren wird.«

Kings Besorgnis war unnötig, da sich *Friedhof der Kuscheltiere* sowohl in den Augen der Kritiker als auch durch die Einnahmen als voller Erfolg herausstellte. Er verkörperte das, was *Maximum Overdrive* eigentlich hätte sein sollen. *Friedhof der Kuscheltiere* brachte sechsundzwanzig Millionen Dollar durch den Verleih im Inland ein.

Möglicherweise liegt ein Teil seines Erfolges darin, daß King darauf bestand, den Film in Maine zu drehen — »Kingland«, wie William Dunn es nannte, der die Drehorte für den Film ausfindig gemacht hatte. Für King *mußte* dieser Film, sowohl aus ästhetischen als auch aus finanziellen Gründen, in Maine gedreht werden, was er in einer unveränderlichen Klausel des Vertrages festhielt:

> Weil *Friedhof der Kuscheltiere*, wie ich glaubte, von all meinen Romanen am schwierigsten zu verfilmen war, machte ich es einfach zu einem unabänderlichen Bestandteil der Vereinbarung, daß, wer immer ihn drehen würde, ihn in Maine drehen müsse. Und dann kamen Laurel und Bill Dunn und sagten: »Ja, o.k., machen wir es in Maine.«
>
> Ja, eben, warum auch nicht? Hier in Neuengland gibt es Produktionshallen, Laboratorien und auch Schauspieler, mit denen man arbeiten kann. Und wenn man nach Boston oder New York muß, dann sind es nur sechshundert Meilen bis dorthin; nicht einmal San Francisco liegt so nah bei Los Angeles. Wir haben hier eine Menge Sachen, die noch niemand gesehen hat; und Maine ist angeblich ein Urlaubsort. Wenn es ganz toll lief, würden die Leute den Film anschauen und sagen: »Da würden wir

auch gerne mal hin.« Und dann werden sie herkommen und sagen: »Mann, das ist genau so sagenhaft wie im Film.«

In anderen Worten, ein Film wie *Friedhof der Kuscheltiere* ... sollte eine ebensolche Werbung für Maine sein, wie es all die in Kalifornien, Los Angeles und New York gedrehten Filme für diese Orte sind.

Wenn man das Thema des Films in Betracht zieht, sollte man jedoch nicht gerade annehmen, daß Maines Ruf als Urlaubsort – wie es auf den Nummernschildern Maines heißt – von *Friedhof der Kuscheltiere* so großartig aufpoliert werden kann. Aber der Film pumpte tatsächlich einige Millionen Dollar in die Wirtschaft Maines, wodurch auch die neu gegründete Maine-Film-Commission eine dringend benötigte Finanzspritze erhielt.

King machte seinen Einfluß im Staat auch auf finanzieller Ebene geltend. Im Winter jenen Jahres spendeten die Kings der Milton Academy in Massachusetts eine »beträchtliche Summe« für das insgesamt sechs Millionen Dollar teure Kunst- und Musikzentrum. Das Theater wurde nach Stephen Kings verstorbener Mutter, Ruth King, benannt, die eine talentierte Pianistin gewesen war, aber auch eine rhetorische Begabung gehabt hatte. Bei den Feierlichkeiten zur Namensgebung, meinte King: »Die Träume eines Kindes müssen unterstützt und genährt werden. Das hat meine Mutter für mich getan.«

Etwas näher an seiner Heimatstadt, in Old Town, wo Tabitha King aufgewachsen ist, spendeten die Kings die Hälfte des 1,5 Millionen Dollar hohen Betrages, der für einen zirka fünfhundert Quadratmeter großen Anbau an die öffentliche Bibliothek benötigt wurde. Der Anbau sollte den Namen der Tabitha-Spruce-King-Flügel erhalten.

Dieser Winter brachte ebenfalls eine bedeutende Veränderung für die King-Residenz, die zu *der* Touristenattraktion in Bangor geworden war, und das speziell an Halloween, wenn die Residenz der Kings eine ganz besondere Bedeutung gewann. Nachdem er jahrelang von einem Büro innerhalb seines Hauses aus gearbeitet hatte, beförderte King seine Bürokräfte in ein nahe dem Bangor-Brewer Gebiet liegendes Gebäude. Kings Heim wurde zu einer Burg, die sinnigerweise auch von einem schmiedeeisernen Zaun umgeben war.

Das Büro — Standort und Telefonnummer sind ein wohlgehütetes Geheimnis — wird von Shirley Sonderegger geführt, die zwei Teilzeitsekretärinnen beaufsichtigt. In diesem Büro gibt King seine Interviews, spricht mit den Medien, koordiniert seine Aktivitäten mit seinen Mitarbeitern, unterschreibt Briefe und Bücher von Fans und überarbeitet den notwendigen Papierkram, was alles stets am Nachmittag geschieht. Der Morgen ist für die eigentliche schriftstellerische Arbeit vorbehalten.

David Lowell, ein Schriftsteller aus Maine, der Kings Büro einen Besuch abgestattet hat, verriet, daß es sich gegenüber von Sondereggers Büro befinde und das kleinere von beiden sei, obwohl es für seine Ansprüche vollkommen ausreichte:

Steves Büro, in dem er seine persönliche Post erledigt und Briefe beantwortet, ist mit einem riesigen Schreibtisch, einer Stereoanlage und einem bequem wirkenden blauen Drehstuhl ausgerüstet.

Auf seinem Schreibtisch befinden sich eine elektrische Schreibmaschine, ein Taschenrechner und zahllose Bücher und Geschenke, die ihm seine Fans geschickt haben.

An den Wänden: ein UMO-Wimpel, T-Shirt und Wimpel der Bostoner Red Sox, eine goldene Schallplatte mit einem Bild von Steve in der Mitte, ein Originalgemälde des Fantasy-Zeichners Michael Whelan, Originalbilder aus Dark Tower, Porträts von Steve, die ihm seine Fans geschickt haben, ein Foto von ihm als Autor von *Pet Semantary* und ein Poster, auf dem der berühmte Schauspieler Michael J. Fox ein Exemplar von *Skeleton Crew* in der Hand hält, über dem »LESEN SIE ES« geschrieben steht.

An Steves Bürotür hängt ein Poster von *It*, und eine Pintafel neben seinem Schreibtisch ist mit allen möglichen Fotos und Notizen bepflastert. Über der Stereoanlage hängt eine gerahmte Liste der *New York Times* mit *Pet Semantary* auf Platz eins: Das hat Steve rot umrandet.

Außerdem gibt es noch eine Anzahl kleiner Regale in seinem Büro, in denen überwiegend seine Romane stehen.

Im November wurde, gerade noch rechtzeitig zum Weihnachtsgeschäft, *The Dark Half*, ein vierhunderteinunddreißig Seiten langer Roman zum Einzelhandelspreis von 21,95 Dollar auf den Markt gebracht. Die Erstauflage bestand, ebenso wie bei *Tommyknockers*, aus 1,2 Millionen Exemplaren.

Da es die Seele eines Schriftstellers erforschte, sollte *The Dark Half* ursprünglich als »Gemeinschaftswerk« Stephen Kings und Richard Bachmans erscheinen – was besonders deshalb passend erscheint, da die Geschichte sich um das Pseudonym eines Schriftstellers dreht, das zum Leben erwacht und Rache nehmen will.

Publishers Weekly berichtete, »der neue Thriller von King ... ist so wunderbar gruselig, daß die gefesselten Leser nicht in der Lage sein werden, dem Meister die Wiederverwertung einer alten Handlung vorzuwerfen, durch die sich sowohl *Misery* als auch *Dark Half* unter die besten seiner produktiven Werke einreihen lassen«.

Als das Jahr sich seinem Ende zuneigte, wurde mit der fünfundfünfzigsten, auf Dezember 1989 datierten Ausgabe, auch die Veröffentlichung des Fan-Magazins *Castle Rock* gestoppt. Die Zeitschrift hatte mit zirka dreihundert Abonnenten angefangen, fand ihren Höhepunkt bei einer Zahl von fünftausend Abos und beendete ihre erfolgreiche Laufzeit mit einer Auflage von eintausendfünfhundert Exemplaren für die anhänglichsten unter den Fans, die jedes Jahr zwanzig Dollar für ein Abonnement hingeblättert hatten.

Wie der Herausgeber und Chefredakteur Christopher Spruce erklärte, lag der Grund der Absetzung von *Castle Rock* teilweise darin, daß die Welt sich — wie es der Revolvermann in dem Roman *Schwarz* schon feststellen mußte — inzwischen weitergedreht hatte. Spruce wollte an die University of Maine at Orono zurückkehren, um seinen Magister zu machen. Außerdem meinte Spruce, daß man die Gefühle, die Stephen King für *Castle Rock* hegte, berücksichtigen müsse:

> Ich bin nicht sicher, ob ihm die Vorstellung, daß es ein speziell auf Stephen King gemünztes Informationsblatt gab, jemals so richtig behagt hat. Schließlich und endlich ist er ein waschechter Yankee, der sich auf manchmal liebenswerte Art eher in Zurückhaltung übt, und dem dieser ganze Rummel möglicherweise etwas peinlich ist. Gleichzeitig hat er jedoch Verständnis dafür, daß seine treuen Fans sowohl eine Informationsquelle, die sie über seine Projekte auf dem laufenden hält, als auch ein

Mittel, durch das sie ihre Kommentare über ihren Lieblingsautoren loswerden können, benötigen.

Der inzwischen verstorbene Ray Rexer, ein Hard-Rock-Musiker gab das Magazin *Castle Schlock* heraus — eine witzige Parodie auf *Castle Rock*, das mit seinen zuweilen arg kriecherischen Buchbesprechungen ein geradezu perfektes Ziel zum Nachäffen bot. Rexer verfaßte ein Gedicht, das eine Ode an die Fan-Zeitschrift wurde:

> It's been around for five full years with
> stories and reviews,
> and screaming editorials
> and horrifying news.
> For five full years it crammed me full
> of Stephen King-ish stuff,
> then Mr. Spruce, The Editor,
> proclaimed »Enough's enough!«

(Frei übersetzt: Es ist jetzt schon volle fünf Jahre da, mit Stories und Kritiken und grellen Leitartikeln, auch schrillen Neuigkeiten. Seit fünf Jahren packt er mich nun voll mit Stephen Kings Treiben, dann meinte Mr. Spruce: »Das Maß ist voll!«)

Im Jahre 1990, als das Jahrzehnt zu Ende ging, erkannte King, mit welchem Schwung sich die Dinge in seinem Leben entwickelt hatten. In einem Vorwort zu einer Geschichte aus *Four Past Midnight* (dt.: *Langoliers*, *Nachts*) schrieb er: »Ich bin jetzt zweiundvierzig, und wenn ich so auf die letzten vier Jahre meines Lebens zurückblicke, dann sehe ich dort alle möglichen Dinge, die zu Ende gegangen sind.«

Im April 1990 berichtete die Zeitung seiner Heimatstadt, daß nach der Zustimmung der Federal Communication Commission (FCC) der Sender WZON an den

Zahnarzt John Tozer aus Bangor verkauft werde. Weder Tozer noch King wollten dazu einen Kommentar abgeben. Im nächsten Monat wandte sich Tozer jedoch an die FCC und kaufte den Sender. Am Tag, als die Rockmusik verstummte, berichtete *Bangor Daily News*: »Der älteste Radiosender Bangors« werde zum »neuesten Sender der Stadt«, der Hard Rock wurde durch Talk-Shows ersetzt.

In diesem Monat, er war Mai, brachte Doubleday zwölf Jahre nach der Erstausgabe, eine Neuauflage von *The Stand — Das letzte Gefecht* heraus. Die achthundertdreiundzwanzig Seiten lange gebundene Ausgabe kostete 12,95 Dollar und verkaufte sich im ersten Jahr mit ungefähr fünfzigtausend Exemplaren. Die neue Ausgabe, (dt.: *The Stand — Das letzte Gefecht: Die Komplette & Ungekürzte Ausgabe*) zählte eintausendeinhundertdreiundfünfzig Seiten, womit sie die Länge von *Es* übertraf.

In Teil 2 seines Vorworts zu dem neuen *Stand* schrieb King: »Alles in allem waren etwa vierhundert Manuskriptseiten aus der ursprünglichen Fassung herausgekürzt worden. Der Grund dafür war nicht inhaltlicher Natur; wäre dies der Fall, so hätte ich mich damit zufrieden gegeben . . .«

Laut King »waren die Kürzungen auf Verlangen der Buchhaltung vorgenommen worden«. Doch wie Kings Lektor und Herausgeber bei Doubleday der *New York Times* erklärte, war das nur ein Teil der Geschichte:

> William G. Thompson, Kings Lektor aus dieser Zeit, der jetzt bei einem anderen Verlag untergekommen ist, sagt, er habe das Manuskript einzig aus inhaltlichen Gründen redigiert. »Ich wurde keineswegs unter Druck gesetzt, es zu kürzen, weil es zu lang war«, erzählte Thompson der *New York Times*.

Thompson verließ Doubleday jedoch bevor *The Stand* in Druck ging, und laut King habe Doubledays Verleger Samuel S. Vaughan ihm gesagt, man würde das Buch noch weiter kürzen müssen, um den Einzelhandelspreis zu drücken.

Vaughan, der heute Senior Vizepräsident und Verleger bei Random House ist, meinte dazu: »Steve hat mich in dieser Geschichte immer zum Sündenbock gemacht. Doch das Buch war einfach zu lang. Wir versuchten lediglich, die Karriere und Verkaufszahlen eines jungen Autors zu fördern, so daß er für jedermann erschwinglich war.«

Peter Schneider, der damals als Marketingdirektor bei Doubleday für das neue *Stand* verantwortlich zeichnete, meinte, nachdem nun alles gesagt und getan worden sei, würden der Autor und der Verleger den Wettstreit beenden, um die neue Ausgabe herausbringen zu können: ». . . Der alte Doubleday-Verlag wurde weder verdammt, noch gab es irgendwelche Haßgefühle. King hat nur gesagt, daß es eine finanzielle Entscheidung war, mit der er nicht einherging, und daß er die Kürzungen lieber selbst vornahm, als es jemand anderem zu überlassen.«

Das neue *Stand* bestand aus einhundertfünfzigtausend zusätzlichen Wörtern, einem von den Achtzigern auf die Neunziger neudatierten zeitlichen Rahmen, einem neuen Anfang und Schluß zu der Geschichte selbst, einem Dutzend Schwarzweiß-Illustrationen von Berni Wrightson und einem zweiteiligen Vorwort, in dem King erklärte, daß er nicht um seiner selbst willen einer Neuauflage des Buches zugestimmt hatte, sondern »um dem Wunsch vieler Leser entgegenzukommen, die mich darum gebeten haben«.

Um das Ganze zu einem denkwürdigen Ereignis zu machen, veröffentlichte Doubleday eine limitierte Auflage — eintausendzweihundertfünfzig numerierte Exemplare zu je dreihundertfünfundzwanzig Dollar; und zweiundfünfzig unverkäufliche, eingetragene Exemplare, die vom Autor und vom Künstler signiert wurden.

Obwohl es nicht sein Lieblingsroman sei, meinte King, »ist es der Roman, ... der jenen Leuten, die meine Bücher gerne lesen, am besten zu gefallen scheint«. Aus diesem Grund wurde die limitierte Ausgabe von *The Stand* zu einem »Muß« für Kings Leser, die natürlich die beste Ausgabe ihres Lieblingsbuches haben wollten.

Doubleday scheute bei der Produktion dieser limitierten Ausgabe keine Kosten. Durch ihre kunstvollen, goldenen und roten Buchstaben, die auf einem schwarzen Ledereinband prangen, hat die limitierte Ausgabe große Ähnlichkeit mit einer Familienbibel. Und anstatt einfach die Druckplatten der Handelsausgabe zu verwenden, setzte Doubleday auch die Buchstaben neu und wandte einen Zweifarbendruck an (Schwarz für den Text und Rot für die Verzierung), außerdem verwendete er dickeres Papier als bei der Handelsausgabe. Das Buch lag in einer handgefertigten, lackierten Holzschachtel, die mit roter Seide ausgelegt war, auf deren Oberfläche man eine Messingtafel angebracht hatte; mit einem seidenen Band konnte man das Buch aus der Schachtel ziehen.

Unglücklicherweise wurde die limitierte Ausgabe nur Kunden von Doubleday angeboten, und die Fachhändler, die normalerweise Kings limitierte Ausgaben lagerten und verkauften, sahen sich nicht in der Lage, mehr als eine Handvoll Exemplare zu ergattern — sofern sie Glück hatten! (Ein Händler, dem der Verleger drei Exemplare versprochen hatte, erhielt mehrere hundert Telefonanrufe und Briefe, als er in seinem Katalog verkündete, daß die Bücher durch ihn erhältlich seien.)

Doubleday mußte Angebote bis zu eintausendfünfhundert Dollar ablehnen von begierigen Fans, die unbedingt ein Exemplar besitzen *mußten* — was spielte der Preis schon für eine Rolle, wenn es um etwas Lebensnotwendiges ging.

In Verbindung mit dem Erscheinen von *The Stand* brachte Doubleday auch neu entworfene Ausgaben aller anderen bei Doubleday erschienenen King-Bücher heraus — bis auf *Pet Semantary* — mit festeren Einbänden, in leserlichem Druck und mit bunten Umschlägen. Endlich waren auch die früheren Bücher Kings in ansehnlichen Ausgaben erhältlich. Über den Rummel, der mit der Veröffentlichung von *The Stand* einherging hinaus, war es doch wichtig, wie *Publishers Weekly* bemerkte, daß die neue Ausgabe immer noch »dieselbe exzellente Geschichte« darstellte, wobei die Ergänzungen »Kings besten Roman sogar noch besser machen. Ein neuer Anfang läßt die bereits beängstigend glaubwürdige Geschichte nur noch wahrscheinlicher werden, während ein neuer Schluß die Möglichkeit für eine Fortsetzung offen läßt.«

Obwohl es nicht sehr naheliegend ist, daß King eine Fortsetzung schreiben wird, — bis jetzt weigert er sich standhaft, — ist es wahrscheinlich, daß Randall Flagg, Kings ausdauerndste Romanfigur, in einem weiteren Buch auftauchen wird, so wie das schon bei *Die Augen des Drachen* der Fall war. Für King ist Flagg die Verkörperung des Bösen schlechthin:

> Randall Flagg stellt für mich all das dar, was mir in den letzten zwanzig Jahren, oder vielleicht seit Hitler, wirklich schlecht erschien. Zum größten Teil verkörpert er Charlie Starkweather, vor dem ich als Kind eine Heidenangst hatte. Ich las Geschichten über Charlie Starkweather und seine Mordlust und fand es einfach schrecklich. Außerdem besteht er noch zu einem Teil aus Charles Manson und Char-

les Whitman, dem Killer von Texas, und Richard Speck und eben all diesen Leuten.

Drei Monate später, im August, ging *Four Past Midnight* (dt.: *Langoliers, Nachtt*) mit einer Erstauflage von 1,2 Millionen amerikanischen Exemplaren in den Druck. Dieser aus Kurzgeschichten bestehende Sammelband, dessen gebundene Ausgabe mit siebenhundertdreiundsechzig Seiten 22,95 Dollar kostete, markierte einen Wendepunkt in Kings Karriere. Er schrieb in seinem Vorwort: »Wenn dieses Buch 1990 veröffentlicht wird, bin ich sechzehn Jahre im Geschäft mit der Phantasie.« Im Verlauf dieser Zeit, schrieb King »bin ich, durch irgendeinen Prozeß, den ich immer noch nicht so ganz nachvollziehen kann, zum literarischen Schreckgespenst Amerikas geworden...«

Im Gegensatz zu dem ersten Sammelband *Frühling, Sommer, Herbst und Tod* zeigte sich King in den vier Geschichten in *Langoliers* als literarisches Schreckgespenst. *Langoliers* und *Der Bibliothekspolizist* sind Kings Meinung nach reine »Horrorgeschichten«.

Die Erzählung *Langoliers* stellt in jeder Hinsicht eine Reise in die Nacht dar. Zehn Passagiere an Bord eines Flugzeugs wachen mitten in der Nacht auf und vermissen die vielen übrigen Reisenden, die sie vor dem Einschlafen noch um sich gesehen hatten. Die zehn Männer und Frauen müssen feststellen, daß sie von jeder Kommunikation mit anderen Flughäfen abgeschnitten sind. Als das Flugzeug zur Landung ansetzt, hat sich die Erdoberfläche auf schreckliche Weise verwandelt. Die Langolier-Monster sind dafür verantwortlich.

Eine Story voller Action und Grauen, die, wie fast alle gelungenen Horror-Stories, zumindest vorübergehend

wieder eine Insel-Situation schafft, die den Bewegungs-
raum der Opfer auf die Größe eines Flugzeugs schrump-
fen läßt, während die anfangs nur diffuse Bedrohung aus
dem Unendlichen schöpft, unendlich viele Erklärungs-
möglichkeiten bietet, die sich erst nach und nach auf kon-
krete Gefahrenquellen zurückführen lassen. Den modernen Menschen, der sich kraft seiner Rationalität und seiner Naturbeherrschung oft ommnipotent fühlt, in fiktive
Situationen zu versetzen, in der er unwissend und hilflos
wie ein Kind wirkt, das scheint das Geheimrezept für
erfolgreiche Horror-Stories zu sein. Dieses Verfahren
gelingt natürlich um so leichter, wenn die Opfer-Charak-
tere ohnehin schon Kinder sind, wie in der Erzählung *Der
Bibliothekspolizist*, in der Kinder sich vor der Strafe
fürchten, die sie erwartet, wenn sie entliehene Bücher
nicht rechtzeitig zurückbringen. Dieses Prinzip der
Gegenüberstellung von kindlicher Hilflosigkeit oder
Unschuld auf der einen Seite und übermächtigen Unge-
heuern (welcher Art auch immer) auf der anderen Seite
ist im übrigen auch strukturbildend für den bisher erfolgreichsten Horror-Kinofilm — *Jurassic Park* von Steven
Spielberg, der gleich in einem halben Dutzend Szenen
den von Menschenhand neu belebten Dinosauriern arg-
lose Kinder zum Fraße vorwirft, wobei die Kleinen natürlich jeweils in letzter Sekunde entkommen. Diese Gegenüberstellung von kindlichen Charakteren und finsteren
Mächten könnte auch den Erfolg von Horrorromanen
gerade bei Lesern erklären, die in jugendlichem Alter
sind, also oft aus gutem Grunde nur widerstrebend in die
Welt der Erwachsenen eintreten, und sie könnte auch
erklären, warum es selbst gut und originell geschriebene
Horrorromane immer so schwer bei den Literaturkriti-
kern haben: Diese suchen in den Büchern nach außergewöhnlichen Stimmungen, raffinierten Gedanken und
Assoziationen und können sich daher nur schwer mit

Charakteren anfreunden, die sich in ihren Wirkungsmög-
lichkeiten wieder auf die Wiegen- und Krabbeljahre
zurückgeworfen sehen. Mit *Das Heimliche Fenster, der
heimliche Garten*, schrieb King seine »letzte Geschichte
über Schriftsteller, das Schreiben und das seltsame Nie-
mandsland, das sich zwischen der Wirklichkeit und der
Phantasie befindet.« *Sie, Stark — The Dark Half* und *Das
geheime Fenster, der geheime Garten* schlossen den Kreis
von Kings Erzählungen über die Seelennöte eines Schriftstellers. *Zeitraffer*, die letzte Geschichte des Buches ist die
vorletzte Geschichte über Castle Rock, laut King, ein
Auftakt zu *Needful Things*, dessen Veröffentlichung für
den Oktober 1991 geplant war. In diesem Roman würde
King seine fiktive Stadt dem Untergang weihen.

King hätte für den Rest seiner Karriere über Castle
Rock schreiben können, doch er entscheid sich absicht-
lich dagegen, da er erkannte, daß er auch weiterhin neue
Wege erforschen mußte, anstatt immer wieder vertraute
Gebiete zu durchforschen:

> Ich werde Maine niemals verlassen, Castle Rock ist
> jedoch immer realer für mich geworden. Ich war
> sogar schon an dem Punkt angelangt, daß ich eine
> Straßenkarte von dem Ort hätte zeichnen können.
> Einerseits war es ein willkommener Ort, über den
> man schreiben konnte. Aber das hat auch einen
> Nachteil. Man wird selbstzufrieden; man fängt an,
> die Grenzen zu akzeptieren; die Vertrautheit des
> Ortes läßt einen kein Risiko mehr eingehen. Also
> brenne ich alle Brücken hinter mir ab und zerstöre
> die Stadt. Sie ist verschwunden — kaputt. Es ist
> zwar traurig, aber es mußte sein.

Natürlich kam es unweigerlich zu Vergleichen zwischen *Langoliers / Nachts* und dem früheren Sammelband

Frühling, Sommer, Herbst und Tod. Obwohl die Kritiken durchwachsen waren, hatten sie doch einen allgemein positiven Klang und priesen Kings erzählerische Fähigkeiten und seine profunde Phantasie. *Playboy* lobte den Sammelband in den höchsten Tönen: »Hier wird mehr als nur ein gutes Garn gesponnen, dies sind Ich-kann-meine-Augen-nicht-davon-lösen-Geschichten, die deine Phantasie auf vollen Touren laufen lassen, noch lange nachdem du das Buch geschlossen hast ... Dies sind vier wundervolle Stücke dunkler Magie von einem Meister des Phantastischen, der weiß, wie man die Menge vor Erstaunen aufstöhnen läßt.«

Book World meinte, es wäre Kings bestes Buch seit *Friedhof der Kuscheltiere* und rühmte King als »vor allem einen Meister im Geschichtenerzählen, und diese Geschichten werden einen fesseln und nicht mehr loslassen ... King formt sein Material mit der sicheren Hand eines Meisterschnitzers, schafft unerwartete Gleichnisse, benutzt auf gekonnte Art Träume, um Charaktereigenschaften zu unterstreichen, setzt subtile Hinweise auf kommende Offenbarungen und koordiniert gewandt Zufälle, die für seine Geschichten oft von großer Bedeutung sind.«

Zwischen Herbstende und Winteranfang 1990 sah King, daß die Dinge auch in bezug auf seine Kino- und Fernsehadaptationen ins Rollen kamen: Kings erste Geschichte für den *Cavalier Nachtschicht* erschien als Spielfilm; *Es*, Kings letzte Abhandlung über Kinder und traditionelle Monster, wurde als zweiteilige Miniserie im Fernsehen gebracht; und ein zweiter Rob Reiner Film, *Misery*, bewies erneut, daß der Kern jedes erfolgreichen Films die Geschichte ist.

In einem Interview mit Gary Wood erklärte Regisseur Rob Reiner, warum er sich für *Misery* interessierte:

Was mich an diesem Buch anzog, war nicht, daß es sich dabei um einen spannungsgeladenen Thriller handelte. Was mich anzog, war das Thema. Das Dilemma des Künstlers, der etwas angefangen hat, was ihm einen sicheren Erfolg garantiert, und seine Angst, sich davon zu lösen, zu wachsen und sich zu verändern; die Angst, daß man sein Publikum verliert.

Für die Broadway-Schauspielerin Kathy Bates, die man in der Rolle der Annie Wilkes bewundern konnte, behandelte *Misery* ein Problem, das ihrer Meinung nach mit Sicherheit auf sie zukommen würde, wenn der Film ein Erfolg war. Den größten Teil ihres Lebens hatten irgendwelche Möchtegernkomiker ihren Namen unwillkürlich mit dem des Norman Bates aus *Psycho* in Verbindung gebracht. »Es ist ein lahmer, abgedroschener Witz. Ich nenne meinen Namen in einem Restaurant oder beim Zahnarzt, und irgend jemand sagt, ›Oh, wie Norman Bates — ein Verwandter von Ihnen?‹«

Ironischerweise ist Bates, die erkannt hat, daß sie für immer mit Annie Wilkes verbunden bleiben wird, noch nicht einmal Horrorfan:

Ich habe Kings Werke jahrelang bewundert, aber ich bin kein Anhänger des Horrors. Ich lese über Metaphysik und Bücher von Jung oder gelegentlich Clive Barker. Ich bin eine eklektische Leserin... Nach diesem Film wird es wieder anfangen. Mehr Norman-Bates-Witze, und das *People*-Magazin wird mich mit dem Namen Kathy *Misery* Bates bestücken. Jeder will dich unbedingt festlegen. Der Mensch hat das dringende Bedürfnis, alles in Schubladen einzuordnen. In Hollywood nimmt das Ganze nur besonders drastisch überhand.

Auf dem Buchmarkt auch — wovon ein bestimmter Autor ein Lied singen kann...

Im Dezember 1990 sah sich King mit einem Geist aus der Vergangenheit konfrontiert, der zurückgekehrt war, um ihn heimzusuchen — das Gespenst des *King's Garbage Truck*. Wie auch Spike Milligans Lastwagen aus dem Nichts erschien, um Rocky und Leo in Kings *Der Milchmann schlägt wieder zu* zu verfolgen, tauchte *King's Garbage Truck* nach zwanzig Jahren ungebeten und ganz plötzlich aus der Versenkung auf. *The Maine Campus* plante eine Veröffentlichung der gesammelten Werke ehemaliger Studenten — und auch eine Neuauflage der Kolumnen, die King damals für die Uni-Zeitschrift geschrieben hatte.

Mit seinem Inhalt von fünfunddreißigtausend Wörtern ist *King's Garbage Truck* in keiner Form erhältlich. Seine Neuauflage in einer erschwinglichen Ausgabe, die den kompletten Text der Kolumnen enthielt, würde mit Sicherheit den Verkauf eines jeden Sammelbandes fördern.

Als er von der bevorstehenden Veröffentlichung hörte, feuerte der Anwalt Arthur B. Greene — Kings Finanzmanager und Literaturagent — einen Brief an Steven M. Pappas, dem Herausgeber dieser in Arbeit befindlichen Anthologie ab: »King sind diese Kolumnen peinlich, er hält sie für Jugendwerke... Er hat eine treue Leserschaft, die von dem literarischen Material, das er verwendet, ein hohes Niveau erwartet... Das Material, das Sie hier neu auflegen wollen, wird diesem Standard nicht gerecht.«

Als Antwort darauf beauftragte *The Maine Campus* sofort einen Anwalt in Portland, Maine, der seine Interessen wahren und die Frage des Urheberrechtes klären sollte: Hatte King oder die Zeitung das Veröffentlichungsrecht? Der Anwalt antwortete: »Ich meine, im allgemeinen gehört die Kolumne, die jemand für eine Zeitung schreibt, eben dieser Zeitung. Es sieht so aus, als würden wir hiermit eine Menge Spaß haben.« Die Presse bekam Wind von diesem Geplänkel, aber die Angelegenheit wurde für niemanden ein Spaß. Das Ergebnis: Am Tag, nach dem die geplante Sammlung gedruckt wurde, beschloß der Verleger des *Maine Campus*, Doug Vanderweide, als er mit King darüber gesprochen hatte, die Sache einfach fallenzulassen. Vanderweide meinte: »Wir haben einfach nicht die finanziellen Mittel, um einen langwierigen Rechtsstreit durchzuhalten... Wir wollen King auch in beruflicher Hinsicht keine Schwierigkeiten machen... Ich glaube, es ist das beste, fair zu dem Mann zu sein, und der einzige Weg, wie man fair zu ihm sein kann, besteht darin, die Sache fallenzulassen.«

Das Geplänkel sollte schon bald der Vergangenheit angehören, was jedoch nicht ohne den Kommentar einer weiteren Zeitung geschah, die einen Artikel von Douglas Rooks, dem Verfasser des Leitartikels fürs *Kennebec Journal*, brachte. Nachdem er eine Auswahl der Kolumnen gelesen hatte, stimmte Rooks mit King überein, daß einige davon *Jugendwerke* waren. Rooks war jedoch nicht der Ansicht, daß die Arbeiten »peinlich« seien, da er eine ernsthafte Absicht hinter der Fassade der humorvoll benannten Kolumne zu erkennen glaubte. Rooks erklärte: »Man kann in Kings Arbeiten eindeutig das wachsende Bewußtsein erkennen, einen Reifeprozeß, der vielen Collegestudenten seiner Generation anhaftet... King entdeckte sich selbst durch das Schreiben seiner ›jugendlichen‹ Campuskolumnen, und das ist eine wichtige Erfahrung, die man niemandem vorenthalten sollte.« Rooks, der mit dem Finger auf Kings hartnäckige Weigerung zeigte, einer Neuveröffentlichung zuzustimmen, schloß mit den Worten: »Es ist sehr schade, daß sich manche Leute nicht an diese Lektion erinnern können.«

Ende des Jahres 1990 sah sich King für seine Leistungen als Ein-Mann-Unterhaltungsindustrie, die er nun seit nahezu zwanzig Jahren vollbrachte, im Mittelpunkt der Aufmerksamkeit von Seiten der Medien. King erklärte das Phänomen Stephen King damit, daß er »als junger Mann« angefangen habe, »der niemanden aus der Verlagswelt kannte und keinen Literaturagenten hatte, und der zu dem wurde, was in eben dieser Verlagswelt als ein ›Autor mit Markennamen‹ bezeichnet wird.«

Im Bereich der Fantasy brachte das anspruchsvollste Journal auf diesem Gebiet, das *Magazine of Fantasy & Science Fiction*, im Dezember 1990 eine »Stephen-King-Sonderausgabe« heraus. Sie beinhaltete eine neue Kurzgeschichte. (*The Moving Finger*), einen Auszug aus dem Anfang von *Dark Tower III*, einen kritischen Überblick über seine Karriere von A. J. Budrys und eine Bibliographie seiner Werke. Der Chefredakteur und Herausgeber des Journals, Edward L. Ferman erklärte diese Ehre — eine der wenigen Ausgaben des Magazines, die nur einem Autor gewidmet waren — mit den folgenden einfachen Worten in seinem Leitartikel: »Stephen King ist einzigartig.«

Auch außerhalb der Welt der Fach-Magazine wurde eine beträchtliche Anzahl an Artikeln über King geschrieben. Er wurde nicht so sehr als Schriftsteller, sondern als Unterhalter angesehen — ein Superstar mit Fug und Recht.

Entertainment Weekly stellte King auf Platz Nummer neunundsiebzig seiner Liste »Der hunderteins mächtigsten Leute in der Unterhaltungsbranche. Sein Name stand zwischen denen von Danielle Steel, Jean Auel, Rob Reiner und Tom Clancy. Und in seiner Liste für das Jahr 1990 plazierte das Wochenmagazin King auf den sechsten Platz, zwischen M. C. Hammer und Sean Connery.

People Weekly erwählte King als einen von »jenen zwanzig Bürgern, die das Jahrzehnt prägten.« Die Zeitschrift erklärte: »Ob ihr sie nun liebt oder verabscheut, ohne sie hätten die Achtziger nicht stattgefunden«, was King einschloß, über den geschrieben wurde:

> Nichts ist so unaufhaltsam wie einer von Kings Wutanfällen, außer vielleicht Kings Wordprocessor. Allein in diesem Jahrzehnt hat er fünfzehn Romane ausgespuckt, von denen fast fünfzehn Millionen Exemplare verkauft wurden. Und was ist mit den Schwerwiegenden? Mit seinen eintausendeinhundertachtunddreißig Seiten wog *Es* ungefähr drei Pfund.
>
> Kings Popularität reflektierte seine unheimliche Fähigkeit, die Ängste einer modernen amerikanischen Familie auszuschlachten. Sein Publikum — und seine Opfer — sind vom Babyboom Betroffene, Angehörige jener Generation, welche die heiteren Vorstellungen der Sechziger mit der bedrückenden Realität der Achtziger in Einklang bringen mußten. In Kings Romanen werden ganz normale Leute mit erschreckend zeitgenössischen Schicksalsschlägen konfrontiert.

Selbst der Fernsehsender ABC-TV brachte in seiner Nachrichtensendung *Prime Time Live* ein Porträt über Stephen King, das sich *King Fear* (König Angst) nannte, und in dem überwiegend die Absatzzahlen seiner Bücher als Thema Nummer eins rangierten.

Doch die vielleicht aussagekräftigste — und wichtigste — Geschichte lief in *Publishers Weekly*, das eine Hitliste der *Top 25 der Achtziger: Bestsellerromane* erstellte. Von diesen fünfundzwanzig Büchern hatte King sieben geschrieben — also fast jedes vierte. Die Titel seiner Bücher waren nach der Zahl ihrer verkauften und versandten US-Exemplare aufgelistet worden:

2. *Stark-The Dark Half*, 1990,
   1.550.000 Exemplare.
3. *The Tommyknockers*, 1987,
   1.429.929 Exemplare.
10. *It*, 1896, 1.115.000 Exemplare.
15. *Misery*, 1987, 875.000 Exemplare.
17. *Talisman*, 1984, 830.000 Exemplare.
22. *Eyes of the Dragon*, 1987, 750.000 Exemplare.
25. *Skeleton Crew*, 1985, 720.000 Exemplare.

Es scheint, daß King auch in den neunziger Jahren die Bestsellerlisten beherrschen wird. Von *Four Past Midnight* waren bereits nach vier Monaten 1,7 Millionen Exemplare gedruckt worden — ein Rekord.

Stephen Kings Goldenes Jahr

Als das neue Jahr begann, war Stephen eindeutig ein König wie Midas, unter dessen Händen alles zu Gold wurde. Es schien, als könne ihm nichts mißlingen. Der Verlag Penguin USA, der seinen Marketingplan für das Jahr aufstellte, wählte dafür das Motto: »Dieser Herbst gehört King/dem König!« Und das war kein leeres Gerede; das ganze *Jahr* gehörte King. Die kunstvolle, achtseitige Broschüre des Penguin Verlages versorgte mit Einzelheiten: »Wenn der Herbst im Lande einzieht, dann werden Sie sich mit Penguin USAs fesselndem Vierteiler von Stephen King wie im Frühling fühlen!« Der Vierteiler bestand aus einer Taschenbuchausgabe von *Four Past Midnight* (im September), einer Audio-Kassette (*The Sun Dog* aus *Four Past Midnight* im September), einer gebundenen Ausgabe von *Needful Things* (im Oktober), und der Taschenbuchausgabe von *The Dark Tower III: The Wastelands* (dt.: *Tot*) (im Dezember). Überdies plante Penguin USA für den Oktober die Neuauflage der ersten drei Bücher Kings in einer De-Luxe-Ausgabe — speziell für Sammler entworfene Taschenbuchausgaben. Wie Penguin USA sehr wohl wußte, war im Lande Kings Gold zu finden, auf das sie einen Hauptanspruch geltend machten, und sie hatten vor, ihre reichste Ader auch gehörig anzuzapfen.

Was natürlich unweigerlich dazu führte, daß auch andere diese Ader anzapfen wollten und ein Stück von King verlangten. Wie King zu seinem Schrecken feststellen mußte, lag der Nachteil des Ruhms darin, daß seine Fans ihn nicht in Ruhe lassen würden. »Es scheint, als würden eine Menge Leute irgend etwas wollen. Sie wollen ein Stück von dir...«

Eine von ihnen, Anne Hiltner aus Trenton, New Jersey,

schien direkt aus der in *Langoliers* gedruckten Geschichte *Das geheime Fenster, der geheime Garten* zu stammen. Das Leben imitierte die Kunst, als Hiltner, wie die Hauptfigur in seiner Geschichte, King eines Plagiats beschuldigte. Ganz gemäß der rhetorischen Frage, die King in seinem Vorwort zu der Geschichte stellte: »Was passiert ... wenn das Feuer zwischen der Wirklichkeit und dem Phantastischen zerbricht und die Scheiben fliegen?«

Wie King wußte, konnten die seltsamsten Dinge geschehen, wenn dieses Fenster zerbrach. In der Ausgabe von 18. April 1991 der Newport *New Daily Press* berichtete der kurzgefaßte Artikel *Frau Verklagt King* über diese surreale Geschichte:

> Eine Frau verklagt den Autor Stephen King, da er sich, wie sie behauptet, ihr geistiges Eigentum angeeignet habe und die Hauptfigur in *Misery* (dt.: *Sie*) auf ihrem Leben basieren würde.
>
> Anne Hiltner behauptet außerdem, King sei in ihr Haus eingebrochen und hätte einige Manuskripte gestohlen, zu dem auch das für seinen Bestsellerroman *Misery* gehörte. Kings Anwalt stritt diese fälschlichen Behauptungen wütend ab.
>
> Hiltner, eine Princeton-Absolventin, verlangt Schadensersatz, einen Anteil an den Tantiemen und die Entfernung des Buches aus dem Buchhandel.
>
> Sie führt an, King habe ihr im Jahre 1986 oder 1987 acht verlagsrechtlich geschützte Manuskripte gestohlen, die teilweise von ihr und teilweise von ihrem Bruder, James Hiltner, geschrieben worden waren.
>
> Hiltner fordert, daß der Autor Teile ihrer unveröffentlichen Werke in *Misery* miteinbringt.

Kings Heimatzeitung, *Bangor Daily News* lieferte noch

zusätzliche Informationen über Hiltner. John Ripley, Redaktionsmitglied der *News* berichtete:

> · Anne Hiltner erhebt beim Gericht New Jerseys Anklage gegen King. Sie behauptet, der Autor aus Bangor sei in ihr Haus und einen gemieteten Lagerraum eingebrochen, um ihre Arbeiten zu stehlen. Außerdem sei King mit einem Flugzeug über ihr Haus hinweggeflogen und habe sie mit Hilfe von Abhörgeräten belauscht.
>
> Hiltner, die King bereits seit zehn Jahren regelmäßig schreibt, versichert, daß die Romanfigur Wilkes aus *Misery* auf ihrem Leben basiere.
>
> In einem Brief, den sie im August 1990 an die *News* schickte, beteuert Hiltner, sie sei das »Opfer von fünf verleumderischen Büchern Stephen Kings und über einhundertfünfzig allein im Jahre 1990 von King verübten Einbrüchen«.
>
> In diesem unzusammenhängenden, unveröffentlichten Brief schreibt Hiltner weiterhin, daß sie im Juli letzten Jahres beim Bangor-Polizeidepartment Beschwerde gegen Kings kriminelle Handlungen eingelegt habe, und daß King sie daraufhin letzten August anrief. Sie beschwerte sich außerdem darüber, daß sie von Seiten der Polizei in Bangor nur wenig Hilfe erhalten habe.

Das 1984 geschriebene und 1987 veröffentlichte Buch *Misery* wurde 1990 für die Leinwand umgeschrieben. Der Zeitpunkt der Klageerhebung legt nahe, daß der finanzielle Erfolg des Filmes *Misery* und die lobenden Worte der Kritiker wahrscheinlich der Katalysator für die Klage waren. Zwei Dinge standen jedoch eindeutig fest: Der Roman *Misery* war *vor* dem von Hiltner angegebenen

Zeitpunkt des Diebstahls geschrieben und veröffentlicht worden. Und obwohl jeder eine Klage erheben kann, steht die Frage, ob man sie auch gewinnen wird, auf einem anderen Blatt. Wie der Kriminalbeamte aus Bangor, Robert Welch, bestätigte, wurde die sinnlose Klage letzten Endes abgewiesen. Trotzdem zeigte dieser Vorfall auf, welche Gefahren mit dem Ruhm verbunden sind, was Douglas E. Winter in seiner Abhandlung über *Misery* in dem Buch *Stephen King: The Art for Darkness* wie folgt erklärte:

> Stephen King spricht nur selten über die dunkle Seite seines Erfolges — die übereifrigen Fans, die echten Geisteskranken; daß er kein Privatleben mehr hat und stä.idig mit dem allgegenwärtigen Gespenst der Ausbeutung konfrontiert ist ... unter dem Gewicht der ständigen Drehbuchkorrekturen und den immer größer werdenden Ansprüchen, die man an seine Zeit stellte, leidend, brachte er schließlich einen Kurzroman zum Vorschein, dessen erster Entwurf beinahe schon vollendet war, und der voller Scharfsinn die größte Gefahr seines Ruhms erkundete.

Der Kriminalbeamte aus Bangor, Detective Robert Welch, hatte gehört, daß Hiltner eine Reise nach Bangor unternehmen würde, was sie jedoch nie tat. Aber der in San Antonio, Texas lebende Eric Keene, der in einem Fast-food-Restaurant arbeitete, beschloß, daß er seinem Autor Nummer eins einen Besuch abstatten würde. Laut Detective Welch, erzählte Keene seinem Arbeitgeber, daß er nach Bangor, Maine, gehen würde ... was er dann auch tat.

Gemäß der *Bangor Daily News* habe Keene sowohl Stephen Kings Geschäftsräumen in Bangor als auch Kings Privathaus im Historic District, das in der Stadt nur allzu gut bekannt war, heimgesucht. Keene »erzählte der Polizei... daß er etwas zu tun plane, mit dem er sich ins Licht der Öffentlichkeit rücken könne.«

Am 18. April 1991 marschierte Keene in Kings Büro. Die *News* berichteten: »Marsha DeFilippo, eine Büroangestellte, erzählt, Keene habe von King verlangt, daß er ihm ein Paar Kontaktlinsen kaufte, ihm für einige Monate Quartier gewährte und ihn mit Zigaretten und Bier versorgte.«

»Er belästigte mich derart, daß ich einige Leute, die mit mir arbeiten, bat, die Polizei zu rufen, falls er noch einmal auftauchen würde«, erklärte Stephen King gegenüber der *News*. Zwei Tage später geschah das Undenkbare. Tabitha King, die sich nicht wohl fühlte, befand sich allein zu Hause, als das Fenster zwischen der Wirklichkeit und dem Phantastischen zerbarst und die Scherben flogen. (Stephen King und einer ihrer Söhne waren in Philadelphia bei einem Basketballspiel.)

Es war sechs Uhr morgens, als Tabitha King »hörte, wie in der Küche ein Glas zerbrach.« Sie dachte, »es sei das Glasregal über dem Spülbecken und... daß die Katze dort hinaufgesprungen sei.«

Im Nachthemd ging sie nach unten, um nachzusehen. Doch anstelle ihrer Katze erblickte sie Keene. »Ich hatte überhaupt keine Zeit, mich zu fürchten«, erzählte Tabitha später der *News*. »Ich war einfach nur erschrocken. Mein Körper hatte mir die Entscheidung schon aus der Hand genommen. Ich befand mich bereits auf dem Weg zur Tür, bevor er mir sagte, daß er eine Bombe hätte.«

Tabitha flüchtete in ein Nachbarshaus und rief die Polizei. Die Beamten riegelten die Straße ab und begaben sich mit einigen Polizeihunden ins Haus, die Keene dann auf dem Dachboden ausfindig machten. Der »Fernzünder«, den Keene in der Hand hielt, bestand nur »aus Pappe und einigen elektronischen Teilchen aus einem Taschenrechner.«

»Ich wollte einfach auf diesen Dachboden. Ich habe genau das gemacht, was ich geplant hatte, als ich dort hinaufging. Ich sah es als eine Entschädigung für all die Bemühungen, die ich unternommen hatte«, erzählte Keene später der News, als er gefragt wurde, was er unternommen hätte, wenn er nicht von der Polizei entdeckt worden wäre.

»Ich weiß nicht, was ich getan hätte, aber es ist lustig, es sich vorzustellen, oder?« überlegte Keene.

Laut News war Keene »vom Dallas County für Diebstahl verurteilt und wegen guter Führung bedingt entlassen« worden. Es wurde weiterhin berichtet, daß »der Mann aus Texas sagte, die Ärzte hätten ihn für schizophren erklärt, und er nehme schon jahrelang Drogen, die ihm von den behandelnden Ärzten verschrieben wurden.« Was das Motiv anbelangte, berichtete die News: »Keene meint, er wolle ein Buch mit King schreiben. Er sagt, er sei es leid, arm zu sein, und daß er aufgrund seiner Geisteskrankheit diskriminiert würde.«

Vor dem Obergericht von der Penobscot County wurde Keene wegen Einbruchs und Terrorisierung angeklagt und für schuldig erklärt, woraufhin er »auf nicht schuldig des Einbruchs im Sinne der Anklage und aufgrund von Unzurechnungsfähigkeit auf unschuldig im Sinne der Anklageerhebung plädierte.«

Die News fuhr fort: »Keene behauptet, er habe viele Probleme. Er fügte hinzu, daß er schon eine Menge Pläne darüber gemacht habe, was er tun wolle, wenn er jemals wieder aus dem Gefängnis kam. Er sagte, wenn er herauskomme, würde er King ein Geschenk ›aus dem Reich des Makabren‹ machen.«

Nach dem Vorfall, den Keene als »meine kleine Episode des Schreckens« bezeichnete, erklärte Stephen King gegenüber Journalisten: »Immerhin wohnen wir schon seit zwölf Jahren hier, und das war das erste Mal, daß jemand versucht hat, auf unserem Dachboden eine Bombe anzubringen.« King, der sich weigerte, zum Gefangenen seines eigenen Erfolges zu werden, erzählte der Zeitung, daß er nur selten von Ortsansässigen belästigt würde. »Normalerweise schreiben diese Leute und kommen nicht einfach vorbei«, meinte King. »Ich will nicht wie Michael Jackson leben oder wie Elvis in Graceland. Das ist ekelhaft. Es war schon schlimm genug, als wir den Zaun aufstellen mußten. Und es war sogar noch schlimmer, als wir uns ein Tor anschaffen mußten. Ich verabscheue den Gedanken daran, daß ich dieses Tor verschlossen halten muß.«

News berichtete, nach dem Ereignis würden »die Sicherheitsvorkehrungen im Hause King... erhöht.« Wie sich herausstellte, sogar auf geradezu panische Weise: Der Zaun (der drei Viertel des Grundstückes einschloß) wurde erweitert, die Eingangstore wurden mit Vorhängeschlössern ausgerüstet, und die freiliegende Auffahrt wurde ebenfalls mit Toren verbarrikadiert. Wenn man zu Fuß auf das Gelände kommen wollte, mußte man durch ein separates Eingangstor neben der Einfahrt gehen; bevor man eintrat, mußte man die korrekte Codenummer in eine digitale Tastatur, die neben dem Tor angebracht war, eintippen. Kings Privathaus wurde nun zu einer Festung mit Barrikaden, die Eindringlinge fernhalten sollten — ein hoher Preis, den man, in Douglas Winters Worten, für »den Ruhm und Reichtum eines Schriftstellers« zahlen mußte.

Fünf Monate später sollte Keene an seinen Heimatstaat Texas ausgeliefert werden. Wie die *News* berichtete:

Der Mann, der in das Haus des Autors Stephen King einbrach, hat die Stadt verlassen ... zusammen mit einer Eskorte von Polizeibeamten aus Texas [den Texas Rangers].

Keene saß seit seiner Verhaftung nach dem am 20. April verübten Einbruch im Penobscot County Jail ein ... Nachdem sein Fall während des Gerichtsverfahrens einen ungewöhnlichen Verlauf nahm, bekannte er sich schließlich des Einbruchs für schuldig, und die Anklage wegen Terrorisierens wurde fallengelassen. Ende des letzten Monats wurde er zu der Strafe verurteilt, die er bereits im Gefängnis verbracht hatte, mußte jedoch bis zur Ankunft der Polizeibeamten aus Texas dort verweilen.

Während seiner zweijährigen Bewährungszeit muß sich Keene außerdem sowohl von den Kings als auch von der Penobscot County fernhalten.

Keene hat behauptet, daß seine Hauptfigur [Annie Wilkes] in Stephen Kings Buch *Misery* nach dem Vorbild der in Texas verurteilten Kindsmörderin, Genene Jones, entstanden sei, bei der es sich, laut Keene, um seine Tante handele.

Um es in Andy Warhols Worten auszudrücken: Keene hat seine fünfzehn Minuten Ruhm erhalten. Er hat in Zeitungen landesweit für Schlagzeilen gesorgt und wurde auch noch in einer Sensationsshow porträtiert. King, der ständig im Rampenlicht steht, spielte die Situation vor einer Menge von zweitausendsiebenhundert Fans herunter, die am 26. April 1991 ins Landmark Theatre in Syracuse, New York, gekommen waren, um ihn zu hören. Wie King seinen Zuhörern erklärte, sei er »ein Blitzableiter« für seine Fans, von denen manche besessen seien. »Erst letzte Woche kam einer bei mir vorbei, um meine Frau zu besuchen.«

Doch Stephen King wußte, daß diese Angelegenheit eigentlich gar nicht lustig war. Wer weiß schließlich schon, wieviel Böses im Herzen der Menschen lauert? In einem Interview mit Rodney Labbe, das vier Jahre zuvor stattgefunden hatte, erklärte Tabitha King die Gefahren, die Berühmtheit und ungewollter Ruhm mit sich bringen und die ihre schlimmsten Ängste widerspiegelten:

> Ich glaube, daß es ziemlich krank ist, wenn Leute ersatzweise durch andere leben. John Belushi und Elvis Presley waren echte Opfer ihres Ruhms — und demzufolge auch ihrer Fans —, da ein schwacher Charakter der ewigen Schmeichlerei nichts entgegenzusetzen weiß. Geld und Ruhm ziehen die Selbstsüchtigen an, die dazu bereit sind, alles zu tun, was du willst, selbst wenn es dich verletzt oder umbringt, nur weil du dafür bezahlen kannst, oder weil du eine Berühmtheit bist. Mark Chapmans Attentat auf John Lennon war das Ergebnis dieser Heldenverehrung in einem Land, in dem geistig verwirrte Menschen ein Recht sowohl auf tödliche Waffen als auch auf den Zugang zu berühmten Leuten haben. Chapman wollte, wie er selbst zugab, einfach nur eine berühmte Person umbringen; es spielte für ihn keine Rolle, ob es John Lennon oder Paul Simon oder Steve King war — die er alle auch schon persönlich angesprochen hatte. Durch einen Mord kann der Fan sein Idol endgültig in seinen Besitz bringen. Es wird wieder passieren, solange sich Amerika weigert, der Epidemie des Mordes mit Waffen ein Ende zu setzen, und solange die von den Medien noch bekräftigte Behauptung, daß eine öffentliche Person auch öffentliches Eigentum ist, aufrechterhalten wird.

Am Frühjahrsanfang schickte Donald M. Grant ein buntes Flugblatt an seine Kunden:

> Wir sind mit Telefonanrufen und Briefen überschüttet worden, in denen man sich nach dem langersehnten dritten Buch aus Stephen Kings *Dark-Tower*-Serie erkundigte. Wir mußten sogar bereits einige verfrüht übersandte Schecks von Sammlern zurückschicken, die darum besorgt waren, daß dieses Buch sogleich vergriffen sein würde. Als Beruhigung für Sammler, die bestätigt sehen wollen, daß sie ein Exemplar dieses sehnsüchtig erwarteten Buches erhalten werden — wir *nehmen Ihre Bestellungen jetzt entgegen!*

Einer ganzen Reihe an Problemen zufolge — angefangen bei der verzögerten Produktion bis hin zu der Abfertigung einer täglichen Flut an Telefonanrufen und Briefen von übereifrigen Kunden — wurde das Veröffentlichungsdatum des Buches zunächst auf Ende Mai und dann schließlich auf die letzten Augusttage verschoben. Das einzig Positive daran war, daß die unvorhergesehene Verzögerung Grant in die Lage versetzte, auf der amerikanischen Buchmesse ABA (American Booksellers Association) für das Buch zu werben. In jenem Jahr sollte die Messe in New York City stattfinden.

Außerdem sollte Stephen King auf dieser Messe einen seiner seltenen öffentlichen Auftritte haben — sein erster seit mehreren Jahren.

Die ABA-Buchmesse bietet King eine geradezu perfekte Gelegenheit, seinen guten Willen zu zeigen und sich mit den Vertretern der Verlage, den Lektoren und Werbeleuten zusammenzutun. Es ist der beste Zeitpunkt für ihn, sich den Medien durch Pressekonferenzen und öffentliche Auftritte zu präsentieren und das Ganze in einem gewissen Rahmen zu halten.

Am Morgen des 2. Juni 1991 frühstückte Stephen King gemeinsam mit ungefähr zweitausendfünfhundert Leuten im New York Hilton Hotel. Sein Haar zu einem Pferdeschwanz zusammengebunden und in einen weißen Anzug gekleidet, marschierte King auf die Bühne und nahm seinen Platz gemeinsam mit den anderen am Ehrentisch ein. In Gesellschaft von Dr. Ferrol Sams, einem Schriftsteller des Südens, der Feministin Gloria Steinem, der Präsidentin von ABA, Joyce Meskis, und anderen, und mit Elaine Koster des New American Library an seiner Seite, stellte Stephen King für diese Menge zweifellos die Hauptattraktion dar.

Das fünfunddreißig Dollar teure, unter anderem aus Crépes, Schinken und Kaffee bestehende Frühstück wurde allmählich kalt, als die Versammlungsteilnehmer ihre Tische verließen, um King am Ehrentisch zu fotografieren, ihm die Hand zu schütteln und sich mit ihm zu unterhalten. Einige hatten gehofft, ein Autogramm ergattern zu können, doch es war weder die richtige Zeit, noch der richtige Ort, und es wurden keine Autogramme vergeben. Trotz des großen Rummels blieb King gelassen, entspannt und entgegenkommend. Da die Menge keinerlei Anstalten machte sich zurückzuziehen, mußte man sie auf ihre Plätze zurückbeordern, damit man mit dem Programm fortfahren konnte.

King sollte als letzter Redner auftreten, was für derlei öffentliche Veranstaltungen geradezu typisch ist — der letzte Trumpf, um sicherzustellen, daß nur wenige den Raum vorzeitig verlassen würden. Dr. Sams, ein Südstaaten-Gentleman aus Georgia, hielt eine amüsante, mit Anekdoten und Witzen gespickte Rede. Gloria Steinem sprach über ihr Buch, *Revolution from Within: A Book of Self-Esteem*, das bald im Handel erscheinen sollte. Leider überzogen sie beide die ihnen zugestandene Zeit, so daß Kings Auftritt verkürzt wurde.

Schließlich wurde er dem gespannten Publikum von Joyce Meskis vorgestellt:

Es war das erste Werk eines Mannes, der, indem er die Alpträume eines jeden Menschen zu hegen und zu pflegen wußte, zum Traum eines jeden Verlegers wurde. Es war der Beginn einer rekordbrechenden Karriere, durch die ein Genre frischen Wind erhielt und durch die das Verlagswesen Verkaufszahlen erreichte, von denen die Filmemacher nur träumen können. Das Buch war *Carrie*, und der Autor war Stephen King.

Siebzehn Jahre und phänomenale dreißig Bücher später hat Stephen King über einhundertfünfzig Millionen Exemplare seiner Bücher verkauft und mit fünf Büchern, die im letzten Winter zur gleichen Zeit auf den verschiedenen Bestsellerlisten der *New York Times* standen, einen Rekord erzielt.

Sein Romankatalog liest sich wie das *Who's Who* der Welt des Horrors: *Es, Nachts/Langoliers, Stark − The Dark Half, The Stand − Das letzte Gefecht, und Needful Things − In einer kleinen Stadt.*

Wie hat es King jedoch fertiggebracht, so beständig das Interesse der Leser zu fesseln und deren Blutdruck in die Höhe zu treiben? Wie schafft er es nur, uns in eine Lage zu versetzen, in der wir uns Gedanken um Killerclowns, bösartige Autos, Tierfriedhöfe und ihre sterblichen Überreste machen? Warum ist er so unglaublich populär? Das liegt nicht nur am großartigen Schreibstil, obwohl er ein großartiger Schriftsteller ist; möglicherweise liegt es daran, daß wir dazu neigen, ihn als unseren − Amerikas Horrorschriftsteller Laureat − anzusehen. (King reagiert verärgert − er schlägt mit der Faust auf den Tisch, und das Besteck klirrt) An die

Orte, an die er uns führt, folgen wir ihm gern. Und egal, was er schreibt, egal wie greulich es ist, wir glauben es.

Meskis schritt zurück an ihren Platz, und King übernahm die Tribüne unter dem rauschendem Applaus des Publikums, das darauf hungerte, ihn endlich sprechen zu hören. King hielt seine Rede aus dem Stegreif und ergötzte die Zuhörerschaft mit Erinnerungen an seine Mutter und ihre Liebe zum Lesen, erklärte seine Rolle als Schriftsteller und brachte seine Dankbarkeit für die Bemühungen der Buchhändler zum Ausdruck, die ihm bei seinem Erfolg behilflich gewesen waren.

Ob es einem nun gefällt oder nicht, King hatte sich zu dem beliebtesten literarischen Schreckgespenst Amerikas entwickelt. Der einst kaum beachtete Mann war zu einem sehr achtbaren Bestsellerautor und einer gefeierten Persönlichkeit geworden. King erklärte:

Eigentlich sollten Schriftsteller, und ganz besonders Romanciers, als Geheimagenten fungieren. Von uns wird erwartet, daß wir beobachten und nicht beobachtet werden. Wir sollen uns umsehen, sämtliche Geschehnisse mit unseren starren Luchsaugen verfolgen, um sie danach zur Belustigung der Allgemeinheit aufzuarbeiten – und das gilt insbesondere für einen Typen wie mich, der fast seine ganze Zeit mit einem Fuß in der Schattenwelt steht. Und so war es auch für eine lange Zeit. Früher war mein Gesicht noch nicht so bekannt.

Doch Kings Gesicht und sein Name sind heute so bekannt, daß eine Wiederholung der Frage »Kennen Sie mich?«, die er vor einigen Jahren in dem American Express Werbespot gestellt hat, überflüssig geworden ist.

Es scheint, als kenne jedermann Stephen King oder hat zumindest schon einmal von ihm gehört.

Da er unter Zeitdruck stand, schloß King seine Rede, indem er das Wort an die Menge richtete: »Sie gehören zu den Menschen, die es mir ermöglicht haben, das für Geld zu tun, was ich andernfalls auch gratis getan hätte.«

Im Anschluß an seine Rede gab King gemeinsam mit Gloria Steinem eine kurze Pressekonferenz in einem winzigen Raum unterhalb des Versammlungssaales. In diesem schlecht beleuchteten, von Fotografen und Reportern nur so wimmelnden Raum, beantwortete King geduldig die Fragen aus dem Publikum.

Ein Frau — möglicherweise eine frustrierte Autorin — beschwerte sich darüber, daß es für einen Anfänger nahezu unmöglich sei, ein Buch veröffentlichen zu lassen; sie bat King, ihr zu erklären, wie sie die Dinge zu ihren Gunsten beeinflussen könne. King antwortete:

Ich bin nicht sicher, was man da tun könnte. Was meinen eigenen Erfolg anbelangt, so hatte ich einfach Glück, daß der auf meinem Buch basierende Film so erfolgreich war. Ich habe mich immer gefragt ... ob ich mich ebenfalls in der heutigen Situation befinden würde, wenn der Film *Carrie* ein Flop gewesen wäre. Ich bilde es mir gern ein, aber wer weiß? Ich denke, daß es einfach reine Glücksache ist, aber ich werde Ihnen sagen, woran ich wirklich glaube: Talent kommt, sogar heute noch, fast immer ans Licht. Wenn Sie einen Beweis dafür wollen, dann sehen Sie sich doch Amy Tan an, die einen fantastischen Erfolg gelandet hat, und das auch wirklich verdient. Ich wünschte mir nur, daß ebenso viele Leute Katherine Dunn kennen würden, die *Greek Love* geschrieben hat.

Eine Reporterin, vermutlich von der *New York Times*, fragte King: »Was lesen Sie, wenn Sie sich fürchten wollen?« Was auch wieder eine der stereotypen Fragen war, wie sie King den Reportern, die mit seinen Werken nicht vertraut sind und ihn als Gruselmonster abschreiben, schon mehrere hundert Mal beantwortet hat. King blickte ihr direkt in die Augen und antwortete, nachdem er nach einem kurzen Blick auf ihr Namensschildchen festgestellt hatte, für welche Zeitung sie arbeitete: »Die *New York Times*«, was der Fragestellerin eine wohlverdiente Lachsalve von Seiten des Publikums einbrachte.

Daraufhin schloß die leicht beleidigte Reporterin zurück: »Spielen Sie fair. Beantworten Sie die Frage.«

King, der ihr jederzeit eine Reihe von Autoren des Krimi- oder Horrorgenres, die er regelmäßig liest, hätte nennen können — was sie wohl auch erwartete — entschloß sich statt dessen, seine ursprüngliche Antwort auszuführen:

Die Antwort, die ich Ihnen gab, *ist* die richtige. Ich denke, was mir angst macht, ist, wenn ich darüber, was mit unserer Umwelt geschieht, oder über die Zerstörung des Regenwaldes lese. Ich wünschte mir, ich würde die Statistiken nicht kennen, in denen festgehalten wird, wie er immer weiter verschwindet, und was daraufhin mit der Atmosphäre unseres Planeten geschieht. Und was ich für noch schlimmer halte, ist diese Art existentielle Komödie, daß wir genau wissen, wir roden diese Wälder ab, damit mehr Weideland entsteht, auf dem mehr Kühe grasen können, so daß McDonalds noch mehr Hamburger produzieren und Ronald McDonald in der ersten Klasse eines Flugzeuges neben mir sitzen kann, weil er im ganzen Land Werbeauftritte hat. Wir zerstören diese Erde für Ronald McDonald — denken Sie einmal darüber nach.

Und die Leute sagen, *ich* würde Gruselgeschichten schreiben.

Da King neben Gloria Steinem saß, fragte ein Reporter, der ihre unmittelbare Nähe zur Kenntnis nahm, was er, angesichts der Explosion des Schreckens und der Gewalt gegen Frauen, von Bret Easton Ellis' umstrittenen Roman *American Psycho* hielt. King erwiderte:

American Psycho ist ein beunruhigendes Buch. Es ist beunruhigend, weil ich nur schwerlich in der Lage bin, meine Gefühle der Abscheu angesichts dessen, was in diesem Buch geschieht, voneinander zu trennen. Denn die Gewalt ist nicht nur gegen Frauen gerichtet, sondern zieht sich über ein viel breiteres Spektrum — sie richtet sich gegen die Obdachlosen, gegen Männer, gegen Tiere. Es ist schwer für mich, das von dem allgegenwärtigen Gefühl zu trennen, daß in diesem Buch tatsächlich etwas vorgeht, daß Ellis sich große Mühe gibt, die gesamte Verhaltensweise einer feindseligen Zivilisation zum Ausdruck zu bringen.

Die Leute in dem Buch sind extrem ekelhaft, und doch kann man ihm einen gewissen Realitätssinn nicht abstreiten. Gleichzeitig habe ich jedoch nicht das Gefühl, daß Ellis, was immer er auch getan hat, sehr viel Erfolg damit hatte, und ich denke, daß man auf einige der großen naturalistischen, von Grove Press in den Fünfzigern und Sechzigern veröffentlichten Bücher zurückgreifen muß, um herauszufinden, was Ellis eigentlich zu erreichen versuchte. Ich denke dabei an *City of Night* und *Endstation Brooklyn*.

Also sind meine Gefühle für dieses Buch ambivalent und das im negativen Sinn.

Kings Befürchtungen bezüglich der kalten Darstellung von extremer Gewalt in *American Psycho* unterstrichen die Meinung, die er zwei Monate zuvor in einem von *Newsweek* veröffentlichten Artikel über die überhandnehmende Gewalt in unserer Gesellschaft zum Ausdruck gebracht hatte:

> Wie die meisten Amerikaner finde ich bis zu einem gewissen Grad Gefallen an erfundener Gewalt. Ich bin in dem Glauben aufgewachsen, daß Audie Murphy, Sergeant York und Davy Crockett große amerikanische Helden waren, daß es sich bei George Armstrong Custer um einen großen amerikanischen Märtyrer handelte, und daß man Saddam Hussein in den Hintern treten mußte... In einer gewalttätigen Welt, in der man Gewalt fortdauernd als Patentlösung betrachtet, wird die Gewalt in der Phantasie weiterhin ein Teil des imaginativen Ernährungsplans dieser Welt bleiben.

Nach der kurzen Pressekonferenz, bahnte sich King seinen Weg durch die Menge in dem Hauptausstellungsraum der Versammlung zum Stand seines Verlegers. Mit seinen beinahe zwei Metern überragte King die Massen der Autogrammjäger, die ihm in einer langen Schlange folgten.

An den Ständen des Penguin-USA-Verlages nahm King sich die Zeit, um mit Verlegern, Verkaufsvertretern und anderen Verlagsangestellten zu sprechen. Doch da es sich bereits vor seinem Erscheinen inoffiziell herumgesprochen hatte, daß King den Stand aufsuchen würde, tauchten immer mehr Leute mit Büchern in der Hand dort auf, die sie von ihm signieren lassen wollten.

King bezog hinter einem Verkaufstisch Stellung, um der stetig wachsenden Menge entgegenzukommen und für sie Exemplare seiner Bücher, Werbepostkarten für *Needful Things* und *Cujo*-Masken mit Autogrammen zu versehen.

An diesem Abend nahm King an einer für die Öffentlichkeit nicht zugänglichen Party teil, die in einem nahegelegenen Restaurant, dem Café Society, stattfand — allerstrengste Sicherheitsvorkehrungen machten ein Eindringen unmöglich. Später an diesem Abend übernahm King mit einer seiner Lieblingsband, der John Cafferty and the Beaver Brown Band, die Bühne und bearbeitete die Rhythmusgitarre. »King, ein verhinderter Rockmusiker stand auf, schnappte sich eine Gitarre und fing an ›Twist and Shout‹ und ›Whole Lotta Shaking Goin' On‹ zu spielen (passabel) und zu singen (zu leise)«, berichtete die *Washington Post*.

Als der letzte Entwurf zu *Tot* umgeschrieben und fertiggestellt war, machte King in diesem Sommer keine weiteren Pläne für ein Buch. Statt dessen wollte er »Baseball spielen und einfach mal die Füße ausstrecken«, wie W. C. Stroby von *Writer's Digest* mitteilte.

Doch King tat sozusagen keinen Schlag in diese Richtung. Wie der Dichter Robert Burns schon zu sagen pflegte, selbst die ausgetüfteltsten Pläne gehen oft daneben. In Kings Fall gewann das dringende Bedürfnis, *Gerald's Game* (dt.: *Das Spiel*) zu schreiben, die Oberhand, und er setzte sich sogleich daran; *Dolores Claiborne (Dolores)*, ein Roman, dessen Herausgabe für den Herbst 1992 geplant war, sollte als nächstes folgen. King konnte dem Drang nicht widerstehen, die bizarre Geschichte von Gerald und seiner Frau Jessie zu erzählen, die sich in ihrem Sommerhäuschen im südlichen Maine befinden, als es mit Spiel und Spaß eine unerwartete dunkle Wende nimmt — Geralds Spiel.

Obwohl in diesem Sommer keine Hauptwerke Kings veröffentlicht werden sollten, blieben seine Fans nicht völlig auf dem trocknen sitzen. Am 7. Mai 1991 strahlte der Sender CBS einen ursprünglich fürs Fernsehen gedrehten Spielfilm aus. *Sometimes They Come Back* basierte auf einer gleichnamigen Kurzgeschichte aus dem Sammelband *Night Shift*.

Trotzdem verlangte CBS noch nach einem größeren King-Projekt, in derselben Machart von *Es*, einer zweiteiligen Miniserie, die im Jahr zuvor von dem Sender ABC ausgestrahlt worden war und auf dem eintausendeinhundertachtunddreißig Seiten langen Roman Kings basierte. King, der den Erfolg von *Es* als Katalysator für das Interesse von CBS erachtete, stellte fest: »Das Ironische daran ist, daß mein Name für das Fernsehen zu Gold geworden war (um es mit einem kleinen Wortspiel auszudrücken), und das wegen eines Projektes von Nielsen, mit dem ich nur wenig zu tun hatte *[Es]* ... außer, natürlich, daß ich meinem Namen dafür hergab.«

CBS konnte schließlich doch ein Hauptwerk Kings ergattern; eine neue Serie des Laurel Entertainments, bei der Richard P. Rubinstein und Stephen King sich den Job des leitenden Produzenten teilten. Jonathan Levin, Vizepräsident der Dramaturgie bei CBS erklärte gegenüber *USA Today*: »*Golden Years* ist das Ergebnis jahrelanger Bemühungen unsererseits, doch letztendlich war es nicht das, was wir ursprünglich vorhatten.« Was CBS wollte, war etwas, das King strikt ablehnte: Sie wollten, daß er bei einer Horror-Show als Moderator fungierte. Statt dessen erhielten sie das, was King ihnen geben wollte:

eine Original-Miniserie, die speziell auf das Fernsehen zugeschnitten worden war.

Die Handlungselemente von *Golden Years* ähnelten in vielerlei Hinsicht denen von *Feuerkind*, dem 1980 erschienen Roman Kings. *Feuerkind* erzählte die Geschichte eines schiefgelaufenen Geheimversuchs, dem sich ahnungslose Zivilisten unterzogen hatten. Diese Leute müssen daraufhin vor den Gesandten der Firma fliehen, die sich an eine Einrichtung der Central Intelligence Agency in Quantico, Virginia, anlehnt. Die Handlung in Grundzügen:

In *Stephen Kings Golden Years* . . . spielt Keith Szarabajka die Hauptrolle des Harlan Williams, eines 70 Jahre alten Hausmeisters, der Angestellter bei Falco Plains ist, einem Geheimlabor der Regierung in Upstate New York. Harlan nähert sich dem Rentenalter, doch die Angst um seinen Job wird schon sehr bald von einer schrecklichen Explosion ausgelöst, bei der zwei Assistenten des Leben verlieren und Harlan mit einer unbekannten Kombination aus mysteriösen Chemikalien in Berührung kommt. Nach dem Unfall veranlaßt der Leiter von Falco Plains, General Louis Crewes (Ed Lauter), seine Sicherheitschefin Terrilynn Spann (Felicity Huffman) dazu, eine Untersuchung in Gang zu setzen, um der Ursache der Explosion auf den Grund zu gehen. Spanns Nachforschungen konzentrieren sich schon bald auf Harlan und dessen Genesung, und sie erhält schließlich Unterstützung durch den Regierungsbeamten Jude Andrews (R. D. Call), der seine eigenen Gründe für die Geheimhaltung des Unfalls haben könnte.

Obwohl weder die Ärzte noch Harlan selbst irgendwelche, von seiner Nähe zur Explosion hervorgerufene Auswirkungen feststellen können, ist es schließlich Harlans treusorgende Ehefrau Gina (Frances Sternhagen), die an fast unmerklichen Veränderungen merkt, daß mit ihrem Mann nicht alles in Ordnung ist. Und es ist eben diese Entdeckung Ginas, daß sich ihr Ehemann irgendwie verändert hat, durch die das Abenteuer für das Paar seinen Anfang nimmt. Sie entdecken, daß sie von Seiten der Laborangestellten und Regierungsbeamten ebensoviel befürchten müssen wie von jedweder Chemikalienmischung.

Golden Years wurde zunächst als ein Zwei-Stunden-Film ausgestrahlt, dem dann sechs einstündige Episoden folgten. Da der Film wie ein Roman Kings aufgebaut war und die Charaktere erst einmal vorgestellt wurden, beschwerten sich die Kritiker, die Handlung würde »zu langsam ins Rollen kommen« und sei »auch in den nachfolgenden Wochen ein wenig spannungsarm«, so Matt Rouch von *USA Today*. Die Bewertung der Serie wurden mit jeder Ausstrahlung schlechter.

In der letzten Episode hieß es »Fortsetzung folgt«, als Jude Andrews und seine Gefolgsmänner schließlich Harlan Williams ergreifen können. Doch gemäß eines leitenden Angestellten von CBS werde die Miniserie »ganz sicher nicht fortgesetzt, und wir stehen im Moment auch wegen keiner weiteren Projekte mit Mr. King in Verhandlung.«

Im August brachte der Verleger Donald M. Grant die gebundene Ausgabe von *Dark Tower III: Wastelands* (dt.: *Tot*) in den Handel, und das nach einer Zeitspanne, die den übereifrigen King-Fans, die bereits vor Monaten bestellt hatten, unendlich lang vorgekommen war. Das Warten hatte sich jedoch gelohnt. Die Grant-Ausgabe zu achtunddreißig Dollar war erstklassig gemacht; sie trug einen roten Stoffeinband, der auf seinem Rücken mit schwarzen Buchstaben bedruckt war. Zu den im Smythe-Stil genähten, robusten Schriftzügen auf dem Einband kam schweres, griffiges Papier, das mit einer perfekten Mischung aus Text und Bildwerk bedruckt war, für deren Aufmachung der Buchdesigner Thomas Canty und der Künstler Ned Dameron verantwortlich zeichneten.

Publishers Weekly war jedoch mehr am Inhalt als an der Verpackung interessiert und beschwerte sich über den Mangel an Entschlossenheit, der in diesem Buch zum Ausdruck kam, da es mit einem sogenannten Cliffhanger im Ungewissen endete — ein Problem, das King in seinem »Nachwort« zu dem Roman ansprach:

> Mir ist durchaus bewußt, daß einige Leser nach der Lektüre von *Tot* unzufrieden sein werden, da das Buch durch seinen Schluß so vieles ungeklärt läßt. Ich bin selbst nicht sehr glücklich darüber, Roland und seine Gefährten in der nicht gerade als fürsorglich zu bezeichnenden Obhut von Blaine zurückzulassen, und obwohl Sie nicht dazu verpflichtet sind, mir das zu glauben, muß ich dennoch nachdrücklich sagen, daß mich das Ende des Buches ebenso überrascht hat wie wahrscheinlich manche meiner Leser.

Der Schriftsteller Edward Bryant besprach das Buch für die Zeitschrift *Locus* — einem Fachmagazin für Science-fiction — und ließ ihm, durch seine auf die Absicht des Autors näher eingehende Würdigung, ein Lob zukommen:

> Während es sich hierbei eindeutig um eine Reise-musiksymphonie handelt, stellt dieser Roman wohl

eher ein enormes Kapitel in irgendeiner Art kosmischem Hörspiel dar. Es besteht aus soviel Farbe und bizarrer Phantasie, so viel Spannung und geschwind wechselnden Hintergrundszenen, daß ein neuer Leser wahrscheinlich mit der die Oberfläche nur anritzenden Synopse der zwei ersten vom Autoren herausgebrachten Exemplare recht gut auskommen wird. Seien Sie jedoch gewarnt... Dieser dritte Folgeroman steckt voller Handlungsabläufe, die sich allmählich zusammenfügen lassen, spannender Szenen, Geschichten innerhalb von Geschichten und auch voller Metaphysik.

... Was an diesen Büchern unter anderem erstaunt, ist Kings scheinbar sorglose und doch überaus einleuchtende Methode, durch die er Konstruktionen der Science-fiction mit Fantasy-Elementen verbindet. Er schiebt die nur an der Oberfläche unvereinbaren Konzepte mit solcher Wucht zusammen, daß die dadurch erzeugte Hitze die jeweiligen Elemente verschmelzen läßt...

Kings Meinung nach sind die »Revolvermann«-Romane für die allgemeine Leserschaft nicht so anziehend wie etwa *Needful Things* oder *Friedhof der Kuscheltiere*. Ich schätze, damit hat er recht. Möglicherweise liegt das einfach an ihrer Fremdartigkeit. Viele seiner beliebtesten Geschichten handeln von vertrauten, alltäglichen Leuten, die außergewöhnliche Situationen zu meistern haben...

Nicht daß diese Nebenprodukte Stephen Kings schlecht, schwierig, langweilig oder in irgendeiner Weise nicht lesenswert wären. Es ist nur, daß sie so seltsam ungewohnt und ganz anders als das sind, was der Autor sonst schreibt. Und wenn man die Phantasie selbst als den Knochen sehen kann, der

315

die Muskulatur, das Fleisch und die Haut des persönlichen, assoziativen und kreativen Herstellungsverfahrens eines Schriftstellers stützt, dann kommt dieses Werk Kings, meiner Meinung nach, eben diesem Knochen sehr nahe.

Was Edward Bryant bestätigt, ist, daß die *Dark-Tower*-Serie tatsächlich eine Abweichung von dem bedeutet, was Kings Leser als seine Norm erachten: lange Horrorgeschichten, die im alltäglichen Amerika spielen, und in denen ganz gewöhnlichen Leuten außergewöhnliche Dinge zustoßen. Und doch ist es unmöglich, den gesamten Umfang von Kings Vision zu erfassen, nachdem bisher erst drei von sieben oder acht ursprünglich geplanten *Dark-Tower*-Büchern herausgebracht worden sind – noch nicht einmal King selbst hat eine Vorstellung davon, wohin Rolands Zukunft ihn noch führen wird. Aber die Chancen stehen gut, daß, wenn die restlichen Bücher dieser Serie veröffentlicht wurden, sich das Gesamtgefüge als Kings ausdauerndstes und phantasievollstes Werk erweist.

Kurz nach *Tot* brachte Penguin USA unter seinem Vikingsignet den sechshundertneunzig Seiten langen Horrorthriller *Needful Things* (dt.: *In einer kleinen Stadt*) von King heraus, der den Untertitel *Die letzte Castle Rock Geschichte* trug. Er handelt von Leland Gaunts neueröffnetem Laden Needful Things, in dem die für den Alltag nötigen Dinge nie das sind, was sie zu sein scheinen. Da die kleine Stadt durch die teuflischen Tricks des Mr. Gaunt auf ewig verändert wird, stellt *Needful Things* Kings letzten Besuch dieses ihm allzu bekannten Schauplatzes dar. King, der sich in Castle Rock, wo schon Cujo und Stark spielten, viel zu wohl fühlte, war der Meinung, daß der Zeitpunkt gekommen sei, da er unbedingt weiterziehen mußte:

> Es ist leicht, immer wieder in denselben Trott zu verfallen und sich dabei wohl zu fühlen. Das habe ich mit Castle Rock ein wenig praktiziert. Wenn ich nach Castle Rock zurückkam, war es für mich wie eine Heimkehr, als würde ich in einen alten Morgenrock oder ein altes Paar Jeans schlüpfen und mich häuslich niederlassen. Nach einer Weile begann ich mich in Castle Rock überaus heimisch zu fühlen.
>
> Ich glaube nicht, daß dies ein guter Zustand für einen Romanautor ist, ganz besonders dann nicht, wenn man sich in meiner Situation befindet und schon eine Menge Bücher verkauft hat. Sehen wir den Tatsachen ins Auge: Wenn man extrem beliebt geworden ist und das extrem große Geld beherrscht, dann wirkt alles aufgebläht, egal, was man tut. Ich versuche nur, diesen Eindruck so lange wie möglich herauszuzögern.

Publishers Weekly, das Kings Büchern über die Jahre hinweg stets eine faire Kritik hatte zukommen lassen, entdeckte viele Sachen, die ihm an Kings Schwanengesang für Castle Rock gefielen:

> ... King verabschiedet sich auf prächtige Weise von der erfundenen Stadt in Maine, in der viele seiner früheren Werke spielten. Mit seiner imposanten Länge läßt sich der Roman sowohl, was seine Handlung, als auch was die Beschreibung der Charaktere angeht, unter Kings beste Werke reihen ...
>
> King weiß, ebenso wie Mr. Gaunt, ganz genau, was seine Kunden wollen.

317

Andere Rezensenten konnten dem nicht zustimmen und verrissen den Roman mit Freuden. In einer Buchbesprechung für das *New York Times Book Review*, ergriff Joe Queenan die Axt und schlug zu:

> Ja, der Meister des Makabren, der Zar des Possenreißens, der Sultan der Schocker, der Lehnsherr des Verabscheuungswürdigen ist mit einem weiteren seiner Schauerromane zurückgekehrt. Diesmal verabschiedet er sich von Castle Rock, Maine, das in seinen vorherigen Büchern zum Schauplatz von so viel widerlichen Machenschaften wurde...
>
> Wenn sich (die Handlung) kleinjungenhaft anhört, nun, dann stimmt das auch. *Needful Things* ist kein Buch, daß man irgend jemandem leichtfertig empfehlen könnte. Es gehört zu der Art von Büchern, die nur langjährige Anhänger dieses Genres genießen können; Leute, die wahrscheinlich eine Menge schwarzer T-Shirts in ihrer Schrankkommode haben und ihre Baseballkappe verkehrt herum tragen oder zumindest schon einmal davon träumten, dies zu tun. So groß, dumm, schwerfällig und durchsichtig wie sie sind, stellen Mr. Kings Bücher das literarische Äquivalent zu Heavy-Metal-Musik dar.

Nachdem Queenan mit seiner Axt schon kräftig zugeschlagen hatte, wurde das blutige Instrument an Professor Walter Kendrick weitergereicht, der in seiner Besprechung für die *Washington Post* voller Freude noch weitere vierzig Schläge austeilte. »Ein Buch Stephen Kings zu rezensieren, ist ein zweckloses Unterfangen«, beginnt Kendrick, der dann mit der Erklärung fortfährt, daß keine Kritik auch nur irgendwelchen Einfluß auf die Verkaufszahlen von Kings neuem Roman haben würde.

Nachdem er ohne jegliche Vorwarnung die gesamte Handlung bis in alle Einzelheiten verraten hatte, gibt Kendrick — ein Collegeprofessor, der eigentlich etwas genauer hätte lesen müssen — auch noch eine Fehlinterpretation der Botschaft dieses Romans zum besten:

> King scheint ausdrücken zu wollen, daß wir alle für die Dinge, die man zum Leben braucht, unserem Nachbarn die Lebenslichter ausblasen, sofern wir die Möglichkeit dazu haben.
>
> Eine bösartige Botschaft von Amerikas beliebtestem Romanautor. Doch King hat seinen Lesern schon des öfteren ins Gesicht gespuckt, und sie haben es aufgeleckt. Ich kann nur annehmen, daß Kings Millionen Fans mit ihm einiggehen, was die unmoralische, gemeingefährliche, hirnlose Ekelhaftigkeit ihrer amerikanischen Mitbürger angeht. Und das ist nun wirklich ein erschreckender Gedanke.

Da King nicht zu denjenigen gehörte, der vor einer ungerechtfertigten, lauten und wütenden Kritik den Schwanz einziehen, schrieb er einen Antwortbrief an den Verleger. Kendrick sollte herausfinden, daß King sich und seinen Roman durchaus mit Bravour zu verteidigen verstand. Nachdem er Kendricks Kritik als »eine Kombination aus akademischer Arroganz, Überheblichkeit und kritischer Engstirnigkeit« bezeichnet hatte, fuhr King fort:

> An einer Stelle seines Klageliedes — man kann das nun wirklich nicht als Kritik bezeichnen — behauptete Kendrick, ich sei nur deshalb ein so erfolgreicher und beliebter Schriftsteller geworden, weil ich einfach über die blutenden Körper der Kritiker hin-

weggetreten bin, die meinen Mangel an moralischer Einsicht und meine Unfähigkeit, ein Konzept, das größer ist, als, sagen wir mal, mein eigenes Bankkonto, zu entwickeln, bloßgelegt haben. Das ist absolut unwahr. Ich bin noch nie in meinem Leben über einen blutenden Kritiker hinweggetreten. Allerdings bin ich schon über einige Nörgler hinweggetreten, und genau das gedenke ich jetzt auch bei Kendrick zu tun.

Nachdem er diesen Partherpfeil abgeschossen hatte, verabschiedete sich King.

In den Schlachthöfen von Chicago wird alles vom Schwein verwertet, bis auf das Quieken — und wie man so schön sagt, arbeiten sie auch daran gerade. Um die animalische Metapher noch einen Schritt weiterzuführen — Penguin USA ist sorgfältig darauf bedacht, das Huhn, das goldene Eier legt, nicht zu ermorden; in der Tat sind sie sogar daran interessiert, neue Absatzkräfte für ihre goldenen Eier zu finden.

Stephen King, eine unschätzbare Vermögensanlage für die Gesellschaft, hat miterlebt, wie seine Bücher als gebundene Originalausgaben, als Neuauflagen für Bücherclubs, als Neuauflagen für Taschenbücher, Audio-Adaptionen, Film- und Fernseh-Adaptionen und Sammlerausgaben verkauft wurden — letzteres war ein Absatzmarkt, in den Penguin USA mit seiner neuen Serie, den Stephen King Sammlerexemplaren, noch weiter eindringen wollte.

Bisher beschränkte sich ihre Ausbeute dieses Marktes der limitierten Ausgaben auf eine Reihe Audio-Kassetten der Dark-Tower-Serie — was zugebenermaßen nicht sehr viel Begeisterung hervorrief, zumal die Kassetten mit hundert Dollar überteuert waren.

Penguin USA nahm sich also eine Seite von Doubledays prächtig und elegant gestalteter limitierter Ausgabe von *The Stand: The Complete & Uncut Edition* zum Vorbild und stellte einen eigenen Plan auf: eine Serie von qualitativ hochwertigen, erschwinglichen Büchern, die auf Kings Massenleserschaft zugeschnitten war. Die Serie war das Geistesprodukt Michael Fragnitos, des Chefverlegers von Penguin USA, der nach »neuen und kreativen Wegen, unsere Bücher zu verpacken und zu verkaufen«, suchte. Durch die wohlüberlegte Auswahl von Einbandmaterial, Papier, einem gutaussehenden Schriftsatz und Aufmachung, hat Fragnito genau das erreicht.

Carrie, *Brennen muß Salem!* und *Shining* — jeweils in einer Erstauflage von fünfundsechzigtausend Exemplaren erschienen — waren die ersten Bücher dieser Serie. Es sind ihre neuen, speziell für diese Serie verfaßten Einleitungen, die sie von den vorherigen Ausgaben unterscheiden.

Tabitha King schrieb das Vorwort zu *Carrie* und brachte darin ausführlich ihre persönliche Ansicht als Kings Ehefrau und als jemand zum Ausdruck, der zu der Hauptfigur des Romanes, Carietta White, einen Bezug herstellen konnte. Clive Barker wurde damit beauftragt, die Einleitung zu *Brennen muß Salem!* zu schreiben; und auch Ken Follet lieferte ein aufschlußreiches Vorwort zu *Shining*. Laut *Publishers Weekly* sollten die »erleuchtenden Einleitungen zu jedem Buch ... auf mehr als nur bloße Vorwörter hinauslaufen.«

»Die neuen Einleitungen waren die Idee der Cheflektorin von Plume, Elaine Koster, und sind dazu gedacht, den Büchern einen größeren Wert zu verleihen, der über die wunderschöne Aufmachung dieser Serie, die aus Sammlerstücken besteht, hinausgeht«, bemerkte Fragnito.

In dieser Herbstsaison wurde noch ein weiteres Buch von King angeboten: die Taschenbuchausgabe von *Dark*

Tower III eine genaue Reproduktion der Ausgabe von Donald M. Grant.

Als das Jahr zu Ende ging, trat King bei einer Wohltätigkeitsveranstaltung zugunsten der Obdachlosen auf, die von Organisationen aus dem Bostoner Raum finanziert worden war. Am 22. November 1991 nahm King — in zwangloser Kleidung, die Haare zu einem Pferdeschwanz geflochten — zusammen mit anderen Schriftstellern an der Benefizveranstaltung *Voices Louder Than Words* teil.

An diesem regnerischen Abend erschienen geschätzte achthundert Personen im Sanders Theatre, Memorial Hall, der Harvard Universität. Als Eintrittspreis für die allgemeine Veranstaltung konnte man zehn Dollar für den guten Zweck verlangen, was mit einer Trumpfkarte wie Stephen King durchaus angemessen schien. (Für fünfzig Dollar konnte man sowohl an der Diskussion als auch an dem darauffolgenden Empfang teilnehmen, sich unter die Schriftsteller mischen und erhielt zudem noch ein Exemplar der Vintage-Taschenbuchausgabe von *Voices Louder Than Words*, das von William Shore herausgebracht worden war.) Um sechs Uhr wurde das Licht am Sanders Theatre gedämpft, was dem Ganzen eine fast mittelalterliche Atmosphäre verlieh, und der Veranstalter dieses Abends, Jonathan Kozol, betrat die Bühne; die anderen Redner saßen in den ersten beiden Reihen und warteten auf ihren Auftritt.

Nach Kozols allgemeinem Kommentar, stellte Connie Porter John Edgar Wideman vor, der daraufhin seinen Vortrag hielt. Ihm folgte Gish Jen, die Jamaica Kincaid, eine weitere Rezitatorin, vorstellte. Dann wurde Stephen King von Robert Parker eingeführt:

Mein Name ist Robert Parker, und ich hänge irgendwie fest. Ich soll Stephen King vorstellen. Sein Verleger hat versprochen, mir eine Biographie zu übersenden, was er dann jedoch nicht getan hat. Woher soll ich denn jetzt wissen, was ich sagen kann? Welcher von Ihnen *ist* es eigentlich? [Gelächter im Publikum]. Nun, da ich nicht gerade auf den Mund gefallen bin, werde ich mir einfach etwas ausdenken, und vielleicht sind einige von Ihnen da draußen ja auch mit seinen Werken vertraut. Wahrscheinlich sind Sie das. Schließlich ist er der erfolgreichste Schriftsteller der Welt. Ein Rezensent, der seinen Erfolg zu erklären versuchte, meinte, King sei eine Naturgewalt, und ich schätze, er ist wirklich eine Naturgewalt. Die Kritiker wissen solche Dinge.

Doch möglicherweise gibt es auch noch weniger exotische Gründe für seinen Erfolg. Er schreibt zum Beispiel in einem solch flüssigen, anmutigen Stil, daß jede seiner Geschichten wie Wein aus einer Flasche fließt. Alles, was er schreibt, hört sich so an, als wäre es ganz leicht, so etwas zu schreiben, und vielleicht ist es das auch für Steve. Wie kommt es aber dann, daß niemand *sonst* es tut?

Steve kann unser Lebensgefühl besser beschreiben als irgend jemand sonst, den ich kenne. Er ist in der Lage, die seltsame Erhabenheit des Gewöhnlichen ebensogut einzufangen, wie es zum Beispiel Shakespeare konnte, oder wie es John Updike kann; etwas, das aber zum Beispiel Melville, dem Autor des legendären Romans *Moby Dick* nicht gelang, und Norman Mailer auch nicht kann. Doch darüber hinaus gibt es noch etwas, für dessen Erklärung mir die Worte fehlen, denn seine Phantasie scheint in präzisem Gleichklang mit unser aller

Phantasie zu schwingen — und ich wünschte mir, daß *meine* Phantasie dazu auch in der Lage wäre. Darf ich zum Schluß noch hinzufügen, daß ich Stephen King bereits seit ungefähr fünfzehn Jahren kenne, und daß er außer einer Naturgewalt auch noch ein ganz netter Kerl ist. Ich freue mich auch darüber, daß er heute immer noch derselbe nette Kerl ist wie vor fünfzehn Jahren, als ich ihn kennenlernte, und er einfach nur erfolgreich war. [Gelächter im Publikum.]

Ich habe Stephen King schon immer gemocht. Und ich habe ihm immer nur Gutes gewünscht, aber nicht, daß es ihm *so* gut gehen soll. [Gelächter im Publikum]. Meine Damen und Herren, Stephen King!

Dann betrat Stephen King unter tosendem Applaus die Bühne und beschloß, nachdem er Parkers füllige Figur bemerkt hatte, noch ein wenig Spaß auf Parkers Kosten zu machen, bevor er mit seiner Rede anfing: »Vielen Dank, Bob. Ich habe mir schon viele gemeine Sachen ausgedacht, die ich über dich sagen wollte, aber du hast mir das Wasser abgegraben. Du bist ruhiger geworden. Aber eine Sache will ich doch wiederholen, weil sie einfach zu gut ist, um sie fallenzulassen: Fünfzehn Jahre sind eine lange Zeit; ich erinnere mich an eine Zeit, da besaß Bob noch einen Hals.«

Das Publikum brüllte vor Lachen. Dann begann King mit seiner Rede, die er aus dem Stegreif hielt:

Ich möchte mich bei John Edgar Wideman und Jamaica Kincaid bedanken, weil eine Sache, die mir, seit der Zeit, als ich auf dem Schoß meiner Mutter saß, immer am meisten Spaß gemacht hat, das Vorlesen ist; und Sie beide waren wunderbar.

[Rauschender Beifall]. Und ich kann zu dem, was Miss Kincaid gesagt hat, einen Bezug herstellen. Nachdem ich den beiden zugehört habe, möchte ich am liebsten sagen können: »Gebt uns das Geld. Wir geben es einem Obdachlosen oder jemand, der etwas vertrauenswürdiger ist als ich und es den Leuten geben wird, die es brauchen.«

Bevor ich lese, möchte ich Ihnen eine kleine Geschichte erzählen, denn das ist es, was ich normalerweise mache.

Ende des Jahres 1972 lebten meine Frau und ich in einem Wohnwagen. Wir hatten zwei kleine Kinder, die heute beide auf dem College lernen; zu dieser Zeit ging es uns nicht sonderlich gut. Ich hatte keinen Job, aber wir besaßen trotzdem noch einige Sachen, die man uns geschenkt hatte, wie zum Beispiel den Käse in dem oberen Fach unseres Schrankes.

Ich schrieb eine Geschichte mit dem Titel *Carrie* und schickte sie an einen Verleger in New York; Doubleday war zu der Zeit noch ein richtiger Verlag und kein kooperatives Gebilde. Einer der Lektoren meinte: »Warum kommen Sie nicht nach New York? Ich glaube, wir wollen dieses Buch veröffentlichen.« Also borgte ich mir fünfundsiebzig Dollar von der Großmutter meiner Frau, nachdem ich ihr versprochen hatte, ihr das Geld wiederzugeben, falls ich von der Einkommenssteuer etwas zurückbekam.

Ich nahm den Bus nach New York, wo ich das letzte Mal als kleiner Junge mit meiner Mutter gewesen war. Ich stieg am Bahnhof der Hafenbehörde aus und betrat die Straße; als die Sonne aufging, orientierte ich mich an meinem Schatten und lief in östliche Richtung, mit brandneuen Schu-

hen an den Füßen, die mir zahlreiche Blasen einbrachten.

Schließlich erreichte ich Doubleday & Company.
Ich sollte eigentlich zum Mittagessen dort erscheinen. Und es war erst ein Viertel vor acht morgens.
Ich trug meinen besten Pullover – meinen *einzigen*
Pullover – und das erste, was ich nahe der Park
Avenue Nr. 227 erblickte, war die Chemiefabrik,
ein riesiges Sandsteingebäude. Auf dem Hof davor
lag ein Mann, den ich für tot hielt. Ich beobachtete,
wie die Leute an ihm vorüberhasteten oder über ihn
hinwegtraten, als wäre er gar nicht da. Dann sah ich
einen Polizisten und ging, mir sehr wohl bewußt,
daß ich mich wie ein Landei benahm, auf ihn zu
und sprach ihn an: »Ich glaube, der Mann da drüben ist tot.« Der Cop blickte zuerst auf den Mann,
dann auf mich, und danach wieder auf den Mann
und lachte. Ich habe dieses Lachen niemals vergessen. Er sagte: »Junge, wenn er tot wäre, dann könnten wir wohl etwas dagegen tun.« Das war alles.

Dieser Typ, der da auf dem Hof lag, war ein
Obdachloser, und an diesem Morgen räumte ich
ihm, irgendwo in einem Hinterstübchen meines
Verstandes, eine »Wohnung« ein. Es ist kein Penthouse, nur ein kleines Zimmer. Ich sehe niemals
sein Gesicht; ich sehe nur diese Gestalt, die auf dem
Betonpflaster liegt und einen Mantel über sich aus-
gebreitet hat. Er ist da. Und ich schätze, deswegen
bin ich heute abend hier.

Ich möchte Ihnen aus einem Buch vorlesen, das
ich geschrieben habe; es heißt *Das Spiel*. Normalerweise vermeide ich es, Gruselgeschichten vorzulesen, da man den Menschen in der Masse generell
keine Angst einjagen kann – ich erwische sie lieber
allein.

326

Doch es regnet draußen, es ist dunkel, und zum Teufel damit, nur dieses eine Mal werde ich versuchen, Ihnen einen Heidenschrecken einzujagen.

Dies ist das Kapitel dreizehn des Romans — irgendwie passend — was bedeutete, daß ich eigentlich lange Zeit hier stehen müßte, um sie in eine meiner brillanten, komplexen Handlungen einzuweisen, doch das wird in diesem Fall nicht nötig sein.

Vor einiger Zeit habe ich ein Buch namens *Sie* geschrieben, das von zwei Personen handelte. Nachdem es so erfolgreich war, beschloß ich ein Buch zu schreiben, in dem nur eine Person vorkam. Für nächstes Jahr ist ein Buch geplant, das *Wohnzimmer* heißt, und in dem *gar keine* Person vorkommt! [Gelächter im Publikum] Ich glaube, das ist nur ein Scherz, aber ich bin mir nicht sicher.

Eigentlich handelt diese Geschichte von zwei Personen: von Gerald und seiner Frau Jessie, die, als sie sich dem mittleren Alter nähern, das Fesselspiel entdecken.

Diesmal haben sie beschlossen, sich im Herbst in ihr Sommerhäuschen nahe dem See, wo einen niemand hören kann, wenn man schreit, zurückzuziehen und das Handschellenspiel zu spielen. Niemand weiß, wo sie hingefahren sind, niemand weiß, daß sie dort sind.

Jessie liegt in ihrem Höschen auf dem Bett, und ihre Hände sind durch Handschellen an die Bettpfosten neben dem Mahagoniekopfbrett gefesselt. Und dann beschließt sie, daß sie dieses Spiel eigentlich gar nicht spielen will. Ihr Mann sagt: »Das ist sehr gut. Ich hätte dir beinahe geglaubt.«

Und was Jessie am meisten wütend macht: In seinen Augen kann sie sehen, er weiß, daß sie es ernst

meint, und tut nur so, *als würde er es nicht wissen.*
Sie tritt zu ...

Gerald ist ungefähr fünfundvierzig, übergewichtig, ein starker Trinker und ein starker Raucher; er hat einen Herzanfall und fällt tot um. Sie ist an das Bett gefesselt und versucht sich mit aller Gewalt zu befreien. Die Hintertür ist nicht verriegelt, der Wind weht, ein streunender Hund kommt hinein und labt sich an ihrem Ehemann, als befände er sich in einem McDonalds-Drive-in. Sie sieht, wie das geschieht, und erkennt ganz allmählich, daß sie vielleicht sterben wird, und das zudem in einer Stellung, die einer Kreuzigung sehr ähnlich sieht. Sie schläft ein und hat einen Alptraum.

Ich werde Ihnen jetzt vorlesen, wie sie nach Sonnenuntergang erwacht. Es ist jetzt dunkel, und was mich hier am meisten interessiert, ist, daß man nicht mehr weiß, was real ist und was nicht, was wirklich da ist und was nicht. Für mich ist es das, wodurch viele Ängste entstehen.

Als Jessie erwacht, wird ihr bewußt, daß sie sich möglicherweise nicht mehr allein in diesem Haus befindet.

Dann las King das Kapitel vor, die Worte verwoben sich zu Bildern, die vor dem kollektiven geistigen Auge des Publikums zum Leben erwachten.

King wußte genau, wie er sie fesseln konnte, denn das hat, seiner Meinung nach, beim Geschichtenerzählen den absoluten Vorrang. In einem Vorwort zu *Nachtschicht* erklärte er das folgendermaßen:

In der Horrorliteratur muß man eine Geschichte erzählen, die den Leser oder den Zuhörer für eine Weile in ihren Bann ziehen kann; er verliert sich in einer Welt, die es niemals gegeben hat, und die niemals sein kann... Während meines gesamten Lebens als Schriftsteller vertrat ich die Ansicht, daß in der Literatur der Wert der Geschichte über jedem anderen Aspekt des Schriftstellerhandwerks steht: noch über der Charakterisierung, dem Thema und der Stimmung, denn keines dieser Dinge nutzt etwas, wenn die Geschichte langweilig ist. Und wenn die Geschichte dich fesselt, dann ist alles andere langweilig.

Nach der Lesung erhielt er tosenden Beifall vom Publikum. King wußte, wie er Zuhörer faszinieren und fesseln konnte.

Nach den Reden folgte ein Empfang, der ein Stück weiter im Harvard Faculty Club abgehalten wurde. Ungefähr siebzig Leute hatten sich versammelt, um sich unter die Autoren zu mischen, kleine Häppchen zu essen und an der Bar Drinks zu kaufen. Obwohl im Programm ausdrücklich darauf hingewiesen wurde, daß »keine Bücher signiert werden«, tauchten die King-Fans mit Büchern in der Hand auf, woraufhin Stephen King, der sich in Begleitung seiner Frau Tabitha befand, sie großzügigerweise signierte und sich fotografieren ließ. Die anderen Autoren hielten sich an die Vorschrift und signierten kein einziges Buch.

Zwei Wochen später hielt King in seiner Heimatstadt für Bett's Bookstore an der Main Street eine Signierstunde ab. In Anbetracht des Massenauflaufs, den es wenige Jahre zuvor bei Kings Signierstunde im Bangor Einkaufszentrum in einer Filialbuchhandlung gegeben hatte, wollte der Inhaber Stu Tinker sicherstellen, daß seine Signierstunde nicht aus den Fugen geriet, indem er nur hundert Leuten den Zutritt gestattete.

Der — einfache und wirkungsvolle — Plan dabei war,

daß die Kunden am 4. Dezember 1991 zwei Bücher von King kaufen mußten, wobei man gemäß der Devise handelte, wer zuerst kommt, mahlt zuerst. Jeder dieser Kunden erhielt einen Schein, mit dem er am späteren Abend an der Signierstunde teilnehmen konnte. Nachdem er sich einen großen Vorrat von *Needful Things* und der Taschenbuchausgabe von *Dark Tower III* angeschafft hatte, machte Tinker mit einhundertsechsundachtzig verkauften Exemplaren ein recht gutes Geschäft.

Kings treueste Fans standen — allzeit bereit — in einer Schlange vor dem Geschäft, als es um zwölf Uhr mittags öffnete. (Ein Fan tauchte, laut Tinker, um zwei Uhr morgens auf, er war in einen Skianzug gehüllt, der ihn vor Kälte und Schnee schützen sollte; dreißig Minuten später gesellte sich ihm noch ein weiterer treuer Fan hinzu. Es ist anzunehmen, daß sich ihre Unterhaltung um so lebensnotwendige Dinge wie Sammlerobjekte von King drehte.)

Das Signieren begann ohne große vorherige Einleitung. In Begleitung von Tabitha signierte Stephen King Bücher, posierte für Fotos und unterhielt sich mit den strahlenden Fans, die diese seltene Gelegenheit, Bangors berühmtesten Bürger zu treffen, mit Freuden willkommen hießen.

In eigener Sache

»Ich möchte, daß mein Name in aller Munde ist . . . ein Name, der einen Großteil der amerikanischen Leserschaft ein Begriff ist. Das ist eigentlich nichts, weswegen man sich schämen müßte«, schrieb King 1966 in einem Brief an Bill Thompson, seinen Lektor bei Doubleyday.

Sechsundzwanzig Jahre später ist der Name King in jedem Haushalt bekannt. Da seine Geschichten und Romane zu Kino- und Fernsehfilmen umgearbeitet wurden und wegen seiner ständigen Präsenz in den Medien, kennt nahezu jeder seinen Namen. Er ist in der Tat so beliebt geworden, daß man bei Christie's kürzlich ein Set von zweiundvierzig Briefen, die er in den Siebzigern an seinen Verleger schrieb, für vierundzwanzigtausendzweihundert Dollar versteigert hat.

Mitte der Siebziger war der Name King jedoch hauptsächlich den absoluten Horrorfans ein Begriff. Damals fungierte Doubleday sowohl als sein Verleger als auch als sein Agent; Funktionen, die später von New American Library und dem New Yorker Anwalt Arthur B. Greene übernommen wurden. Zu jener Zeit hatte King keinerlei Kontrolle über seine Filmverträge; heute diktiert er die Klauseln der Verträge, die von der mächtigsten Talentagentur Hollywoods, Creative Artists Agency Inc., ausgehandelt werden.

Laut King hatte Doubleday damals als sein Agent niemals in seinem Interesse gehandelt. Er belegte das durch ein Beispiel: Sie hatten Filmrechte an den Geschichten von *Night Shift* an mehrere Firmen verkauft.

Eine Anzahl der Geschichten wurde an den britischen Filmproduzenten Milton Subotsky verkauft, der sie dann seinerseits an Dino DeLaurentiis weiterverkaufte. Nachdem Subotsky verstorben war, verkaufte der Nachlaßverwalter jedoch auch noch die restlichen Filmrechte, die ihm verblieben waren, nämlich die Rechte an *The Lawn-mower Man* (*Der Rasenmähermann.*)

In einem Rückblick auf diese Zeit erzählte King dem Interviewer W. C. Stroby von *Fangoria:*

> ... Der Verkauf ging einzig und allein unter Doubledays Regie vonstatten. Sie fungierten als meine Agenten, und es kümmerte sie einen Scheißdreck, was mit diesen Geschichten passieren würde. Sie handelten keine guten Verträge für mich aus, weil sie sich auch um mich nur wenig scherten...

Die Rechte an *Der Rasenmähermann* wurden später von Allied Vision aufgekauft, die den Film produzierten und durch New Line Cinema vertreiben ließen.

Dieses Projekt war schon von Anfang an zum Scheitern verurteilt. Wie Gary Wood in seinem in *Cinefantastique* erschienenen Artikel zu dem Film erklärte, hatte der Regisseur Brett Leonard der Firma Allied Vision klarzumachen versucht, daß die Kurzgeschichte nur wenig Stoff für einen kompletten Kinofilm bot. »Ich sagte ihnen, daß man aus einer siebenteiligen Kurzgeschichte, in der ein Kerl von einem Rasenmäher verfolgt wird, keinen Film machen konnte. Sie antwortete jedoch: »Wir werden es entwickeln. Haben Sie irgendeine Idee, wie man das Ganze in die Länge ziehen könnte?«

Wood schrieb: »Leonhards Idee war es, Kings Geschichte mit *Cybergod* zu verknüpfen; das zusammen mit Gemil Everett geschriebene Drehbuch dafür existierte bereits und handelte von einem Virtual-reality-Computerexperiment, das schiefgelaufen war, eine Art Mischung aus Daniel Keys' *Flowers for Algernon*, das mit Cliff Robertson unter dem Namen *Charly* verfilmt worden war (1968) und *Colossus: The Forbin Project* (1970).«

Jedwede Ähnlichkeit mit der ursprünglichen Kino-Geschichte war rein zufällig, wie Gary Wood erklärt:

> Was hat das alles jedoch mit Stephen King zu tun? Nicht viel, obwohl Leonard darauf bestand, daß Kings Geschichte in dem Film vorkommt, sie sei der Haken, an dem die Story aufgehängt war. Offensichtlich handelt es sich bei dem Namen Stephen King um einen glaubhaften und marktgängigen Namen. Wenn er die Rechte an einer Kurzgeschichte verkauft, dann verkauft er auch ihn.

King hatte keine Ahnung von der Produktion dieser Filmadaptation, die den Unwissenden wie ein legitimes King-Projekt erscheinen mußte, da sein Name unter dem Titel stand. Er erzählte W. C. Stroby: »Ich wußte noch nicht einmal von dem Film, bis ich drei Wochen vor seinem Erscheinen ein Plakat am hiesigen Kino entdeckte.«
Wie Richard Harrington, ein Redaktionsmitglied der *Washington Post*, erklärte, hatte der Film nur wenig Ähnlichkeit mit Kings Kurzgeschichte. Harrington begann seine Besprechung mit der Feststellung, der Film »basiert derart lose auf einer Kurzgeschichte von Stephen King, daß man es schon beinahe als einen Betrug bezeichnen kann...«
King empfand, daß der Film zum größten Teil betrügerisch sei. Andy Marx, Kolumnist der *L. A. Times*, zitierte King ausführlich in einem Artikel:

> Ich hasse es, wenn New Line das alles mit meinem Namen bepflastert. Es ist die größte Bauernfängerei, die man sich vorstellen kann, weil nichts in diesem Film von mir ist. Das macht mich einfach wütend... Mein Name sollte damit nichts zu tun haben. New Line interessiert sich in keinster Weise

dafür, was richtig ist, oder was dem Verbraucher helfen wird. Sie sind nur daran interessiert, mich auszubeuten. Mein Name soll verhökert werden . . . Die Leute können sagen, daß es dämlich ist, und daß ich schließlich reich damit werde, aber so denke ich nicht. Mein Name ist mein Vermögen, und es ist der einzige Name, den ich habe. Mir steht eine minimale Gewinnbeteiligung zu, aber ich werde niemals auch nur einen Cent davon nehmen. Da können Sie mich beim Wort nehmen.

Stephen Kings Rasenmähermann, ein Zehn-Millionen-Dollar-Film, der während seines ersten Wochenendes acht Millionen Dollar einspielte, hat bis zum heutigen Tag ungefähr dreißig Millionen Dollar eingebracht. Ironischerweise war es Kings Name, den man als Lockmittel für ahnungslose Fans benutzte, die dachten, daß King auf irgendeine Weise an dem Projekt mitgewirkt hatte; nur wenige kannten die wahre Geschichte.

Bob Shaye, Vorsitzender und Chief Executive Officer bei New Line Cinema, verteidigte sein Produkt selbstgerecht: »Wir hatten mit der Veränderung der Geschichte nichts zu tun. Die Geschichte wurde nicht zusammen mit dem Drehbuch übergeben. Wir sind die Verteiler. Wir haben die Rechte ohne irgendwelche Tricks erworben.«

Doch New Line dachte, daß sie, als sie die Filmrechte erwarben, auch für den Gebrauch von Kings Namen bezahlt hätten. Wie Shaye behauptete: »Dafür haben wir bezahlt. Das ist der Hauptgrund, aus dem wir dieses Projekt gekauft haben. Sein Name war die wichtigste Sache, die wir einkauften.«

King hatte jedoch das letzte Wort. Kings Anwalt erhob am Bundesgericht von New York Anklage gegen den Filmproduzenten Allied Vision und den Verteiler New Line Cinema; King erwartet, zu gewinnen — was auch wahrscheinlich ist. Laut eines Knight-Ridder-Nachrichtenartikels meinte King, daß der Film »keinerlei bedeutende Ähnlichkeit« mit der ursprünglichen Geschichte aufzuweisen habe, und stellte seine Forderungen:

> King will den gesamten Profit, der auf die Verwendung seines Namens zurückzuführen ist.
> ... Und er will, daß sein Name zukünftig weder im Zusammenhang mit dem Film noch mit dem geplanten Comicbuch erwähnt wird.

Zwei Monate später erschien *Stephen King's Sleepwalkers* landesweit in den Kinos. Im Gegensatz zu *Stephen Kings Rasenmähermann* besaß dieses Projekt die volle Unterstützung Stephen Kings, der tatkräftig an dem Film mitgearbeitet hatte — obwohl er nicht auf einer Geschichte von ihm basiert.

Sondern auf einen Vorfall aus dem wahren Leben. Kings älterer Sohn, damals siebzehn, hatte sich in ein Mädchen aus dem Ort verknallt, das am Imbißstand von Bangors Hoyts Cinema arbeitete. Wie King dem Reporter W. C. Stroby verriet:

> Wir mußten uns in unserem Haus einen Haufen Zeugs darüber anhören, wie verknallt Joe in dieses Popcornmädchen war, und als wir dann eines Abends im Kino waren, sprach er mit ihr, und ich sah, warum er sich zu ihr hingezogen fühlte. Sie war einfach nur ein wunderschönes, vitales Mädchen, das eine Menge Sport trieb und eine Art gesunde, natürliche Ausstrahlung hatte ... Was mich auf den Gedanken an diesen Kerl brachte, der aus gänzlich unlauteren Beweggründen mit dem Popcornmädchen ausgehen will. Und irgendwie entstand aus dieser Stegreifinspiration dann eine Geschichte.

Stephen King's Sleepwalkers ist die Geschichte einer gefährlichen Dreiecksbeziehung. Charles Brady ist nicht derjenige, für den man ihn hält: ein attraktiver High-School-Junge, der sich in das Popcornmädchen des am Ort befindlichen Kinos verknallt hat. Brady, der ständig auf der Suche nach jungen, unschuldigen Mädchen ist, will diese nicht für sich selbst, sondern für seine Mutter, für die der Lebenssaft der Mädchen ein lebensnotwendiges Verjüngungsmittel ist. Brady und seine Mutter, zwei der wenigen verbliebenen Schlafwandler — unsterbliche, katzenhafte Wesen — müssen sich entweder in gewissen Abständen laben . . . oder sterben.

In einem Interview für *Fangoria* erzählte King, er habe das Gefühl, daß sein Drehbuch wirkungsvoll auf die Leinwand gebracht worden war: »*Sleepwalkers* ist wirklich gut geworden. Auf einer Bewertungsskala, auf der ein A für zweiundneunzig bis hundert Punkte und ein B für vierundachtzig bis einundneunzig Punkte steht, würde ich dem Film wahrscheinlich ein B-Plus geben.«

Die Kritiker konnten dem jedoch nicht zustimmen. Richard Harrington von der *Washington Post* meinte: »Eine neue Woche, eine neue Filmkatastrophe von Stephen King.« Susan Wloszczyna schlägt in ihrer Besprechung für *USA Today* in die gleiche Kerbe.

> Man kann verstehen, warum der Horrortyp Stephen King es leid war, zu sehen, wie seine Geschichten mit den Megaverkaufszahlen von irgendwelchen Drehbuchschreiberlingen in multiplen Schund verwandelt wurden.
>
> Schließlich und endlich demonstriert *Sleepwalkers* in ausreichendem Maße, daß der olle Cujo-Papa sein eigenes lausiges Drehbuch auf die Beine stellen kann. Nein, danke!

Entertainment Weekly bezeichnete den Film als lauen Aufguß reißerischer Schlitzer-Filme und der Metaphysik der Werwolf-Filme.

»Eindringliche Schilderungen, eine Phantasie, die einen das Gruseln lehrt, und eine schonungslose, erzählerische Gangart sind die Markenzeichen seiner Romane. Warum entpuppt es sich als dann als Katastrophe, wenn er ein Originalbuch schreibt? Kein Wunder, daß die loyalen Fans seinen Romanen den Vorzug geben, da diese sie nur selten enttäuschen.«

Weniger leicht machten es sich die Kritiker mit dem Roman *Gerald's Game* (dt.: *Das Spiel*), der im Sommer 1992 in einer Startauflage von 1,5 Millionen Exemplaren erschien. Dieser dreihundertzweiunddreißig Seiten lange Psychothriller in Kurzromanform erinnert an *Sie* und den *Bibliothekspolizisten*. Wie in *Sie*, versuchen die zwei Hauptfiguren sich gegenseitig ihren Willen aufzuzwingen; wie auch in *Der Bibliothekspolizist* werden Kindheitsängste freigesetzt, die den wahren Schrecken der Mißhandlung widerspiegeln.

Der Kingkritiker Stephen Spignesi merkte an, *Das Spiel* würde sich von den traditionellen Horrormonstern wegbewegen, und handle von dem wahren Schreckgespenst des Lebens — dem Grauen dieser Welt, unseren ganz persönlichen Alpträumen, die uns nicht ruhen lassen.

Wenn es je einen King-Roman gab, der sowohl von Kritikern als auch von besorgten Eltern eine Zurückweisung zu erwarten hatte, dann war es wohl dieser.

Scott Warren Lynch, ein leitender Redakteur des Book-of-the-Month-Clubs, besprach das Buch für den Club, der es kürzlich erworben hatte:

Lassen Sie mich gleich von vornherein eine Warnung aussprechen: Stephen King zieht in *Das Spiel* sämtliche Register. Er zeichnet drei unterschiedliche Handlungslinien, die sich winden und schlängeln, bis er sie mit der Wucht eines Cadillacs, der mit einhundertfünfzig Sachen über die Mittellinie saust, zusammenrammt. Es ist ein himmlisches (oder höllisches) Gebräu, das aus Kings stärksten Erzählerzutaten besteht: wahnsinniger, übergeschnappter Furcht, der besonderen Weltanschauung von Kindern und wirklich ekligen bösen Jungs.

Auf der ersten Seite des unkorrigierten Vorabexemplars von *Das Spiel* preist der Verlag Viking den Roman wie folgt an:

Frauen allein in der Dunkelheit sind wie offene Türen . . . und wer weiß, wenn sie nach Hilfe rufen oder schreien, welch fürchterliches Wesen ihnen antworten wird? Stephen King weiß es. Nichts, was er bisher geschrieben hat, wird die Leser auf die Herausforderung, die der Roman *Das Spiel* an sie stellt, vorbereiten können. Es ist die nervenzermürbende Bloßlegung der tiefsten Ängste einer Frau und ihres großen Mutes. In diesem Buch erforscht die Nummer eins der Horrorautoren, was passiert, wenn die alltägliche Routine im Leben einer Frau ganz plötzlich von dem Irrationalen überschattet wird. Jessie Burlingames Nerven sind im Begriff, eine schwere Prüfung zu erfahren. Ebenso wie Ihre.

Um *Das Spiel* ins rechte Licht zu rücken, sollte man sich die drei Komponenten ins Gedächtnis zurückrufen, die King in *Dance Macabre* für das Schreiben von Horrorromanen aufstellte:

Ich bin mir bewußt, daß der Schrecken als das wirkungsvollste Gefühl gilt, also werde ich versuchen, den Leser zu erschrecken. Wenn ich jedoch merke, daß ich ihn nicht erschrecken kann, dann werde ich versuchen, ihn zu entsetzen, und wenn ich das auch nicht kann, dann versuche ich es mit dem absoluten Grauen. Ich bin darauf nicht stolz.

In *Das Spiel* sind alle drei Komponenten vorhanden, wie *Publishers Weekly* in seiner Buchbesprechung feststellte, woraufhin es dem Roman nur geringes Lob zukommen ließ:

> Obwohl dies eine der besten Geschichten ist, die King je geschrieben und veröffentlicht hat, wird sie manche doch durch den schlechten Geschmack, der in ihr zum Ausdruck kommt, vor den Kopf stoßen ... Im ersten Drittel des Buches befindet er sich noch in Höchstform; mit Jessie bringt er seine eindringlichste Charakterstudie überhaupt ... Die blutrünstigen Beigaben sind für King typisch, doch werden sie von der allgemeinen Geschmacklosigkeit dieses Buches in den Schatten gestellt. Eine lahme Verpackung für etwas, das eine spannende Kurzgeschichte hätte sein können, gefährlich nur das Vergnügen, das die Leser mit diesem überraschend ausbeuterischen Werk hätten haben können.

Um es in anderen Worten auszudrücken: Was eine rasiermesserscharfe Novelle hätte sein können, wurde wie Kaugummi auf Buchlänge gestreckt. Nach Kings gründlicher charakterlicher Darstellung der Romanfigur Jessie Burlingame bekommt man das Gefühl, daß er nun eigentlich die Geschichte erzählt hat, die er erzählen wollte; die nachfolgenden Zutaten sind überflüssig.

King, der miterlebt hat, daß die meisten seiner Bücher in bestimmten Kreisen auf Ablehnung stoßen, hatte wohl auch bei dem Buch *Das Spiel* mit starkem Protest gerechnet. Seine Bücher *The Dead Zone — Das Attentat* und *Tommyknockers — Das Monstrum* waren kurz zuvor demonstrativ aus der Bibliothek einer Mittelschule in Jacksonville, Florida, entfernt worden.

Zunächst verweigerte King jeglichen Kommentar. Doch dann änderte er seine Meinung. Mit ihrem Leitartikel *Read this book* (Lesen Sie dieses Buch) bereitete die *Bangor Daily News* auf Kings Artikel vor:

In einer Kolumne unserer heutigen Ausgabe hat der Autor Stephen King einen einfachen und doch vernünftigen Rat für diejenigen Schüler zu erteilen, die bestürzt darüber sind, daß zwei seiner Bücher verbannt wurden: Geht in die öffentliche Bibliothek, lest die Bücher, und findet heraus, was so schrecklich an ihnen ist, daß man sie aus der Schulbibliothek entfernen muß.

Mr. King hat ausreichend Erfahrung mit verbannten Büchern. Zu unterschiedlichen Zeiten wurden seine Romane *Carrie, Brennen muß Salem!, Feuerkind, Cujo* und *Shining* in manchen Teilen des Landes aus den Büchereien verbannt, und auch seine Bücher *The Stand, Christine* und die Kurzgeschichte *Die Kinder des Mais* aus dem Sammelband *Nachtschicht* sollten, gemäß eines Antrags, auf die Liste der verbotenen Bücher gesetzt werden. Eine Junior-High-School in Jacksonville, Florida, fügte dieser Liste nun *Dead Zone* und *Tommyknockers* hinzu.

Das Verbannen von Büchern schafft einen gefährlichen Präzedenzfall. Die intellektuelle Freiheit, die angeblich in diesem Lande existieren soll, wird man nur dann aufrechterhalten können, wenn die Bürger, das Recht der Autoren, ihre Ideen für die Öffentlichkeit zugänglich zu machen, schützen. Das soll nicht heißen, daß ein Pornoheftchen in die Bibliothek einer Grundschule gehört, es bedeutet vielmehr, daß man Romane, die vom Großteil der Öffentlichkeit akzeptiert werden, nicht verbannen sollte.

Wenn man Bücher, die grausame Szenen, Sex oder Schimpfwörter enthalten, vor den Teenagern fernhält, während man Fernseh- und Kinofilme größtenteils so läßt wie sie sind, so ist das ein weiterer Beweis für die Macht des geschriebenen Wortes. Allein die drei Hauptsender des Fernsehens garantieren ein allabendliches Menü aus Mord, Vergewaltigung, Verunstaltungen, Schießereien, Messerstechereien, Prügel und Schlägereien, und das auch noch zur besten Sendezeit. Das ist Unterhaltung. Das Kabelfernsehen, zu dem fast alle Teenager auf die eine oder andere Weise Zugang haben, zeigt regelmäßig die Filmversionen eben der Bücher von Mr. King, die verbannt wurden. Auch hier keinerlei Protest.

Bücher wie *Die Abenteuer des Huckleberry Finn* und *Der Fänger im Roggen* werden bereitwilligst fehlgedeutet und alle paar Jahre verbannt, in der abwegigen Hoffnung, die Kinder von den Realitäten der Welt fernhalten zu können. Doch die Welt schleicht sich trotzdem immer wieder ein, womit diese Verbote keinen anderen Zweck haben, als die Redefreiheit einzuschränken.

King wandte sich mit seinem Artikel an die Schüler, deren Eltern und andere besorgte Bürger. Er riet den Schülern, die verbannten Bücher ausfindig zu machen; er forderte die Eltern auf, zu überlegen, ob sie den Zensoren das Privileg, Bücher zu verbannen, »eine Art intellektuelle Autokratie«, einräumen wollten. Und zu den anderen besorgten Bürgern sagte er, daß jeder Versuch, ein Buch zu verbannen, eine Zensur bedeutete, und daß er deshalb sehr ernstzunehmen sei. Bezüglich der Zensur meinte King: »Es ist eine erschreckende Vorstellung, ganz besonders in einer Gesellschaft, die auf den Begriffen freie Wahl und Gedankenfreiheit aufgebaut wurde ... Kein Buch, keine Aufzeichnung und kein Film sollten verboten werden, bevor man sämtliche Meinungen darüber gehört hat.«

Zwei Monate nach dem Erscheinen seines Artikels nahm King an der ABA-Buchmesse in Anaheim, Kalifornien teil, der er aus wohltätigen Gründen beiwohnte: zum einen, um die Bemühungen gegen Zensuren zu unterstützten, und des weiteren, um anderen Schriftstellern zu helfen.

Am Abend des 25. Mai 1992 fungierte Garrison Keillor als Conférencier für *A Celebration für Free Expression: An Evening of Censored Classics.* (Ein Fest für die freie Meinungsäußerung: Ein Abend der zensierten Klassiker), eine Veranstaltung die zugunsten der American Booksellers Foundation for Free Expression (Stiftung amerikanischer Buchhändler für die freie Meinungsäußerung) im großen Ballsaal des Disneyland-Hotels abgehalten wurde. Auf dieser Veranstaltung traten (neben anderen Gästen) auch The Rock Bottom Remainders unplugged auf, eine Band, der King und andere literarische Superstars mit zwei Songs ihre Stimmen für den guten Zweck liehen.

Danach verließen die Rock Bottom Remainders die Party augenblicklich, um in einem nahe gelegenen Club, The Cowboy Boogie, ihre Gitarren anzuschließen und ihre Verstärker aufzudrehen und ein Benefizkonzert für drei örtliche Organisationen zu geben: The Homeless Writers Coalition of Los Angeles, Literary Volunteers of America und dem The Right to Rock Network.

Die durch die Medien bekannte Kathi Kamen Goldmark hatte organisiert, daß die Rock Bottom Remainders, die an diesem Abend von dem legendären Rockstar Alice Cooper geleitet wurden, sowohl einen Männer- als auch einen Frauenchor als Unterstützung erhielten. Die Band selbst setzte sich wie folgt zusammen: aus dem Humoristen Dave Barry, dem Philosophen für den Hausgebrauch Robert Fulhum, der Romanautorin Barbara Kingsolver, Alice Cooper, Ridley Pearson, und natürlich dem Bruce Springsteen der Literaturwelt: Stephen King. Der Frauenchor, die Remaindrettes, waren: Tad Bartimus, Kathi Kamen Goldmark und die Romanautorin Amy Tan, die mit schwarzen Pailetten und einer Sonnenbrille ausstaffiert war. Der Männerchor, die Critics Corner, setzte sich zusammen aus: Roy Blount jr., Tomie de-Paola (er spielte das erste Kazoo [Rohr mit einer Darmseite, die durch Summen zum Schwingen gebracht wird]), Greil Marcus, Dave Marsh, Joel Selvin und Matt Groening. Zwei Prachtkerle — Josh Kelly an den Trommeln und Jerry Peterson mit dem Saxophon — rundeten das Ensemble ab.

Das Motto der Band: »Diese Band spielt genauso gute Musik, wie Metallica gute Romane schreibt.« In Wahrheit verwandelten die Rock Bottom Remainders den Club Cowboy Boogie für eine Nacht in einen Rock-and-Roll-Himmel — sie sind wirklich eine höllisch gute Band.

Die Kingfans, die auf dem Tanzboden rockten und rollten, erhielten endlich eine Antwort auf ihre Frage nach Kings musikalischen Fähigkeiten, — konnte er nun singen, oder nicht? — als er sich weit nach vorn beugte und in denkwürdiger Art und Weise den Song *Sea of Love* ins Standmikrophon säuselte, wobei er seine Gitarre im Springsteen-Stil quer über dem Rücken trug.

In Erinnerung an diesen Auftritt der Band erzählte King David Streitfeld von der *Washington Post* stolz: »Ich glaube, wir haben diese Kneipe ganz schön auf den Kopf gestellt.«

Es war mit Sicherheit ein Abend, der einem noch lange im Gedächtnis bleiben würde. Der Cowboy Boogie Club, der eigentlich viel zahmere Kost gewohnt war, rockte rund um die Uhr, zu zeitlosen Klassikern wie *Money*, *Gloria*, *Louie*, *Louie* und *Land of a Thousand Dances*.

Nach dem Konzert gab King seine Absichten über die Bandmitglieder preis:

> Barbara Kingsolver, eine Dichterin und sensible Intellektuelle, ist eine heiße Keybordspielerin, bei der es wirklich abgeht. Dave Barry ist ein toller Lead-Gitarrist, der in jede Frat-House-Rockband der Sechziger passen würde. Und Ridley Pearson spielt schon seit ungefähr eintausend Jahren den Baß.

»Normalerweise klimpere ich auf meinem Workprocessor herum, was eine sehr persönliche Angelegenheit ist«, erzählte King der Lokalzeitung seiner Stadt, nachdem er von dem Konzert zurückgekehrt war. Dann fügte er noch hinzu: »Es war ganz toll und hat eine Menge Spaß gemacht. Und wenn sonst nichts dabei herauskommt, habe ich zumindest mein Gitarrenspiel verbessern können.«

Obwohl King auf der Veranstaltung der ABA für den guten Zweck des Buchhändlerbundes sowohl seinen Namen als auch seine Zeit zur Verfügung gestellt hatte, konzentrieren sich seine wohltätigen Bemühungen auf heimatliche Gefilde. Wie er auch der *Bangor Daily News* mitteilte: »Mir wurde beigebracht, daß die Nächstenliebe zu Hause beginnt.«

344

Als der Staat zum Beispiel eine Reduzierung des Sport-budgets der University of Maine at Orono — Stephen und Tabitha Kings Alma Mater — anordnete, spendete das Ehepaar eine nicht bekanntgegebene Summe für die Schwimm- und Tauchprogramme des Männerteams und des Frauenteams der Universität. Stephen King erklärte dazu:

> Ich wollte mir das Recht bewahren, zwei Dinge zu sagen: Irgend etwas stimmt nicht in einem System, in dem die Hockeymannschaft nach Los Angeles fahren kann, die Schwimmannschaft aber nicht nach Bridgeport, Connecticut . . . Die andere Sache, die ich sagen wollte, ist, daß die Universität von Maine in der Lage sein muß, etwas für diese Kinder zu tun. Man sollte fortwährend versuchen, diesen Programmen zu helfen, die nicht ins Fernsehen kommen.

Es ist kaum verwunderlich, daß die Kings wegen ihres hohen Bekanntheitsgrades häufig darum gebeten werden, ihr Geld oder ihre Zeit — und manchmal auch beides — für vielerlei gemeinnützige Projekte zur Verfügung zu stellen. Stephen King erklärte: »Es ist sehr schwer, eine Wahl zu treffen.«

Jedenfalls spendeten die Kings auch für die Grundschule von Durham einen stattlichen Geldbetrag, damit diese neue Lehrmittel und Bücher anschaffen konnte. Die Bibliothekarin der Schule, Sherry Dolloff hatte in der Hoffnung auf irgendeinen Beitrag, egal wie hoch, an King geschrieben. Laut der *Bangor Daily News* war Dolloff freudig überrascht, als King einen großzügigen Scheck über zehntausend Dollar schickte, dem eine Notiz beilag: ». . . Besorgen Sie ihnen ein paar tolle Geschichten.«

345

Mehr als alle andere wird man die Kings in ihrer Heimat wahrscheinlich wegen ihrer uneigennützigen Einsatzbereitschaft bei der Beschaffung finanzieller Mittel im Gedächtnis behalten. Wozu auch Tabitha Kings Siebenhundertfünfzigtausend-Dollar-Spende gehört, die den Grundstock für den angebauten Flügel der öffentlichen Bücherei in der Stadt Old Town bildete, wo sie aufgewachsen ist; ihr Beitrag regte zu weiteren Spenden an, so daß der 1,7 Millionen Dollar teure Anbau – der nach ihr benannt wurde – fertiggestellt werden konnte.

Mit einer Spende von siebenhundertfünfzigtausend Dollar beteiligten sich die Kings auch am Aufbau der neuen Kinderabteilung des Eastern Maine Medical Centers.

Mit *Gerald's Game* (dt.: *Das Spiel*) hatte Stephen King viele Kritiker geschockt, mit seinem Roman *Dolores Claiborne* (dt.: *Dolores*), der ebenfalls im Jahre 1992 erschien, versöhnte er sie zu einem großen Teil wieder. Die Unterschiede zwischen diesen beiden Werken werden gerade da drastisch deutlich, wo ähnliche Motive verarbeitet werden, so etwa das Thema sexueller Mißbrauch. In beiden Romanen hat dieses Thema für die Handlung eine zentrale Bedeutung. Im *Spiel* erinnert sich Jessie Burlingame im Laufe der Fesseleskapaden ihres Mannes daran, wie sie als Zehnjährige von ihrem Vater sexuell mißbraucht wurde, eine Erinnerung, die von dem Autor spektakulär inszeniert wird. In *Dolores* muß die Titelheldin miterleben, daß ihr Mann, der sie selbst schon lange als sexuelles Neutrum behandelt, sich an ihre gemeinsame Tochter heranmachen will. Aber Dolores kann ihre Tochter vor diesem Schicksal retten – der Mißbrauch findet letztlich nicht statt. Die Art und Weise, in der Stephen King schildert, wie der Verdacht langsam und widerstrebend in Dolores erwächst, wie die Tochter durch die permanente Belästigung ihres Vaters immer verschlossener und in sich gekehrter wird, ist in ihrer subtilen Weise vielleicht gruseliger als die blutigsten Szenen des *Spiels*. Stephen King zeigt sich in *Dolores* als Meister der leisen Töne. Es handelt sich dabei weniger um einen Horrorroman als um ein von einem fünfundvierzigjährigen Mann verfaßtes Frauenbuch. Eine Lebensbeichte, von einer alten Frau auf einer Polizeistation abgelegt, in der Ich-Form geschrieben. Die Mühelosigkeit, mit der der Autor hierbei glaubwürdig aus der Sicht einer Frau erzählt, ist frappierend. Was Mrs. Claiborne zu erzählen hat, ist inhaltlich unspektakulär, in vieler Hinsicht vertraut (wie viele Thriller oder Frauenromane der letzten Jahre handelten von sexuellem Mißbrauch!) — und schlägt einen doch von der ersten bis zur letzten Seite in den Bann. Kritiken, wie etwa die von Christopher Fowler, selbst ein hochbegabter Horrorautor, der teilweise auf dem Filmsektor mit Stephen King zusammenarbeitete und der diesem Roman in einer Rezension eine »fatale Volkstümlichkeit« vorwarf, gehen daher in die Irre — im Gegenteil: In *Dolores* demonstriert Stephen King eindrucksvoll die Kunst des Schriftstellers, durch einen besonderen Erzählton das Allzuvertraute in neuem Licht darzustellen.

Dolores lebt auf einer Insel an der Küste Maines. Sie heiratet früh, viel zu früh, wie so viele ihrer Freundinnen. Denn eigentlich weiß sie von Joe, der ihr den Hof macht, nicht mehr, als daß er eine hübsch gewölbte Stirn hat. Ehe sie sich versieht, hat sie drei Kinder zu versorgen. Joe hingegen bringt das wenige Geld, das er verdient, beim Pokern und Trinken durch, so daß Dolores noch als Haushälterin arbeiten muß. Und zwar im Hause der reichen Vera Donovan. Allein die Darstellung der von Haßliebe geprägten Beziehung zwischen der reichen Dame und der einfachen Frau ist ein Meisterstück für sich. Vera führt ein hartes Regiment, schikaniert zahlreiche ihrer jüngsten Haushälterinnen, ist penibel — aber man spürt von Anfang an, daß hinter ihrer abweisenden Fassade ein schweres Schicksal steckt. Der Sinn ihres Lebens scheint sich darin zu erschöpfen, auf Besuche durch ihre Kinder zu warten — die dann doch nie stattfinden. Dolores versteht es, sich durch harte Arbeit den Respekt dieser Dame zu erwerben, muß aber auch bittere Demütigungen einstecken, etwa wenn die alte Vera sie bewußt zu spät ruft, sobald es an die Verdauung geht, so daß Dolores unter Tränen des Hasses die Notdurft aus den Laken holen muß — Szenen, die in manchen Romanen sicherlich effekthascherisch und peinlich wirken würden, hier aber ganz selbstverständlich aus der Handlung hervorwachsen.

Unterdessen muß Dolores in ihrem eigenen Heim immer größere Entbehrungen auf sich nehmen. Ihr eigener Mann hat schon wenige Jahre nach der Hochzeit alles erotische Interesse an seiner Frau verloren. Als er der Tochter Selina nachzustellen beginnt und schließlich auch das Geld anzapft, das Dolores für ihre Kinder gespart hat, damit diese einmal studieren und ein besseres Leben als sie selbst führen können, plant Dolores den Mord ihres Gatten und führt ihn während der Sonnenfinsternis kaltblütig durch. Sie hat fortan starke Gewissensnöte, kann die Tat aber nicht wirklich bereuen, da sie auch im Rückblick das Gefühl hat, gar keine Wahl gehabt zu haben. Es war ihr nie darum gegangen, sich selbst von dem ihr längst zuwider gewordenen Mann zu befreien, sondern darum, die Zukunft ihrer Kinder zu verteidigen.

Der Mord bleibt ungesühnt — denn die Polizei kommt Dolores nicht auf die Schliche. Sie arbeitet weiter bei Vera, die immer kränklicher wird. Erst als diese im Sterben liegt, ergründet Dolores endlich Veras Lebensgeheimnis: Auch sie hat ihren Mann einst umgebracht,

und die Kinder, auf die sie wartet, sind längst gestorben
— in dem Auto, das Vera ihnen schenkte. So erklärt sich
auch, warum die beiden Frauen es so lange miteinander
aushielten, obwohl sie sonst grundverschieden waren.

Da ihr Verbrechen fast drei Jahrzehnte zurückliegt,
wird Dolores trotz ihres Geständnisses nicht verhaftet.
Im Gegenteil: Dolores erbt Veras Vermögen und kann
nun als fünfundsechzigjährige Frau endlich den Wohl-
stand genießen — und ihren Kindern eine bessere
Zukunft ermöglichen.

Manche Leser werden diesen Romanschluß vielleicht
als Happy-End empfinden. Hält man sich aber den ganzen Handlungsablauf vor Augen, so drängt sich eine ganz
andere Kategorie auf: die des Absurden. Ihr ganzes Leben
lang hat Dolores geschuftet, ohne dafür angemessen
belohnt zu werden, nun, an ihrem Lebensabend, fällt ihr
das Vermögen ohne eigenes Zutun in den Schoß. Ihre einzige bewußt gefällte Entscheidung im Leben ist die, Ehemann Joe umzubringen. Noch absurder erscheint die Existenz der zweiten weiblichen Hauptfigur: Veras Warten
auf die Besuche von längst verstorbenen Söhnen erinnert
mehr an Theaterstücke von Samuel Beckett (und natürlich auch an Edward Albees *Wer hat Angst vor Virginia
Woolf?*) als an herkömmliche Horrorromane. Widersin-
nig ist Veras ganze Existenz — obwohl sie wohlhabend
und finanziell abgesichert ist, lebt sie wie eine Gefangene.
Ihr Leben hat keinerlei Ziel, das sinnlose Warten auf die
Söhne hat sich am Ende so sehr verselbständigt, daß sie
die Gesichter ihrer Kinder schon in die Mäuse unter
ihrem Bett hineinphantasiert. Absurd wird das Leben,
wenn es dem Menschen keinerlei Wahl läßt, so daß er
von seinem Willen keinen Gebrauch mehr machen kann.
Genau das trifft sowohl auf Vera als auch auf Dolores zu.
An die Literatur des Absurden lehnt sich der Roman auch
formal an. Der Monolog der Dolores Claiborne wird

zwar auf der Polizeistation mitgezeichnet, bleibt jedoch im Roman selbst ohne jedes Echo. Dolores spricht gleichsam ins Off, und ihre Lebensbeichte bleibt ohne jede Folgen.

Stephen King
im Herzen der Dunkelheit
Die Kunst des Schreibens

Der Romancier ist schließlich Gottes Lügner, und wenn er seine Arbeit gut erledigt, seinen Verstand und seinen Mut behält, dann kann er manchmal die Wahrheit entdecken, die in dem Kern der Lüge wohnt.
— Stephen King, Danse Macabre

Wenn man einen Maler bei der Arbeit betrachtet, umgeben von Farben und Pinseln und anderen Instrumenten, die zu seinem Handwerk gehören, dann würde man nicht annehmen, daß er auch ohne eine extensive und spezielle Lehre ein Gemälde schaffen könnte, das es wert wäre, in einer Galerie aufgehängt zu werden. Wenn die Leute aber einem Schriftsteller bei der Arbeit zusehen, dann beherrscht die weitverbreitete Annahme, die Kunst des Schreibens sei, wegen ihrer so alltäglichen Werkzeuge — sechsundzwanzig Buchstaben und einer Handvoll Interpunktionszeichen — ein von Gott gegebenes Talent, eine angeborene Fähigkeit. Das Ergebnis: Die Verleger von Zeitschriften und Büchern werden mit unerwünschten, zumeist nicht zur Veröffentlichung geeigneten Manuskripten von Möchtegernschriftstellern überflutet; sie glauben, wenn sie in der Lage sind, einen Brief zu verfassen, dann könnten sie auch eine zur Veröffentlichung geeignete Kurzgeschichte oder gar einen Roman schreiben. Ihre irrigste Annahme ist jedoch, daß in der Literatur die *Idee* allein die Geschichte ausmachen würde; das, glauben sie, sei das einzige, was man dazu benötigte.

Amy Tan, die Autorin von *The Joy Luck Club* und *The*

Kitchen God's Wife, gab ihre Erfahrungen nach dem Erfolg ihres ersten Romans in *Angst & the Second Novel* wieder: »Ich sage danke, aber nein danke zu den fünf oder sechs Leuten, die mir anboten, ihre komplette Lebensgeschichte schreiben zu dürfen, wenn wir die Tantiemen fifty-fifty teilen würden, da ich ja nun bewiesen hätte, daß ich eine Autorin sei.« Typischer ist es jedoch, daß diese Leute sagen: »Ich bin kein Schriftsteller wie Sie, aber ich habe diese tolle *Idee* für eine Geschichte, also werde ich sie Ihnen erzählen. Sie können sie dann aufschreiben, und wir können uns den Profit teilen, fifty-fifty!«

Wie jeder professionelle Schriftsteller weiß, macht eine Idee noch keine Geschichte. Außerdem haben die meisten Schriftsteller viel zu viele eigene Geschichten, die sie erzählen können. Schriftsteller brauchen oder wollen nicht noch mehr Ideen.

Von Wohlmeinenden und Neugierigen wird den Schriftstellern häufig die Frage gestellt: Wo kriegen Sie nur Ihre Einfälle her? Wenn Sie *diese* Frage stellen müssen, dann werden Sie nie ein Schriftsteller. *Niemals.* King wird häufig mit dieser Frage konfrontiert. In den meisten Fällen setzen die Fragesteller voraus, daß die Ideen von einem bestimmten Ort stammen – einer Art Einzelhandel für Schriftsteller, wo man ihnen die Ideen wie im Sechserpack verkauft.

Die Frage ist überflüssig, weil Schriftsteller ihre Ideen von überallher bekommen; die Realität verformt sich in ihrer Phantasie ständig. Nach einiger Zeit und mit wenig Glück wird sich dieses irritierende Körnchen einer Idee, durch das Mitwirken der Phantasie, zu einer Geschichtenperle entwickeln.

Wenn Stephen die Frage nach der Herkunft seiner Ideen gestellt wurde, so hatte er eine meist humorvolle Antwort parat: »Ich erhalte sie von dem Herrn, Satan.«

Manchmal nannte er sogar eine bestimmte Adresse: »Ich kriege meine aus Utica, New York.« Wenn er jedoch ehrlich antwortet, dann gesteht er, daß es keine einfache, zutreffende Antwort gibt. In seinem Essay *On the Shining and Other Perpetrations* schrieb er: »Aus zwanzig verschiedenen sexuellen Kontakten könnten zwanzig verschiedene Kinder resultieren, und zwanzig verschiedene Ideen könnten zu zwanzig verschiedenen Büchern führen, Brüder und Schwestern, doch jedes wäre ein eigenständiges Wesen. Es gibt keine Ideenkiste und keinen Allgemeinfall, also muß der Schriftsteller weiterhin nach Worten suchen, um eine Frage zu beantworten, auf die es keine Antwort gibt.«

King erklärte: »Eine Geschichte oder ein Roman bestehen letztendlich nur aus einer Kette von logisch zusammenhängenden, phantasievollen Gedanken, die sich mit gelegentlichen Blitzschlägen des mysteriösen Nervengewitters, das wir Kreativität nennen, vereinen.«

In Kings Fall beginnen einige seiner Geschichten mit einem einzigen, durch seine lebhafte Phantasie ins Leben gerufenen Bild. King nimmt dieses Bild und spielt damit, bis eine Geschichte dieses Bild *erklärt*. Zum Beispiel schrieb King in einem Vorwort zu *Langoliers:* »Bei *Langoliers* erschien mir dieses Bild einer jungen Frau, die ihre Hand auf einen Riß im Linienflugzeug preßt... Es kam so weit, daß ich sogar das Parfüm dieser Frau riechen (es war L'Envoi), ihre grünen Augen sehen und ihren hastigen, ängstlichen Atem hören konnte.«

Aus diesem Bild entstand die Geschichte einer Verkehrsmaschine, die versehentlich in die Schattenwelt gelangt, und eines mutigen Flugkapitäns, der die Überlebenden wieder hinausbringen will.

In anderen Fällen hat sich King die Frage gestellt: Was wäre, wenn? Zum Beispiel: Was wäre, wenn eine Kleinstadt in Maine von Vampiren heimgesucht würde? *(Brennen muß Salem!)* Was wäre, wenn sich ein Grippevirus in der Welt ausbreiten würde? *(The Stand — Das letzte Gefecht).* Was wäre, wenn ein Auto zusammenbräche, nachdem der Tachometer rückwärts gelaufen war? *(Christine).* Zu *Stark — the Dark Half* erklärte King: »Eine Zeitlang dachte ich mir: ›Nehmen wir einmal an, Bachman sei nicht tot.‹ Und plötzlich hatte ich diesen Geistesblitz: Was wäre, wenn ein Kerl ein Pseudonym hätte, das nicht unter den Toten verweilen wollte; ist das nicht eine interessante Vorstellung; was würde dabei wohl herauskommen?«

Ein Schriftsteller zu sein, bedeutet für Stephen King in zwei verschiedenen Welten zu leben: der realen Welt und der Welt der Phantasie. Geschichtenerzähler haben zwei Adressen; Kings zweite Adresse befinde sich, wie er feststellte, in der Schattenwelt:

> Ich nahm meine Tochter mit nach New York, um *Les Miserables* anzusehen, und war von dem Schauspiel einfach entzückt. Doch irgendwann gegen Ende des zweiten Aktes ließ ich mich völlig davon mitreißen . . . Ich war hypnotisiert. Ich wollte nicht mehr im Theater sein. Ich wollte dieses ganze Zeug aufschreiben. Normalerweise ist es jedoch gar nicht so schwierig, hin und her zu pendeln, da wir Schriftsteller von Natur aus Tagträumer sind und sehr oft unsere Phantasie walten lassen und ziemlich mühelos in diese Welt eindringen und sie wieder verlassen können. Ich möchte aber nicht gerne in dieser Welt festsitzen müssen.

Aus einer bloßen Idee eine Geschichte oder einen Roman zu entwickeln, ist die Kunst des Schreibens. Die Kunst der Fiktion ist es, dieser Kopfgeburt so viel Leben

einzuhauchen, daß sie beim Leser Gefühle und Assoziationen auslöst.

Wie schon Robert Bloch in *Heritage of Horror*, einem
Essay über H. P. Lovecraft schrieb:

> Krank oder geistig gesund, kreative Tätigkeit —
> einschließlich der des Schreibens — ist das Produkt
> einer individuellen Phantasie, gefärbt durch per-
> sönliche Ansichten und die jeweilige Einstellung
> zum Leben.

Wie die meisten Schriftsteller hat sich King, was das
Schreiben angelangt, an eine tägliche Routine gewöhnt.
Morgens widmet er sich den ernsthaften Arbeiten, den
vertraglich festgelegten Büchern. Normalerweise macht
King nach dem Aufstehen einen Spaziergang, dann geht
er nach Hause in sein Büro, trinkt ein großes Glas Wasser, hört laute Rockmusik und gleitet in seine Phantasiewelt hinüber, so mühelos wie andere in ihre Hausschuhe
schlüpfen. Er sitzt zwei oder drei Stunden an der Schreibmaschine und schafft dabei sechs bis acht Manuskriptseiten. Wenn King keine längeren Pausen einlegt, entstehen
durchschnittlich zwei lange Romane pro Jahr — Kings
Durchschnittsproduktion während der letzten achtzehn
Jahre, wenn man sämtliche veröffentlichten Bücher und
die noch nicht in Sammelbänden erschienenen Geschichten, Fachartikel und Drehbücher zusammenzählt.

Wie einst William Faulkner schreibt auch King einzig,
wenn die Muse ihn küßt, doch das ist fast täglich der Fall.
Dazu kommt noch, daß die Art und Weise des Schreibens
keinen Einfluß auf seine Produktivität hat. King hat
Schulhefte mit der Hand beschrieben, während er im
Flugzeug saß, und einmal sogar während der Dreharbeiten zu einem Film. Er schrieb Romane mit der Schreibmaschine *(Sie)*. Und er schrieb Romane auf seinem Wang

Wordproccessor. Man hat den Verdacht, daß er seine Geschichten diktieren würde, wenn er bettlägerig wäre — weil der Zwang einfach so stark ist.

Normalerweise fertigt er keine Konzepte an, obwohl das durch die Zusammenarbeit mit einem anderen Schriftsteller bei *Der Talisman* erforderlich war. Da er von Natur aus ein intuitiver Schriftsteller ist, der auf seine Fähigkeiten vertraut, während des Schreibens zu improvisieren, schüttelte King seine Phantasiewelt aus dem Ärmel. Das erinnert einen an den Film *Who Framed Roger Rabbit*, in dem der Schauspieler Bob Hoskins auf Toontown zufährt, weil er dort herumspionieren will; als er näher kommt, taucht am Horizont plötzlich eine Trickfilmlandschaft aus dem Nichts auf. Chris Chesley, sein langjähriger Freund, mit dem er als Kind zusammen literarische Werke verfaßte, sagte, wenn er King beim Schreiben zusähe, würde eine Seite unwillkürlich zur nächsten führen.

King erklärte Charles Platt in einem 1983 für *Dream Makers: Volume II* geführten Interview, daß jeder seiner Romane durch mehrere Entwürfe gehe:

> Ich schreibe gerne drei Entwürfe: einen ersten Rohentwurf, eine überarbeitete Fassung und schließlich den bei mir als lektoriert geltenden dritten Entwurf, bei dem ich mich hinsetze, mir die Kritik meines Lektors durch den Kopf gehen lasse und das ganze Buch neu abtippe, wobei ich auch die anderen Sachen etwas aufpoliere. Da ich aber immer größeren Erfolg hatte, wurde es auch für mich immer schwieriger, bei meinen Lektoren durchzusetzen, daß sie mir für diesen dritten Entwurf Zeit lassen. Wovor ich jetzt wirklich Angst habe, ist, daß einer der Lektoren sagen wird: »Ich halte das für großartig«, nur weil es gerade in den Plan für die Veröffentlichung paßt.

Eine weitere Schwierigkeit, die King gegenüber Platt äußerte, ist, daß sein wirtschaftlicher Erfolg auf die Intensität der Lektoratsarbeit abträglichen Einfluß hat, wodurch er vor einem Dilemma steht:

> Ich glaube, wenn mir irgendein Änderungsvorschlag gemacht würde, den ich ablehne, dann bräuchte ich einfach nur zu sagen: »Nein, das werde ich nicht tun.« Und sie würden auch nie deshalb vom Vertrag zurücktreten, oder? Sie würden letztendlich einfach nur sagen: »Nun, denn, in Ordnung, dann machen Sie es eben nicht.« Was unweigerlich bedeutet, daß, wenn ich unbedingt meinen Kopf durchsetzen wollte, dann würden meine Bücher überhaupt nicht mehr lektoriert werden.

King schloß: »Ich befinde mich in einer schrecklichen Situation. Ich denke, ich werde mich einfach dazu entschließen müssen, die Vorschläge des Lektors anzunehmen, selbst wenn ich denke, daß sie nicht richtig sind. Andernfalls würde ich Gefahr laufen, bald gänzlich ohne Hilfe eines Lektors zu arbeiten. Aber auf Kritik und Rat kann kein Schriftsteller verzichten.

William Thompson vom Doubleday-Verlag hat Stephen Kings frühe Bücher sehr intensiv lektoriert. King gibt zu, daß *Carrie* von den Änderungen des Lektors profitiert hat. Und zu *Shining*, aus dem das langatmige Vor- und Nachwort gekürzt wurde, schrieb King: »Ich stimmte nur allzu bereitwillig zu, und ... ich bedaure meine Entscheidung nicht ...« Andere Kürzungen jedoch hatten einen nachteiligen Effekt. In der vollständigen Fassung wurde *The Stand* tiefsinniger, gehaltvoller und komplexer als in der gekürzten.

Kings nachfolgende Bücher sind von unterschiedlicher Qualität. Die beiden Bücher *Sie* und *Tommyknockers* machen den Gegensatz besonders deutlich; in dem einen hörte er auf den Lektor *(Sie)*, in dem anderen hielt er sich nicht sehr genau an die Vorschläge *(Tommyknockers)*. Die Leser werden, im Gegensatz zum Schriftsteller, die Änderungen des Lektoren vielleicht nicht immer bemerken; ein guter Lektor sieht, was der Autor in dem Buch auszudrücken *versuchte*, und hilft ihm bei der Suche nach den passenden Ausdrücken, und vollendet nur, was der Schriftsteller anstrebte.

King geht es wie so vielen anderen Schriftstellern, manchmal geht ihm die Arbeit leicht von der Hand, und manchmal nicht. Wenn King von der Muse geküßt wird, dann sieht das nicht so aus, wie manche Leute es sich vorstellen. Dazu erzählte er dem *Time*-Magazin:

> Die Leute denken, die Muse sei eine Figur aus der Literatur; irgendein niedliches, pausbäckiges Teufelchen, das um den Kopf der kreativen Person herumflattert und Feenstaub verstreut. Nun, meine ist ein Kerl, der Schirmmütze und Overall trägt, wie Jack Webb aussieht und zu mir sagt: »Also gut, du Mistkerl, ran an den Speck.«

Eine Kurzgeschichte ist wie ein Schnappschuß. Eine Novelle ist ein kurzer Film. Und ein Roman ist ein langer Film. Sie alle sind kleine Zeitabschnitte. Wenn ihm die Arbeit leicht von der Hand geht, dann sieht King die Geschichte von vornherein als zusammenhängendes Ganzes, so etwa bei *Shining*.

Manchmal geht ihm die Arbeit jedoch nicht so leicht von der Hand. In *Danse Macabre* erklärt King, zum Beispiel, wie er *The House on Value Street*, das nie fertiggestellt wurde, zu schreiben versuchte:

Ich habe meine Recherchen betrieben... und danach startete ich meinen Angriff auf den Roman. Ich attackierte ihn von der einen Seite, und nichts geschah. Ich versuchte es von einer anderen Seite und dachte, es würde ziemlich gut laufen, bis ich entdeckte, daß sich alle meine Charaktere so anhörten, als kämen sie geradewegs schweißüberströmt von dem Tanzmarathon in Horace McCoy's *They Shoot Horses, Don't They?*

Ich versuchte es in *medias res.* Ich versuchte, es mir als Bühnenstück vorzustellen, ein Trick, der manchmal funktioniert, wenn ich ganz schlimm festhänge. Diesmal funktionierte er nicht.

Wenn King nicht dazu bereit ist, die Geschichte zu erzählen, dann lassen ihn die Worte im Stich. Wenn er aber bereit ist, dann findet er auch die richtigen Worte, wie er in einem Nachwort zu *Schwarz* erklärte: »... Ich bin mir nie völlig sicher, wohin ich gehen werde, und auf diese Geschichte trifft das noch viel mehr zu als auf andere... Was ist jedoch mit der dunklen Vergangenheit des Revolvermannes? Gott, ich weiß so wenig. Die Revolution, welche die ›Welt des Lichts‹ des Revolvermannes zusammenstürzen läßt? Ich weiß es nicht... Wenn der richtige Zeitpunkt gekommen ist, dann werden diese Dinge — und ihre Bedeutung für die Suche des Revolvermannes — so unwillkürlich zum Vorschein kommen wie Tränen oder das Lachen.«

Das ist, meiner Meinung nach, die Erklärung, in der Kings Arbeitsweise beim Geschichtenerzählen am besten zum Ausdruck kommt. Obwohl er sein Ziel oft vorher kennt, ist es doch eine Reise voller Entdeckungen, bis er dorthin gelangt. In diesem Fall ist der Vergleich sogar besonders passend, da Kings Reise als Geschichtenerzähler der Reise von Roland dem Revolvermann, der auf ein unvorhersehbares Ende zuschreitet, nicht unähnlich ist.

Ralph Vincinanza — Kings Agent für Auslandsverkäufe — hat, laut *Publishers Weekly*, Kings Karriere in drei Phasen eingeteilt: Phase eins, die Siebziger, als King für den Taschenbuchhandel ein Bestsellerautor war und die Verkaufszahlen seiner gebundenen Ausgaben von Shining und *The Stand* bei fünfzigtausend lagen; Phase zwei, die frühen Achtziger, als King auch im Bereich der gebundenen Ausgaben an Ansehen gewann und sein Name zu einem Gütezeichen wurde; seine Bücher verkauften sich zu Hunderttausenden, wobei *Friedhof der Kuscheltiere* mit sechshundertsiebenundfünfzigtausend verkauften Exemplaren an der Spitze lag; Phase drei, ab 1983, als King Rekordverkaufszahlen zu erreichen begann, angefangen bei *Talisman* bis hin zu *Langoliers*, von dem sich vier Monate nach der Erstveröffentlichung bereits 1,7 Millionen Exemplare in Druck befanden. *(Needful Things* hat eine Erstauflage von 1,5 Millionen Exemplaren).

Es ist eindeutig, daß ein Bedarf besteht, den King mit seinen Büchern befriedigt. Im Gegensatz zu anderen Bestsellerautoren besitzt King eine sehr mannigfaltige und treue Leserschaft: er ist ein Kultautor, der gleichzeitig die Massen anspricht, seine Leserschaft setzt sich inzwischen aus Leuten sämtlicher Altersstufen zusammen. Das liegt sicherlich teilweise daran, daß Kings Romane für jeden etwas zu bieten haben. Seinem Kultpublikum bietet er ein stetiges Nahrungsangebot an limitierten Ausgaben und esoterischem Material. Seinem Massenpublikum liefert er ein reichhaltiges Angebot an lesenswerten Romanen. Den Teenagern liefert er eine schauerliche Achterbahnfahrt. Und denjenigen, die alt genug sind, daß sie vergessen haben könnten, wie man sich als Kind fühlt, rufen Kings Geschichten — wie *Die Leiche* und *Es* — ein Gefühl für die Wunder der Kindheit in wehmütiger Nostalgie ins Gedächtnis zurück.

Daß Kings Bücher den Menschen so zugänglich sind, liegt teilweise daran, daß sie gar nicht wie literarische Fiktionen wirken. Man vergißt teilweise, daß man einen Roman liest, statt dessen hat man oft das Gefühl, man *höre* eine Geschichte. Es ist eine Art der Unmittelbarkeit, die eher an die mündliche als an die geschriebene Geschichtenüberlieferung erinnert. Es ist, als würde man des Nachts an einem Lagerfeuer sitzen, während King sein Garn spinnt. (»Was is' das für 'ne Geschichte?« fragte Vern beklommen. »Is' doch keine Horrorgeschichte, oder, Gordie? Ich glaub' nicht, daß ich 'ne Horrorgeschichte hören will. Da fahr' ich nämlich nich' drauf ab, Mann«, heißt es in *Die Leiche.*)

Mehr als alles andere ist es Kings Eindringlichkeit, die seine Erzählungen so überaus lesenswert macht. In seinem unterhaltenden, zwanglosen Stil, der es dem Leser leicht macht, durch die Seite »hindurchzufallen« — treibt er die Geschichten immer weiter voran. King verbindet einen klaren Schreibstil mit einer grenzenlosen Bandbreite, die ihm die Gestaltung der unterschiedlichsten Stoffe erlaubt.

Kings Erfolg liegt teilweise an der Ehrlichkeit, mit der er sein Handwerk betreibt. Von den realistischen Schriftstellern inspiriert, hält King dem Leben einen Spiegel vor und sieht eine Welt, in der guten Leuten Schlechtes widerfährt. Es ist eine düstere Welt, die nur kalten Trost spendet. King erklärt:

Ich habe keine Angst davor, mich auf einen sehr unangenehmen Schluß zuzubewegen. Zum Teil deswegen, weil ich glaube, daß es im Leben manchmal so läuft, und auch weil mich die amerikanischen und britischen Naturalisten während meiner High-School- und Collegezeit sehr beeindruckt haben. Leute wir Thomas Hardy, Theodore Dreiser und Frank Norris. Selbst Leute wie Raymond Chandler kamen mir sehr naturalistisch vor. Sie alle sagen dasselbe: Die Dinge werden keinesfalls besser werden, und wenn du sehen willst, wie sich die Dinge entwickeln, dann denke einfach einmal darüber nach, was mit dir passieren wird.

Am Ende steht uns allen der Tod bevor, wie King sehr wohl weiß. Wie können wir uns also mit unserer eigenen Sterblichkeit am Ende unseres Weges vertraut machen? Die Antwort ist einfach, sagt King: »Wir fürchten uns vor der Gestalt unter den Laken. Es ist unser Körper. Und die große Anziehungskraft, die Horrorgeschichten seit Jahrhunderten auf uns ausüben, liegt darin, daß sie uns als Probedurchläufe für unseren eigenen Tod dienen.«

In einem Interview für *Fangoria* erklärt King, seine eigene Beliebtheit sei eine Frage des richtigen Timings gewesen. Als er Mitte der Siebziger in der Literaturszene auftauchte, war ihm der Weg durch den Erfolg von *Der Exorzist* (sowohl als Roman wie auch als Film) geebnet.

Ich denke, wenn ich früher veröffentlicht hätte, wenn ich Mitte der Sechziger angefangen hätte, dann wäre ich ein ziemlich populärer Schriftsteller geworden. Wenn ich Mitte der Fünfziger Bücher veröffentlicht hätte, dann wäre ich John D. MacDonald gewesen. Ich wäre jemand gewesen, dessen Romane zwanzig Millionen arbeitende Männer kannten und in ihren Gesäßtaschen mit zur Arbeit trugen oder in ihren Brotbüchsen aufbewahrten, um sie während der Mittags- oder Kaffeepause zu

lesen ... Ich glaube nicht, daß ich auch nur irgendeinen Hardcoververlag dazu hätte bringen können,
mein Zeug anzuschauen, wenn *Der Exorzist* und die
anderen Erfolge nicht gewesen wären.

Ich glaube, daß irgend jemand letztendlich auch ohne
Der Exorzist Kings Talent erkannt haben würde. Wie
Dean Koontz in *Break Through* feststellte, ist im literarischen Bereich der schriftstellerische Standard dann nied-
riger, wenn die Erwartungen der Leser ebenso niedrig
sind. Im Bereich des Horrors war King derjenige Schriftsteller, der die Form und das Wesen dieses Genres aufwer-
tete und auf Dauer veränderte.

Um ein großes Verkaufspotential zu haben, muß
ein Buch eine große Bandbreite von Interesse
abdecken. Es kann nicht einfach nur ein simpler
Genreroman von nur begrenztem Ausmaß sein. Ich
bin immer wieder überrascht über Schriftsteller, die
siebzigtausend Wörter produzieren, das uralte
Material des Genres verwerten, und die Leute nur
gruseln oder erschrecken wollen, ohne sich zu
bemühen, ein gewisses Gefühl für ihre Zeit und ihre
Kultur zu vermitteln, ohne eine klare Vorstellung
davon, was sie eigentlich sagen wollen — und doch
überzeugt davon sind, daß sie potentielle Bestseller
schrieben, wenn nur die »dummen Lektoren« auf-
merksamer hinsehen würden ... Um jedoch das
Potential zu einem Durchbruch zu haben, um ein
breiteres Publikum zu erreichen, das man für ein
Buch an der Spitze der Verlagslisten braucht, muß
dein Roman von den anderen des Genres abstechen,
Originalität versprühen und dem Leser den Stoff
aus einem neuen Blickwinkel nahebringen.

Stephen King ist sicherlich ein Schriftsteller, der dieser Forderung von Dean Koontz genügt — ebenso wie Koontz selbst.

King folgte einer Tradition von Schriftstellern wie dem frühen Bradbury, dem frühen Robert Bloch, Don Robertson, John D. MacDonald, Jack Finney, Charles Beaumont und Richard Matheson und entdeckte das Milieu der Vorstädte als ideale Kulisse der Horrorgeschichte. King erzählte *Publishers Weekly:* »Ich habe das Genre der Horrorromane in diesem Land neu definiert. Ich versuche damit nicht zu sagen, daß meine Bücher tolle Bücher sind, aber ich habe das Genre verändert, ob das nun gut oder schlecht ist.«

Clive Barker bestätigte Kings Kommentar in einem Interview für *Grimoire:* »Kings Definition des Horrors ist derart breitgefächert und populistisch, daß es ein strittiger Punkt ist, ob er nun wirklich den Markt für den absolut hartgesottenen Horror geöffnet hat oder nicht. Ich glaube, seine Begabung liegt darin, den Horror akzeptabel zu machen, so daß man ihn auch im Zug lesen kann, ohne ihn hinter dem neuen John-Updike-Roman verstecken zu müssen.«

Kings Erfolg liegt meiner Meinung nach in drei Faktoren begründet. Erstens versäumt es King nie, eine Geschichte dramatisch zuzuspitzen; er führt den Leser nicht an der Nase herum und bringt auch keine tröstlichen, wirklichkeitsfremden Geschichten, die von der Realität ablenken. Statt dessen versucht er in seinen besseren Romanen das genaue Gegenteil: er konfrontiert einen mit dem Thema; er bringt einen dazu, in sich hineinzuhorchen, um die Antworten zu finden (Wenn Sie Dr. Louis Creed aus *Friedhof der Kuscheltiere* wären, was hätten *Sie* dann getan? Hätten Sie Ihren Sohn sterben lassen, oder hätten Sie versucht, ihn ins Leben zurückzuholen — und sämtliche Konsequenzen in Kauf genommen?)

Zweitens ist King als Schriftsteller mit Leidenschaft bei der Sache, und das zeigt sich in seinen Werken. In seinem Vorwort zu *Nachtschicht* schrieb er über seine Geschichten:

> Ich habe sie nicht für Geld geschrieben; ich habe sie geschrieben, weil sie mir eingefallen sind, und weil ich mir dachte, daß ich sie aufschreiben sollte. Ich habe eine marktgängige Besessenheit... Ich bin kein großartiger Künstler, aber ich habe stets den Drang zum Schreiben verspürt.

Drittens nimmt King seine Arbeit ernst, obwohl er sich selbst nicht allzu ernst nimmt. In seiner Einleitung zu der Erzählung *Zeitraffer* schrieb er:

> Tatsache ist, fast alles, was ich geschrieben habe, — und dazu gehört auch eine Menge komisches Zeug — wurde von mir in einer sehr ernsthaften Gemütsverfassung geschrieben... Was ich mache, mache ich aus den ernsthaftesten Beweggründen: Liebe, Geld und Besessenheit. Die Geschichte des Irrationalen ist der vernünftigste Weg, den ich kenne, der Welt, in der ich lebe, Ausdruck zu verleihen. Diese Geschichten dienen mir ebenso als Instrumente für Metaphern wie auch für Moral... Ich bin weder ein National-Book-Award- noch ein Pulitzer-Preisträger, aber ich bin echt ernsthaft. Wenn sie sonst nichts glauben, dann glauben Sie zumindest das: Wenn ich Sie bei der Hand nehme und zu reden anfange, mein Freund, dann glaube ich jedes Wort, das ich sage.

Wie King schon zuvor sagte, möchte er populär sein und auch bei den Kritikern Erfolg haben — der Traum eines jeden Schriftstellers. *Publishers Weekly* bemerkte dazu:

> King erzählt, er habe stets »eine Brücke zwischen der großen Popularität und der Akzeptanz der Kritiker bauen« wollen. »Aber mein Geschmack ist zu unfein, meine Bücher haben einen breiten Anstrich der *vulgata*. Doch das ist einfach die Grenze, die mir durch meine Vergangenheit gesetzt ist. Ich habe viele großartige Sachen mit nur wenig Talent erreicht.

Aus Kings »wenigem Talent« haben sich die »großartigen Sachen«, die mit dem Erfolg verbunden sind, ergeben. Er ist der bestbezahlte Schriftsteller unserer Zeit. Er hat auch mit den Film- und Fernsehfassungen seiner Werke Rekordumsätze erzielt. Seine Bücher erhalten im allgemeinen gute Kritiken, angefangen bei den Fachjournalen des Buchwesens bis hin zu den Zeitungen des ganzen Landes. Er ist, zu seinem Schrecken, durch eigene Kraft zu einer bekannten Figur und Berühmtheit geworden. Er muß sich keine Sorgen mehr um Einmischungen der Lektoren machen — jener Lektoren, die seine Bücher auf ihre Art neu schreiben wollen. Und das Wichtigste dabei ist, King kann es sich leisten, die Geschichten zu schreiben, die er schreiben will, denn er weiß, daß die Leser ihm vertrauen und jedem neuen Buch eine Chance geben werden. Da er frei von jeglichem finanziellen Druck ist, kann sich King voll und ganz dem Schreiben widmen — der Traum eines Schriftstellers. Im März 1976 erklärte King einem Reporter der *Bangor Daily News* für ein Porträt: »Geld ist mir wichtig . . . aber nur, weil es mir Zeit zum Schreiben gibt.«

Mit Sicherheit hat King das Geld nicht nötig; was veranlaßt ihn also zum Weiterschreiben? Für King, wie auch für jeden anderen Schriftsteller, der etwas auf die Kunst des Schreibens gibt, ist das Schreiben selbst die Belohnung, wie er in seinem Vorwort zu *Gesang der Toten* bestätigt:

> Im großen und ganzen macht man es nicht des Geldes wegen, denn sonst wäre man ein Narr. Man denkt nicht an die Endsumme, denn sonst wäre man ein Narr. Man denkt dabei nicht an Stundenlohn, Jahreslohn oder sogar Lebenslohn, denn sonst wäre man ein Narr. Letztendlich tut man es noch nicht einmal aus Liebe, obwohl es ganz nett wäre, das denken zu können. Man tut es, weil es blanker Selbstmord wäre, es nicht zu tun.

Obwohl die Welt sich weiterdreht, wie King häufig festgestellt hat, ist das Schreiben von Romanen die eine Konstante seines Lebens geblieben, und seine einzige Angst ist der Alptraum eines jeden Schriftstellers. In den Worten des Gordon Lachance aus *Die Leiche:* »Dieser Tage betrachte ich manchmal jene Schreibmaschine und frage mich, wann sie wohl keine guten Wörter mehr übrig haben wird. Ich will nicht, daß so etwas passiert. Ich schätze, ich kann so lange cool bleiben, solange mir die guten Wörter nicht ausgehen, wißt ihr?«

Carrol F. Terrell
Nachwort
Eine Anekdote über Stephen King

Geld — das heißt, viel davon — kann eine zerstörerische Macht auf das Leben eines Menschen ausüben. Erschreckende Geschichten erzählen in mehr als ausreichendem Maße davon, was das große Geld bei plötzlich berühmt gewordenen Hollywood- oder Rock-'n'-Roll-Stars angerichtet hat. Es ist eine schwere Prüfung für den Charakter, sein Gleichgewicht und ein ausgeglichenes Temperament zu behalten, wenn man genug von dem Zeug besitzt. Zuerst stürzen sich eine Menge Betrüger auf dich, um etwas davon in die Hände zu bekommen. Noch schlimmer sind die Bittschriften Hunderter armer Leute, die Geld brauchen und es auch gut anlegen würden. Und so weiter. Deshalb gibt es auch unzählige Gründe dafür, daß die Rockefellers, Fords und Carnegies Stiftungen errichteten, die dann für diese Probleme zuständig waren.

Stephen King hat den Sturm gut überstanden. Während Rockstars eine ganze Flotte Porsches und Cadillacs Limousinen anschaffen und ihre Paläste mit goldenen Armaturen bestücken, trägt Steve dieselbe Kleidung, hat dasselbe Aussehen und legt dasselbe Benehmen an den Tag wie immer. Er wollte vorrangig sicherstellen, daß er Zeit zum Schreiben hat. Das tut er dann auch meistens von acht Uhr morgens bis mittags, außer wenn er einen wichtigen Termin einhalten oder sonst einer Verpflichtung nachkommen muß.

In den frühen Jahren seines Ruhms pflegte er Einladungen anzunehmen und zu gewissen Studentengruppen auf dem Campus zu sprechen. Im Lauf der Jahre habe ich ihn mehrere Male einer Zuhörerschaft vorgestellt, die immer größer zu werden schien. Er war immer ein guter Unterhalter und hat zumeist aus dem Stegreif gesprochen, wobei er nur hin und wieder einen kurzen Blick auf seine Notizen oder Skizzen warf. Er hat sich auch immer noch Zeit für Fragen gelassen, und diese waren immer wieder dieselben: »Woher bekommen Sie die Einfälle für Ihre Bücher?« »Was bedeutete der Titel eines Buches eigentlich wirklich?« Und so weiter.

Steves Reaktionen waren unterschiedlich. Manchmal sagte er, er wisse nicht, woher seine Einfälle stammten. Oder, wenn er es einmal gewußt hätte, so habe er es vergessen. Einmal sagte er, er würde sie von irgendeiner Pfandleihe in Bangor bekommen. Auf Fragen, ob seine Bücher etwas taugten, antwortete er: »Das muß die Öffentlichkeit entscheiden.« Oder: »Die Zeit wird es vielleicht an den Tag bringen.«

In all diesen Jahren ist er stets ein unbeschwerter, bescheidener Bürger Maines geblieben, wo diese Leute nicht sehr viel reden und sich nur selten festlegen. Zum Beispiel:

Frage: Regnet es?
Mainer: Jedenfalls schneit's nich'.
Frage: Gewinnst du?
Mainer: Jedenfalls verlier' ich nich'.

Man kann sie jedoch in die Enge treiben, wenn man weiß:

Frage: Wie weit ist es bis Bangor?
Mainer: Weiß nich' genau.
Frage: Zwanzig Meilen?
Mainer: Nich' so weit.
Frage: Drei Meilen?
Mainer: Mehr.

Schließlich kann man der Sache sehr nahe kommen: »Acht Meilen?« Die Antwort könnte hier sehr leicht lauten: »Würd' mich nich' überraschen.«

Wie eine Anzahl von Steve Kings Büchern und Charakteren zeigt, ist es wahrscheinlich, daß die Leute sich nicht als das herausstellen, was sie zu sein scheinen. Wie schon durch Sprichwörter ausgedrückt wird, kann das Äußere täuschen, und der erste Eindruck, den man vom Charakter bekommt, falsch sein. Beim Beurteilen von Menschen lauscht der Weise also den ungesprochenen Worten, welche die gehörten Worte überschatten, und beobachtet dann die Taten, die folgen. Nur bei einigen wenigen Auserwählten sprechen die Taten lauter als Worte und reflektieren die verbal geäußerten Behauptungen beständig und über einen langen Zeitraum hinweg.

Ich erinnere mich an eine Geschichte, die Steve einst einer Gruppe von Studenten des Campus erzählte. Es scheint, er und seine Familie sind auf einer Autobahn im Süden entlanggefahren, als er am Straßenrand ein Auto entdeckte, dessen Fahrer anscheinend Hilfe benötigte. Zumindest stand der etwas ältere Mann neben seinem Fahrzeug und blickte so vage um sich, als wisse er nicht genau, was er tun solle. Also hielt Steve an, um zu sehen, ob er helfen konnte. Das konnte er allerdings. Es stellte sich heraus, daß einer der Reifen platt war, und der Fahrer keine Ahnung hatte, was damit anzufangen war. Steve fragte: »Darf ich?« Der Mann antwortete: »Bitte.«

Daraufhin holte Steve den Ersatzreifen heraus, und in einer Zeitspanne, die man brauchen würde, um zu lernen, wie man »Fischers Fritze fischt frische Fische« rückwärts sagt, war der Reifen ausgewechselt und das Auto wieder fahrtüchtig. Die Sachen des Mannes, die im Innenraum des Wagens lagen, ließen darauf schließen, daß er kein Geld nötig hatte. Da Steve bereits Millionär war, galt dasselbe auch für ihn.

Er hatte dieses Erlebnis, lange nachdem er der Welt größter Bestsellerautor geworden war. Er trug jedoch schlabbrige Jeanshosen und Turnschuhe, und wie häufig sah er so aus, als könne er eine gute Mahlzeit vertragen. Also bedankte sich der Fahrer nicht nur für seine Hilfe, sondern zog seine Brieftasche hervor und reichte ihm einen Fünfdollarschein. Steve wollte schon abwinken und sagen: »Nein, danke. Das ist wirklich nicht nötig.« Als er es sich dann jedoch anders überlegte und den Fünfer mit Dank entgegennahm. Warum? Ganz einfach für eine Person mit Steves Einfühlungsvermögen. Der Typ würde sein eigenes Versagen nicht mehr so tragisch nehmen und wäre noch dazu in der Lage, sich mit einer großmütigen Geste zu bedanken.

Hierbei sollte man noch eine weitere Überlegung in Betracht ziehen. Der Kerl, der die meiste Zeit damit zubringt, die Tasten eines Personalcomputers anzuschlagen, hatte die Chance, jemandem behilflich zu sein. Und das ist für ihn ein tolles Gefühl. Es hat ihm »den Tag versüßt«, wie man so schön sagt.

Doch dieses Beispiel besagt eigentlich viel mehr. Diese Art von Verhalten ist und war schon immer typisch für Stephen King.

Orono, Maine
Mai, 1991

Anhang

Bücher von Stephen King

The Dark Half (Stark — the Dark Half), 1989 von Viking als gebundene Ausgabe veröffentlicht, 1990 von NAL unter seinem Verlegerzeichensignet als Taschenbuch verlegt.

The Dark Tower III: The Wastelands (Tot) wurde von Donald M. Grant, Publisher, Inc. im August 1991 in zwei Ausführungen veröffentlicht: eine Handelsausgabe von vierzigtausend Exemplaren, und eine limitierte Ausgabe von tausendzweihundert von Stephen King und dem Künstler Ned Dameron signierte Exemplare (vergriffen):

Von der Handelsausgabe sind beim Verlag noch Exemplare erhältlich, obwohl sie, laut Grants Partner, Robert Weiner, gegen Ende 1992 ebenfalls vergriffen sein wird. Wenden Sie sich an Weiner bei Donald M. Grant, Publisher (P. O. Box 187, Hampton Falls, NH 03844).

Diese gebundene Ausgabe ist ein Beispiel für eine der besten Veröffentlichungen von Kleinverlagen — die Art von qualitativ hochwertigem Buch, auf der Grant seinen wohlverdienten Ruf aufgebaut hat. Das robuste, attraktive Buch wurde von Thomas Canty phantasievoll gestaltet, von Ned Dameron liebevoll und aufwendig illustriert, auf einem festen Papier gedruckt und mit Farbabbildungen ausgestattet. Anders ausgedrückt: in ganz New York City wird man keine Handelsausgabe finden, die dieser Qualität auch nur im entferntesten nahekommt.

Unter dem Plumesignet brachten New American Library im Januar 1992 ihre für den öffentlichen Handel bestimmte Taschenbuchausgabe von *The Dark Tower III: The Wastelands (Tot)* heraus. Im Gegensatz zu den vorangegangenen Büchern über den Dunklen Turm benutzte man für diese Ausgabe zwei verschiedene Einbände: einer mit der Abbildung eines Geisterzugs, der andere mit einer spiralförmigen Nova.

In seiner »Bemerkung des Autoren« am Ende des Buches

schreibt King: »Das vierte Buch in der Dunklen-Turm-Reihe sollte in nicht allzu ferner Zukunft erscheinen — natürlich immer nur unter der Voraussetzung, daß der Treue Leser mir erhalten bleibt und weiterhin sein Interesse entgegenbringt.«

In einem Nachwort zu dem zweiten Buch über den Dunklen Turm kündigte King den Titel des vierten Buches in dieser mit sieben Fortsetzungen geplanten Reihe an: *The Dark Tower IV: Wizard and Glass.* King zufolge soll es »von einer Verzauberung und einer Verfügung berichten, hauptsächlich jedoch erzählt es von allem, was Roland widerfuhr, bevor ihm die Leser zum ersten Mal auf der Spur des Mannes in Schwarz begegneten«. In anderen Worten, es ist ein »Vorroman« zu dem ersten Buch der Reihe, *Schwarz.*

Laut Robert Weiner von Donald M. Grant, Publishing, Inc., hat King noch nicht mit der Arbeit an dem vierten Buch dieser Reihe begonnen. Doch W. C. Stroby, der King für ein zweiteiliges in *Fangoria* erscheinendes Interview befragte, verkündet, daß dieses Buch »1994 erscheinen soll«.

Four Past Midnight (Nachts, Langoliers) wurde 1990 von Viking als Handels-Hardback herausgebracht und wurde im August 1992 als Taschenbuch neu verlegt.

Needful Things (In einer kleinen Stadt) erschien 1991 als Handels-Hardback von Viking und im Juli 1992 als Taschenbuch. Die Illustrationen sind von Bill Russell. Der Roman besteht aus drei Teilen: *Gala-Eröffnung, Sonderangebot* und *Total-Ausverkauf.*

In *Bleedful Kings,* einem Artikel für *Fangoria* von Brad Ashton-Haiste, erzählt King die Geschichte hinter der Geschichte:

Ich kann mich noch daran erinnern, wann es mir kam. Ich kann mich erinnern, daß ich auf einer Landstraße durch eine kleine Stadt namens Brewer, Maine, fuhr, als alle Dinge plötzlich die richtige Reihenfolge einnahmen. Lange Zeit arbeitete ich nur mit einem einzigen Bild ... dem eines kleinen Jungen, der Dreck auf Bettlaken wirft. Und ich wußte, derjenige, der nach Hause kam und den Dreck auf den Bettlaken entdeckte, würde denken, jemand anderes hätte es getan. Das war eigentlich das einzige, womit ich arbeiten konnte.

Auf jeden Fall wollte ich eine Geschichte über Besessenheit und Zwangshandlungen schreiben — über besessenes und zwanghaftes Benehmen — weil es mir schien, als wäre ein solches Verhalten in Amerika nicht nur verzeihlich, sondern als würden wir Amerikaner sogar tatsächlich dafür bezahlen. Wir lieben es, besessen zu sein und uns zwanghaft zu benehmen, und wir lieben es, Dinge zu kaufen. Also wollte ich herausfinden, ob ich diese Elemente in einer Geschichte unterbringen konnte.

Needful Things war für mich der Roman, der mir am meisten Spaß gemacht hat. Ich arbeitete mit einer Riesenbesetzung. Dadurch erinnert er an solche Bücher wie *Brennen muß Salem* und *The Stand*, in die ich fünfzig oder sechzig Personen steckte, nur um mir dann zu sagen »Ach was soll's«, und noch weitere dreißig reinzustopfen. [In] diesem Buch kommen sie alle wieder . . . Es ist eine Art Stephen King Hitliste, Mann. Selbst Cujo kommt zurück.«

The Stand: Die Komplette und Ungekürzte Fassung wurde 1990 von Doubleday als Handels-Hardback und in limitierter Ausgabe veröffentlicht (vergriffen; numeriert und signiert von King und dem Künstler Berni Wrightson). Es wurde vom Quality Paperback Book Club (QPBC) als Taschenbuch neu aufgelegt, war in dieser Form jedoch nur für Mitglieder erhältlich; NAL hat das Taschenbuch 1991 unter seinem Verlegerzeichensignet herausgebracht. Und als ein Einführungsangebot für ihre Reihe Stephen-King-Library (Stephen King Bibliothek) ist der Roman in gebundener Ausgabe vom Book of the Month Club (Camp Hill, PA 17011-9901) erhältlich.

Da dies die bevorzugte Ausgabe wird, wird die Originalausgabe nicht mehr neu aufgelegt werden. (Sammler sollten dies beachten!)

Zeitlich genau auf Halloween 1991 abgestimmt, brachte Plume die ersten drei Bücher einer Reihe heraus, die Len Hilts von *Publishers Weekly* wie folgt bezeichnete: »Durch die Produktion der Stephen King Sammlerausgaben entsteht ein neuer

Zweig für den Taschenbuchmarkt ... phänomenal entworfene Taschenbücher von archivalischer Qualität, auf säurefreiem Papier gedruckt, unter Verwendung von qualitativ hochwertigen Materialien und tollen Einbänden und als Titelbilder bunte Reproduktionen des Original-Hardcovereinbandes.«

Michael Fragnito von Penguin USA erfand diese Reihe, die aus »wahren Sammlerstücken« bestehen sollte. Fragnito erklärte:

Unsere Absicht, die wir mit diesen Büchern verfolgten, war, daß der Käufer auch in fünfundzwanzig Jahren noch in sein Regal greifen konnte und die Bücher wie neu vorfinden würde. Also verwendeten wir ein qualitativ hochwertiges, säurefreies Papier, was bei Taschenbüchern etwas sehr Ungewöhnliches ist. Es wird die Zeit überdauern.

Die ersten drei Bücher dieser Serien hießen: *Carrie* (152 Seiten), mit einem aufschlußreichen Vorwort von Tabitha King; *Brennen muß Salem* (381 Seiten), mit einem Vorwort von Clive Barker; und *Shining* (416 Seiten), mit einem Vorwort von Ken Follet.

Gegenüber *Publishers Weekly* verkündete Fragnito: »Sie dürfen sich vorstellen, daß wir im Laufe der Zeit mindestens fünfzehn dieser Bücher herausgeben werden.«

Laut NAL werden im Jahre 1992 keine weiteren Titel mehr veröffentlicht.

Gerald's Game (Das Spiel) wurde im September 1992 als 332seitiges gebundenes Buch in den Handel gebracht. (Der Roman wurde Ende Juli an die Buchhandlungen verteilt).

Dolores Claiburne (Dolores) soll bei Viking herausgebracht werden.

Bücher über Stephen King

Im Jahre 1982 veröffentlichte Douglas E. Winter *Stephen King: The Art of Darkness*, einen »Leser-Ratgeber« für Starmont, ein Fachverlag, der sich auf Science-fiction, Fantasy- und Horrorkritiken spezialisiert hat. Noch im selben Jahr brachte Underwood-Miller, ein weiterer Fachverlag dieses Genres, eine Essaysammlung über King heraus, *Fear Itself: The Horror Fiction of Stephen King.*

Bis dato gibt es neunundzwanzig veröffentlichte Bücher über King, zusammen mit den elf, die angekündigt wurden, ergibt das eine Summe von vierzig Büchern. Im Vergleich dazu hat King selbst zwei Sammelbände mit Kurzgeschichten, ein Sachbuch, zwei Sammelbände mit Novellen, fünf Romane unter dem Bachmann-Peudonym, drei Romane der *Dark-Tower*-Reihe und achtzehn weitere Romane geschrieben, wobei für ein weiteres Buch bereits das Herausgabedatum bekannt gegeben wurde – was zweiunddreißig Bücher ergibt. Auch wenn man die verschiedenen anderen Ausgaben berücksichtigt (*Creepshow, The Bachman Books, Stephen King, Silver Bullet, Dolan's Cadillac, My Pretty Pony* und *The Lawnmower Man Graphic Novel*) kommt man nur auf neununddreißig Bücher.

King ist möglicherweise der einzige zeitgenössische Autor, über den es mehr Bücher gibt, als er geschrieben hat – eine Tatsache, die auch in King-Kreisen nicht unbemerkt blieb. Douglas E. Winter, ein langjähriger Freund von King und selbst Schriftsteller, erzählte Greg Gadberry vom *Portland Press Herald* im Jahre 1992, er sei »besorgt darüber, daß es einem wie Schieberei erscheint, wenn man sich hinsetzt und die Anzahl und das Wesen der Bücher betrachtet«. Gadberry schreibt über Winter: »Er glaubt, das King-Genre sei ausgereizt. Das einzige, was noch übrigbliebe ... sei eine detaillierte Biographie und eine Autobiographie. Aber solange die Fans von King noch Geld besäßen, sagt Winter, wird die Schar der Kingbücher auch weiterhin zunehmen.«

Niemand ist sich der Situation mehr bewußt (und unglücklicher darüber) als King selbst. Kings Sekretärin erzählte Gadberry: »Wir erhalten jedes Jahr eine Anzahl von Briefen, in denen wir um Hilfe gebeten werden [von Autoren, die über King schreiben]. Steve rollt dann nur mit den Augen und sagt, daß er nicht interessiert sei.«

Warum sollte King schließlich anderen Autoren beim Schreiben von Büchern über ihn behilflich sein, wenn er in dieser Zeit selbst Bücher schreiben kann? Wenn man es mit rein finanziellen Maßstäben mißt, so kann sich King diesen Luxus bei einem Durchschnittsvorschuß von zehn Millionen Dollar einfach nicht leisten. Außerdem sehen es die meisten Leser lieber, wenn er die Zeit zum Schreiben von neuen Büchern benutzt.

In den vergangenen Jahren hat King sich an keinem Buch, das über ihn geschrieben wurde, aktiv beteiligt, obwohl er einige davon genehmigte. Im großen und ganzen bevorzugt er es jedoch, wenn keine Bücher geschrieben werden; und wenn es doch welche gibt, dann sollten sie sich, wie er ausdrücklich betont, einzig und allein auf eine Abhandlung seiner veröffentlichten Werke beschränken.

Dr. Seuss and the Two Faces of Fantasy, dessen Veröffentlichung Northern Lights (493 College Avenue, Orono, ME 04473) voreilig ankündigte, wurde von der Liste gestrichen. Es sollte aus der Rede, die King bei der Fifth Annual Swanncon 1984 hielt, aus einer Abschrift der Rede, die er ursprünglich halten wollte, und einem Kommentar von Carroll F. Terrell bestehen. Vielleicht wird das Material irgendwann in einem neuen Buch veröffentlicht. Terrell, der auch Verlagsdirektor von Northern Lights ist, schrieb dazu: »Nachdem wir uns mit Steve King beraten hatten, beschlossen wir, seine Rede nicht als Gesamtwerk zu veröffentlichen. Es gibt jedoch Pläne, sie als einen Anhang für ein neues, bisher unbenanntes Buch über King zu verwenden, das sich derzeit in Arbeit befindet und mit ein wenig Glück in einem Jahr herausgegeben werden kann.«

Northern Lights hat eine revidierte und korrigierte Ausgabe von *Stephen King: Man and Artist* als 159seitiges Taschenbuch in den Handel gebracht, dem jedoch die Illustrationen von Linkous fehlen. Es gibt auch noch einige Exemplare der ursprünglichen gebundenen Ausgabe, die von Linkous illustriert wurde. Sie ist in verschiedenen limitierten Auflagen zu reduzierten Preisen erhältlich.

Dieses Buch über King von Carroll F. Terrell — der King im College unterrichtete — ist sowohl ein wichtiges, assoziatives Werk als auch eine erläuternde Studie.

Feast of Fear, zusammengestellt von Don Herron, ist der zweite (und, wie mir gesagt wurde, letzte) Sammelband mit Interviews von King und im Underwood-Miller-Verlag erschienen. Es ist 1989 in einer limitierten Auflage von sechshundert numerierten, zum Teil noch erhältlichen Exemplaren veröffentlicht worden.

Obwohl McGraw-Hill — der Verleger der gebundenen Ausgabe von *Bare Bones*, dem ersten Sammelband mit Interviews — eine gebundene Ausgabe für den öffentlichen Handel angekündigt hatte, wurde der Titel nachträglich aus dem Programm gestrichen. Dieses Buch ist jedoch im April 1992 vom Carroll-&-Graf-Verlag als gebundene Ausgabe in den Handel gebracht worden. *Publishers Weekly* bemerkte »Underwood-Miller haben die siebenundvierzig Zeitungs- und Zeitschrifteninterviews, von denen viele an obskuren Stellen veröffentlicht wurden, auf clevere Art und Weise zusammengefaßt.«

All jenen, die sich für Fantasy oder Horror interessieren, hat Underwood-Miller eine sehr schöne Reihe an Büchern mit sorgfältig genähten Einbänden und säurefreiem Papier zu bieten. Kürzlich im Verlag erschienen: die dritte Fortsetzung der neuaufgelegten *Horrorstory* Serie (544 Seiten), *The Complete Masters of Darkness* (766 Seiten) und eines der schönsten und am phantasievollsten gestalteten Bücher der jüngsten Zeit *Clive Barker's Shadows in Eden* (465 Seiten). Um einen Katalog zu erhalten, senden Sie bitte einen ausreichend frankierten Rückumschlag an Underwood-Miller, 708 Westover Drive, Lancaster, PA, 17601.

In the Darkest Night: A Student's Guide to Stephen King (Taschenbuch und gebundene Ausgabe seit Herbst—Winter 1992 im öffentlichen Handel erhältlich), ist eine von Tim Murphy zusammengestellte Bibliographie. Falls Sie Informationen zu diesem oder anderen im Starmont-Verlag erschienen Büchern benötigen, wenden Sie sich bitte an Barbara Dikty, the publisher of Starmont House, Inc., P. O. Box 851, Mercer Island, WA 98040.

The Moral Voyages of Stephen King (Starmont) ist eine akademische Abhandlung »mehrerer literarischer Hauptthemen und philosophischer Grundgedanken Kings«, wie der Autor

Anthony Magistrale verkündete. Es ist als Taschenbuch und in gebundener Ausgabe erhältlich.

Observations from the Terminator: Thoughts on Stephen King and Other Horrorists (Starmont) stammt von Tyson Blue und ist als Taschenbuch und in gebundener Ausgabe erhältlich.

The Shape Under the Sheet: The Complete Stephen King Encyclopedia ist ein übergroßes, 780 Seiten langes Buch. Dieses auf ausgiebigsten Recherchen beruhende Werk — die Fertigstellung dauerte fünf Jahre — besteht eigentlich aus zwei Büchern: einem Handbuch mit Interviews, Artikeln, Porträts, Fotografien und Illustrationen; und einem Nachschlagewerk mit einem Stichwortverzeichnis, in dem Kings Bücher, Kurzgeschichten, Audio-, Fernseh- und Filmadaptationen aufgeführt sind.

Ungefähr die Hälfte des Buches besteht aus einer achtzehntausend Einträge umfassenden Konkordanz mit Leuten, Orten und Dingen, die in Kings (veröffentlichten und unveröffentlichten) Romanen vorkommen. Das Buch enthält keinerlei Material aus Kings Sachberichten, von denen es bis dato nahezu zweihundert gibt.

Das Buch ist in drei Ausgaben erhältlich: Von Popular Culture, Ink (P. O. Box 1839, Ann Arbor, MI 48106), die Erstauflage des Buches wurde auf dreitausend Exemplare limitiert; von Overlook Connection Press (P. O. Box 526, Woodstock, GA 30188), limitiert, numeriert und von diversen Mitwirkenden signiert (jedoch *nicht* von Stephen King); von Contemporary Books, in gebundener Ausgabe unter dem gekürzten Titel *The Complete Stephen King Encyclopedia* im Handel erhältlich.

Stephen Spignesi ist zur Zeit damit beschäftigt, einiges an Material aus *The Shape Under the Sheet* vorzubereiten und zu überarbeiten, um es möglicherweise in nachfolgenden Büchern zu verwenden.

The Shining Reader (Starmont), herausgegeben von Anthony Magistrale, ist ein Nachschlagewerk, — das erste einer Reihe — in dem kritische Essays über *The Shining* zusammengefaßt wurden. Das Buch ist sowohl in gebundener als auch in Taschenbuchausgabe erhältlich. (Merke: Dieses Buch ist im Gegensatz zu früheren Starmont-Büchern über King im Laserdruckverfahren hergestellt — eine große Verbesserung).

The Stephen King Bibliography, zusammengestellt von Douglas E. Winter ist noch in Arbeit. Es wird im Donald-M.-Grant-Verlag, Inc. (P. O. 187, Hampton Falls, NH 03844) erscheinen.

The Stephen King Quiz Book von Stephen Spignesi ist für jene Kingfans, die sich zu Tode raten wollen, mit einhundert »rasiermesserscharfen Rätseln und tausendfünfhundert peinigenden Fragen«. Das Buch ist 1990 im New American Library Verlag unter dessen Verlegerzeichensignet erschienen, und enthält Fragen zu Kings Werken bis hin zu *Four Past Midnight (Langoliers, Nachts)*.

Wenn Ihnen das immer noch nicht genügt, so hat Spignesi noch ein weiteres Rätselbuch herausgebracht: *The Second Stephen King Quiz Book* (253 Seiten, Signet-Taschenbuch), es enthält Fragen zu Romanen (*Four Past Midnight, Needful Things, Dark Tower III: The Wastelands, The Moving Finger* und *You Know They Got a Hell of a Band*) und Fernsehadaptationen (*Sometimes They Come Back* und *Stephen King's Golden Years*). Das Buch enthält außerdem eine ausführliche Bibliographie, einen Quellennachweis und einen Abschnitt über Zeitschriftenartikel.

The Stephen King Short Story Concardance (Starmont) von Chris Thompson ist, gemäß dem Autor »ein kodiertes Stichwortverzeichnis jeder bedeutenden Figur, jedes Ortes und jeder Sache, die in Kings Büchern vorkommen, mit einer kurzen Beschreibung. Dieses erste Werk beschäftigt sich nur mit den Kurzgeschichten Stephen Kings«.

The Work of Stephen King: An Annotated Bibliography & Guide von Michael R. Collings ist eine ausführlich revidierte und auf den neuesten Stand gebrachte Ausgabe seines vorherigen Buches *The Annotated Guide to Stephen King* (Starmont). Das Buch wurde im Juni 1991 bei seinem Verleger eingereicht und könnte in einer bis zu 500 Seiten langen Fassung im Borgo Press Verlag erscheinen (P. O. Box 2845, San Bernardino, CA 92406). Wie Collings feststellte, entsprechen die meisten Bibliographien, die sich mit populären Autoren beschäftigen, nicht dem von Büchereien und Mitgliedern der Akademie bevorzugten bibliographischen Format; diese Bibliographie wird jedoch auf deren Bedürfnisse zugeschnitten sein.

Das Buch, das mit einer chronologischen Aufstellung beginnt, ist eine Bibliographie, die aus im Inland und Ausland erschienenen primärem und sekundärem Material besteht:

A. Bücher
B. Kurzgeschichten
C. Gedichte
D. Aus dem Sachbereich: Rezensionen, Artikel, Notizen
E. Drehbücher
F. Reden und Öffentliche Auftritte
G. Fernsehauftritte
H. Adaptationen von Kings Büchern: Filmversionen und Audio-Kassetten

Über den Autor
I. Bücher
J. Informationsblätter
K. Porträts, bibliographische Skizzen
L. Interviews
M. Bibliograpische Studien
N. Akademische, kritische oder interpretative Artikel
O. Rezensionen, Notizen, Zeitungsartikel
P. Kataloge, Unveröffentlichte Thesen, Videokassetten usw. ﹣
Q. Unveröffentlichte Werke
R. King-Archive — Spezialausgaben, University of Maine, Orono
S. Verschiedenes

Das Buch wird mit einer Auswahl an kritischen Abhandlungen von Rezensenten (»Quoth the Critics«) und einem Index abgerundet.

Filmadaptationen

Obwohl King im Laufe der Jahre immer wieder ausdrücklich betont hat, daß ein Buch und seine Filmversion zwei verschiedene Wesen sind, gibt er doch zu: »Ob sie nun schlecht oder gut sind, Filme haben letztendlich fast immer einen seltsam herabwürdigenden Effekt auf Werke der Fantasy«. King schrieb, daß sich die Leser seine Romane am besten vorstellen könnten, denn sie sähen die Bücher »durch das Auge der Phantasie in einer derart lebhaften und ständig wechselnden Art und Weise, daß es keine Kamera nachahmen kann«.

Und doch ist es für King eine Herausforderung, seine Werke entweder selbst oder durch andere erfolgreich umzusetzen, da die Adaptationen bis heute noch ziemlich unausgeglichen sind, wie er zugeben muß.

Wie vorauszusehen war, wurde Kings Name in den letzten Jahren immer häufiger als Kassenmagnet in die Filmtitel miteingebaut; das geschah in jüngster Zeit bei *Stephen King's Graveyard Shift* (Nachtschicht), *Stephen Kings Goldene Zeiten* und zu seinem Entsetzen — dem eine Klage gegen den Produzenten folgte — *Stephen Kings Rasenmähermann*, das er nicht anerkannte.

Trotz der unausgewogenen Natur der Adaptationen, haben der finanzielle Erfolg und das Lob der Kritiker bei *Misery* und die hohen Zuschauerzahlen bei *Es* Kings Interesse am Filmmaterial wiederbelebt. (Laut Paul Nathan von *Publishers Weekly* brachten die Filmrechte für *Needful Things* 1,75 Millionen Dollar ein; und *Tommyknockers* wurde für eine mutmaßliche Rekordsumme an das Fernsehen verkauft).

King erklärte Gary Wood, was Bücher mit Filmen gemein haben:

Ich schätze, daß in vielen Fällen dieselben Leute, die Bücher lesen, auch in die Filme gehen. Und (einige von ihnen) bleiben weg, weil sie wissen, daß sie auf der Leinwand nicht das sehen können, was sie in dem Buch gelesen haben. Weil man es nicht machen kann. Man kann in einem Buch über Sachen schreiben, die man einfach nicht in einem Film zeigen darf, ohne daß man für seine Bemühungen von der Zensur sofort ein X (nur für Erwachsene) aufgebrummt bekommt.

Wegen der unbeständigen Natur des Filmgeschäfts — in dem die Filmemacher in einem fort mit dem verrückt machenden Ritual beschäftigt sind, Finanzierungs- und Verteilerverträge zu sichern und unter einen Hut zu bringen, was an Alice im Wunderland erinnert — reflektieren auch Kings Projekte die Unsicherheit dieser Industrie.

Der Musterschüler, ein reizvolles Projekt, wird sicherlich nicht in seiner derzeitigen Form fertiggestellt werden können, obwohl man vielleicht irgendwann die Möglichkeit hat, es ganz von vorne aufzurollen. Ricky Shroder spielte den Todd Bowden, einen von den Konzentrationslagern der Nazis besessenen Teenager, der besonderen Gefallen an dem »widerwärtigen Kram» fand; und Nicol Williamson übernahm die Rolle des Kurt Dussander, eines Exnazilageraufsehers, der sich versteckt hielt und von Bowden entlarvt wird. King äußerte sich zu den bisher fertiggestellten Arbeiten: »Sie haben ungefähr zehn Wochen lang gedreht. Ich habe eine grobe Fassung von etwa drei Vierteln des Films. Danach ist ihnen das Geld ausgegangen.« King schloß: »Das Zeug war *wirklich* gut!«

Da sie an einer Fortsetzungsmanie leiden, werden New World Pictures Ende 1992 möglicherweise *Children of the Corn II* herausbringen. Mit King hat das nur den Namen gemein.

Creepshow 3 ist von Laurel Entertainment angekündigt worden. Laut Laurel könnte es sich dabei möglicherweise nicht um die Kino-, sondern um die Fernsehfassung handeln, und vielleicht wird es sogar ein Zeichentrickfilm.

The Dark Half, verfilmt von George Romero, mit den Schauspielern Timothy Hutton (in einer Doppelrolle als Thad Beaumont und George Stark), Amy Madigan (als Beaumonts Ehefrau Liz), und Michael Rooker (als Sheriff Alan Pangborn). Der Film wurde mit einem Budget von fünfzehn Millionen Dollar innerhalb von fünfzehn Wochen in Pittsburgh gedreht. Er könnte Ende 1992 in die Kinos kommen.

A Feature from Stephen King's Nightshift Collection (Simitar Entertainment, Inc. 1991) ist nur auf Videokassette erhältlich. Die aus zwei Studentenfilmen zusammengesetzte Fassung hat eine Laufzeit von insgesamt vierzig Minuten. Das auf *Children of the Corn* basierende *Disciples of the Crow* erhielt beim Chicago-Film-Festival den Gold Hugo Award und einen National Merit Award. Der zweite Film ist *Night Waiter*, das trotz seiner Ähnlichkeit mit dem Titel von *Night Flier* weiter nichts mit Kings Geschichte zu tun hat.

The Langoliers, eine Novelle aus *Four Past Midnight (Langoliers)*, wurde für einen Film vorgeschlagen.

The Mangler wird wahrscheinlich auf Kings gleichnamiger, im Sammelband *Night Shift* erschienener Kurzgeschichte basieren und von Allied Visions als Spielfilm herausgebracht.

Misery (105 Minuten, Columbia Pictures, 1990), wurde in Reno und Los Angeles unter der Regie von Rob Reiner abgedreht. Das von Reiner und Andrew Scheinman produzierte Drehbuch von William Goldman basiert auf dem gleichnamigen Roman. *Misery (Sie)*, in dem Kathy Bates die Hauptrolle der Annie Wilkes, des »Fan Nummer eins« von Schriftsteller Paul Sheldon (gespielt von James Caan) spielte, war sowohl bei den Kritikern als auch finanziell gesehen ein Erfolg; Kathy Bates erhielt den Golden Globe und einen Oscar. (Bis zum 9. Mai 1991 hatte *Misery* durch den Inlandsverleih nahezu einundsechzig Millionen Dollar eingebracht — der bisher profitabelste Film Kings. Um die Dinge ins richtige Licht zu setzen: mit hundert Millionen Dollar wird ein Film zum Bombenerfolg, das Äquivalent zu einem Nummer-eins-Bestsellerroman.)

The Moving Finger, eine Kurzgeschichte, wurde vom Laurel Entertainment in ein Fernsehspiel für die Reihe *Monsters* umgesetzt.

Needful Things wird von Rob Reiners Castle Rock Entertainment als Spielfilm gedreht werden. Die ersten Dreharbeiten starteten im September 1992; möglicherweise wird der Film 1993 erscheinen. Dieser Roman wird Kings Meinung nach für Reiner eine echte Herausforderung sein:

Needful Things wird Rob Reiner, verglichen mit dem, was er schon von mir gemacht hat, vor die größten Probleme stellen. Es ist ja wahrscheinlich kein großes Geheimnis, daß ich denke, er hat meine Romane am besten umgesetzt. Rob hat ein paar wirklich gute Adaptationen geliefert, was mit zwei Faktoren zusammenhängt: zunächst hat er sich Material ausgesucht, das nur von begrenztem Umfang war: *Misery* ist ein Kurzroman, und *Stand by Me* basiert auf *Die Leiche* aus *Frühling, Sommer, Herbst und Tod*. Und ein weiterer Faktor ist, daß Reiner sich niemals davor scheute, auch ein wenig Humor miteinzubringen. Es war schon immer meine Ansicht, daß man die Leute lachen lassen muß, wenn man sie erschrecken will, weil das die gebräuchlichste Geste ist, durch die sie dieses Gefühl des wachsenden Entsetzens loswerden können. Wenn man ihnen keine Stellen gibt, an denen sie lachen können, dann werden sie lachen, wenn man es gerade *nicht* will; Rob weiß das und hat es angewandt, was sich auch sehr gut bezahlt gemacht hat.

Ich denke, *Needful Things* ist in gewisser Weise ein extrem komisches Buch. In manchen Teilen ist es auch ein extrem grausiges Buch, wodurch es sich für mich sehr abhebt. Doch an vielen Stellen ist es komisch, und außerdem ist es sehr lang, und es kommen eine Menge Personen vor, was für Reiner etwas Neues ist, doch der erste Schritt, den er tat, war sehr gut: Für die Umsetzung engagierte er einen Typen namens Larry Cohen, der auch schon *Carrie* für Brian De Palma und die Miniserie *Es* umgesetzt hat.

The Night Flier, eine in Douglas E. Winters Anthologie *Prime Evil* erschienene Kurzgeschichte, wird von Laurel Entertainment in einen zweistündigen Fernsehfilm umgewandelt.

Friedhof der Kuscheltiere II, bei dem Mary Lambert Regie führte, soll im August 1992 erscheinen.

Frühlingserwachen/Pin-up, eine Novelle aus *Frühling, Sommer, Herbst und Tod*, wird unter der Regie von Frank Darabond für Castle Rock Entertainment gedreht.

›Manchmal kommen sie wieder‹, das am 7. Mai 1991 von CBS ausgestrahlt wurde, basiert auf der gleichnamigen Kurzgeschichte aus dem Sammelband *Night Shift*. Tim Matheson spielte die Titelrolle des Jim Norman, eines High-School-Lehrers. *USA Today* befand, daß es zwar »an seiner Hokus-Pokus-

Atmosphäre erstickt ... doch auf seine eigene bescheidene Art eine ziemlich gute Lagerfeuer-Gruselgeschichte erzählt.«

The Stand, das sich seit einem Jahrzehnt in der Entwicklungsphase befindet, liegt nicht mehr in den Händen von Warner Brothers. In einem Brief vom 12. Februar 1992 schrieb King an Gary Wood: »Ich nehme an, daß ich während der nächsten drei Monate meine ganze Zeit darauf verwenden werde, für den Fernsehsender ABC ein Drehbuch zu *The Stand* in die richtige Form zu bringen.«

Laut eines am 11. März 1992 von ABC Entertainment verlautbarten Pressekommentars entsteht aus Kings epischem Roman eine »mehrteilige Miniserie ... die wahrscheinlich 1992–1993 im Programm erscheinen wird«. King wird außer seiner Funktion als Drehbuchautor auch als leitender Produzent tätig sein. Richard P. Rubinsteins Laurel Entertainment, Inc., wird die Miniserie produzieren, die auf einer revidierten Version des Romans basiert.

Robert A. Iger, der Präsident von ABC Entertainment, setzt große Erwartungen in das Projekt:

Ich bin ein Stephen-King-Fan, und ich bin auch nicht der einzige, der *The Stand* als sein Meisterstück betrachtet. Nach dem Erfolg, den wir Ende 1990 mit der vierstündigen Filmversion von »*Stephen Kings Es*« verbuchen konnten, war uns sehr viel daran gelegen, einen weiteren seiner Bestseller in unser Programm zu bekommen, aber daß wir die Chance haben, *The Stand* zu zeigen, für das Stephen King höchstpersönlich das Drehbuch geschrieben hat ... übertrifft all meine Erwartungen. Wir glauben, daß es ein bedeutendes Ereignis werden wird, und wir freuen uns sehr darüber.

Stephen Kings Golden Years, eine für den Fernsehsender CBS gedrehte Miniserie, wurde im Sommer 1991 ausgestrahlt. Nach der ersten zweistündigen Folge, die am 16. Juli erschien, wurden noch sechs weitere in Sechzig-Minuten-Länge ausgestrahlt. Die letzte Folge der Staffel, die von King als »*Dauer*-Serie, die zufällig nur ein Jahr läuft« geschaffen worden war, wurde am 22. August gezeigt.

Wie vorauszusehen war, konnte man bei der ersten Folge die höchsten Zuschauerzahlen verbuchen, mußte dann jedoch einen allgemeinen Rücklauf in Kauf nehmen. Trotzdem behielt der Sender CBS seine Option auf die Serie. King erklärte:

> CBS wollte eine Serie, die weiter- und weiter- (und weiter-) lief, wenn sie den Zuschauern gefiel ... Wir haben das Problem gelöst, indem wir die Figur Terrilyn Spann erschufen, mit der man, wenn nötig, die Serie weiterlaufen lassen konnte, wenn Harlans Geschichte erzählt wäre ... Und weil man auch seine komplette Geschichte nicht in einer achtstündigen Sommerserie unterbringen kann, hoffe ich, die Leute werden *Golden Years* so sehr ins Herz schließen, daß es noch einmal eine volle Staffel geben kann.

Zunächst setzte der Sender sein Vertrauen sowohl in die Serie als auch in King. Nachdem sie abgelaufen war, erzählte Steve Warner (Vizepräsident für Spezialprojekte bei CBS) Matt Rush von *USA Today:* »Wir haben die feste Absicht, sie im Frühling zurückzubringen.« Danach meinte jedoch die Mediabteilung von CBS, *Stephen Kings Goldene Zeiten* gehörten der Vergangenheit an. »Wir werden sie nicht mehr zeigen.« Sie fügten noch hinzu, daß sich keine weiteren Kinoprojekte in der Entwicklung befänden. (Der Film wurde mit einem neuen Schluß abgedreht und erschien in einer vierstündigen Fassung auf Videokassette).

Stephen King's Graveyard Shift/Nachtschicht (achtundsechzig Minuten, Paramount 1990) wurde unter der Regie von Ralph S. Singleton in Maine gedreht und von William J. Dunn und Singleton produziert. Das Drehbuch schrieb der talentierte, junge Schriftsteller John Esposito. Der auf der gleichnamigen Kurzgeschichte aus *Night Shift* basierende Film blieb fünf Wochen lang auf der wöchentlichen Liste der Zeitschrift *Variety;* das letzte Mal wurde er am 3. Dezember 1990 aufgelistet und hatte bereits etwas über elf Millionen Dollar eingespielt.

Bei einer in Bangor abgehaltenen Pressekonferenz zu dem Film äußerte King die Befürchtungen, die er hegte, wenn er sein Werk ans Kino verkaufte, und brachte außerdem seine Begeisterung für William Dunn zum Ausdruck, mit dem er bereits bei *Friedhof der Kuscheltiere* zusammengearbeitet hatte:

All die Befürchtungen hat man, bevor man sich zum Verkauf entscheidet.

Wenn ein Film kein guter Film ist, dann fällt das weder auf das Buch noch auf den Schriftsteller zurück; aber wenn der Film sich als wirklich gute Arbeit herausstellt, dann fällt es manchmal doch auf beides zurück — man kann nicht verlieren. Trotzdem ist es gut, wenn man es dabei mit ehrlichen Leuten zu tun hat, die ein gewisses Maß an Integrität besitzen — sowohl persönlich als auch künstlerisch gesehen. Daß ich bei dieser Produktion auf Bill Dunn und die Leute, die er zusammenstellt, zurückgriff, sollte eigentlich für sich selbst sprechen. Ich habe einen Heidenrespekt vor seiner Fähigkeit, wertvolle und nützliche Leute für eine Produktion zusammenzutrommeln und dabei keinerlei Kompromisse einzugehen, wenn es auf einige seiner künstlerischen Visionen ankommt; egal, ob sie einem gefallen oder nicht, wenn man den Film sieht, sie sind ein Teil von dem, wie Bill dieses bestimmte Werk sieht. Er machte auch keine Kompromisse dabei, was in dem Film gezeigt wird, und wo er gedreht werden sollte. Und das ist es, wonach ich suche.

Ich neige zu der echten Ostküstenmentalität. In diesem Zusammenhang ist Bill wahrscheinlich der Mensch, der mich am zweitbesten versteht, weil er auch unten aus dem Osten stammt, er kommt nämlich aus Maine. Dino DeLaurentiis kam aus Italien, und das ist wirklich *ganz* weit weg. Wenn ich es mit Menschen westlich des Mississippi zu tun bekomme, dann habe ich schon leichte Verständigungsschwierigkeiten, bis man dann nach Kalifornien kommt, wo sie etwas reden, das zwar wie Englisch *klingt*, jedoch nicht sehr viel Sinn ergibt: Synergy, windows of opportunity (für: Möglichkeiten tun sich auf), taking meetings (für: Versammlungen abhalten) — so in der Art eben.

Stephen Kings Es war eine zweiteilige Miniserie, die am 18. und 20. November auf ABC lief. Einschließlich der Werbung, dauerte jede Folge zwei Stunden. Die erste Folge erzählte die Geschichte der Kinder; die zweite erzählte die Geschichte der Kinder, die erwachsen geworden waren. Tommy Lee Wallace führte Regie, das Fernsehdrehbuch wurde von Lawrence Cohen (Teil eins) und Wallace und Cohen (Teil zwei) geschrieben. Die Miniserie konnte gute Zuschauerzahlen verbuchen und wurde auch von den Kritikern ziemlich gut aufgenommen.

Stephen King's Rasenmähermann (von New Line Cinema, verteilt von Paramount; März 1992) ist das perfekte Beispiel dafür, wie man Kings Namen als Köder benutzt, um einen Filmvertrag abschließen zu können. Obwohl im Nachspann behauptet wird, der Film »basiert auf einer Kurzgeschichte von Stephen King«, besteht im besten Fall ein nur geringer Zusammenhang.

Man sollte berücksichtigen, daß es sich bei *Der Rasenmähermann* (die Kurzgeschichte wurde ursprünglich in der Zeitschrift *Cavalier* veröffentlicht und erschien dann in dem Sammelband *Night Shift)* um einen Einspänner handelt: Harold Parkette entdeckt zu seinem Entsetzen, daß Pastoral Greenery ihm einen Rasenmähermann geschickt hat, der eine ungewöhnliche Methode des Grasschneidens praktiziert: Er krabbelt splitternackt auf allen vieren über den Rasen und labt sich genüßlich an dem überlangen Gras . . . der Hausbesitzer versucht daraufhin ohne Erfolg, die Polizei zu rufen.

Das ist eindeutig keine ausreichende Handlung für einen Spielfilm, also mußte man die Handlung geschickt manipulieren, um sie den Bankern, die den Film finanzierten, verkaufen zu können, und um das Interesse eines Studios zu wecken, das den Film verteilen sollte, und *voilà*, das Drehbuch wird in Spielfilmlänge produziert, und der Titel trägt auch noch den überaus wichtigen berühmten Namen.

Ein durchsichtiger, doch erbauender Film, solange man keine Ähnlichkeit mit der ursprünglichen Geschichte erwartet. *Stephen King's Rasenmähermann* ist zum größten Teil eine Anlehnung an *Stephen Kings Goldene Zeiten*, mit einer Menge beeindruckender, computergesteuerter Spezialeffekte für das Auge.

Es ist die übliche Frankensteinhandlung in Grundzügen, verbunden mit hochtechnischer Computer-Effekthascherei: Der Wissenschaftler Dr. Lawrence Angelo (Pierce Brosnan) kreiert unbeabsichtigt das Monster Jobe Smith (Jeff Fahey), einen vertrottelten Gelehrten, der einen aufgemotzten Rasenmäher erfindet, um sich seine Arbeit als Rasenpfleger zu erleichtern.

Unter Verwendung von unerforschten Drogen und indem er ihn Computer-Simulationen der »Virtual reality« aussetzt, kann Dr. Angelo Smith fangen und süchtig machen, woraufhin er sich von einem Menschen in ein kybernetisches Ungeheuer verwandelt, das in sämtlichen Computern der Welt lebt – sein Geburtsschrei ist das gleichzeitige, auf der ganzen Welt ertönende Läuten von Milliarden Telefonen.

Richard Harrington, der den Film für die *Washington Post* besprach, konnte nur wenig Gefallen daran finden:

> *Der Rasenmähermann* basiert derart lose auf einer Kurzgeschichte von King, daß man es schon beinahe als Betrug bezeichnen kann, und steht ganz unten auf der immer größer werdenden Liste der mißlungenen King-Adaptationen ... Am Ende werden Sie sich wünschen, die Autoren hätten sich entweder an King gewandt (der mit dem Film nichts zu tun hat, außer daß er ihm seinen Namen verkaufte) oder hätten an einigen Drogen-und-VR- (virtual reality) Sessions teilgenommen, bevor sie ihr Drehbuch einreichten. Letzten Endes ist es der Unterschied zwischen einer kybernetischen Wesenheit und dem großen Nichts.

Nachdem er denselben Film gesehen hatte, spendete Michael H. Price vom *Fort Worth Star-Telegram* ihm großes Lob:

> Frankenstein überfällt Silicon Valley in *Der Rasenmähermann*, einer spektakulären Unternehmung, die verblüffende Computeranimationen mit einem menschlichen Drama verknüpft, in dem sich ein geistesschwacher Typ in eine Gestalt, die göttliche Rache nimmt, verwandelt ... Die getreue Wiedergabe Stephen Kings geht weit über die einfache Originalgeschichte *Rasenmähermann* hinaus, die nur als kurze Sequenz in dem Film vorkommt. Das Drehbuch ist ein-

gehend darum bemüht, die zunehmend leidenschaftliche Atmosphäre von Kings Allgemeinwerk einzufangen.

Harrington war meiner Meinung nach etwas zu streng mit seinem Urteil; Price zu großzügig. Obwohl es sich bei ihm mit Sicherheit nicht um die schlechteste Adaptation handelt (diese dubiose Ehre kommt nämlich *Children of the Corn zu*), ist *Stephen Kings Rasenmähermann* dennoch Lichtjahre von *Carrie*, *Stand by Me* oder *Misery* entfernt. Man sollte es also genau in die Mitte der Filmadaptationen einreihen und auf Videokassette bannen.

Radioberichten zufolge, bringt King dem Film gemischte Gefühle entgegen. Obwohl er glaubt, daß er »ziemlich gut« sei, betont er doch schnellstens, daß er keine Ähnlichkeit mit der ursprünglichen Geschichte aufweist: »Ich hasse es, daß New Line das ganze mit meinem Namen bepflastert. Es ist die größte Bauernfängerei, die man sich vorstellen kann, weil nichts in diesem Film von mir ist. Das macht mich einfach wütend.« Gemäß einer Verlautbarung der Knight-Ridder-Zeitungen, war King sogar dermaßen wütend, daß er eine Klage einreichte. »King will den gesamten Profit, der auf die Verwendung seines Namen zurückzuführen ist — bis jetzt hat der Film über dreißig Millionen Dollar eingebracht. Und er will, daß sein Name zukünftig weder im Zusammenhang mit dem Film noch mit dem Comic Buch erwähnt wird.«

Stephen King's Sleepwalkers (Columbia Pictures, April 1992), ist ein Film, in den die Leser von Kings Büchern große Erwartungen setzten. Schließlich wirkte die Vorschau vielversprechend, ja sogar einladend, mit dem Schlußwort, daß es sich hierbei um *den* gruseligsten Kingfilm aller Zeiten handelte — ein Versprechen, das man machte, weil das speziell für die Leinwand geschriebene Drehbuch von King höchstpersönlich stammte.

Leider bezeichneten die Kritiker landesweit *Sleepwalkers* als einfach nur einen schlechten Film. Wie Richard Harrington der *Washington Post* lapidar verkündete: »Eine weitere Woche, eine weitere Stephen-King-Filmkatastrophe.« Susan Wloszczynas Kritik in *USA Today* besagte:

Man kann verstehen, warum der Horrortyp Stephen King es leid war, daß Drehbuchschreiberlinge seine Geschichten mit den Megaverkaufszahlen in multiplexen Schund verwandelten.

Schließlich und endlich, demonstriert *Sleepwalkers* in ausreichendem Maß, daß der olle Cujo-Papa sein eigenes lausiges Drehbuch auf die Beine stellen kann, vielen Dank.

Entertainment Weekly bezeichnete den Film als »mikrowellengewärmten Auflauf aus dem Reißerischen der Schlitzer-Filme und der Metaphysik der Werwolf-Filme« und meinte, *Sleepwalkers* liefere keinen neuen Beitrag zu Kings Œuvre. Selbst die Handlung − u. alte, katzenhafte Kreaturen, die sich ständig in Habachtstellung befinden, laben sich an dem Lebenssaft jungfräulicher Schönheiten − ist banal und erinnert an eines von Kings früheren Werken *Brennen muß Salem*, in dem ein Vampir Jerusalem's Lot, eine Kleinstadt in Maine, heimsucht, um sich zu laben . . . bis die Einwohner ihm auf die Schliche kommen und zur Strecke bringen.

Kings schriftstellerische Fähigkeiten − eindringliche Schilderungen, eine Phantasie, die einen das Gruseln lehrt, und eine schonungslose, erzählerische Gangart − kommen doch in seinen Kurzgeschichten und Romanen ausreichend zur Geltung. Warum also entpuppt es sich als Katastrophe, wenn er sich an Drehbüchern versucht?

Auf jeden Fall wird die Zukunft zweifellos noch mehrere Filme mit dem Titel *Stephen Kings* bringen. Wie *Entertainment Weekly* auch in seiner 1991 erstellten Liste der mächtigsten Entertainer des Jahres, auf der King neunundsiebzig von hunderteins Punkten erhielt, bemerkte: »King besitzt die Art von Macht, die seinen Namen in die Titel − und ins öffentliche Licht − bringt.«

Tales from the Darkside: The Movie (93 Minuten, Paramount, 1990) wurde, unter der Regie von John Harrison, von Richard P. Rubinstein und Mitchell Galin produziert. *Cat from Hell*, eine der Geschichten in dieser Filmanthologie, basiert auf einer in der Zeitschrift *Cavalier* veröffentlichten Kurzgeschichte von King. George Romero schrieb das Drehbuch.

The Talisman befindet sich, laut Gary Wood, schon seit mehreren Jahren in der »Entwicklungsphase«. Es wird als abendfüllender Spielfilm geplant. Als letztes hörte man, daß Stephen Spielberg's Ambling Entertainment ihn für Universal entwickeln würde.

Das Drehbuch für *Thinner*, ein Projekt von Laurel, wurde von Michael McDowell geschrieben. Tom Holland wird bei diesem Spielfilm Regie führen.

The Tommyknockers wird eine vier- bis sechsstündige Miniserie für den Sender ABC ergeben. Lawrence D. Cohen, der das Drehbuch schrieb, wird hierbei als Co-Produzent auftreten. (Könnte Ende 1992 ausgestrahlt werden).

Adaptationen auf Audio-Kassette

Bücher auf Kassette — sowohl in gekürzter als auch in ungekürzter Fassung — sind derart populär geworden, daß fast alle wichtigen Romane, sobald sie veröffentlicht werden, auch auf Kassette erhältlich sind. Kings Bücher sind dabei keine Ausnahme.

Im Gegensatz zu Filmadaptationen, kann einem ein sorgfältiges Vorlesen — am besten vom Autoren selbst in ungekürzter Fassung — die Vorstellung näherbringen, daß man die Geschichten früher *mündlich* und nicht schriftlich weitergab. Eine gute Vorlesestunde, ohne ablenkende Geräuscheffekte, kommt gleich nach dem sprichwörtlichen Lagerfeuer, vor dem man mit dem Erzähler sitzt und hört, wie die Geschichte sich entfaltet und vor dem geistigen Auge zum Leben erwacht.

The Dark Tower II: The Wastelands (12 Kassetten, 18 Stunden, ungekürzt) wurde von Penguin-High-Bridge Audio in einer Gesamtfassung herausgegeben. Diese exzellente Vorlesung wird nur gelegentlich durch Geräuscheffekte im Hintergrund gestört, was besonders im Auto ablenkend wirkt und dem Gefühl Nachdruck verleiht, daß eine ungeschminkte Vorlesung immer noch das beste ist.

Bei der 1991 abgehaltenen American Booksellers Convention in New York sagte King, daß er auch weiterhin die Bücher seiner *Dark Tower* Serie vorlesen wird. (Was nicht unbedingt heißen soll, daß King auch seine anderen Romane für die Audio-Kassetten-Fassung vorlesen wird).

Four Past Midnight wurde 1991 von Penguin-HighBridge Audio veröffentlicht. Das aus ungekürzten Fassungen bestehende Set beinhaltet: *The Langoliers* (6 Kassetten, 9 Stunden), gelesen von Willem Dafoe *(Publishers Weekly* beurteilte diese Kassette: »Wenn das Interesse der Verbraucher an dieser ungekürzten Fassung nicht durch Kings Ruf als phänomenaler Bestsellerautor des Buchhandels geweckt wird, dann wird das auch nichts anderes bewerkstelligen können. King ist ein großartiger Geschichtenerzähler, und die neunstündige Vorlesung wirkt zu keinem Zeitpunkt schwerfällig.«) *Secret Window, Secret Garden* (4 Kassetten, 6 Stunden), gelesen von James Woods; *The Library Policeman* (6 Kassetten, 8 Stunden), gelesen von Ken Howard; *The Sun Dog* (4 Kassetten, 6 Stunden), gelesen von Tim Sample.

Needful Things wurde von Penguin-HighBridge Audio im Jahre 1991 herausgebracht. Das aus der ungekürzten Fassung bestehende Set beinhaltet: *Part One: Grand Opening Celebration* (6 Kassetten, 9 Stunden); *Part Two: The Sale of the Century* (6 Kassetten, 9 Stunden); *Part Three: Everything Must Go* (6 Kassetten, 9 Stunden). Es gibt das ganze auch in einem Gesamtset mit 18 Kassetten und einer Laufzeit von 27 Stunden.

Gerald's Game (12 Kassetten, 18 Stunden, ungekürzt von Lindsay Crouse vorgelesen), wurde zur selben Zeit wie die gebundene Ausgabe im September 1992 veröffentlicht.

Dolores Claiburne wird im Januar 1993 gleichzeitig mit der gebundenen Ausgabe erscheinen.

Merke: Random House Audiobooks hat einige der ungekürzten und ursprünglich von Waldenbooks unter dem Waldentapess-Signet veröffentlichten Kassetten neu herausgebracht. Dazu gehören: *Gramma* (1 Kassette, 100 Minuten), gelesen von Gale

Garrett; *The Monkey* (1 Kassette, 100 Minuten); und *Mrs. Todd's Shortcut* (1 Kassette, 100 Minuten), gelesen von David Purdham.

Fachzeitschriften von Interesse

Die Veröffentlichung von *Castle Rock*, dem offiziellen Informationsblatt Stephen Kings, wurde nach der im Dezember 1989 erscheinenden 55. Ausgabe eingestellt. Leider wurde diese Entscheidung zum gleichen Zeitpunkt gefällt, als *The Stephen King Companion* in Druck ging. Deshalb trafen Tausende Briefe (viele mit Schecks) von zukünftigen Abonnenten ein, die nicht wußten, daß dieses Blatt nicht mehr existierte. Zunächst versandte der Herausgeber Christopher Spruce, wenn er Schecks zurückschickte, Formschreiben, in denen die Situation erklärt wurde. Doch die Masse der weiteren Zuschriften zwang Spruce letztendlich, das Postfach auf Dauer zu schließen, und es der Post zu überlassen, die Briefe zurückzuschicken.

Seit dem Ableben von *Castle Rock* gibt es keine offizielle Quelle mehr, durch die man Neuigkeiten über bevorstehende Projekte Kings erfahren kann, obwohl einige Fans ihre eigenen inoffiziellen Informationsblätter über King ins Leben riefen.

Cemetary Dance (CD Publications, P. O. Box 18433, Baltimore, MD 21237) ist für Horrorfans zu *der* Informationsquelle schlechthin geworden. Das im Quartal erscheinende Blatt wurde 1989 zum ersten Mal veröffentlicht und hat vor kurzem seine 13. Ausgabe herausgebracht. »Im Jahr 1992«, schreibt der Herausgeber Richard T. Chizmar »werden wir Sachen von Dean R. Koontz, Robert R. McCammon, Joe R. Lansdale, Richard Laymon, Ed Gorman, Nancy Collins, Ardath Mayhar, Chet Williamson und F. Paul Wilson veröffentlichen.«

Von besonderem Interesse für Kingfans: *Cemetary Dance* wird Ende 1992 eine elftausend Wörter umfassende Kurzgeschichte von King veröffentlichen, *Chattery Teeth*. Außerdem erscheint in dem Magazin eine regelmäßige Kolumne von Tyson Blue (einem Mitredakteur von *Castle Rock)*, in der er von Neuigkeiten über King berichtet. Weiterhin gibt es mehrere

Interviews und Artikel von Personen, die im Zusammenhang mit King erwähnenswert sind (Stanley Wiater, Douglas E. Winter, Donald M. Grant und Rick Hautala, um nur ein paar zu nennen).

In den Worten von Stephen King: »*Cemetary Dance* ist eines der besten ... Ich lese es jedesmal, sobald es erscheint. Großartiges Blatt!«

Für alle, die mehr als ein oberflächliches Interesse an der Herstellung von Fantasyfilmen haben, bietet *Cinefantastique* (P. O. Box 270, Oak Park, IL 60303) reichhaltige Informationen über zukünftige Filme. Stephen Kings Filme kommen dabei regelmäßig zur Sprache, oftmals in Berichten von Gary Wood; meine Hauptinformationsquelle für King-Filme.

Von besonderem Interesse für King-Fans: Wood hat für die Februarausgabe 1991 ein längeres Interview mit King geführt; Wood schrieb mehrere Artikel, in denen er untersuchte, warum einige von Kings Filmadaptionen ein Erfolg waren — und andere wiederum scheiterten. Das Ergebnis ist ein anschaulicher und anregender Überblick, den Kingfans unbedingt lesen müssen.

Von *Gauntlet* (309 Powell Rd., Springfield, PA 19064), Barry Hoffmans bissigem Antizensur-Journal ist vor kurzem die dritte Ausgabe erschienen. Von besonderem Interesse dürfte jedoch die zweite Ausgabe sein, die einen Sonderbeitrag zu Stephen King enthält. Hoffmans *Stephen King Special* beinhaltet ein neues Essay von King über die Zensur (*The Dreaded X*) und ein Potpourri aus Artikeln über King — Howard Wornom schreibt über King und die Buchzensur, Michael R. Collings über die zwei Versionen von *The Stand*, und Stephen J. Spignesi über den Mann hinter der Legende. Außerdem gibt es noch einen Ratgeber für Sammler von Kingmaterial und eine Grafik, die durch Kings Romanfiguren inspiriert wurde.

Die limitierte Auflage von fünfhundert gebundenen und mit einem Einschlagband versehenen Exemplare, die Signaturen der verschiedenen Mitwirkenden, einschließlich der von King, beinhaltet, ist mittlerweile vergriffen.

The Magazine of Fantasy & Science Fiction (oder *F & SF*, wie es in Fachkreisen allgemein genannt wird) veröffentlichte im

Dezember 1990 eine *Stephen-King-Sonderausgabe* mit einer neuen Kurzgeschichte (*The Moving Finger*), einem zum Nachdenken anregenden Essay von A. J. Burdrys, einem Auszug aus *The Dark Tower III: The Wastelands* (*The Bear*), und einer hilfreichen Bibliographie, zusammengestellt von Marsha De Filippo. *F & SF,* das seit 1977 keinem einzelnen Autor mehr eine Sonderausgabe gewidmet hatte (damals war Harlan Ellison dieser Autor), erwählten King, weil der Chefredakteur und Herausgeber Edward L. Ferman meinte: »King ist einzigartig.« Einige Exemplare sind noch erhältlich (*F & SF,* P. O. Box 56, Cornwall, CT 06753).

Stephen King bezeichnete *Midnight Graffiti* als die Horrorversion des *Spy*-Magazins, und er hatte recht. Das in unregelmäßigen Abständen erscheinende *Midnight Graffiti* ist pfiffig, frech, und es zu lesen macht einfach Spaß. Man kann auch darin stöbern, ohne es gleich kaufen zu müssen. Obwohl jede Ausgabe mit einer kreativen Mischung aus Kunst und Text vollgestopft ist, wird die dritte Ausgabe für King-Fans von besonderem Interesse sein, da sie die Kurzgeschichte *Rainy Season* enthält, die King unaufgefordert einsandte, damit man sie für die Veröffentlichung in Erwägung ziehen konnte. (Wie der Herausgeber James Van Hise in seinem Vorwort zu der Kingausgabe fragte, wie hätten sie — oder irgendein anderer Verlag — da ablehnen können?) Wenn sie wissen wollen, ob diese Ausgabe noch erhältlich ist, wenden Sie sich an *Midnight Graffiti* (13101 Sudan Road, Poway, CA 92064).

Weird Tales ≠ 298 (Herbst 1990), brachte die Zweitveröffentlichung von *The Glass Floor*, Kings erster professionell herausgegebener Geschichte. King schrieb dazu einen einleitenden Kommentar, der die Sache ins rechte Licht rücken sollte. *Weird Tales* ≠ 302 (Sommer 1991) brachte die Zweitveröffentlichung von *It Grows On You*, einer Kurzgeschichte von King, die in noch keinem Sammelband erschienen ist. Wenn Sie wissen wollen, ob diese Ausgaben noch erhältlich sind, wenden Sie sich an Terminus Publishing Company (P. O. Box 13418, Philadelphia, PA 19101).

Verschiedenes

Michael Whelans Grafik auf dem Einband der NAL/Plume-Ausgabe von *The Dark Tower: The Gunslinger* wurde als mattiertes zirka 40 x 60 cm großes Poster herausgebracht. Obwohl es höchstwahrscheinlich vergriffen ist, sind auch Whelans andere Drucke bestimmt für jeden von Interesse, der Fantasy, Science-fiction und Horror liest. Wenden Sie sich an Glass Onion Graphics (P. O. Box 88, Brookfield, CT 06804), wenn Sie weitere Informationen wünschen.

Für Fans von Ned Damerons Illustrationen in *The Dark Tower III: The Wastelands*, hat Donald M. Grant, Publisher ein Portfolio mit zwölf Farbtafeln herausgebracht, die auf extra starkem Papier gedruckt und in Schutzhüllen untergebracht sind. Das nicht signierte Exemplar und das »vom Künstler Signierte Exemplar« sind beide exzellente und lohnende Objekte, wobei besonders die signierte Ausführung mit ihren zwei zusätzlichen Stücken zu erwähnen ist: ein zweifarbiger Druck der Grafik, die als Illustration auf der Innenseite des Schutzumschlags verwendet wurde, und ein bunter Druck der Grafik auf dem Einband. Wenden Sie sich an Donald M. Grant, Publisher, Inc. (P. O. Box 187, Hampton Falls, NH 03844).

Glimmer Graphics brachte 1991 ein Portfolio von Berni Wrightson heraus, in dem die Grafiken von *The Stand: The Complete & Uncut Edition* zusammengefaßt sind. Es gibt die Handelsausgabe mit zwölf Farbtafeln und eine signierte Ausgabe mit einer zusätzlichen Farbtafel, die Randall Flagg zeigt.

Horrorfest, Ken Morgans jährliche Versammlung, findet nicht mehr statt. Sie war ursprünglich als Zusammenkunft für Kingfans gedacht und wurde zum ersten Mal in Estes Park, Colorado abgehalten; bei den nachfolgenden Zusammenkünften wurde dann auch der Horror im allgemeinen miteinbezogen.

Letters from Hell (fünfhundert Exemplare, von Stephen King signiert) ist eine dreifarbige Satire von Lord John Press, den Herausgebern von Kings Kurzgeschichte *Dolan's Cadillac* (vergriffen). Ein urkomisches Essay über die Fanpost, die King erhält und ein unbedingt lesenswertes King-Sachbuch. Senden Sie Ihre Bestellungen an Lord John Press (19073 Los Alimos Street, Northridge, CA 91326).

The Overlook Connection ist die Anlaufstelle für all jene, die an Versandkatalogen mit Büchern des Horrorgenres interessiert sind. Der »benutzerfreundlichste« Katalog dieses Genres hat Zeitschriftengröße und wird auf Zeitungspapier gedruckt. *The Overlook Connection* ist gestopft voll mit Neuigkeiten, Kritiken, Artikeln, Illustrationen und Interviews, und Insider wissen, daß sie hier die besten Angebote des Genres erhalten können. Wenden Sie sich an *The Overlook Connection* (P. O. Box 526, Woodstock, GA 30188).

The Dust Jacket (Jack R. Carollo, 9835 Robin Road, Niles, IL 60648) ist eine weitere exzellente Quelle für Sammlerstücke des Genres. Obwohl seine Kataloge unregelmäßig erscheinen – ein Katalog für Bücher, einer für Fantasykunstwerke – sind sie dennoch beachtenswert. Senden Sie einen frankierten Rückumschlag.

Betts Bookstore (Stuart A. Tinker, 26 Main Street, Bangor, ME 04401) verkauft neue und gebrauchte Bücher von King und bietet zudem durch sein Informationsblatt hin und wieder spezielle King-Objekte an. Betts ist kenntnisreich, freundlich und der Fachmann der Stadt schlechthin in allem, was King betrifft. Wenn Sie Fragen zu King haben, gehen Sie zu Betts.

Unter den jüngsten Kingangeboten des Ladens: das erste (und einzige) *autorisierte* Stephen-King-T-Shirt. Das schwarze T-Shirt ist in den Größen large und X-large erhältlich und mit zwei Farben bedruckt. Rot und Weiß. Auf der Vorderseite ist ein Porträt von King abgebildet, der in *The Dark Half* liest, und hinter dessen Schulter Pennywise boshaft grinsend hervorlugt. Laut Stuart Tinker:

Dieses T-Shirt gibt es einzig bei Betts Bookstore. Es wurde in Dänemark entworfen, das Stephen King als seinen Lieblingsautor erwählt hat und diese Wahl feierlich begehen wollte. Wir haben momentan das Alleinvertriebsrecht für Amerika.

Da Mr. und Mrs. King darum gebeten haben, daß man sie und ihr Zuhause hier in Bangor nicht zu kommerziellen Zwecken mißbraucht, wird es wahrscheinlich auch das einzige genehmigte King-T-Shirt sein, das erhältlich ist.

Anhang 2
Bücher über Stephen King

In der nachstehenden Liste wird das Erstveröffent-
lichungsdatum genannt. In manchen Fällen sind auch die
Neuauflagen berücksichtigt worden.

1. *Teacher's Manual: Novels of Stephen King* (NAL, 1981).
   Eine Broschüre für Lehrer.
2. *Fear Itself: The Horror Fiction of Stephen King* (Underwood-Miller, 1982). Der erste von drei Sammelbänden mit
   Essays von Underwood-Miller.
3. *Stephen King* (Nachschlagewerk für Leser von Starmont,
   1982). Eine literarische Studie, unter Mitarbeit von Stephen
   King geschrieben, wurde erweitert und unter dem Titel *Stephen King: The Art of Darkness,* dem ergiebigen Werk von
   Douglas E. Winter, veröffentlicht.
4. *Stephen King: The Art of Darkness* (NAL, 1984). Das beste
   Buch über King. Dieses Buch und *Fear Itself* waren die Vor-
   reiter in der Reihe von Büchern über King. (1986 erschien
   eine revidierte und erweiterte Fassung.)
5. *Stephen King at the Movies* (NAL, 1984). Eine Studie über
   die Filme Kings.
6. *Discovering Stephen King* (Starmont, 1985). Ein Sammelband mit Essays.
7. *The Many Facets of Stephen King* (Starmont, 1985). Das
   erste von vielen Büchern des Kritikers Dr. Michael R. Collings über Stephen King. In diesem Buch geht es um thema-
   tische Belange.
8. *The Shorter Works of Stephen King* (Starmont, 1985). Eine
   Studie über die Kurzgeschichten Kings.
9. *Stephen King as Richard Bachman* (Starmont, 1985). Ein aus-
   führliches Werk über Stephen King als Richard Bachman.
10. *The Annotated Guide to Stephen King* (Starmont, 1986).
    Die erste Bibliographie in Buchlänge. Erweitert für die Neu-

auflage von Borgo Press *The Work of Stephen King: An Annotated Bibliography & Guide.*

11. *The Films of Stephen King* (Starmont, 1986).
12. *Kingdom of Fear: The World of Stephen King* (Underwood-Miller, 1986). Ein zweiter Sammelband mit Essays).
13. *The Gothic World of Stephen King: Landscape of Nightmares* (Bowling Green University Press, 1987). Eine literaturwissenschaftliche Sammlung von Artikeln.
14. *Stephen King Goes to Hollywood* (NAL, 1987). Ein Überblick über die Filme.
15. *The Stephen King Phenomenon* (Starmont, 1987). Eine ausführliche Untersuchung der verschiedenen Aspekte, derentwegen Kings Werke mit Fug und Recht zu Sammlerobjekten wurden.
16. *Bare Bones* (Underwood-Miller, 1988). Der erste Sammelband mit Interviews. (Neuauflage von McGraw-Hill 1988).
17. *Landscape of Fear: Stephen King's American Gothic* (Bowling Green University Press, 1987. Ein Sammelband mit literaturwissenschaftlichen Essays.
18. *Reign of Fear: Fiction and Films of Stephen King* (Underwood-Miller, 1988). Ein dritter Sammelband mit allgemeinen Essays.
19. *Stephen King: The First Decade* (Twayne Publishers, 1988). Eine literaturwissenschaftliche Untersuchung Kings früher Werke.
20. *Feast of Fear* (Underwood-Miller, 1989). Ein zweiter Sammelband mit Interviews und Porträts. (Neuauflage 1992 von Carroll & Graf Publishers in gebundener Ausgabe)
21. *The Moral Voyages of Stephen King* (Starmont, 1989). Eine literaturwissenschaftliche Studie.
22. *The Stephen King Companion* (Andrews and McMeel, 1989). Ein allgemeiner Überblick über Kings Karriere.
23. *The Unseen King* (Starmont, 1989). Eine Untersuchung von Kings weniger bekannten (nicht unbekannten) Sachbeiträgen und Geschichten.
24. *»The Shining« Reader* (Starmont, 1991). Die erste einer Reihe von Fallstudien über King.
25. *The Stephen King Quiz Book* ≠ 1 (NAL, 1991). Rätsel zu

Kings Romanen und Film/Fernsehadaptationen aus dem Trivialbereich.

26. *The Shape Under the Sheet: The Stephen King Encyclopedia* (Popular Culture, Ink., 1991). Zwei Bücher in einem: eine Konkordanz zu Kings Fiktion, geordnet nach literarischen Werken, mit einem allgemeinen Nachschlagewerk (Interviews, Artikel, Porträts, usw.)

27. *The Stephen King Story* (Andrews and McMeel, 1991. Ein biographischer Überblick über sein Leben und seine Arbeit — an und für sich eher ein Porträt als eine Biographie. Revidiert und auf den neuesten Stand gebracht für das 1992 von Andrews and McMeel veröffentlichte Taschenbuch.

28. *Stephen King: Man and Artist* (Northern Lights, 1991). Eine literaturwissenschaftliche Studie über Kings Werke von Carroll Terrell, der King als Student an der University of Maine at Orono unterrichtete.

29. *Not Since* Carrie: *Forty Years of Broadway Musical Flops* (St. Martin's Press, 1991). Handelt von zweihundert Musicalflops. (Ein Buch, das für King-Fans vielleicht von Interesse sein könnte, da die Broadwayversion von *Carrie* aus etlichen Gründen zu einem der größten Flops in der Geschichte des Broadways wurde.)

30. *The Second Stephen King Quiz Book* by Stephen J. Spignesi (NAL: Signet). Aktueller Stand bis *Needful Things*.

Die folgenden Titel werden demnächst erscheinen:

The Dark Descent: Essays Defining Stephen King's Horrorscape, herausgegeben von Tony Magistrale (Greenwood). Eine literaturwissenschaftliche Studie.

Infinite Explorations: Art and Artifice in Stephen King's IT, MISERY, and THE TOMMYKNOCKERS (Starmont). Eine kritische Studie.

In the Darkest Night: A Student's Guide to Stephen King (Starmont). Eine Bibliographie.

Observations from the Terminator: Thoughts on Stephen King and Other Horrorists von Tyson Blue (Starmont). Ein Buch mit allgemeinen Essays und Interviews.

403

Stephen King von Tony Magistrale (Twayne). Eine Studie über Kings Romane ab 1983. (Die ist möglicherweise eine Fortsetzung zu Twaynes *Stephen King: The First Decade* von Joseph Reino.)

Stephen King Short Story Concordance (Starmont) von Chris Thomson. Im wesentlichen wie *The Shape Under the Sheet*.

The Work of Stephen King: An Annotated Bibliography & Guide von Dr. Michael R. Collings (Borgo Press). Seine frühere Bibliographie wurde hier auf den neuesten Stand gebracht; das definitive Werk.

Ein Buch über King von Terrell, bis jetzt noch ohne Titel. Northern Lights Verlag (In diesem Verlag erschien auch *Stephen King: Man and Artist*). Sie hatten auch *Dr. Seuss and the Two Faces of Fantasy* angekündigt, das dann jedoch nicht erschienen war.

Literaturverzeichnis für den deutschen Buchmarkt

1. ROMANE

Angegeben werden die amerikanische und die deutsche Erstausgabe sowie gegebenenfalls auch die erste vollständige deutsche Ausgabe — (EVA) — und die aktuelle Taschenbuchausgabe (TB). Nicht allgemein zugängliche Ausgaben (Buchklubs, limitierte Ausgaben) werden nicht berücksichtigt.

CARRIE, 1974
    CARRIE, München 1977, Schneekluth
    CARRIE, Bergisch Gladbach 1992, Lübbe (EVA)
CHRISTINE, 1983
    CHRISTINE, Bergisch Gladbach 1984, Bastei-Lübbe
    CHRISTINE, Bergisch Gladbach 1986 ff., Bastei-Lübbe (TB)
CUJO, 1981
    CUJO, Bergisch Gladbach 1983, Bastei-Lübbe
    CUJO, Bergisch Gladbach 1986 ff., Bastei-Lübbe (TB)
CYCLE OF THE WEREWOLF, 1983

DAS JAHR DES WERWOLFS, Bergisch Gladbach 1985, Bastei-Lübbe

DER WERWOLF VON TARKERS MILLS, Bergisch Gladbach 1991f., Bastei-Lübbe (TB, mit Filmdrehbuch)

THE DARK HALF, 1989

STARK – THE DARK HALF, Hamburg 1989, Hoffmann und Campe

STARK – THE DARK HALF, München 1992 ff., Heyne (TB)

THE DARK TOWER: THE GUNSLINGER, 1982

SCHWARZ, München 1988, Heyne

DER DUNKLE TURM, München 1993 ff., Heyne (zusammen mit DREI, TB)

THE DARK TOWER II: THE DRAWING OF THE THREE, 1987

DREI, München 1989, Heyne

DER DUNKLE TURM, München 1993 ff., Heyne (zusammen mit SCHWARZ, TB)

THE DARK TOWER III: THE WASTELANDS, 1991

TOT, München 1992, Heyne

THE DEAD ZONE, 1979

DAS ATTENTAT, München 1980, Moewig

DEAD ZONE – DAS ATTENTAT, München 1987 ff., Heyne (EVA/TB)

DOLORES CLAIBORNE, 1992

DOLORES, Hamburg 1993, Hoffmann und Campe

DOLORES, München 1994, Heyne (TB, Mai 1994)

THE EYES OF THE DRAGON, 1984

DIE AUGEN DES DRACHEN, München 1987 ff., Heyne

FIRESTARTER, 1980

FEUERKIND, Bergisch Gladbach 1982, Bastei-Lübbe

FEUERKIND, Bergisch Gladbach 1984 ff., Bastei-Lübbe (TB)

GERALDS GAME, 1992

DAS SPIEL, München 1992, Heyne

IT, 1986

ES, München 1986, Heyne

ES, München 1990, Wilhelm Heyne (EVA)

ES, München 1993, Heyne (EVA – TB)
THE LONG WALK, 1979 (als Richard Bachman)
  TODESMARSCH, München 1987 ff., Heyne
MISERY, 1987
  SIE, München 1987, Heyne
  MYSERY – SIE, München 1991 ff., Heyne (TB)
NEEDFUL THINGS, 1991
  IN EINER KLEINEN STADT, München 1984, Heyne (TB)
PET SEMATARY, 1983
  FRIEDHOF DER KUSCHELTIERE, Hamburg 1985, Hoffmann und Campe
  FRIEDHOF DER KUSCHELTIERE, München 1988 ff., Heyne (TB)
RAGE, 1977 (als Richard Bachman)
  AMOK, München 1988 ff., Heyne
ROADWORK, 1981 (als Richard Bachman)
  SPRENGSTOFF, München 1986 ff., Heyne
  in: BACHMAN, München 1994, Heyne (September 1994)
THE RUNNING MAN, 1982 (als Richard Bachman)
  MENSCHENJAGD, München 1986 ff., Heyne
  in: BACHMAN, München 1994, Heyne (September 1994)
SALEM'S LOT, 1975
  BRENNEN MUSS SALEM! Wien/Hamburg 1979, Zsolnay (um ca. 100 Seiten gekürzt)
  BRENNEN MUSS SALEM, München 1991 ff., Heyne (TB)
THE SHINING, 1977
  SHINING, Bergisch Gladbach 1982, Bastei-Lübbe
  SHINING, Bergisch Gladbach 1985 ff., Bastei-Lübbe (TB)
THE STAND, 1978/1990
  DAS LETZTE GEFECHT, Bergisch Gladbach 1985, Bastei-Lübbe
  THE STAND, Bergisch Gladbach 1990, Lübbe (EVA)
  THE STAND, Bergisch Gladbach 1992, Bastei-Lübbe (EVA/TB)
THE TALISMAN, 1984 (mit Peter Straub)
  DER TALISMAN, Hamburg 1986, Hoffmann und Campe
  DER TALISMAN, München 1988 ff., Heyne (TB)

THINNER, 1984 (als Richard Bachman)
    DER FLUCH, München 1985 ff., Heyne
    in: BACHMAN, München 1994, Heyne (September 1994)
THE TOMMYKNOCKERS, 1987
    DAS MONSTRUM – TOMMYKNOCKERS, Hamburg
      1988, Hoffmann und Campe
    DAS MONSTRUM – TOMMYKNOCKERS, München
      1990 ff., Heyne (TB)

2. ARTIKEL UND SACHBÜCHER

I. ARTIKEL
Why I Choose Batman, Batman 400, DC Comics, 1986
Warum ich mich für Batman entschied, Carlsen Comics 16,
S. 10–11, August 1991

II. SACHBÜCHER
DANSE MACABRE, 1981
DANSE MACABRE, München 1988, Heyne
NIGHTMARES IN THE SKY, 1988 (mit f-Stop Fitzgerald)
NACHTGESICHTER; München 1989, Wilhelm Heyne

3. KURZGESCHICHTENSAMMLUNGEN

Stephen King:	Schwarz, München 1988 Heyne Verlag
	Frühling, Sommer, Herbst und Tod, Bergisch Gladbach 1984, Bastei-Lübbe
	Langoliers/Nachts München 1990
	Alpträume. Hamburg 1993, Hoffmann & Campe
	Nachtschicht, Bergisch-Gladbach 1984 Bastei-Lübbe
	Blut, München 1993, Heyne Verlag
Stephen King/ Berni Wrightson:	Creepshow, Bergisch-Gladbach 1985

Stephen King: Katzenauge, Bergisch Gladbach 1986

Stephen King/
James Herbert u. a.: Posy. 26 Kurzgeschichten

Stephen King/
M. McDowell,   Geschichten aus der Schattenwelt.
A. C., Doyle: Das Buch zum Film

4. BÜCHER ÜBER STEPHEN KING IN DEUTSCHLAND

Anton, Uwe: *Wer hat Angst vor S. King?* München 1974, Verlag Tilsner

Anon. [d. i. Peter Schmitz, Carolin Mühlschwein, Christian Meißner], DAS STEPHEN-KING-FANGBUCH, München 1994, Heyne

Beahm, George (Hrsg.), DIE WELT DES STEPHEN KING (THE STEPHEN KING COMPANION, 1989) München 1992, Heyne

Collings, Michael R., STEPHEN KING UND SEINE FILME (THE FILMS OF STEPHEN KING, 1986) München 1987, Heyne

Körber, Joachim (Hrsg.), DAS STEPHEN KING BUCH, München 1989, Heyne

Loderhose, Willy, DAS GROSSE STEPHEN KING FILM-BUCH Bergisch Gladbach 1990, Bastei-Lübbe (erweiterte Ausgabe)

Underwood, Tim & Chuck Miller (Hrsg.), ANGST − GESPRÄCHE ÜBER DAS UNHEIMLICHE MIT STEPHEN KING (BARE BONES: CONVERSATIONS ON TERROR WITH STEPHEN KING, 1988) Linkenhaim 1989, Edition Phantasia

ANGST PUR − GESPRÄCHE MIT DEM »KING DES HORRORS«, München 1990, Heyne (TB)

408

Danksagungen

Denjenigen, die mich in vielerlei Hinsicht bei diesem Projekt unterstützt haben, bin ich zu großem Dank verpflichtet:

Für die Hilfe bei den Recherchen und die Beisteuerung von Material: John Barker *(Publishers Weekly)*; der öffentlichen Bibliothek von Bangor; der öffentlichen Bibliothek von Williamsburg, insbesondere den Bibliothekaren im Handbibliotheksbereich; Kimberly Barnett Flannery (Herausgeberin von *TV-Plus* aus Waterville, Maine); Melvin Johnson und Muriel Sanford (aus dem Bereich der Spezialitätensammlung in der Fogler Bibliothek der University of Maine at Orono); Ben Morgan Jones; Barry R. Levin (Barry R. Levin Science Fiction & Fantasy Literature); David Lowell; Bill Maroldo (Produzent für öffentliche Angelegenheiten beim Sender WCCB 10, Lewiston, Maine); Ellanie Sampson (Organisatorin von Kings Besuch an ihrer Bibliothek in Truth or Consequences, New Mexico); Sandy Shriver und Chris Church *(Portland Press Herald*, Portland, Maine); und insbesondere Charles Campo (Bibliothekar bei *Bangor Daily News*, Bangor, Maine) für die Fotografien und Kopien der Artikel über King.

Für Interviews: John Esposito, Drehbuchautor von *Stephen King's Graveyard Shift/Nachtschicht*; Lea Girardin von der Maine Film Commission; Burton Hatlen und Edward Holmes (im Ruhestand) aus der Englischabteilung der University of Maine at Orono; Rick Hautala, ein Mainer Schriftsteller; und Christopher Spruce, ehemaliger Herausgeber von *Castle Rock* und Leiter von WZON.

Für ihre Unterstützung, Informationen und dringend benötigten Ratschläge: Colleen Doran, Künstlerin; Stephen J. Spignesi; Autor von *The Shape Under the Sheet*; Douglas E. Winter; Gary Wood, Mitwirkender bei *Cinefantastique*; und Howard »Rusty« Wornom.

Ich bedanke mich ganz herlich bei denjenigen, die einen kreativen Beitrag zu diesem Projekt geleistet, und mir bei meinen Nachforschungen hinter den Kulissen derart geholfen haben, daß ich meinen Dank kaum in gedruckte Worte fassen kann: Christopher Chesley, Michael Collings, Kenny Ray Linkous und Carroll Terrell.

409

Und erneut stehe ich tief in der Schuld der Mitarbeiter von Andrews and McMeel: John McMeel und Kathy Andrews; Thomas Thornton; Patty Donelly, Kathy Holder, Patty Rice und Dorothy O Brian; Dank gebührt ebenfalls Jean Lowe und Lisa Shadid; sie haben dafür gesorgt, daß dieses Buch produziert wurde. Es sind die nettesten Leute, die ich je in der Verlagswelt kennenlernte, und ich bin stolz, daß ich mit ihnen zu tun haben darf.

Ganz besonderen Dank schulde ich meiner Lektorin bei Andrews and McMeel, Donna Martin, bei der mir die Worte fehlen. Als Lektorin besitzt sie das, was Chuck Yeager beim Kartenspielen als das richtige Zeug, und was Kathy Holder als das Zeug zum Schreiben bezeichnet. Dieses ist ebenso ihr Buch wie meines. (Immer wenn du ein Taxi brauchst, Donna, werde ich dir gerne eines herbeiwinken).

Und Mary, meiner Ehefrau und besten Freundin, schulde ich einfach alles dafür, daß sie mir stets beistand.

Bei dieser revidierten und erweiterten Ausgabe bin ich den folgenden Personen für ihre Mithilfe besonders dankbar: Charles Campo und seinen Kollegen bei der *Bangor Daily News* für die Kopien der Artikel über King und die neuen Fotos; Stephen J. Spignesi, der mich ständig auf dem laufenden hielt; Gary Wood, der mich über Kings Fernseh- und Kinofilme auf dem laufenden hielt; und Mike Robinson.

Bei Andrews and McMeel schulde ich wieder einmal Jean Lowe meinen Dank.

Außerdem möchte ich Karen Maguire danken, die den Index des Buches sowohl für das Original als auch für die revidierte Ausgabe zusammenstellte.

Über die Mitwirkenden

Michael R. Collings ist ein Englischprofessor, der jetzt im zwölften Jahr an der Pepperdine University in Malibu, Kalifornien unterrichtet. Zusätzlich zu seiner Arbeit am Composition Program (Unterricht im Dichten) hält Collings Vorlesungen über Milton und die Renaissance; Mythen, Fantasy und Science-fiction; und kreatives Schreiben. Er ist der Leiter des Kurses im kreativen Schreiben am Seaver College. Professor Collings hat über sechzig Artikel, über einhundertfünfzig Buchbesprechungen, nahezu dreihundert Gedichte und eine Anzahl an gelehrten oder kreativen Monographien veröffentlicht, einschließlich *In the Image of God: Theme, Characterization, and Landscape in the Fiction of Orson Scott Card* (1990), *Brian W. Aldiss* (1986), *Reflections on the Fantastic* (eine lektorierte Anthologie, 1986), und *Piers Anthony* (1983).

Was in diesem Fall jedoch besonders zählt, ist, daß er außerdem eine Anzahl an Artikeln, Gedichten und Büchern herausgebracht hat, welche die Horrorliteratur im allgemeinen und Stephen King im besonderen untersuchten. Zu seinen Büchern über King zählen: *Stephen King as Richard Bachman, The Many Facets of Stephen King, The Shorter Works of Stephen King* (ein Gemeinschaftswerk mit dem Studenten David A. Engebretson), *The Annotated Guide to Stephen King, The Films of Stephen King (Stephen King und seine Filme)*, und *The Stephen King Phenomenon*, alle zwischen 1985 und 1987 im Starmont-Verlag erschienen. *The Annotated Guide* wurde auf den neuesten Stand gebracht und für die demnächst unter dem Titel *The Work of Stephen King* (Borgo Press) veröffentlichte Ausgabe revidiert. Professor Collings hat eine Anzahl an Artikeln für das Informationsblatt *Castle Rock* geschrieben und besprach Romane, Geschichten und Filme von King für die Zeitschriften *Fantasy Newsletter, Science Fiction and Fantasy Book Review, Mystery Scene* und andere.

Professor Collings hat außerdem drei Gedichtbände — *A Season of Calm Weather* (1974), *Naked to the Sun: Dark Visions of Apocalypse* (1985), und *Dark Transformation: Deadly Visions of Change* (1990) — sowie eine Anzahl von Balladenbüchlein veröffentlicht.

Dr. Collings, seine Frau Judi, und ihre vier Kinder leben in Thousand Oaks, Kalifornien.

Christopher Chesley ist in Durham, Maine, aufgewachsen, wo er manchmal mit Stephen King Geschichten schrieb, Bücher las und ins Kino ging. Chesley ist als Nichtgraduierter von der

411

University of Maine abgegangen. In dem letzten Jahr, das er dort verbrachte, wurde er mit dem Virtue Award ausgezeichnet. Er arbeitete als Aushilfsarbeiter in Last Chance, Colorado und in Truth and Consequences, New Mexico; er war als Dozent bei der Sierra Writers Association (Schriftstellerverband von Sierra) angestellt. Kürzlich erhielt er von Stephen Spignesi die Möglichkeit, einen Beitrag zu Spignesis *The Shape Under the Sheet*, einem enzyklopädischen Werk über Stephen King, zu liefern. Chesley interessiert sich für die Schriftstellerei und arbeitet zur Zeit an mehreren Projekten.

George Beahm schrieb sein erstes Buch *The Vaughn Bode Index* während seiner High-School-Zeit; es wurde im Sommer nach seinem Collegeabschluß veröffentlicht. Diesem Werk folgte *Kirk's Works*, das erste von zwei im Heresy-Press-Verlag erschienenen Sachverzeichnissen über zeitgenössische Künstler im Fantasybereich. Im Selbstverlag brachte Beahm drei Bücher mit allgemeinen Themengebieten heraus. Als Direktor von GB Publishing veröffentlichte er zwei Sachbücher über regionale Themen von ortsansässigen Autoren, die hauptsächlich im östlichen Virginia erschienen. Beahm arbeitete bereits als Marketing-Direktor für einen Verlag, als freiberuflicher Vertriebsberater im Bücherbereich, und vertrieb die Bücher eines englischen Verlages in den Vereinigten Staaten. Heute ist er hauptberuflich als freier Schriftsteller tätig, und sein neuestes Buch *The Stephen King Companion* wurde von Andrews and McMeel veröffentlicht. Sein nächstes Buch wird unter dem Titel *War of the Words: the Censorhip Debate* im Andrews-and-McMeel-Verlag erscheinen. Die Veröffentlichung ist für den Frühling 1993 geplant. Er lebt mit seiner Frau Mary, einer Hochschul-Englischlehrerin der Walsingham Academy, in Williamsburg, Virginia.

Kenny Ray Linkous ist ein Künstler, der sich seine Fähigkeit selbst beigebracht hat und in der Kohlenbergbaustadt Tams, Virginia, lebt. Seinen ersten professionellen Auftrag erhielt er, als er die Illustrationen für die Philtrum Press Ausgabe von *Die Augen des Drachen*, einem Buch von Stephen King, anfertigen sollte. Linkous hat danach für zahlreiche Projekte Illustrationen angefertigt, zu denen auch *The Shape Under the Sheet*, Popular Culture, Ink.; *Stephen King: Man and Artist*, Northern Lights, *Grimoire 1 und 2* und *The Stephen King Companion*, GB Publishing, und das Gauntlet Magazin gehören. Er ist alleinstehend und lebt zur Zeit in Bangor, Maine.

Carroll F. Terrell erhielt den akademischen Grad des Bachelor of Art (Bakkalaureus der philosophischen Fakultät) an der Bowdoin Universität (1940), den Grad des Master of Arts (Magister der freien Künste) an der University of Maine (1950) und seinen Titel als Doktor der Philosophie (Ph. D.) an der New York University. Der Begründer der National Poetry Foundation (Nationalen Stiftung für Poesie) ist außerdem Begründer und Herausgeber von *Paideuna: A Journal Devoted to Ezra Pound Scholarship* und *Sagetrieb*, einem den Dichtern, die der Pound-W.-C.-Williams-Tradition folgen, gewidmeten Journal. Außerdem ist er Herausgeber der Man/Woman-(Mann/Frau) und Poet Reihe. Er ist der Verfasser mehrerer Bücher, einschließlich der doppelbändigen Ausgabe von *A Companion to the Cantos of Ezra Pound* (1. Band 1981, 2. Band 1985 erschienen); eines Handbuches mit dem Titel *Ideas in Reactions* (1991), das Studenten mit den großen Poeten und Schriftstellern des zwanzigsten Jahrhunderts vertraut machen soll, und des Buches *Stephen King: Man and Artist* (1991). Er hat außerdem mehrere Gedichtbände verfaßt, zu denen *On That Day*, *Smoke and Fire*, *Rod and Lightning* und *Dark and Light* gehören. Er ist der Begründer und derzeitige Direktor von Northern Lights, einer gemeinnützigen Gesellschaft, welche die Werke vielversprechender junger Schriftsteller veröffentlicht.

Frage: Wie möchten Sie den Menschen in Erinnerung bleiben?
Stephen King: Als guter Geschichtenerzähler.
        — Interview für die Zeitschrift Cosmopolitan, 1985

Band 13 601
Dean Koontz

Wintermond
Deutsche
Erstveröffentlichung

Eine ganz gewöhnliche, gepflegte Tankstelle in der Nähe von Los
Angeles verwandelt sich in ein flammendes Inferno. Nur weil der
Getränkeautomat nicht funktionierte, dreht ein mit Drogen
abgefüllter Hollywood-Regisseur durch. Fünf Menschen sterben
in seinen Gewehrsalven, erst Detective Jack McGarvey kann den
Amokläufer stoppen – mit einer tödlichen Kugel.
Aber damit ist der Alptraum für McGarvey noch lange nicht zu Ende. –
Ein dämonischer Kult entsteht um den toten Hollywood-Regisseur.
Jack McGarvey muß um sein Leben fürchten – und um das seines
Sohnes und seiner Frau. Daher zieht er mit seiner Familie auf eine ein-
same Farm in Montana. Sie gehört Eduardo Fernandez, dem Vater
seines inzwischen ermordeten Freundes und Polizeikollegen. Und
auf dieser Farm geschehen unter dem erbarmungslosen Licht des
Wintermondes sonderbare Dinge.

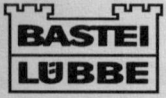